DUMONT

WANDERZEIT IN DER EIFEL

Herrlich entspannte Touren zum Abschalten & Genießen

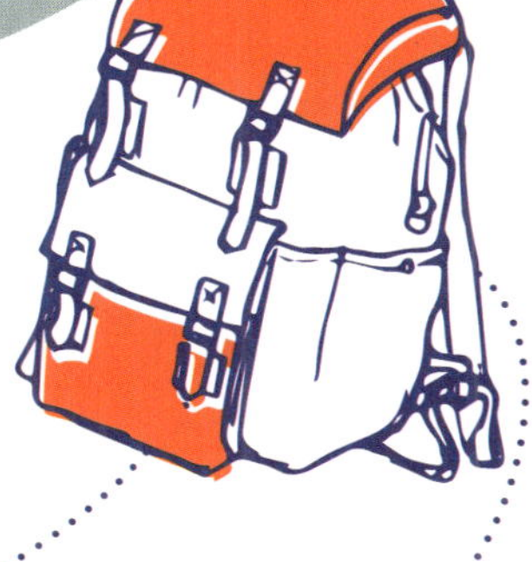

Barbara Riedel
Esther Schirrmacher

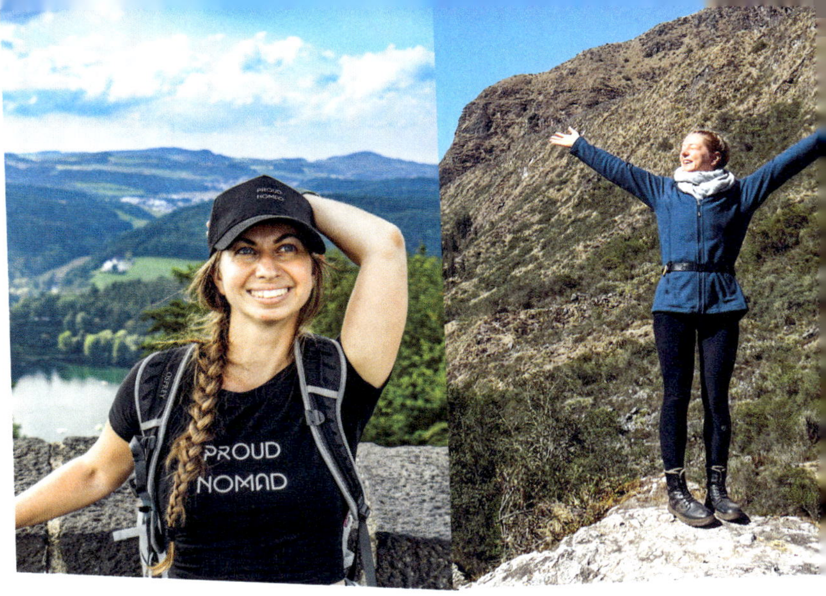

BARBARA RIEDEL ESTHER SCHIRRMACHER

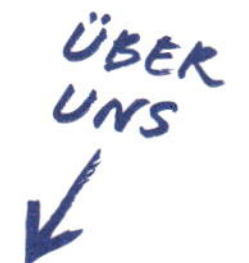

Barbara Riedels Leidenschaften sind das Fotografieren und Schreiben – beides hat sie zu ihrem Beruf gemacht. Seit 2014 ist sie als digitale Nomadin in der Welt unterwegs und berichtet darüber auf ihrem Blog Barbaralicious. Auch Esther Schirrmacher erzählt auf ihrem Reiseblog Esther's Travel Guide und in Büchern von ihren Reisen in über 100 Länder. Lange Wanderungen unternahm sie u. a. in Peru, Spanien und Nepal. Beide erkunden auch ihre deutsche Heimat gerne in Wanderschuhen. Ihren Lesern möchten sie die schönen Seiten der Eifel näherbringen: Draußen sein und abschalten - und das direkt vor der Haustür!

Unsere persönliche Wanderweisheit:

» Jeder Schritt durch die Natur ist ein Schritt zu sich selbst!

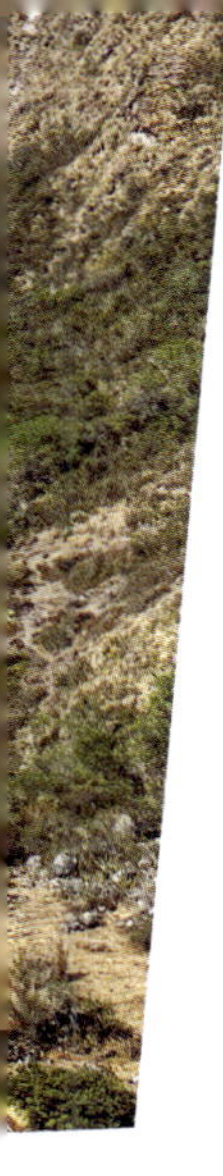

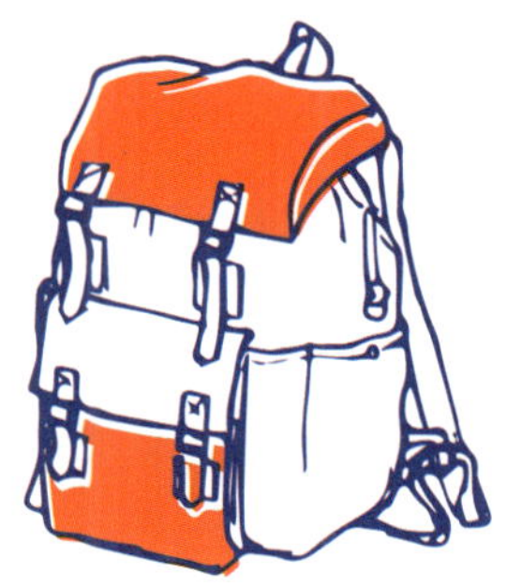

LIEBE LESERIN, LIEBER LESER,

dichte Mischwälder, uriges Fachwerk und beeindruckende Maare ... In der Eifel gibt es an jeder Ecke etwas zu entdecken. Zwischen Aachen, Trier und Koblenz, zwischen Rhein, Mosel und Ahr schlagen die Herzen von Wanderern und solchen, die es werden wollen, höher. Wo kann man besser grüne Hügel erklimmen, in der Sonne glitzernde Seen umrunden und dann in einem der vielen charmanten Cafés in einem restaurierten Fachwerkhaus in einer zauberhaften Altstadt bei Kaffee und Kuchen entspannen?

20 ganz unterschiedliche Strecken laden zum Erkunden und Verlieben in die Eifel ein!

Eine herrlich entspannte Wanderzeit wünschen

B. Riedel *und*

INHALT

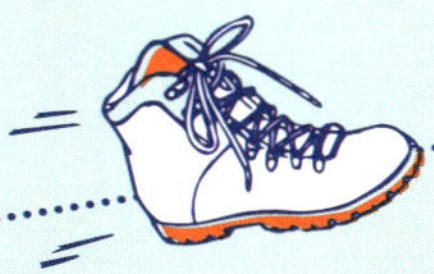

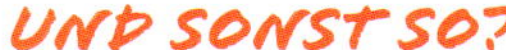
UND SONST SO?

UNTERWEGS AUF DEN SCHÖNSTEN STRECKEN ...

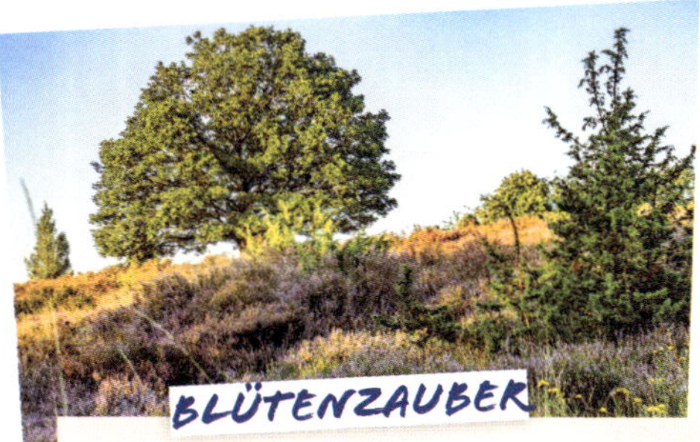

BLÜTENZAUBER

» Auch wenn der Heidegarten auf dem Wabelsberg ganz besonders schön ist, geht das Farbenspiel noch weiter, mindestens bis zum Heidegarten auf dem Büschberg. Tour 2, zwischen Wabelsberg und Büschberg, Seite 28

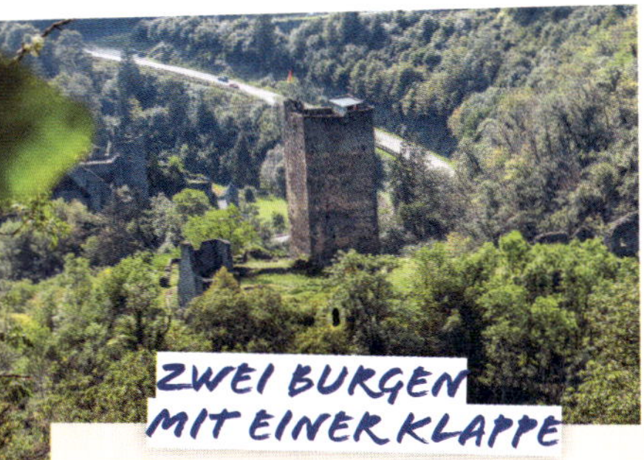

ZWEI BURGEN MIT EINER KLAPPE

» Von der schön restaurierten Ruine der Manderscheider Niederburg im Tal der Lieser geht es weiter zur Oberburg, die auf einem Hügel über dem Liesertal liegt und ebenfalls eine Ruine ist. Was für ein Kontrast! Tour 12, zwischen Niederburg und Oberburg, Seite 130

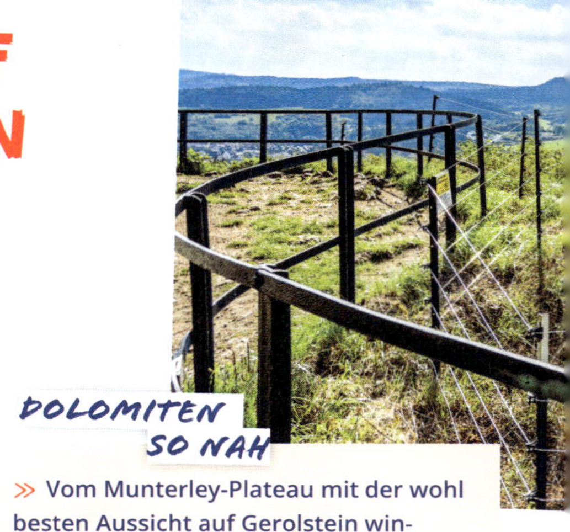

DOLOMITEN SO NAH

» Vom Munterley-Plateau mit der wohl besten Aussicht auf Gerolstein winden sich Pfade durch die Gerolsteiner Dolomiten hinab in die Stadt. Tour 15, zwischen Munterley-Plateau und Bahnhof Gerolstein, Seite 161.

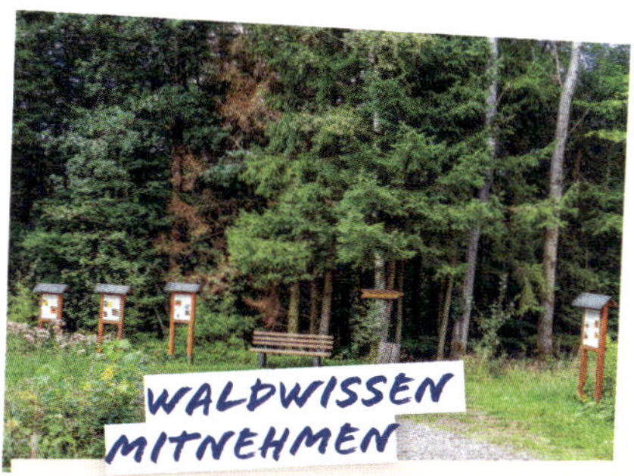

WALDWISSEN MITNEHMEN

» Auf dem Waldlehrpfad bei Monschau-Rohren kann man en passant viel über Flora und Fauna erfahren. Tour 17, zwischen Waldlehrpfad und Bienen-Lehrstand, Seite 180

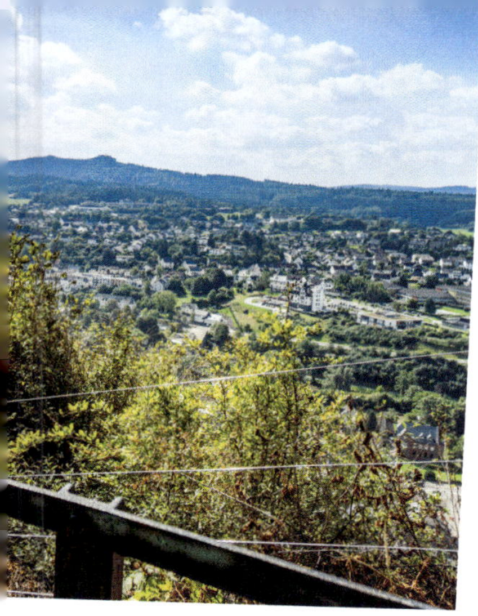

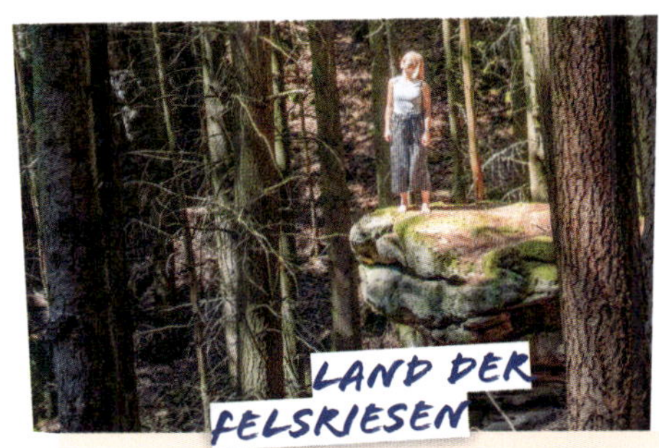

» Auf dem Weg zur Prümer Burg trifft man auf bizarre Felsgebilde, wandert am Schluchtrand entlang und durch dichten Wald. Tour 10, zwischen Teufelsschlucht (östlicher Teil) und Prümer Burg, Seite 109

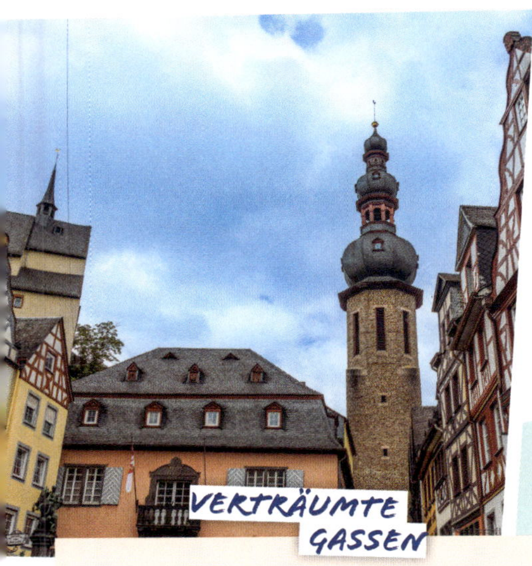

» Von der Cochemer Reichsburg an der alten Stadtmauer entlang durch romantische Gassen in die historische Altstadt von Cochem bummeln. Tour 7, zwischen Reichsburg Cochem und Cochemer Kaffeerösterei, Seite 80

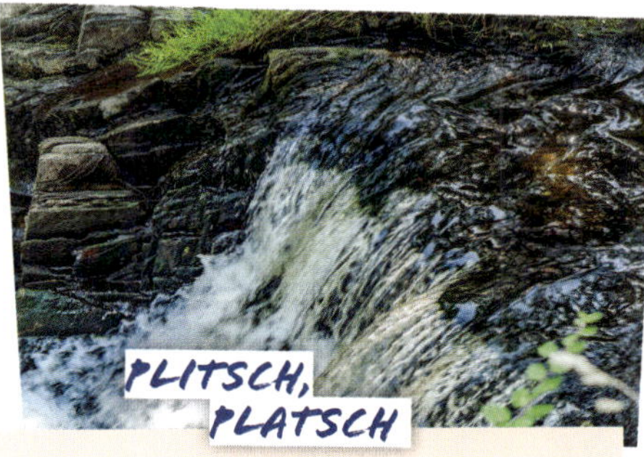

» Vom Nettewasserfall, der klein, aber fein vor sich hin plätschert, geht es durch den Wald zum Aussichtspunkt mit Blick auf das Eisenbahnviadukt. Tour 1, zwischen Nettewasserfall und Viaduktblick, Seite 49

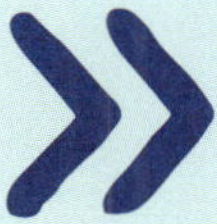

ALLE TOUREN IM ÜBERBLICK

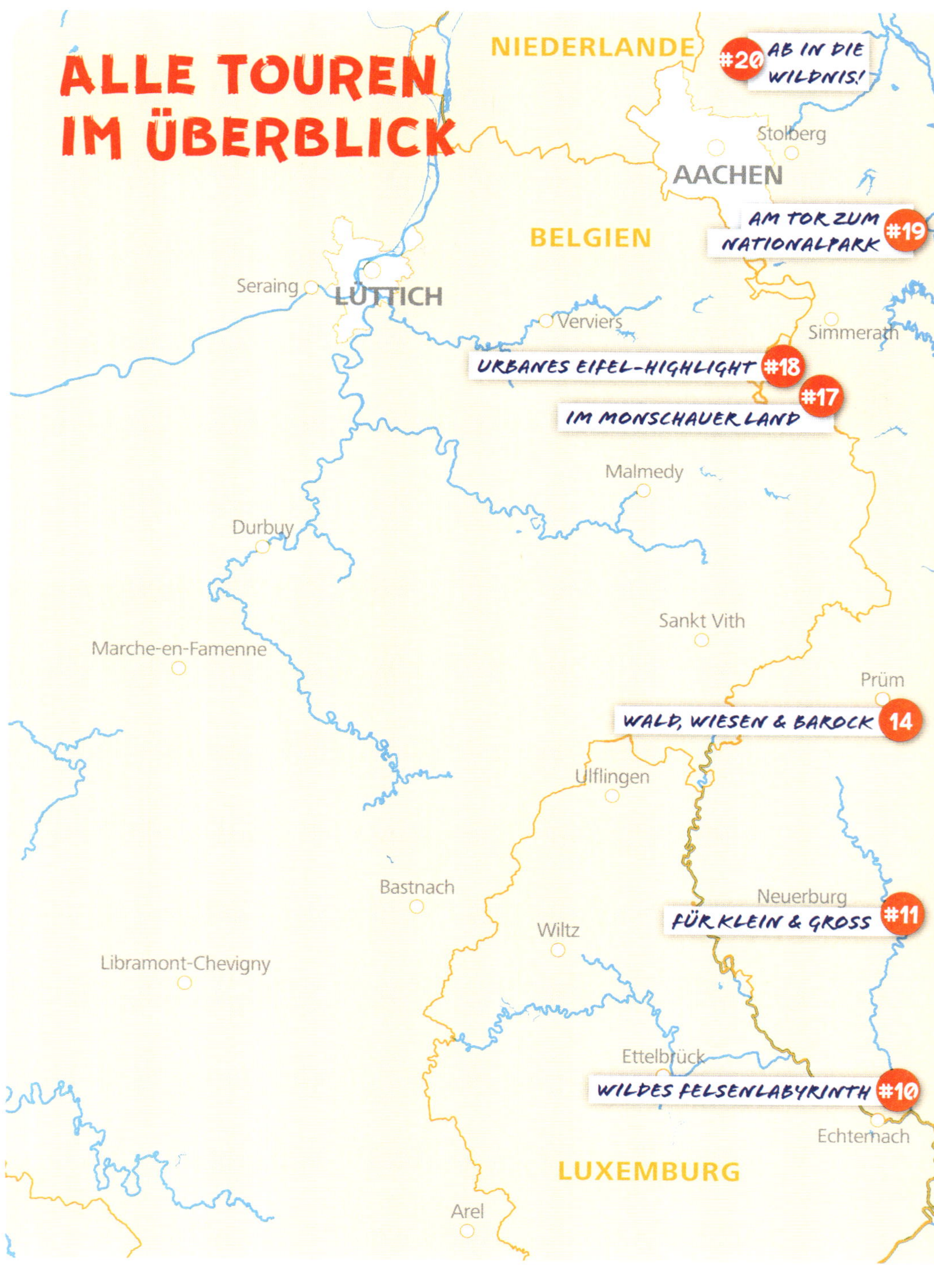

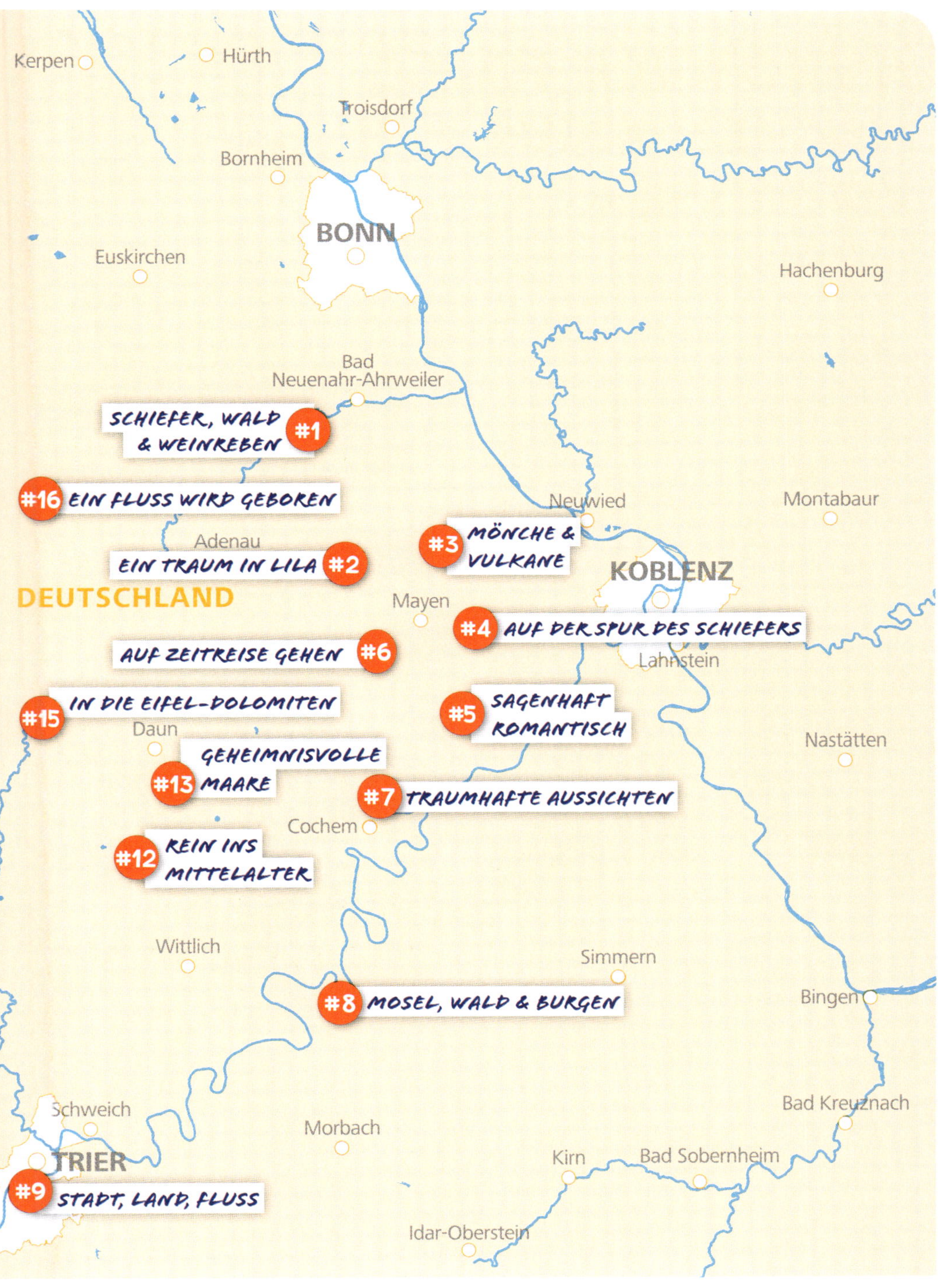
Kerpen
Hürth
Troisdorf
Bornheim
BONN
Euskirchen
Hachenburg
Bad Neuenahr-Ahrweiler
#1 SCHIEFER, WALD & WEINREBEN
#16 EIN FLUSS WIRD GEBOREN
Neuwied
Montabaur
#3 MÖNCHE & VULKANE
Adenau
#2 EIN TRAUM IN LILA
KOBLENZ
DEUTSCHLAND
Mayen
#4 AUF DER SPUR DES SCHIEFERS
#6 AUF ZEITREISE GEHEN
Lahnstein
#15 IN DIE EIFEL-DOLOMITEN
#5 SAGENHAFT ROMANTISCH
Daun
Nastätten
#13 GEHEIMNISVOLLE MAARE
#7 TRAUMHAFTE AUSSICHTEN
Cochem
#12 REIN INS MITTELALTER
Wittlich
Simmern
#8 MOSEL, WALD & BURGEN
Bingen
Schweich
Bad Kreuznach
Morbach
TRIER
Kirn
Bad Sobernheim
#9 STADT, LAND, FLUSS
Idar-Oberstein

... UND AUCH PAUSE MACHEN NICHT VERGESSEN

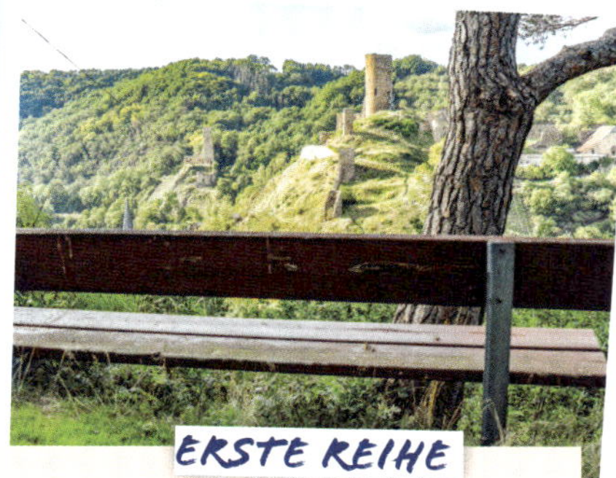

ERSTE REIHE

» Der Blick auf die zwei Burgen von Monreal ist nicht nur super, um nach dem Aufstieg zu verschnaufen. Er ist auch absolut picture perfect! Tour 6, Stopp 1, Aussichtspunkt, Seite 68

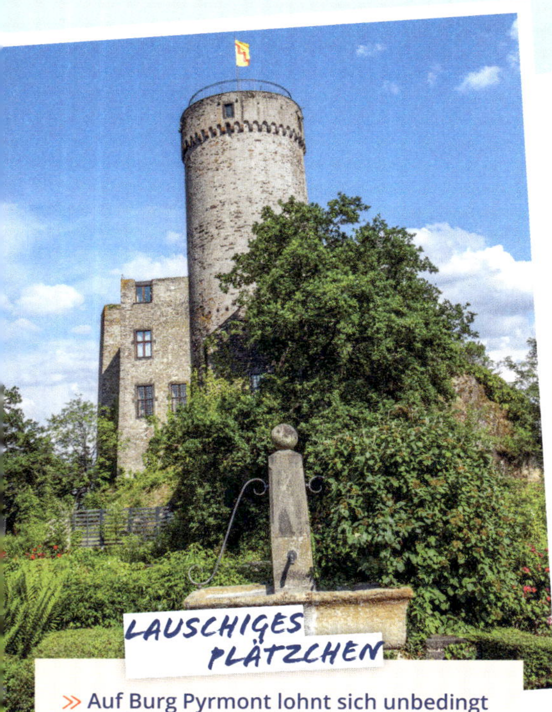

LAUSCHIGES PLÄTZCHEN

» Auf Burg Pyrmont lohnt sich unbedingt auch eine Pause im Burggarten. Hier verströmen unzählige Blumen, Rankpflanzen und Sträucher ihren Blütenduft. Tour 5, Stopp 4, Burg Pyrmont, Seite 60

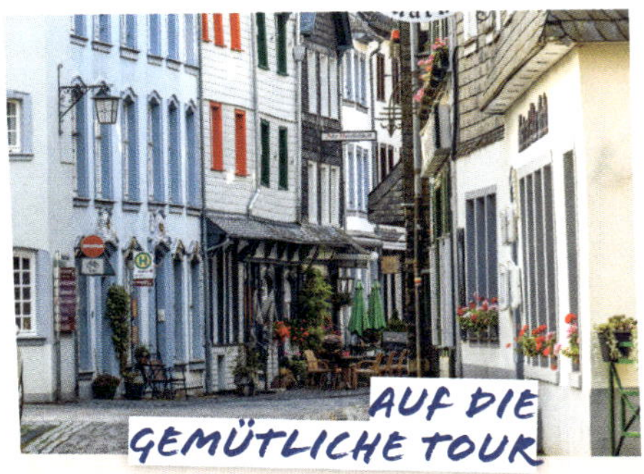

AUF DIE GEMÜTLICHE TOUR

» Das historische Zentrum von Monschau eignet sich perfekt für einen entspannten Einkaufsbummel – aber nicht ohne ein großes Stück Kuchen aus traditionellem Konditorhandwerk! Tour 18, Stopp 2, Altstadt, Seite 189

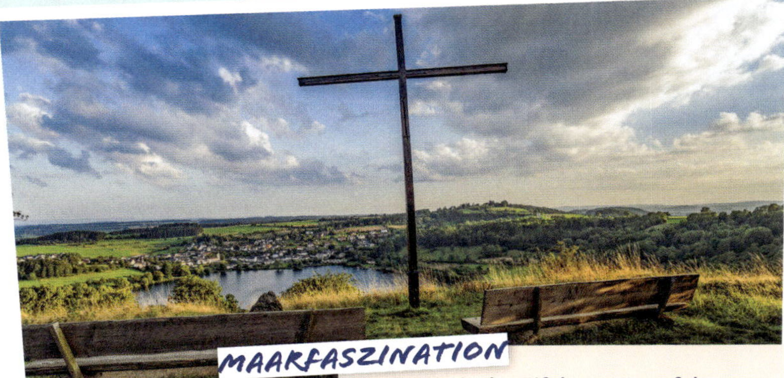

MAARFASZINATION

» Der Reiz der Eifelmaare entfaltet sich in seiner ganzen Dimension, wenn man am Maarkreuz sitzt und einem Schalkenmehren samt Maar zu Füßen liegt. Tour 13, Stopp 6, Am Maarkreuz, Seite 141

LOKALES IM GRÜNEN

» Der charmante Laden, der lokale und ökologische Produkte verkauft, ist immer einen Besuch wert! Gleich dahinter gibt es eine hübsche Wiese mit Bänken zum Verweilen. Tour 10, Stopp 5, Hofladen Maria Laach, Seite 40

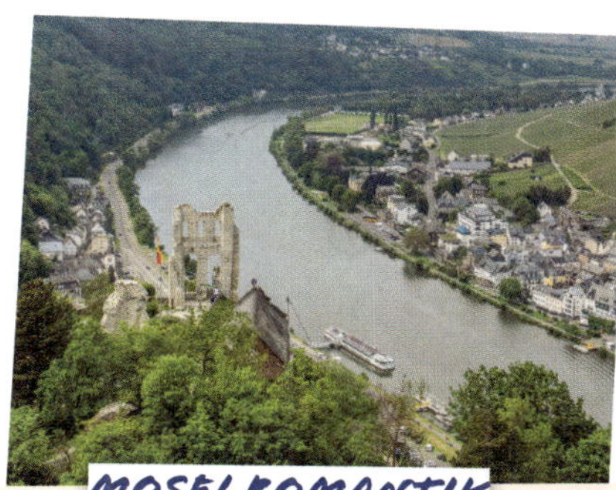

MOSELROMANTIK

» Von hier oben hat man nicht nur einen fantastischen Blick auf die Ruine der Grevenburg, sondern auch auf die Mosel und den Doppelort Traben-Trarbach an ihren Ufern. Tour 8, Stopp 2, Aussichtsbank, Seite 89

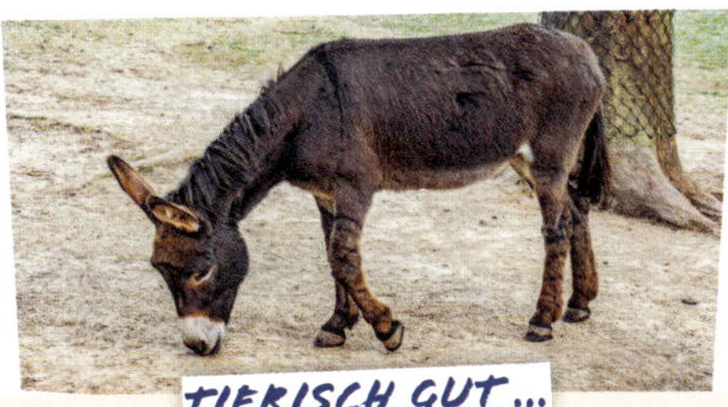

TIERISCH GUT ...

» ... ist ein Stopp im Tierpark Alsdorf. Hier kann man sich auf heimische Tiere freuen, aber auch auf Erdmännchen, Weißbüschelaffen, Lamas und Co. Tour 20, Stopp 1, Tierpark Alsdorfer Weiher, Seite 208

EINFACH LOSWANDERN

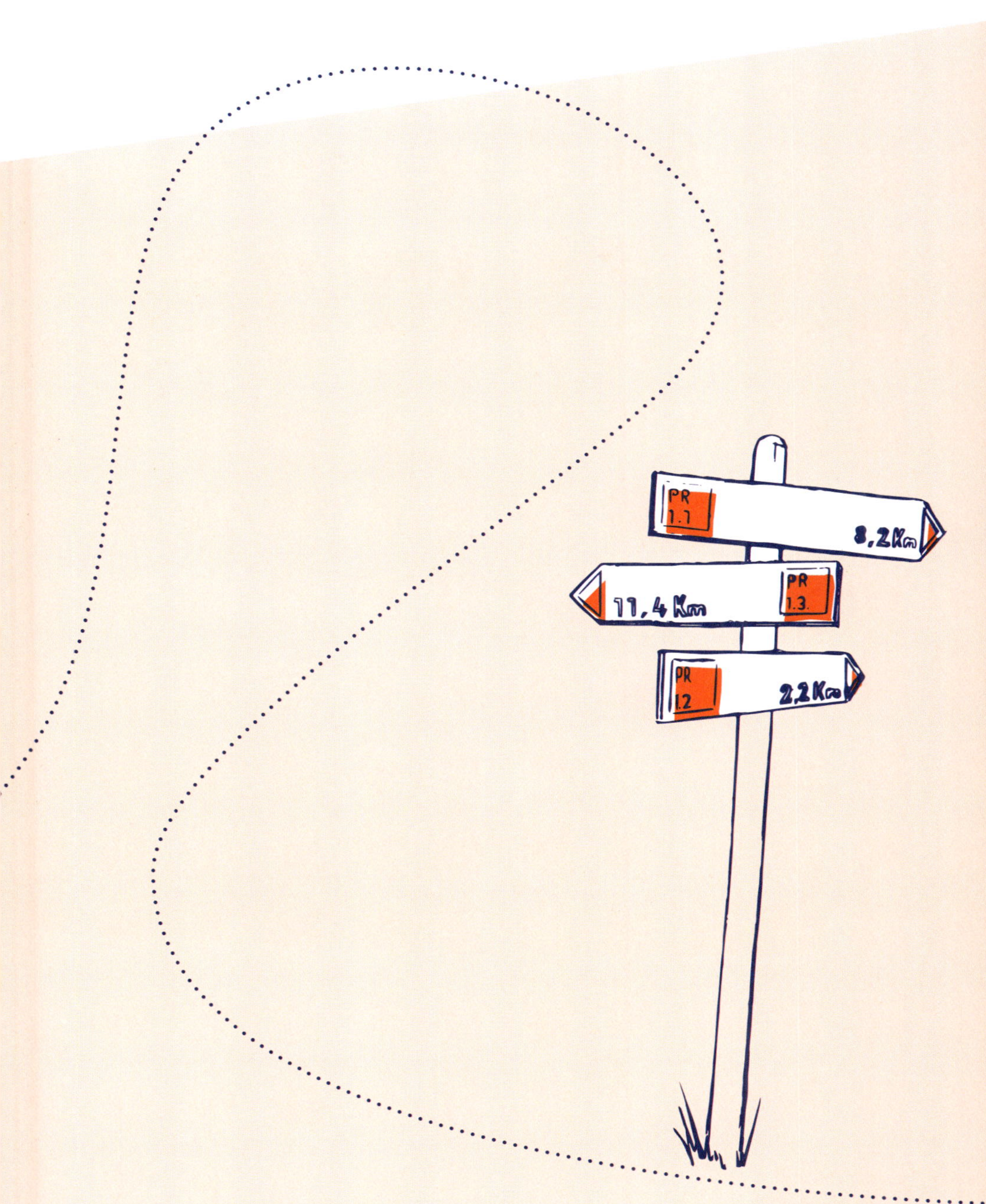
PR
1.1
8,2Km
PR
1.3.
11,4 Km
PR
1.2
2,2Km

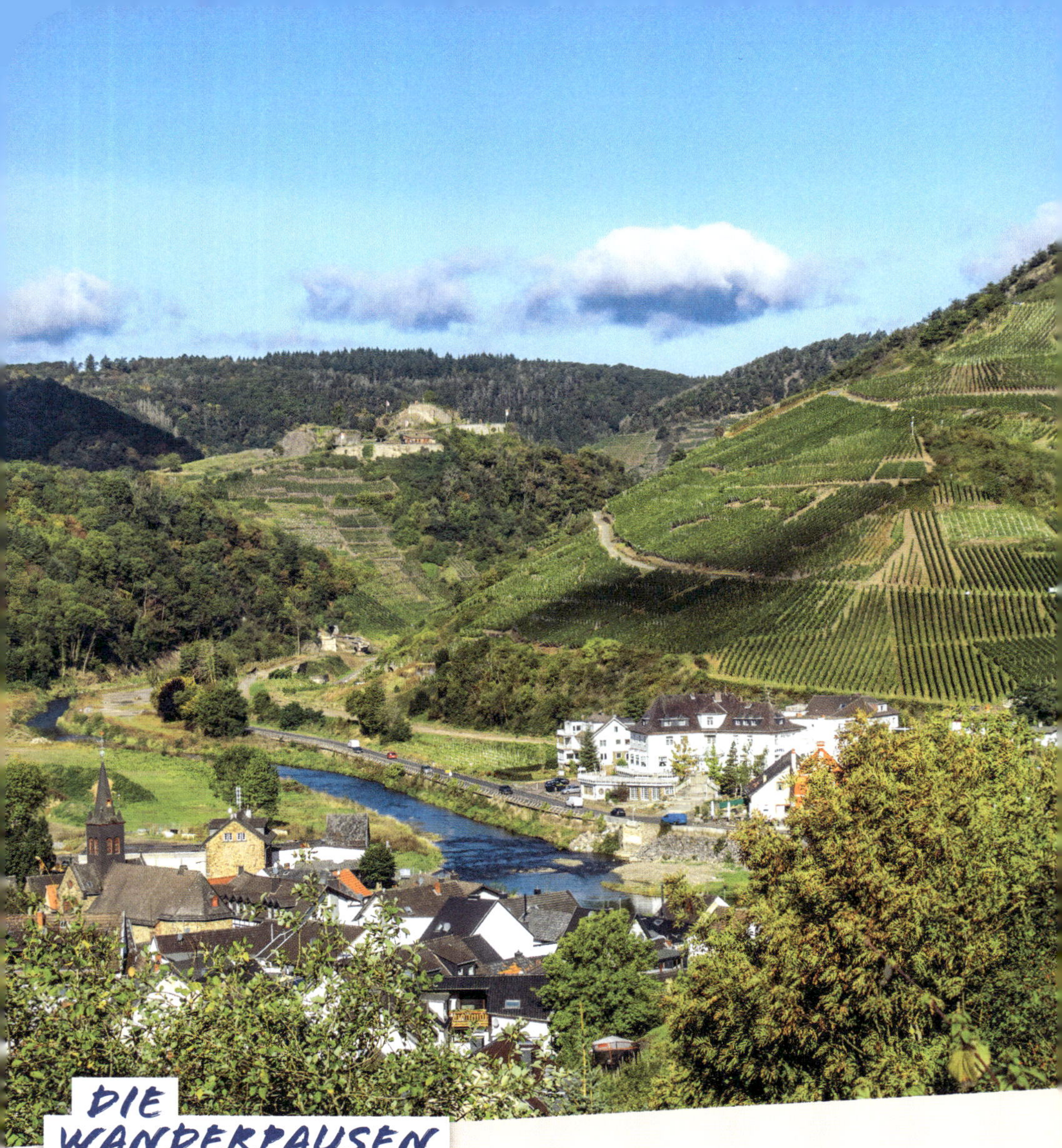

DIE WANDERPAUSEN

» START
Bushaltestelle Rotweinwanderweg, Rech

KM 1,1
1 Holzbank
Den Blick schweifen lassen

KM 1,9
2 Picknickwiesen am Waldrand
Dösen unterm Blätterdach

KM 3,9

3 Krausbergturm & Krausberghütte
Bis zum Kölner Dom schauen

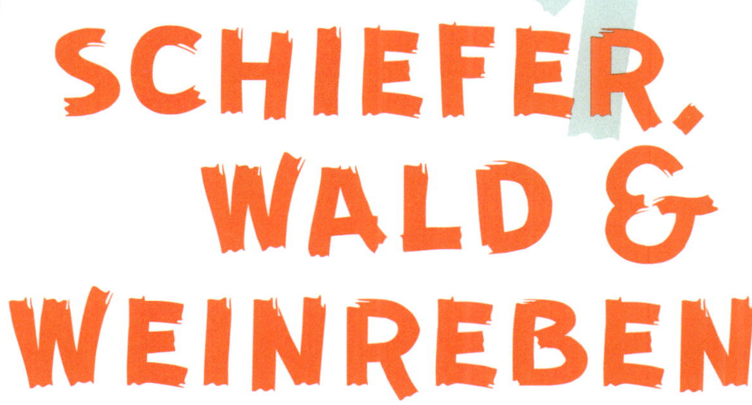

Schiefer, Wald & Weinreben

Über dem Ahrtal bei Rech

Obwohl der kleine Weinort Rech wie viele andere Dörfer und Städte an der Ahr hart von der verheerenden Flut im Juli 2021 getroffen wurde, lohnt sich hier nach wie vor eine Wanderung durch idyllische Weinberge, dichte und lichte Laubwälder und mit Weitsicht ins Tal und über alle Berge.

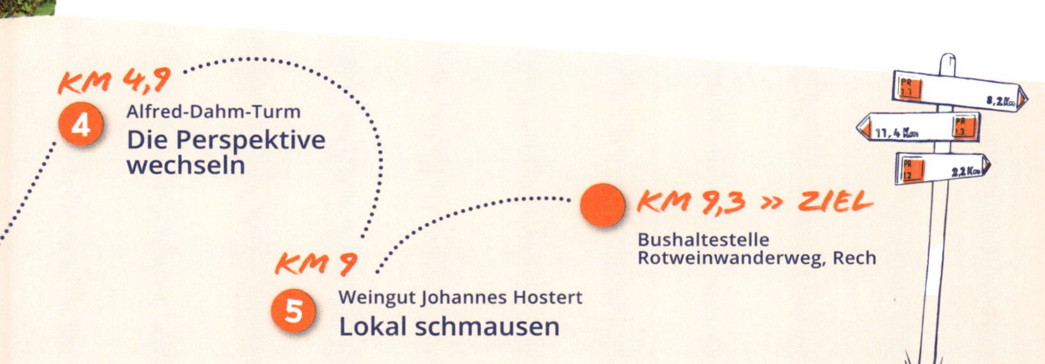

WEINLIEBENDES GESTEIN UND GRÜNE HÜGEL

Schon von Weitem fällt die steinerne Dorfkirche von **Rech** mit ihrem hohen Turm ins Auge. Das Winzerdorf mit weniger als 600 Einwohnern war im Mittelalter ein beliebter Pilgerort. Dank der größten Dichte an Ahrwinzern erfreut sich Rech nach wie vor großer Beliebtheit.

Nach rund 200 Metern geht es über die Ahr und durch den Ort. Vorbei an einer Weg-Madonna, gelangt man auf einen kleinen Pfad, der sich die Weinberge hochschlängelt. Schon bald hat man einen fantastischen Blick auf das Herzstück der Winzer, ihre Weinreben. An der ersten **Holzbank** kann man kurz verschnaufen und die Aussicht genießen. In der Ferne ist der beliebte Rotweinwanderweg zu erkennen.

Der Übergang vom Weinberg in den Mischwald ist fließend, man läuft nun abwechselnd auf weichem Waldboden und Schieferplatten. Das für die Region typische Gestein speichert hervorragend Wärme, was für den Weinanbau hier von entscheidender Bedeutung ist. Schon bald tauchen die ersten schönen **Picknickwiesen** im Wald auf, eine gute Gelegenheit, den Proviant auszupacken.

Bald ist der steilste Aufstieg geschafft und man erreicht das erste Highlight der Tour: Den **Krausbergturm** mit der **Krausberghütte**, wo man sich, falls der Hunger anklopft, mit Bier und Käsewürfeln stärken oder einfach nur die Aussicht vom zehn Meter hohen Turm bis nach Köln und Koblenz genießen kann. Sollte man sich hier die Kraxelei sparen, folgt nach einem kurzen Stück durch den Wald noch eine Chance: Der Ausblick vom fünf Meter höheren **Alfred-Dahm-Turm** ist nicht weniger fantastisch.

AUF EINER WALDLICHTUNG LIEGEN UND DEM SONNENLICHT BEIM SPIEL IN DEN BAUMKRONEN ZUBLINZELN

Dem Waldweg weiter folgend, werden die Lichtungen größer, die Bäume noch erhabener und der Weg ruhiger. Am Dernauer Platz, einer großen Waldlichtung mit Holzbank, kann man ein letztes Mal die Atmosphäre des Waldes einsaugen: das Klopfen der Spechte, das Zwitschern der Vögel und das Rauschen der Blätter im Wind. Es gibt einfach nichts Schöneres, als einen Nachmittag im Wald zu verbringen!

Zurück in Rech, ist die Einkehr in einem der vielen Weingüter, z. B. im **Weingut Johannes Hostert,** Pflicht. Zu Flammkuchen oder einer Jause (Brot, Wurst und Käse) passt perfekt ein Schoppen Ahrwein. Am besten deckt man sich gleich mit guten Tropfen für das heimische Weinregal ein, bevor es zur Bushaltestelle zurückgeht. «

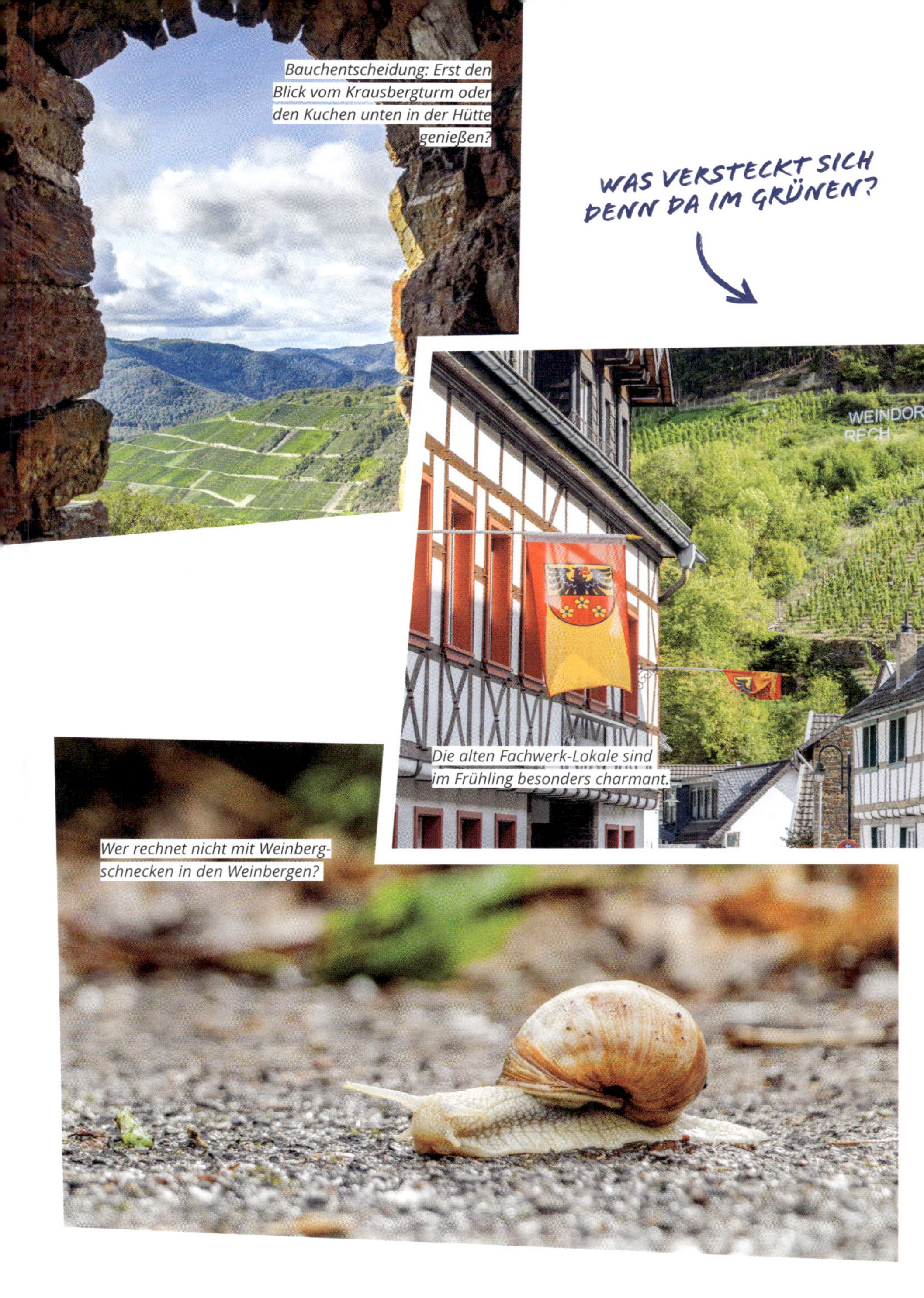

Bauchentscheidung: Erst den Blick vom Krausbergturm oder den Kuchen unten in der Hütte genießen?

Die alten Fachwerk-Lokale sind im Frühling besonders charmant.

Wer rechnet nicht mit Weinberg-schnecken in den Weinbergen?

WANDERN & GENIESSEN

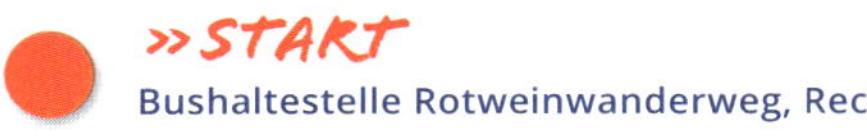

»START

Bushaltestelle Rotweinwanderweg, Rech

Über die neue Brücke geht's in den Ortskern und dann bergauf Richtung Weinberge.

KM 1,1

1 Holzbank

Den Blick schweifen lassen

Schon nach etwa einem Kilometer taucht die erste Holzbank am Wegesrand auf. Am besten schon mal niederlassen und die Aussicht auf Rech und das Ahrtal genießen. Im Herbst leuchtet das Weinlaub in den schönsten Farben, aber auch im Sommer, wenn die Weinreben so langsam ihre Früchte tragen, kann sich das Auge am satten Grün der Rebstöcke erfreuen.

Ein Stück der Straße durch den Weinberg folgen und ab dann immer dem Waldweg nach.

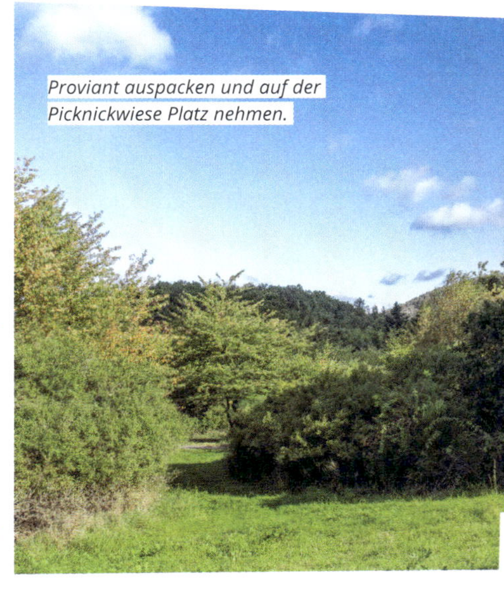

Proviant auspacken und auf der Picknickwiese Platz nehmen.

KM 1,9

2 Picknickwiesen am Waldrand

Dösen unterm Blätterdach

Links und rechts des Waldwegs breiten sich schöne Wiesen aus, ideal, um Picknickdecke, Tee oder Kaffee auszupacken. Ringsherum stehen große Bäume, deren Wipfel sich langsam im Wind bewegen und deren Rauschen die Luft erfüllt. Hier könnte man glatt eine Weile in der Sonne dösen, doch der Wanderweg ruft. Und wer hier nur eine Kleinigkeit zu sich nimmt, hat noch Platz für einen leckeren Eifeler Flammkuchen am Ende der Tour!

Es geht einige Meter geradeaus, dem Weg bergauf folgen. Von nun an den rot-weißen Schildern des Ahrsteigs bis hinauf zum Krausberg folgen.

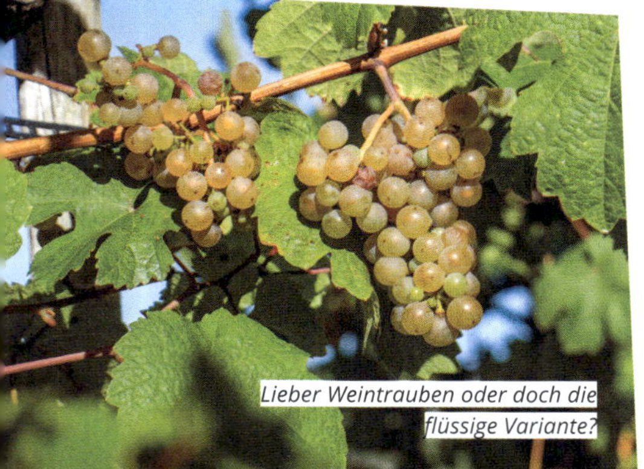

Lieber Weintrauben oder doch die flüssige Variante?

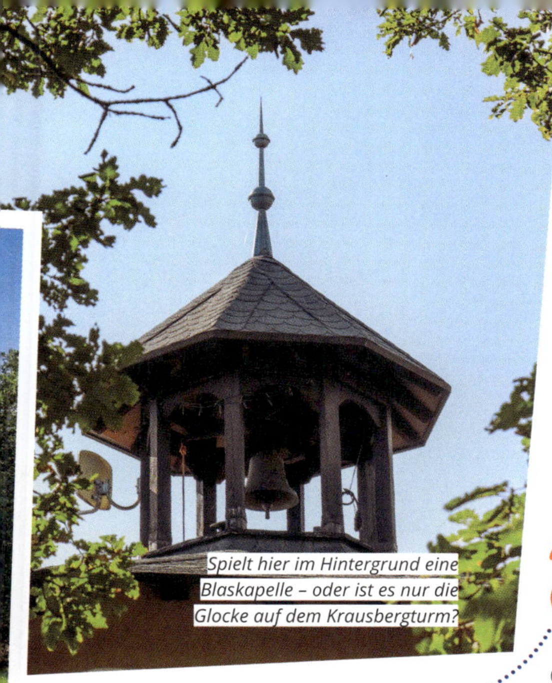

Spielt hier im Hintergrund eine Blaskapelle – oder ist es nur die Glocke auf dem Krausbergturm?

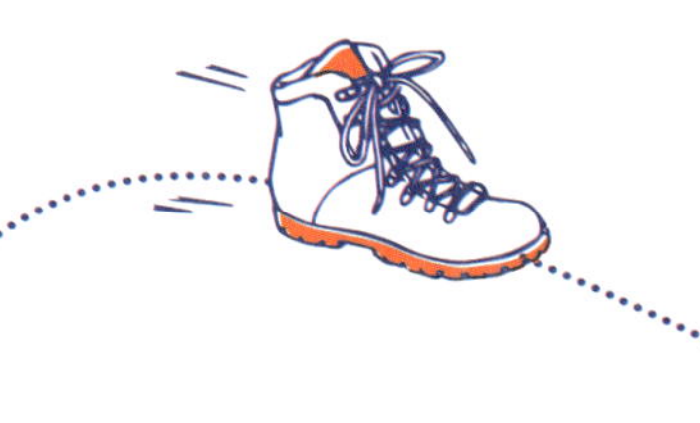

KM 3,9

3 Krausbergturm & Krausberghütte

Bis zum Kölner Dom schauen

Oben auf dem Krausberg angekommen, hat man auch das Wahrzeichen des Weindorfes Dernau, den steinernen Krausbergturm, erreicht. Der Panoramablick von oben reicht bei klarem Wetter bis nach Bonn oder weiter, sodass man von hier sogar den Kölner Dom sehen kann! In der Krausberghütte, die vom Eifelverein bewirtschaftet wird, gibt es leckere Speisen in netter Gesellschaft und zu fairen Preisen (nur an Sonn- und Feiertagen geöffnet, wenn die Fahne auf dem Turm weht, krausberg-dernau.de).

In einen kleinen Waldpfad einbiegen (Beschilderung Richtung Ahrweiler/Ahrsteig). An der nächsten Abzweigung links, dann wieder rechts abbiegen (Krausberg Rundweg).

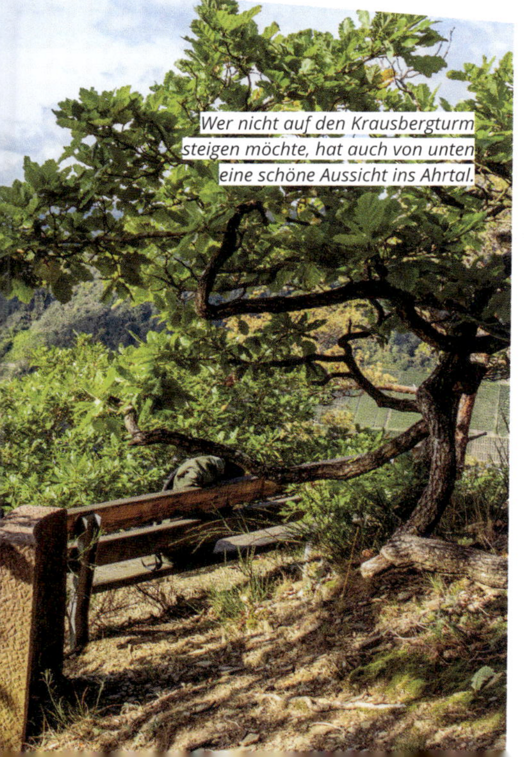

Wer nicht auf den Krausbergturm steigen möchte, hat auch von unten eine schöne Aussicht ins Ahrtal.

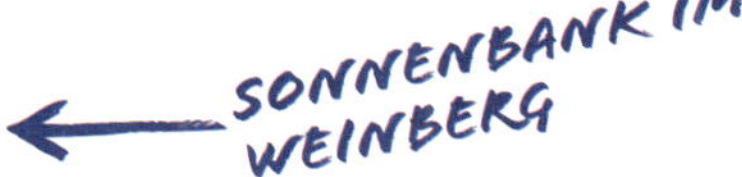

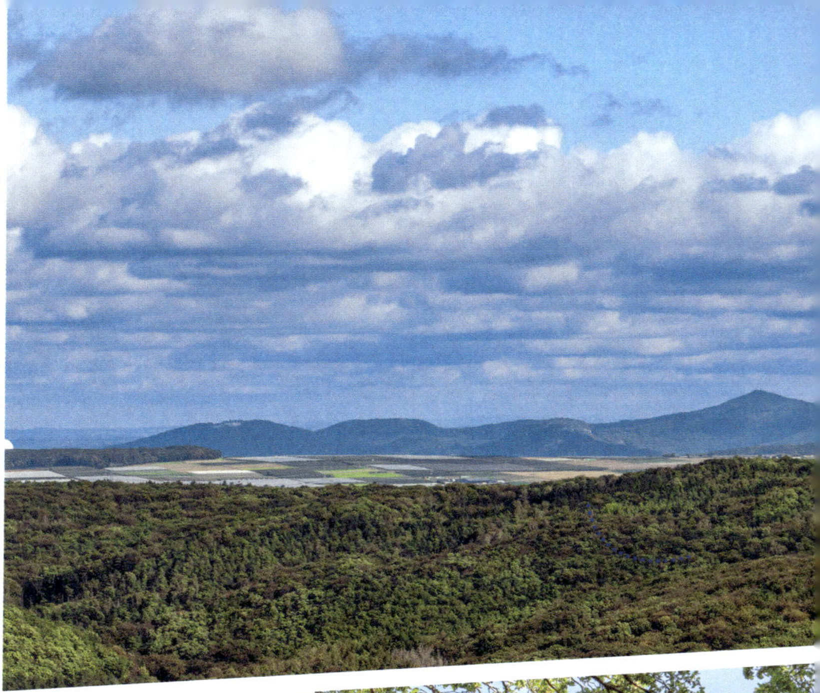

KM 4,9

4 Alfred-Dahm-Turm
Die Perspektive wechseln

Am Alfred-Dahm-Turm angekommen, heißt es zunächst noch die steilen Treppen des acht Meter hohen hölzernen Aussichtsturms zu erklimmen. Oben reicht der Blick bis ins Siebengebirge. Hier gibt es zwar keine Bank, aber auch auf den runden Holzbalken sitzt es sich recht gut. Schnell noch ein Foto oder Selfie, bevor es zurück Richtung Rech geht.

Nach dem Schlenker zum Alfred-Dahm-Turm geht es zurück auf den Waldweg, auf dem man gekommen ist. Links abbiegen und weiter bis zum Dernauer Platz, einer großen Waldlichtung. Danach dem Waldweg folgen, bis man beim Picknickplatz auf den vom Hinweg bekannten Weg trifft. Es geht durch die Weinberge zurück nach Rech, in den Ortskern hinein bis zu den Winzerstuben.

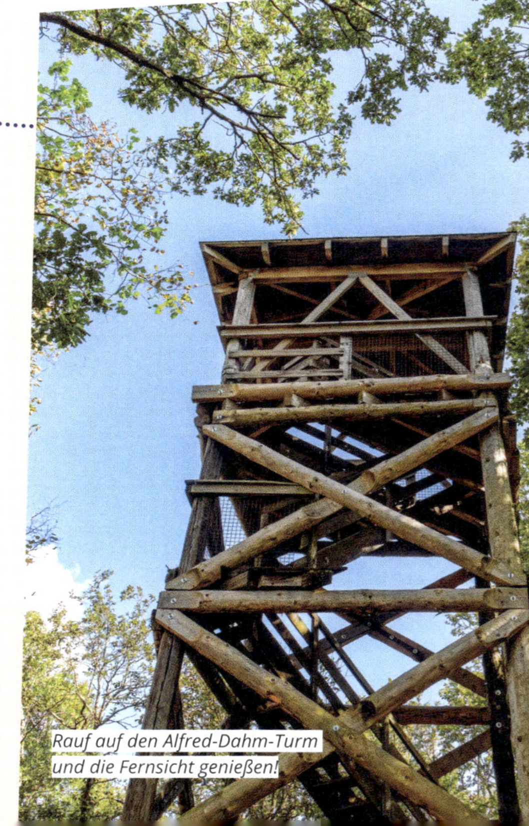

Rauf auf den Alfred-Dahm-Turm und die Fernsicht genießen!

Bei gutem Wetter ist in der Ferne sogar das Siebengebirge zu sehen!

EXTRA INFOS:

In Rech gibt es bei vielen Winzern die Möglichkeit, an einer Weinprobe teilzunehmen. Beim ● **Weingut St. Nepomuk** kann man sogar eine Rebstock-Patenschaft abschließen, bei der ein Weinstock mit dem Namen des Paten bzw. der Patin versehen wird. Später bekommt man von ›seinem‹ Wein auch eine Flasche zugeschickt (Rotweinstraße 5, shop.stnepomuk-rech.de).

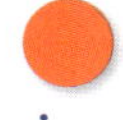

KM 9,3 » ZIEL

Bushaltestelle Rotweinwanderweg, Rech

KM 9

5

Weingut Johannes Hostert

Lokal schmausen

Nach neun Kilometern durch die leicht hügelige Landschaft ist die Zeit für eine echte Verschnaufpause gekommen. In Rech gibt es viele verschiedene Weinstuben und -güter. Im Weingut (Johannes Jakob) Hostert kann man mit einer guten Winzerjause oder verschieden belegten Flammkuchen aus teils regionalen Zutaten verbrauchte Wanderenergie wieder auffüllen. Auch die feine Weinkarte mit hauseigenen Tropfen sollte man sich nicht entgehen lassen! Ob auf der Sonnenterrasse oder in der Weinstube, hier speist man in freundlicher Gesellschaft und kommt schnell mit seinen Sitznachbarn ins Gespräch – typisch Eifel (https://rech-weindorf.de/weingut-johann-jakob-hostert/)!

Von Hostert geht es über die Ahr zurück zur Bushaltestelle Rotweinwanderweg.

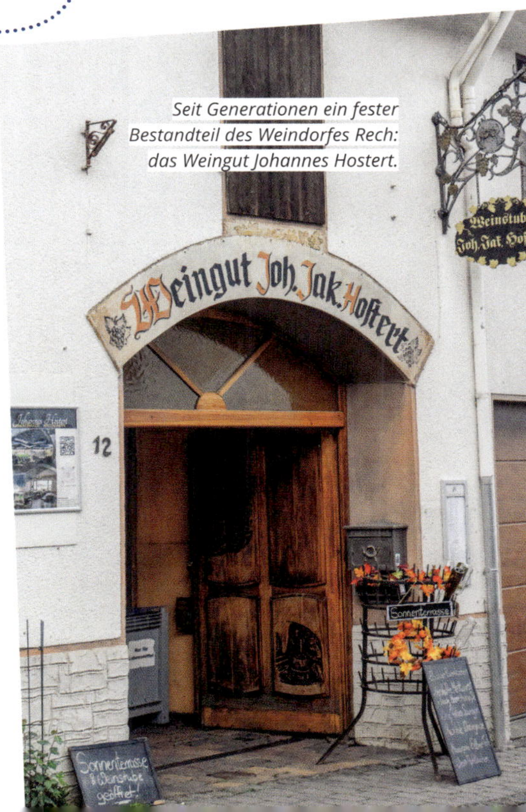

Seit Generationen ein fester Bestandteil des Weindorfes Rech: das Weingut Johannes Hostert.

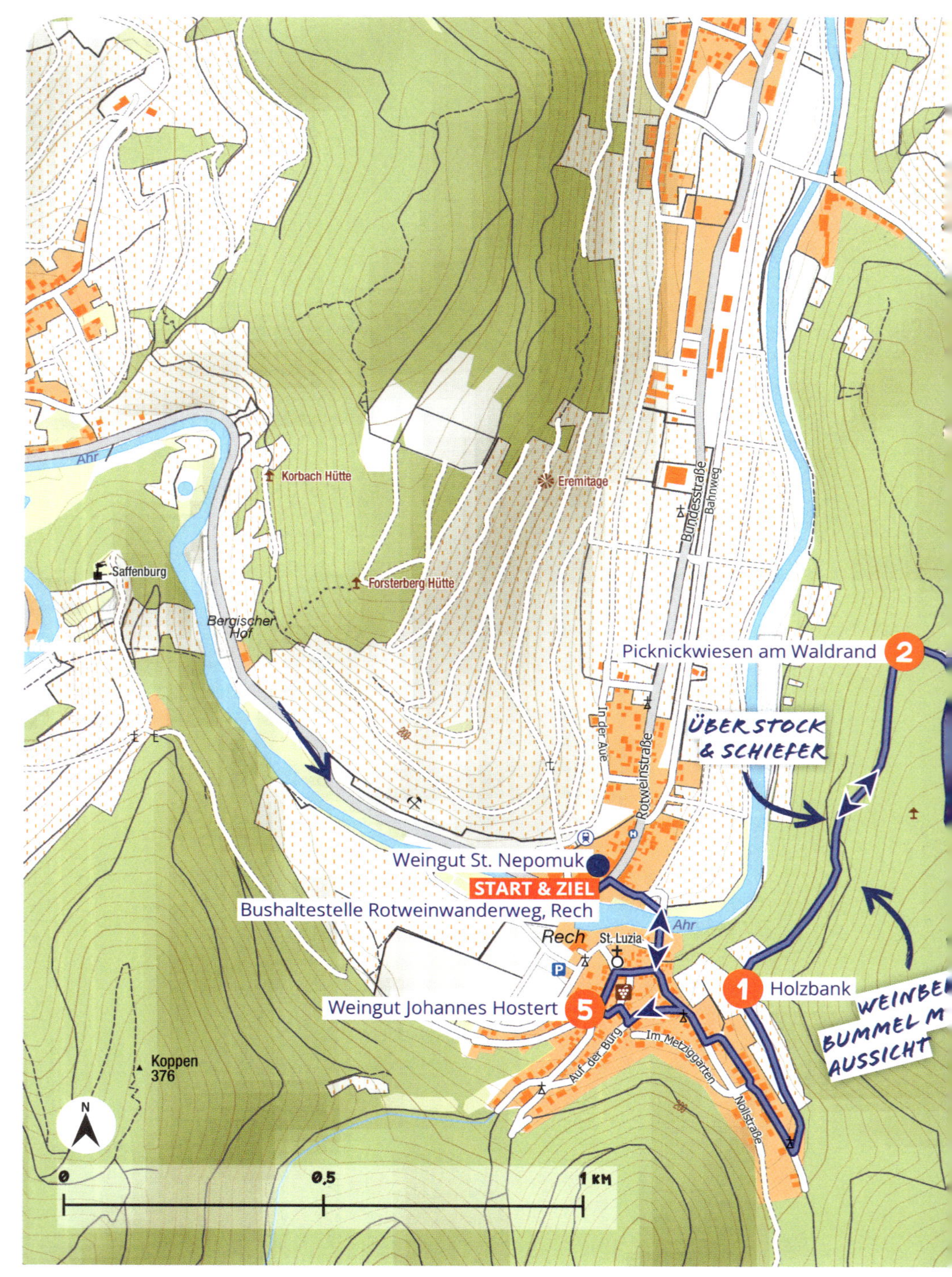

Ahr
Korbach Hütte
Eremitage
Saffenburg
Forsterberg Hütte
Bergischer Hof
Bundesstraße
Bahnweg
Picknickwiesen am Waldrand
2
In der Aue
Rotweinstraße
ÜBER STOCK & SCHIEFER
Weingut St. Nepomuk
START & ZIEL
Bushaltestelle Rotweinwanderweg, Rech
Ahr
Rech
St. Luzia
1
Holzbank
Weingut Johannes Hostert
5
WEINBE
BUMMEL M
AUSSICHT
Im Metziggarten
Auf der Burg
Nollstraße
Koppen 376
N
0
0,5
1 KM

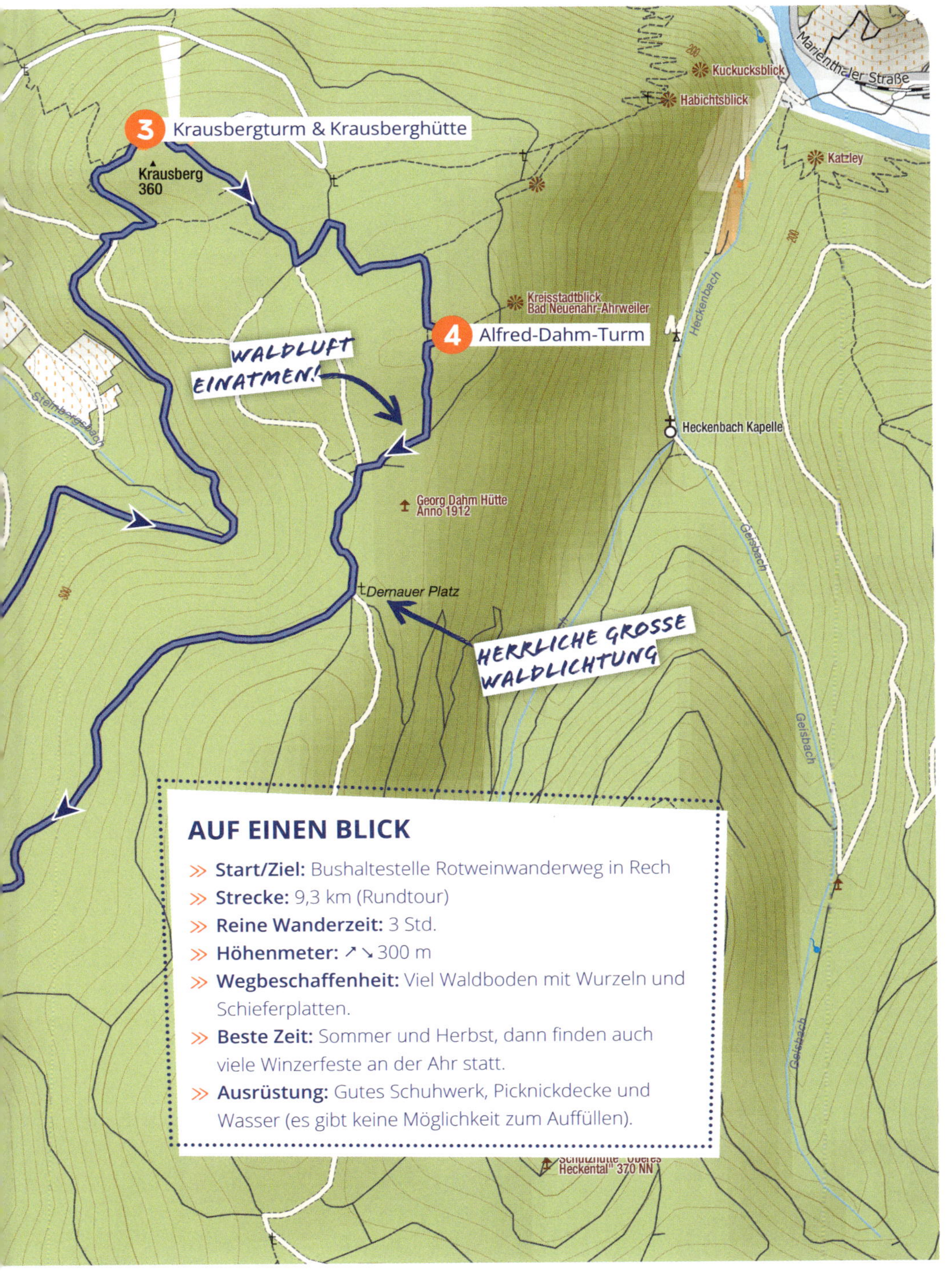

AUF EINEN BLICK

- » **Start/Ziel:** Bushaltestelle Rotweinwanderweg in Rech
- » **Strecke:** 9,3 km (Rundtour)
- » **Reine Wanderzeit:** 3 Std.
- » **Höhenmeter:** ↗↘ 300 m
- » **Wegbeschaffenheit:** Viel Waldboden mit Wurzeln und Schieferplatten.
- » **Beste Zeit:** Sommer und Herbst, dann finden auch viele Winzerfeste an der Ahr statt.
- » **Ausrüstung:** Gutes Schuhwerk, Picknickdecke und Wasser (es gibt keine Möglichkeit zum Auffüllen).

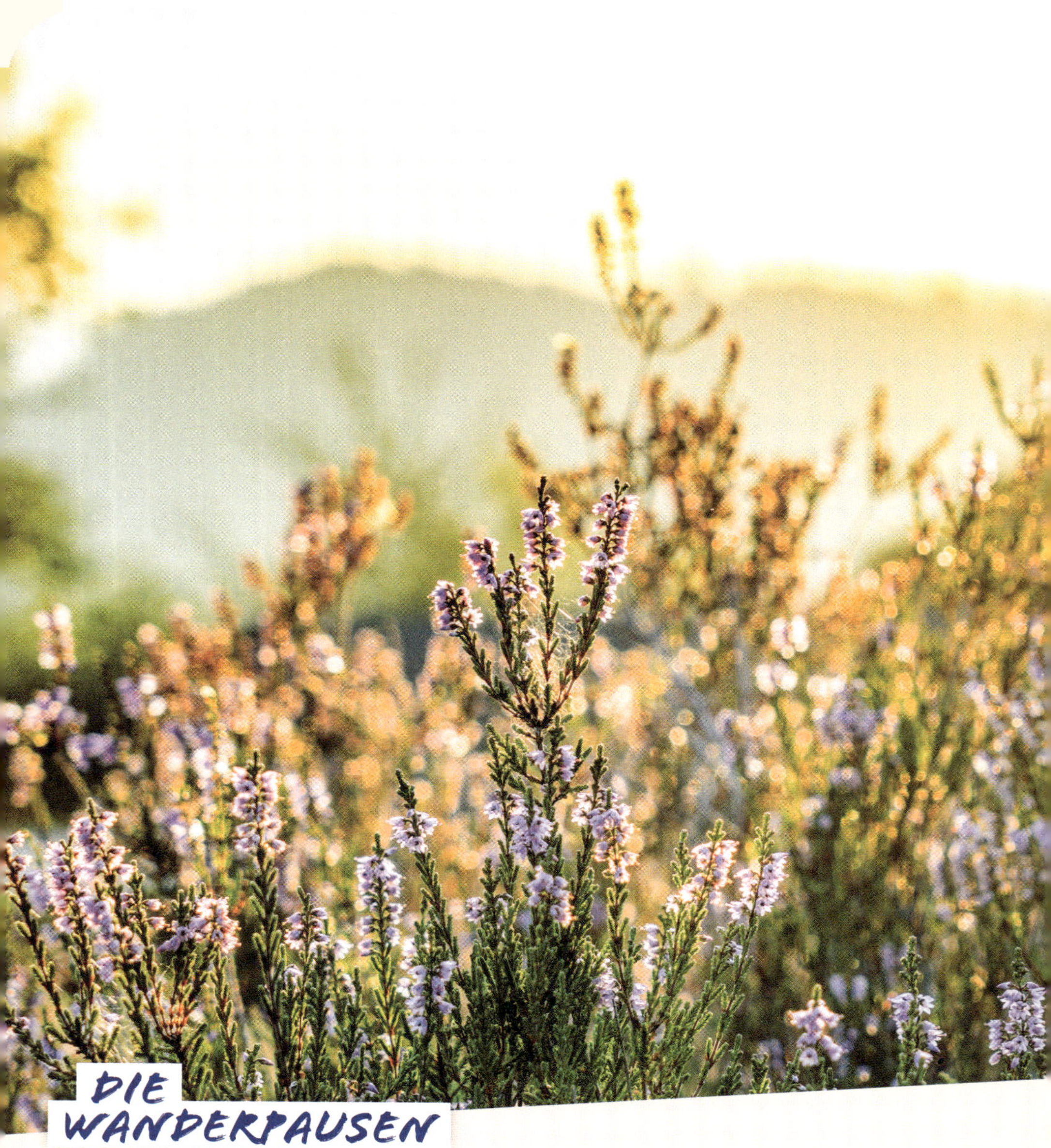

DIE WANDERPAUSEN

» START
Parkplatz Wacholderhütte

KM 0,1

1 Heidegarten auf dem Wabelsberg
Im Farbenrausch schwelgen

KM 2,3

2 Büschberg
Den Ausblick genießen

KM 3,2

Kreuz & Picknickbank
Proviant auspacken

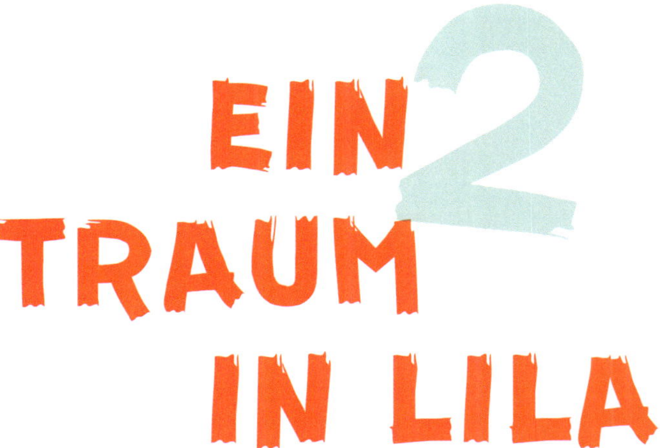

Zur Heideblüte auf den Wabelsberg

Die Eifel hält gerne landschaftliche Überraschungen bereit. So zum Beispiel in der Osteifel, wo man sich in mediterrane Gefilde versetzt fühlen kann. Hier blühen nämlich im August und September die Heidewiesen und ziehen Besucher in ihren Bann.

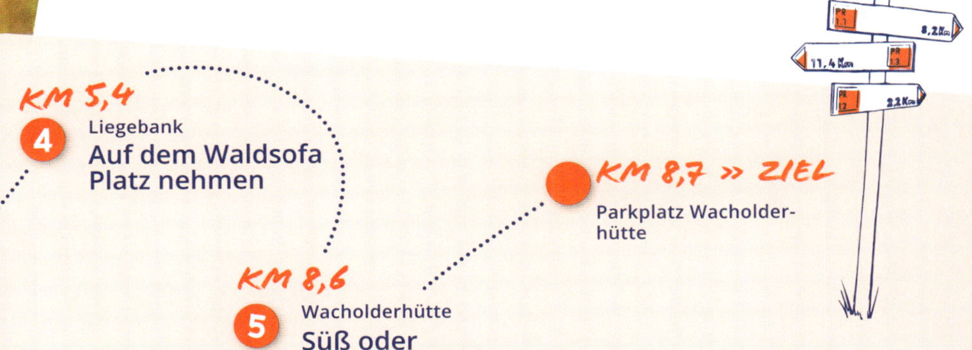

HIER WURDE DER LILA TEPPICH AUSGEROLLT, ...

... so sieht es nämlich aus, wenn im Heidegarten auf dem **Wabelsberg** Ende August das Heidekraut in voller Blüte steht. Der frühe Vogel wird hier belohnt: Im sanften Licht der ersten Sonnenstrahlen wirkt die Heide geradezu magisch. Hier den Sonnenaufgang zu erleben, fühlt sich wie ein besonderes Privileg an. Wer sich von dem Anblick kaum losreißen kann, kann beruhigt sein, denn im Laufe der Wanderung folgen noch einige kleinere Heidewiesen.

Vorbei an mehreren Rastbänken führt der Pfad zum Heidegarten auf dem 587 Meter hohen **Büschberg.** Er wurde mit 34 heidetypischen Pflanzenarten angelegt. Eine Infotafel erinnert an ein Naturschutzprojekt, das zwischen 2005 und 2010 umgesetzt wurde, um die artenreichen Wacholderheiden in der Osteifel zu erhalten. Wacholder ist ein immergrüner Baum, der zur Familie der Zypressengewächse gehört und sehr robust, aber auch lichtbedürftig ist. Daher wächst er gerne in offenen Heidelandschaften. Jahrhundertelang sorgte die Beweidung mit Schafen, Ziegen und auch Rindern für offene Wachholderheiden. Die Tiere verschmähten stachelige Pflanzen wie den Wacholder. Durch den Rückgang der Wanderschäferei drohten die Flächen zuzuwachsen.

WENN DIE ERSTEN SONNENSTRAHLEN DIE BLÜHENDE HEIDE AUF DEM WABELSBERG IN EIN MAGISCHES LICHT TAUCHEN

Bald darauf erreicht man eine Picknickbank bei einem **Kreuz in einem Wacholderbaum.** Dann taucht der Weg in den Wald ein und der Abstieg ins Nettetal beginnt. Unten angekommen, verläuft der Weg eine Weile parallel zur Nette, und so wird man vom Geplätscher des insgesamt knapp 60 Kilometer langen Nebenflüsschens des Rheins begleitet.

In einem kurzen Intermezzo führt der Weg aus dem Wald heraus. Eine **Liegebank** lädt zu einer weiteren Rast ein. Der steile Endspurt ist nicht mehr weit, und so darf man ruhig ein wenig länger verweilen und die Glieder vor dem Aufstieg nochmal entspannen. Dann geht es durch den Wald hinauf zum Ausgangspunkt. Erst auf einem breiten Forstweg, dann im letzten Stück auf einem schmalen, mit Wurzeln bewachsenen Pfad. Vorbei an einer kleinen Holzhütte, ist auch schon wieder der Heidegarten am Wabelsberg erreicht, wo die **Wacholderhütte** wartet und man sich eine wohlverdiente Stärkung gönnen darf.

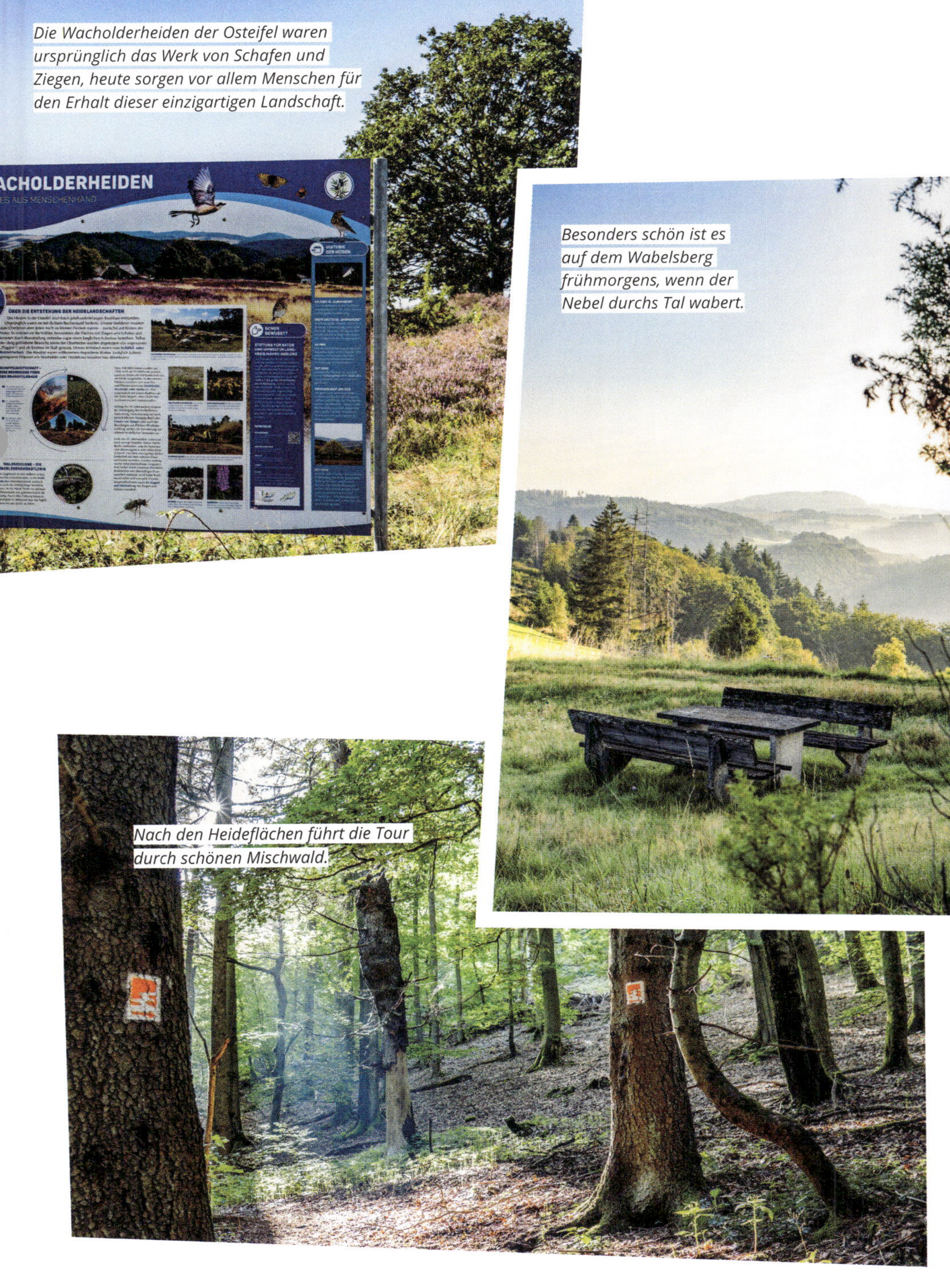

Die Wacholderheiden der Osteifel waren ursprünglich das Werk von Schafen und Ziegen, heute sorgen vor allem Menschen für den Erhalt dieser einzigartigen Landschaft.

Besonders schön ist es auf dem Wabelsberg frühmorgens, wenn der Nebel durchs Tal wabert.

Nach den Heideflächen führt die Tour durch schönen Mischwald.

WANDERN & GENIESSEN

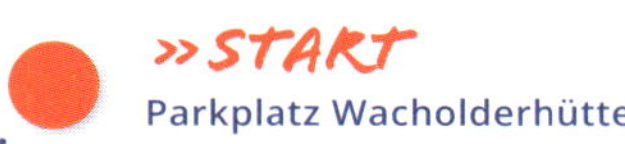

» START

Parkplatz Wacholderhütte

Vom Parkplatz geht es zunächst rechts auf den Wacholderweg (orange-weißes Schild Traumpfade). Direkt davor liegt die Heidewiese.

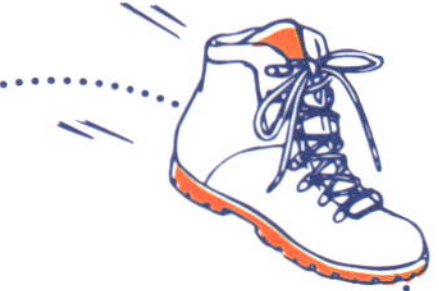

KM 0,1

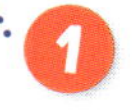

Heidegarten auf dem Wabelsberg

1 Im Farbenrausch schwelgen

Heidewiesen sind Orte voller Leben. So auch auf dem Wabelsberg. In und um die niedrigen Wacholderbüsche summt und brummt es. Bienen, Hummeln und Co. nutzen den Blütenreichtum der Heide mit Vorliebe zum Sammeln des kostbaren Nektars. Auch Schmetterlinge sieht man hier in Hülle und Fülle – mit etwas Glück sogar seltene Arten. Die Heidelandschaft ist in die bewaldeten Kuppen der Osteifel herrlich eingebettet. Um diese Kulturlandschaft zu erhalten, wurden hier zwischen Oktober 2008 und Juli 2009 45 Pflanzenarten neu angesiedelt, die über Jahrhunderte die Heidelandschaft prägten, bevor sich durch den Rückgang der Beweidung Wald die Flächen eroberte. Heute bilden sie den unter Naturschutz stehenden Heidegarten.

Der breite Wanderweg führt links am Heidegarten vorbei. Über die Hochfläche geht es immer den Schildern nach mit einem kleinen Schlenker zum Büschberg.

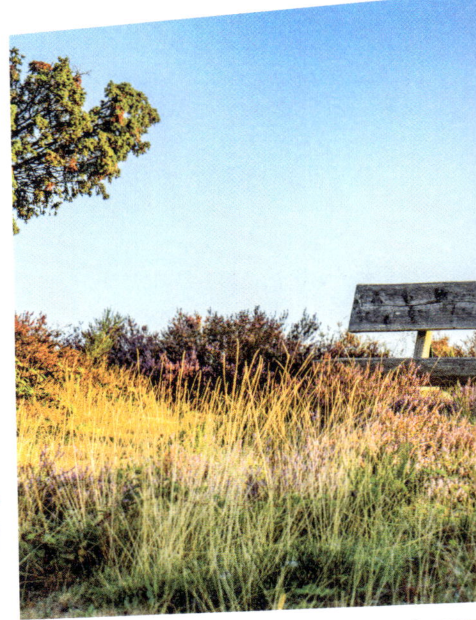

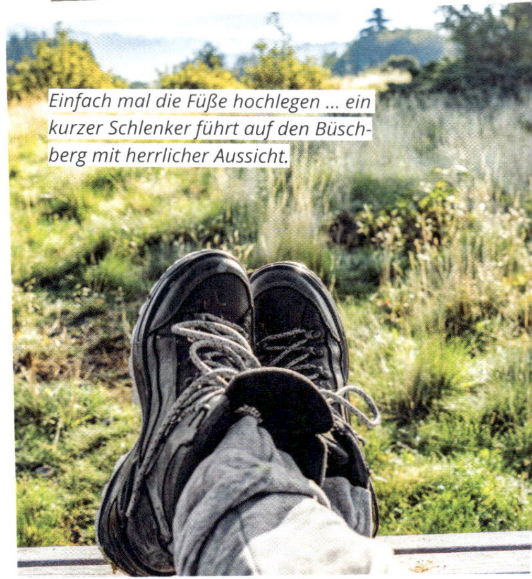

Einfach mal die Füße hochlegen ... ein kurzer Schlenker führt auf den Büschberg mit herrlicher Aussicht.

KM 3,2

3

Kreuz & Picknickbank

Proviant auspacken

Bald erreicht man einen Picknickplatz mit Tisch und zwei Bänken am Wegesrand. Der perfekte Ort, um den Proviant auszupacken. Ein Wegkreuz mit einem kleinen Dach, das hier einst vor einem Wacholderstrauch aufgestellt wurde, ist mittlerweile von diesem komplett überwachsen, sodass es jetzt praktisch im Baum steht. Wacholderbäume können übrigens bis zu zwölf, maximal 18 Meter hoch und bis zu 600 Jahre alt werden.

Der Beschilderung nun bergab Richtung Nettetal folgen.

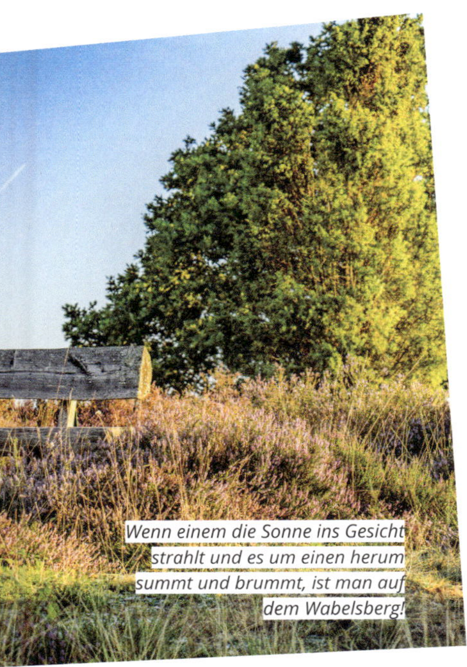

Wenn einem die Sonne ins Gesicht strahlt und es um einen herum summt und brummt, ist man auf dem Wabelsberg!

KM 2,3

2

Büschberg

Den Ausblick genießen

Auch der Heidegarten auf dem Büschberg wurde angelegt, um die Wiederausbreitung von Heidewiesen zu fördern. Am höchsten Punkt informiert eine Infotafel über das Naturschutzgebiet. Eine hölzerne Liegebank lädt dazu ein, den Ausblick über die größtenteils bewaldeten Hügel der Osteifel zu genießen. Wer zum Sonnenaufgang losgewandert ist, kann nun die allmählich wärmenden Sonnenstrahlen auf dem Gesicht spüren und dem Summen zahlreicher Insekten lauschen.

Zurück zum Wacholderweg und nach rechts weiter.

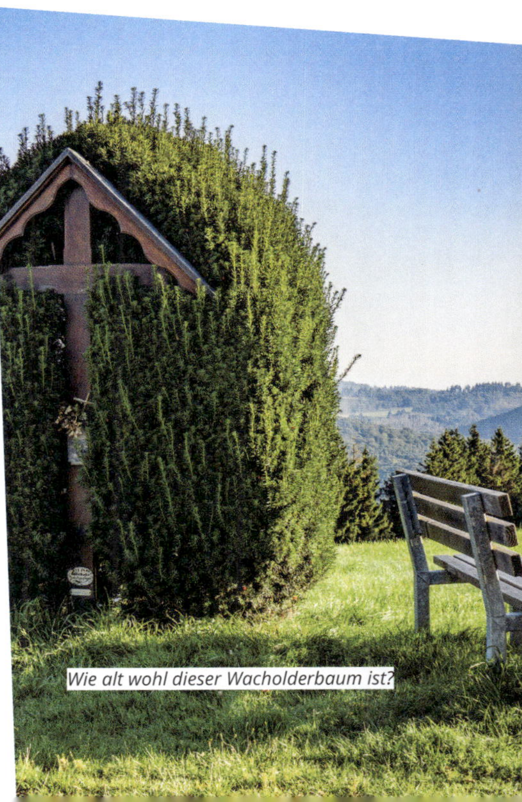

Wie alt wohl dieser Wacholderbaum ist?

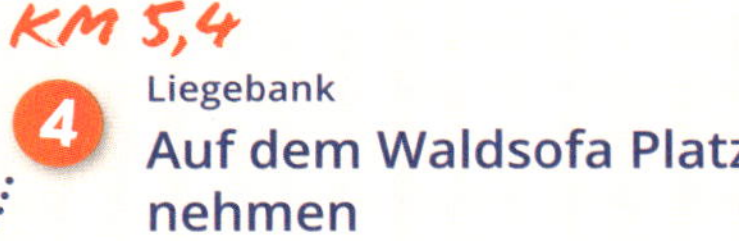

KM 5,4

4 Liegebank

Auf dem Waldsofa Platz nehmen

Nach dem Abstieg wartet relativ bald eine Liegebank. Nicht umsonst poppen immer mehr dieser auch Waldsofa genannten Sitzgelegenheiten auf, die ideal zum Waldbaden sind, ohne dazu den Weg verlassen und sich auf pieksendem Boden niederlassen zu müssen. Ganz entspannt kann man hier den Blick ins Nettetal und auf die umliegenden Hügel werfen und dabei die Füße hochlegen. Die Pause darf man ruhig mitnehmen, da der einzige richtige Aufstieg dieses Rundwanderweges noch aussteht.

Der Beschilderung durch den Wald folgen. Der Weg verläuft ca. 1,5 Kilometer nach der Liegebank flach, bevor es knapp 1,5 Kilometer deutlich bergauf geht. Zunächst auf einer breiten Forststraße, dann über einen kleinen Pfad Richtung Wacholderhütte.

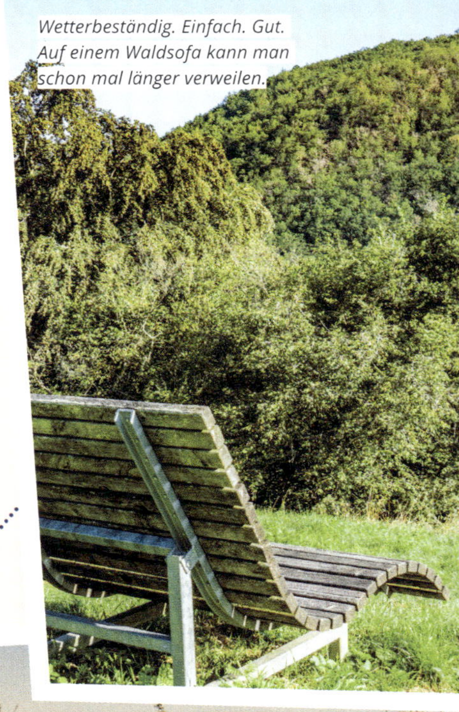

Wetterbeständig. Einfach. Gut. Auf einem Waldsofa kann man schon mal länger verweilen.

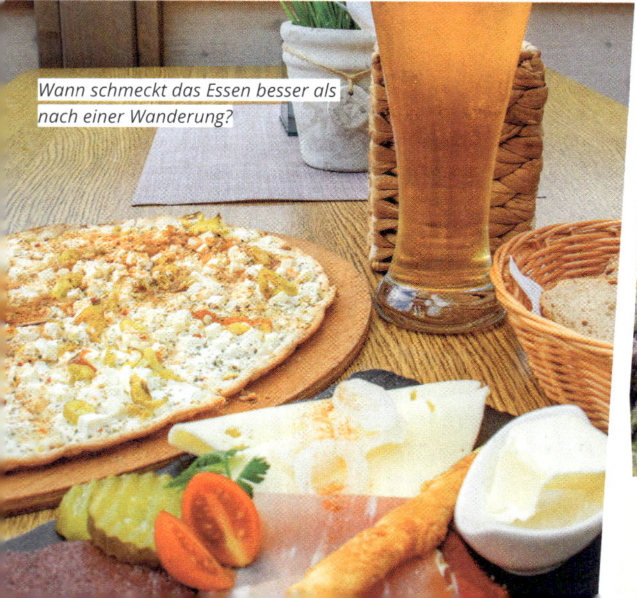

Wann schmeckt das Essen besser als nach einer Wanderung?

KM 8,6

5 Wacholderhütte

Süß oder lieber pikant?

Einfach den Wanderrucksack absetzen und das Brennen in den Beinen nach dem Aufstieg genießen. Denn das bedeutet, dass man was getan hat. Und zwar für Körper und Geist. In der Wacholderhütte darf man sich nun guten Gewissens mit Strammem Max, Currywurst oder Burger belohnen. Für die Süßmäuler gibt es natürlich auch Eis, Waffeln und hausgebackenen Kuchen. Ganz nach Belieben (wacholderhütte.de).

Von der Wacholderhütte sind es nur wenige Meter zum Parkplatz.

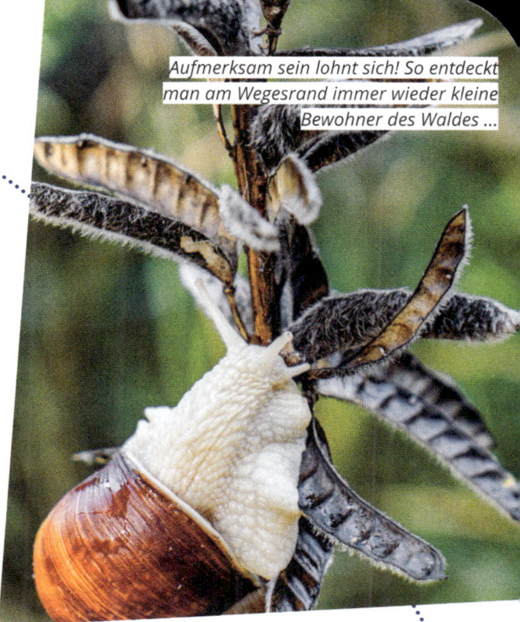

Aufmerksam sein lohnt sich! So entdeckt man am Wegesrand immer wieder kleine Bewohner des Waldes …

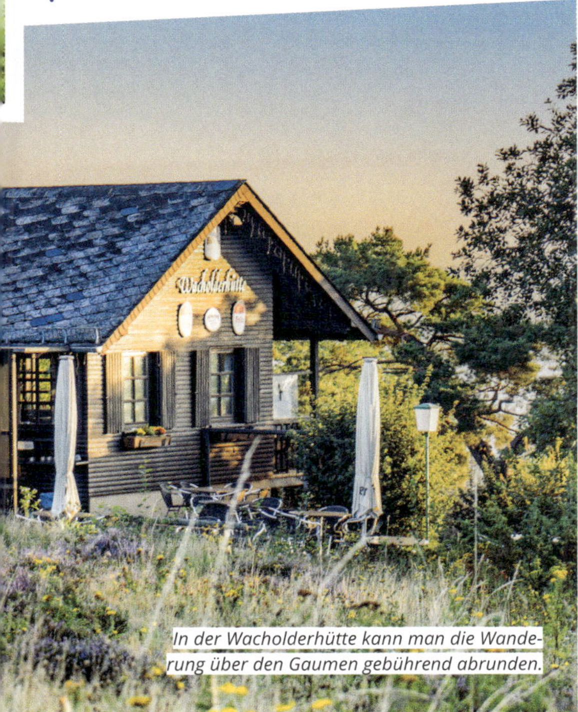

In der Wacholderhütte kann man die Wanderung über den Gaumen gebührend abrunden.

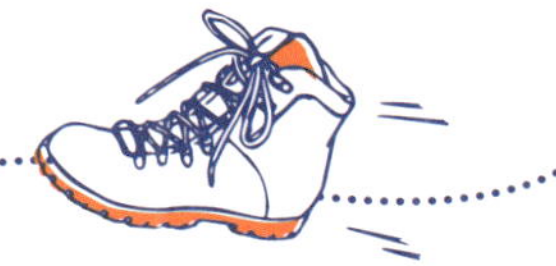

KM 8,7 » ZIEL

Parkplatz Wacholderhütte

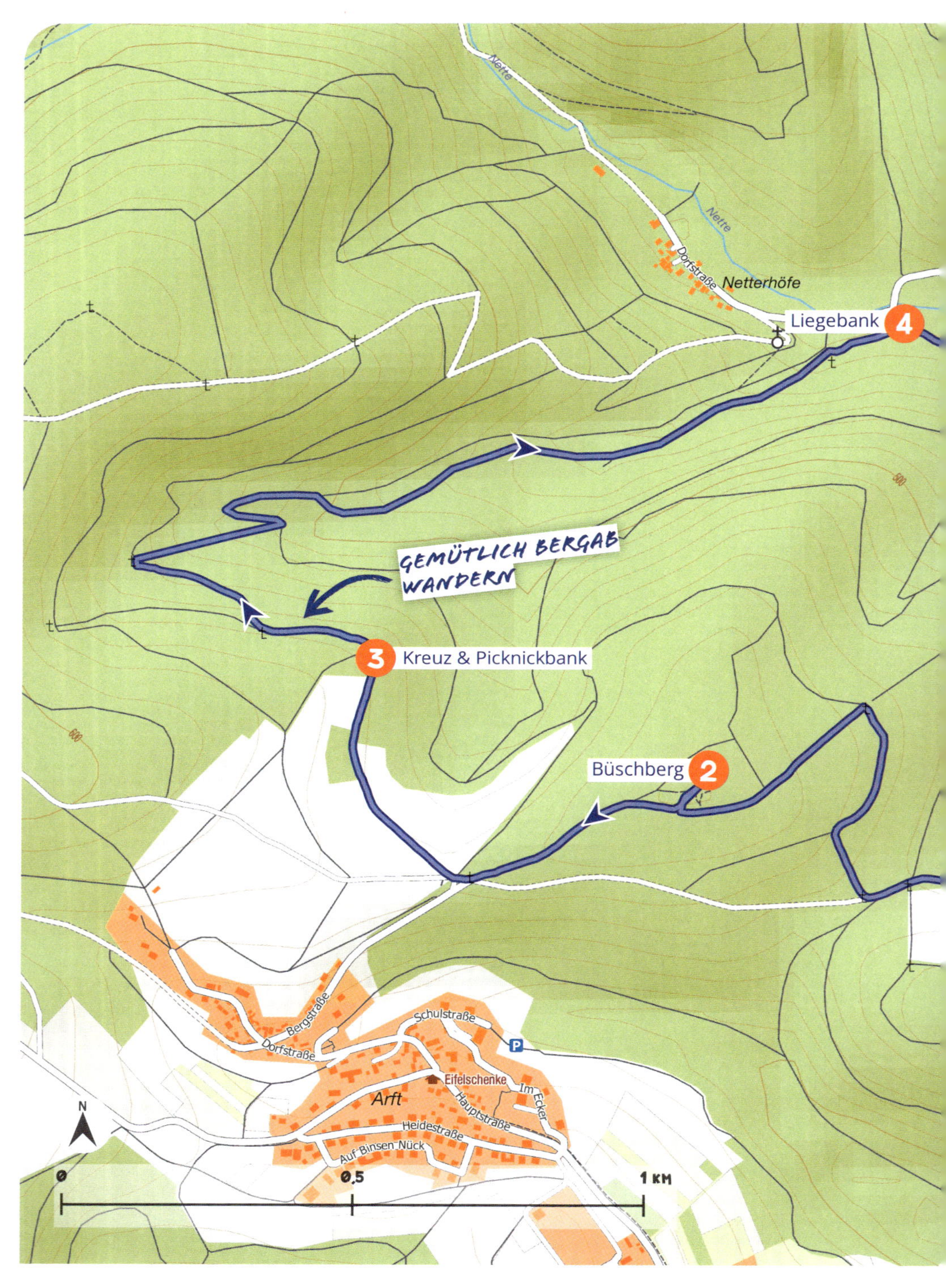
Nette
Nette
Dorfstraße
Netterhöfe
Liegebank 4
500
GEMÜTLICH BERGAB WANDERN
3 Kreuz & Picknickbank
600
Büschberg 2
Bergstraße
Dorfstraße
Schulstraße
P
Eifelschenke
Im Ecker
Arft
Hauptstraße
Heidestraße
Auf Binsen Nück
N
0
0.5
1 KM

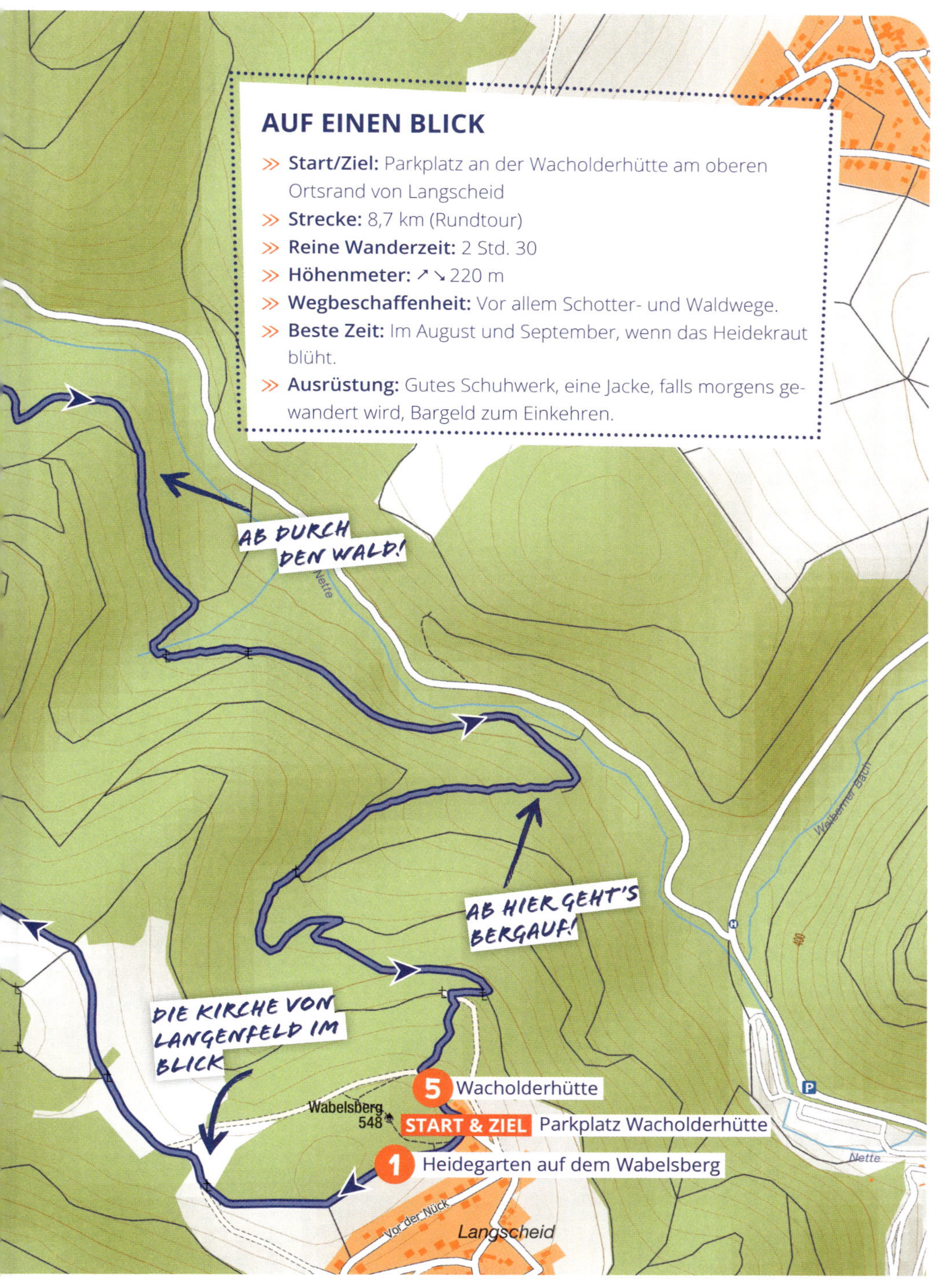

AUF EINEN BLICK

- **Start/Ziel:** Parkplatz an der Wacholderhütte am oberen Ortsrand von Langscheid
- **Strecke:** 8,7 km (Rundtour)
- **Reine Wanderzeit:** 2 Std. 30
- **Höhenmeter:** ↗↘ 220 m
- **Wegbeschaffenheit:** Vor allem Schotter- und Waldwege.
- **Beste Zeit:** Im August und September, wenn das Heidekraut blüht.
- **Ausrüstung:** Gutes Schuhwerk, eine Jacke, falls morgens gewandert wird, Bargeld zum Einkehren.

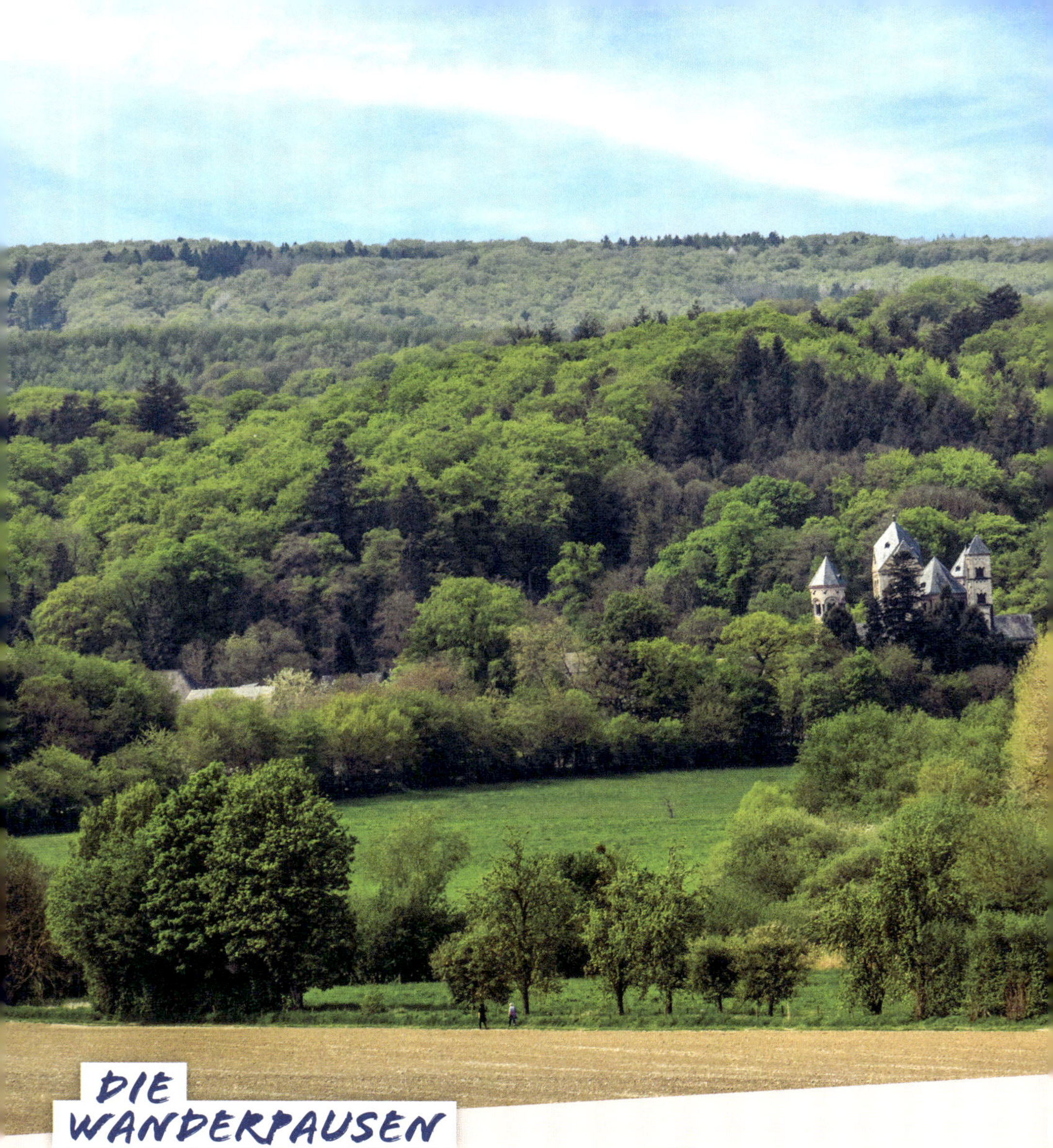

DIE WANDERPAUSEN

» START
Bushaltestelle
Kloster Maria Laach

KM 2,7
1 Alte Eiche
Vom Blitz getroffen

KM 3
2 Kruzifix
Picknick mit Klosterblick

KM 4,3

Aussichtspunkt Teufelskanze
Grandiose Fernsicht

MÖNCHE & VULKANE

3

Durch die Vulkaneifel bei Maria Laach

Das Kloster Maria Laach und der Laacher See liegen traumhaft eingebettet in eine Kulisse aus dichten Wäldern. Es geht bergauf und bergab durch die Vulkanlandschaft der Osteifel und schließlich zur Benediktinerabtei aus dem 12. Jahrhundert.

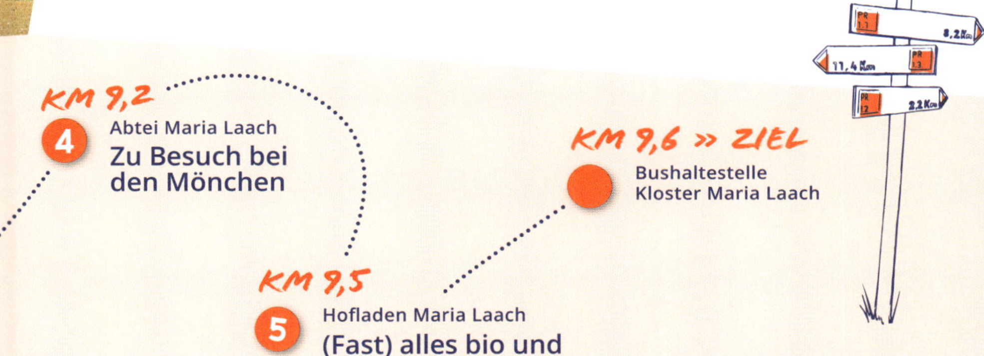

DICHTE BUCHENWÄLDER ...

... spenden auf dieser Tour Ruhe und im Sommer auch immer wieder Schatten. Das Benediktinerkloster im Rücken, vorbei an der **alten Eiche,** die vom Blitz getroffen wurde und jetzt erst recht märchenhaft aussieht. Dann öffnet sich die Ebene und man sieht schon das große steinerne **Kruzifix** mit Bänken zum Ausruhen und Schauen. Mit etwas Glück bekommt man sogar Rehe zu sehen, wie sie über die Wege huschen. Da es hier so ruhig ist, wagen sie sich aus der Deckung.

Über den Hügelkamm, der Krufter Ofen heißt, geht es Richtung Teufelskanzel. Man läuft hier ein Stückchen über den Bergkamm und kann sich gut vorstellen, warum die Gegend Vulkaneifel heißt. Der Laacher See bildet das Zentrum des Vulkangebietes der Osteifel. Vor etwa 13 000 Jahren brach der Vulkan hier aus, in der Folge füllte die Caldera sich mit Wasser und so entstand der See.

IM KREUZGANG DER ABTEIKIRCHE DIE STILLE GENIESSEN

Bei der **Teufelskanzel** angekommen, braucht man nur den Blick schweifen zu lassen. An klaren Tagen reicht er bis zum Rheintal mit Taunus, Westerwald und Hunsrück. In der Nähe liegt der Krufter Waldsee, dort hinten leuchten im Frühsommer die Rapsfelder und direkt unterhalb sieht man einen wunderschönen, mit dichtem Laubwald bewachsenen Hang. Es geht wieder bergab, vorbei an Blumenwiesen, alten Laubbäumen und kleinen Lichtungen.

Zurück auf dem bereits bekannten Weg, läuft man nun auf das **Benediktinerkloster Maria Laach** zu, das 1093 gegründet wurde und auf eine wechselvolle Geschichte zurückblickt. Noch heute ist es ein bedeutendes Zentrum für geistige, künstlerische und handwerkliche Betätigung. Herzstück der Abtei ist die sechstürmige Basilika, die als eine der schönsten und besterhaltenen romanischen Kirchen des Landes gilt. Erbaut wurde sie unter anderem aus braun-gelbem Laacher Tuff. Wenn Zeit ist, lohnt sich auch ein Blick in eine der vielen handwerklichen und künstlerischen Betriebe der Abtei, die von der Klostergärtnerei über die Buchhandlung bis zur Keramikwerkstatt und mehr reichen.

Die kleine Wanderung könnte man gut mit einer großen Portion Pommes Frittes und einer Bio-Saftschorle im Garten des **Hofladens** von Maria Laach beschließen. Hier, neben dem Apfelbaum und dem Insektenhotel, kann man noch einmal lächelnd den schönen Tag Revue passieren lassen. Oder man läuft noch ein paar Schritte zum Seeufer. «

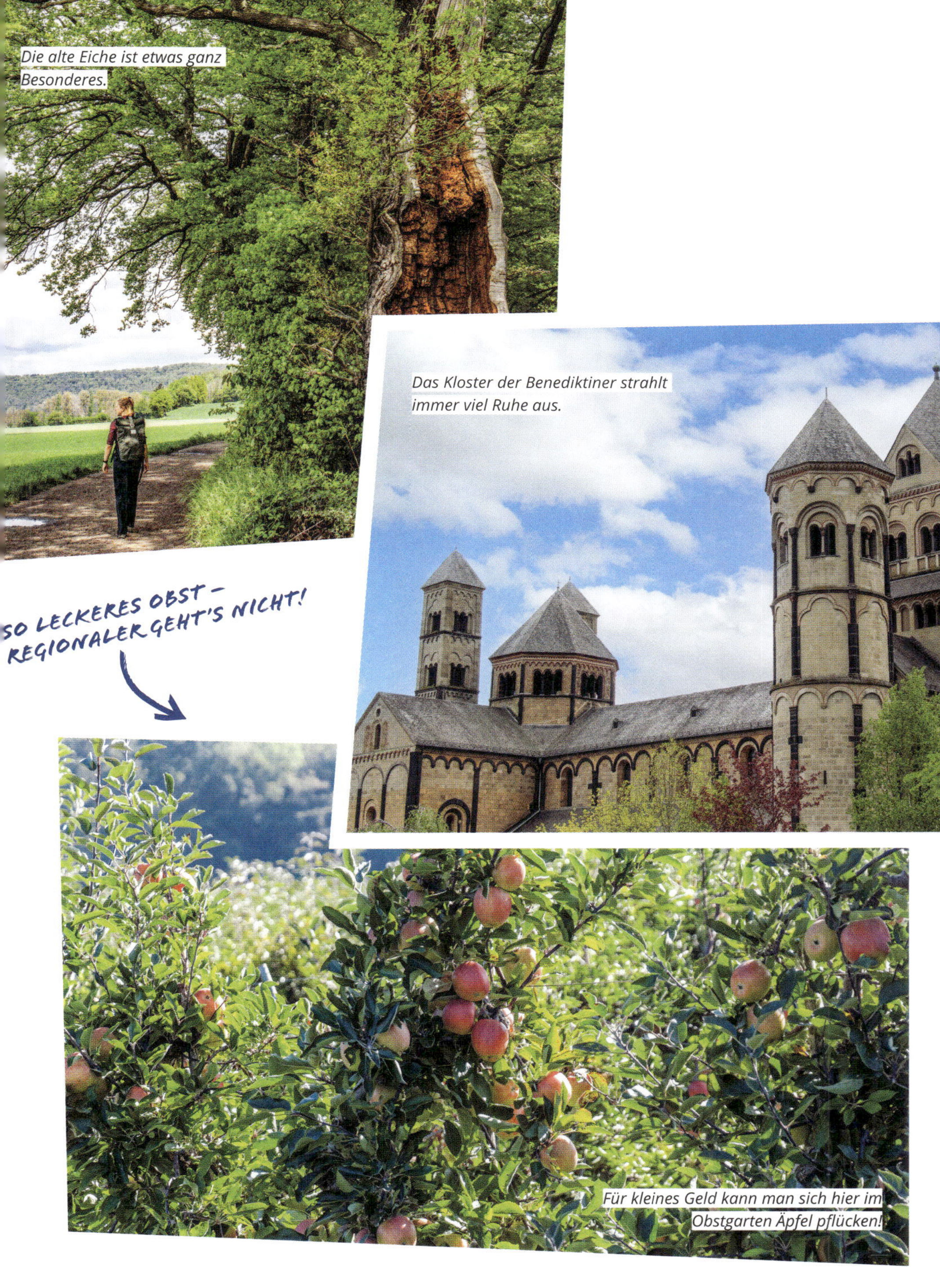

Die alte Eiche ist etwas ganz Besonderes.

Das Kloster der Benediktiner strahlt immer viel Ruhe aus.

Für kleines Geld kann man sich hier im Obstgarten Äpfel pflücken!

WANDERN & GENIESSEN

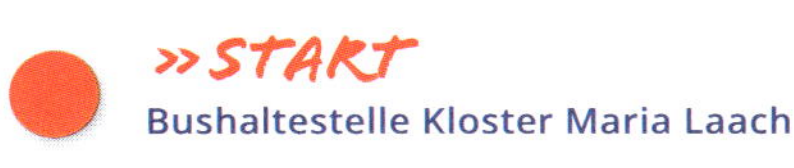

»START

Bushaltestelle Kloster Maria Laach

Von der Bushaltestelle, die Abtei im Rücken, auf dem kleinen Weg erst nach rechts und dann links abbiegen. Erneut links abbiegen am Rundweg Wegweiser (großer Stein) Richtung See und alte Eiche.

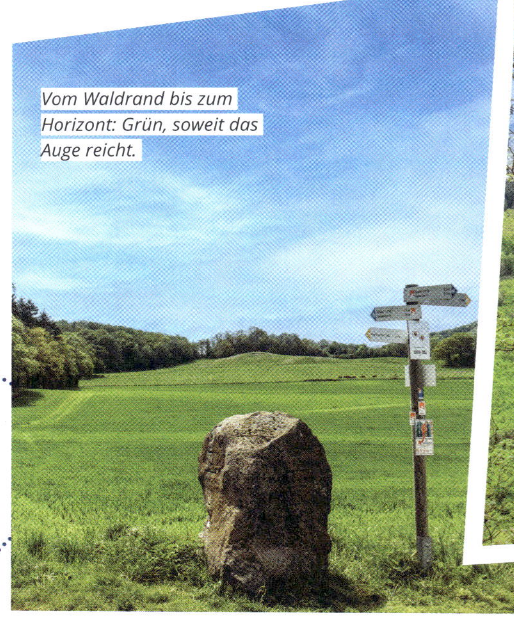

Vom Waldrand bis zum Horizont: Grün, soweit das Auge reicht.

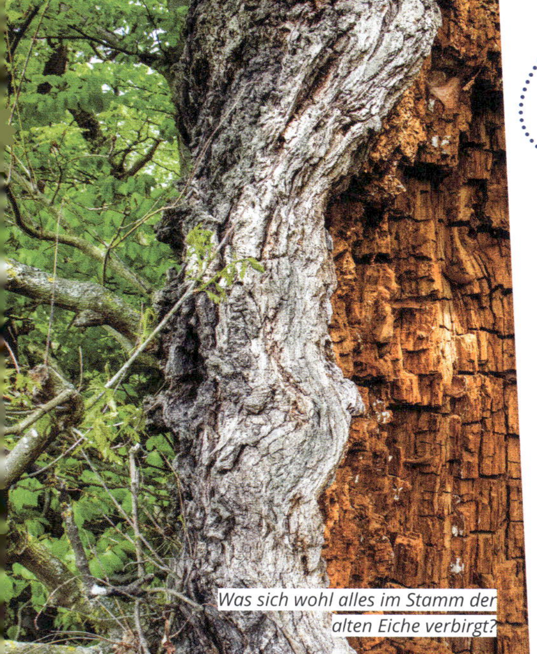

Was sich wohl alles im Stamm der alten Eiche verbirgt?

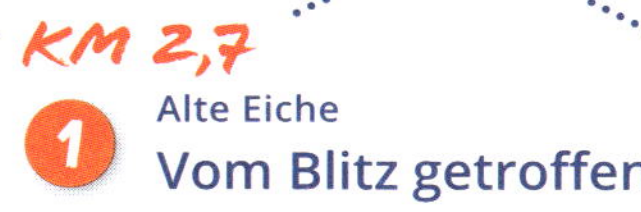

KM 2,7

1 Alte Eiche

Vom Blitz getroffen

Was für eine herrliche alte Eiche! Auch wenn vor einigen Jahren ein Blitz den halben Stamm weggerissen hat, sodass man nicht nur hineinblicken kann, sondern auch zwei bis drei Personen hier mühelos Platz finden. Bestimmt wohnt auch die eine oder andere Tierfamilie in diesem Baum. Ein tolles Motiv, um sich mit der Kamera künstlerisch auszutoben.

Weiter geradeaus, bis man an eine Wegkreuzung kommt. Den See im Blick, geht es rechts ab in Richtung Steinkruzifix und Waldrand.

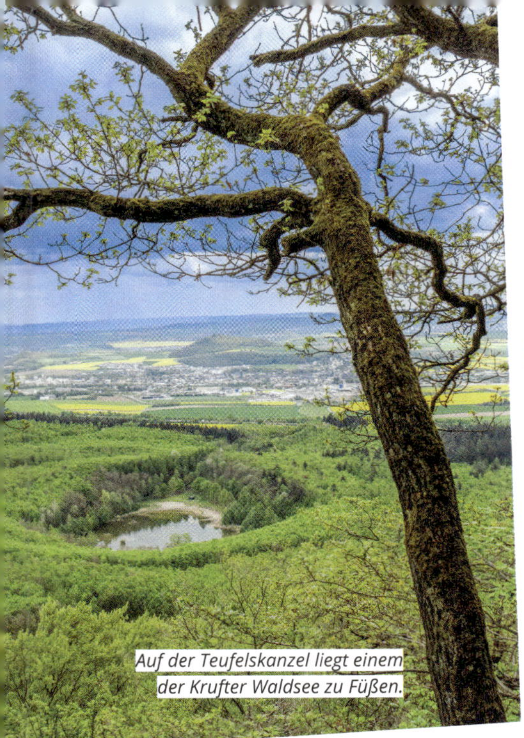

Auf der Teufelskanzel liegt einem der Krufter Waldsee zu Füßen.

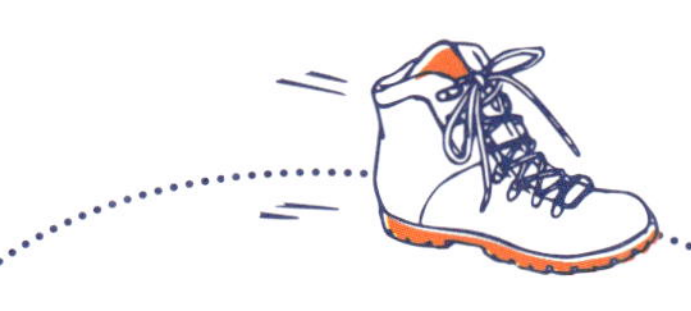

KM 4,3

3 Aussichtspunkt Teufelskanzel
Grandiose Fernsicht

Der herausfordernde Anstieg ist geschafft! Von hier oben aus hat man einen herrlichen Blick über das ganze Tal, die sogenannte Teufelsschlucht, den beschaulichen Krufter See und bei klarem Wetter über die Osteifel bis zum Neuwieder Becken und sogar zu den Höhen von Westerwald und Taunus. Auf einer kleinen Bank kann man verschnaufen und die Energie- und Flüssigkeitsreserven auffüllen. Und dann mitten im Wald für fünf Minuten die Augen schließen und alle Gerüche und Geräusche einsaugen.

Es geht weiter geradeaus und bergab Richtung Maria Laach. Auf dem schon bekannten Weg angekommen, bergab Richtung Kruzifix und bis zur Abtei laufen.

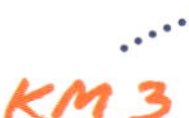

2 Kruzifix
Picknick mit Klosterblick

Zwei Bänke an dem großen steinernen Kruzifix laden zum Verweilen ein. Hier hat man einen herrlichen Ausblick auf die Felder, den See und natürlich – klein im Hintergrund – das Kloster Maria Laach. Im Schatten der Bäume kann man es auch bei heißem Wetter gut aushalten. Auf der Wiese vor den Bänken könnte man auch wunderbar picknicken oder mit Kindern toben.

Am Kruzifix geht es in den Wald, weiter geradeaus (Wegstein Richtung Krufter Ofen mit Pellenzblick). An der nächsten Wegkreuzung rechts am Markstein abbiegen und dem Rundweg Krufter Ofen folgen (1,8 km). Über den Vulkanberg Krufter Ofen dem Waldweg ordentlich bergauf bis zur Teufelskanzel folgen.

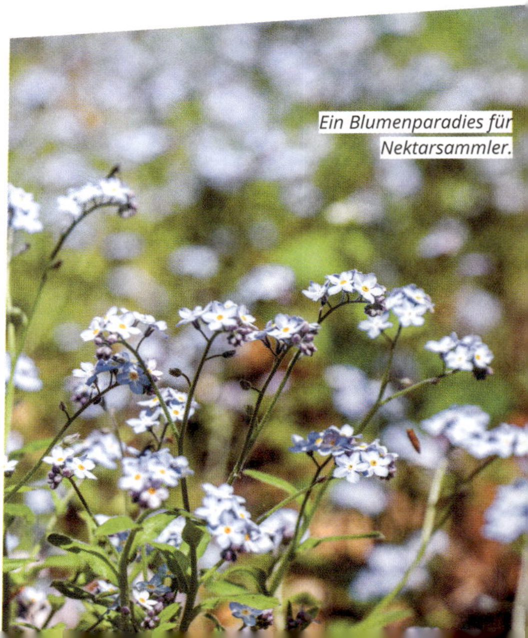

Ein Blumenparadies für Nektarsammler.

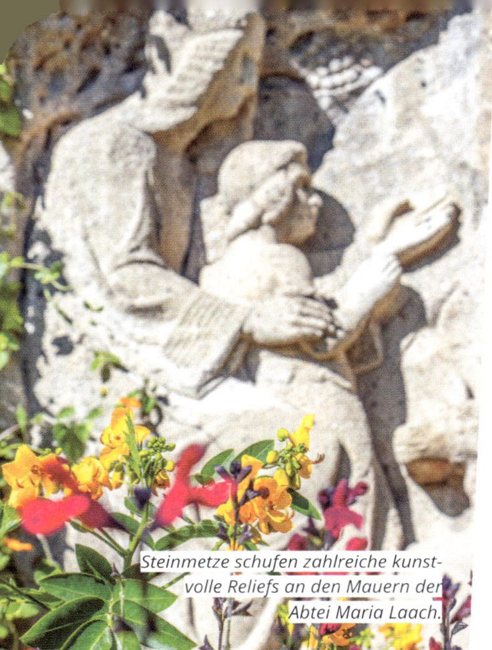

Steinmetze schufen zahlreiche kunstvolle Reliefs an den Mauern der Abtei Maria Laach.

KM 9,5

5 Hofladen Maria Laach
(Fast) alles bio und von hier

Was wäre eine Wanderung ohne die passende Stärkung am Schluss! Im Hofladen des Klosterguts werden ausschließlich Bio-Produkte angeboten, darunter vieles aus eigener Erzeugung und Herstellung. Das gilt auch für die Speisen und Getränke im Hofimbiss. Hier kommt nur Fleisch von artgerecht gehaltenen Tieren aus der klostereigenen Landwirtschaft auf den Teller. Selbst eine große Portion Pommes kann man sich hier guten Gewissens gönnen. Dazu alles zu fairen Preisen. Im gemütlichen Garten direkt hinter dem Hofladen sitzt man auf Holzbänken, um den Tag Revue passieren zu lassen (hofladen-laach.de/).

Direkt vor dem Hofladen befindet sich die Bushaltestelle.

KM 9,2

4 Abtei Maria Laach
Zu Besuch bei den Mönchen

Die sechs in den Himmel ragenden Türme des Benediktinerklosters Maria Laach sind schon von Weitem gut zu erkennen. Steht man direkt davor, wirkt die romanische Basilika jedoch noch viel beeindruckender. Im 12. Jahrhundert von Benediktinern gegründet, erlebte das Kloster im Laufe der Jahrhunderte eine wechselvolle Geschichte. Heute leben und arbeiten in der Abtei 35 Mönche nach den Regeln des Benediktinerordens. Zum Kloster gehören u. a. verschiedene Handwerksbetriebe, Kunsthandwerk-Ateliers, eine Gärtnerei und eine ökologische Landwirtschaft (maria-laach.de).

Vom Kloster geht es ein kurzes Stück geradeaus Richtung Hofladen.

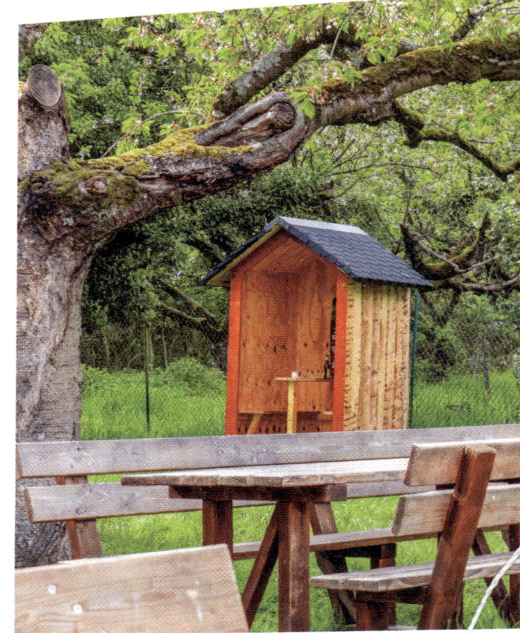

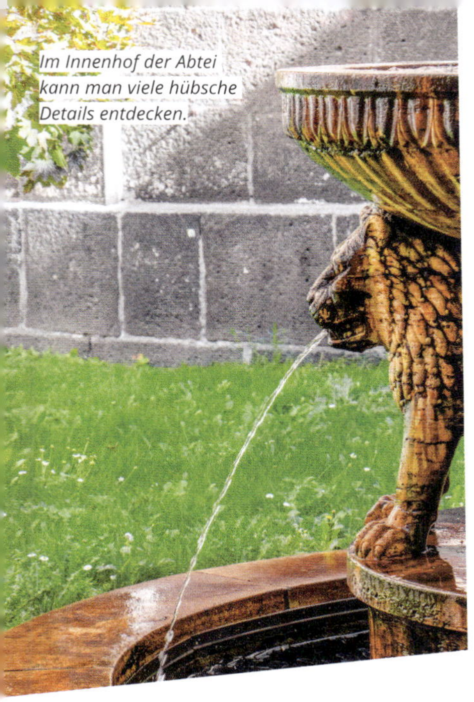

Im Innenhof der Abtei kann man viele hübsche Details entdecken.

EXTRA INFOS:

Die Berge rund um Maria Laach erzählen die Geschichte des europäischen Vulkanismus: Der Laacher See entstand während einer der größten Eruptionen in Mitteleuropa. Noch heute blubbert es am östlichen Seeufer aus sogenannten ● **Mofetten.** Hier steigt Kohlendioxid aus dem Boden unter dem See an die Wasseroberfläche. Das Vulkanfeld in der Osteifel, das aus etwa 100 Vulkanen besteht, gehört heute zum **Nationalen Geopark Laacher See.** An verschiedenen Orten kann man hier auf geologische Entdeckungstour gehen, sogar den sogenannten Lavakeller mit vielen Stollen und Schächten kann man besichtigen (geopark-laacher-see.de).

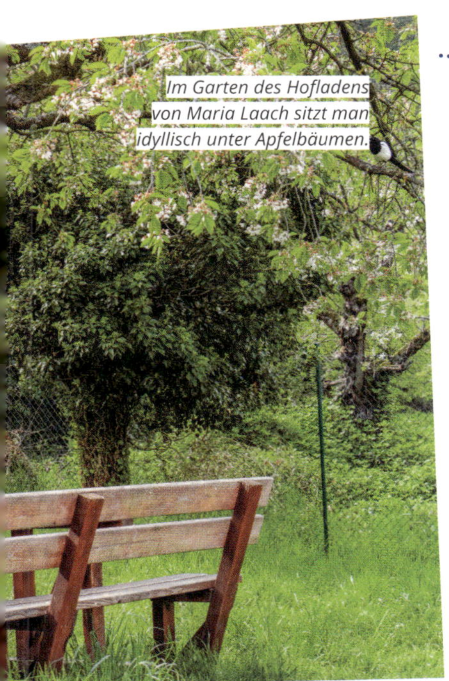

Im Garten des Hofladens von Maria Laach sitzt man idyllisch unter Apfelbäumen.

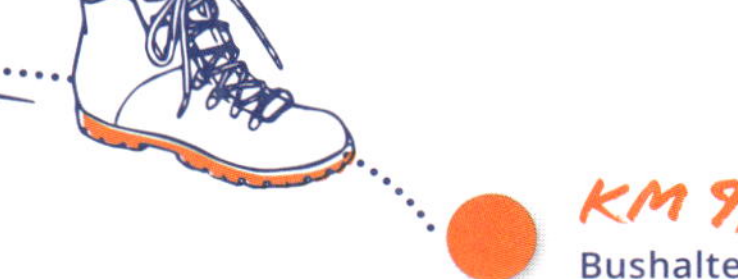

KM 9,6 » ZIEL
Bushaltestelle Kloster Maria Laach

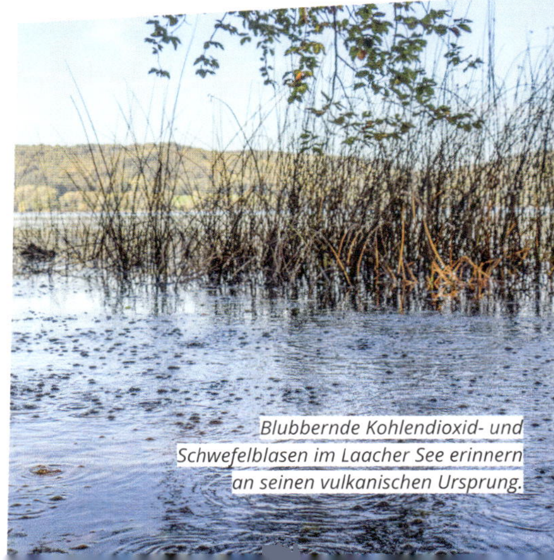

Blubbernde Kohlendioxid- und Schwefelblasen im Laacher See erinnern an seinen vulkanischen Ursprung.

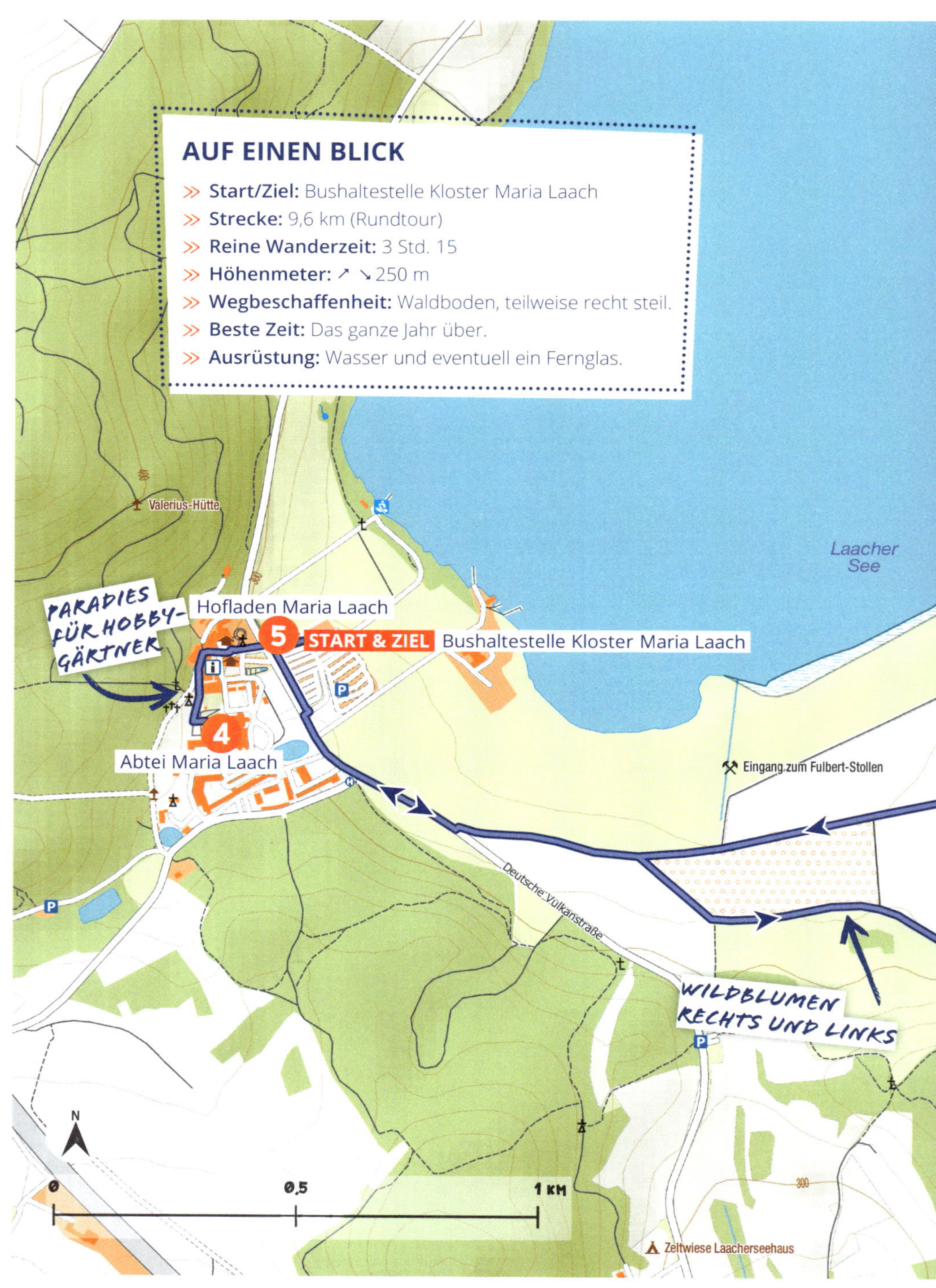

AUF EINEN BLICK

- » **Start/Ziel:** Bushaltestelle Kloster Maria Laach
- » **Strecke:** 9,6 km (Rundtour)
- » **Reine Wanderzeit:** 3 Std. 15
- » **Höhenmeter:** ↗ ↘ 250 m
- » **Wegbeschaffenheit:** Waldboden, teilweise recht steil.
- » **Beste Zeit:** Das ganze Jahr über.
- » **Ausrüstung:** Wasser und eventuell ein Fernglas.

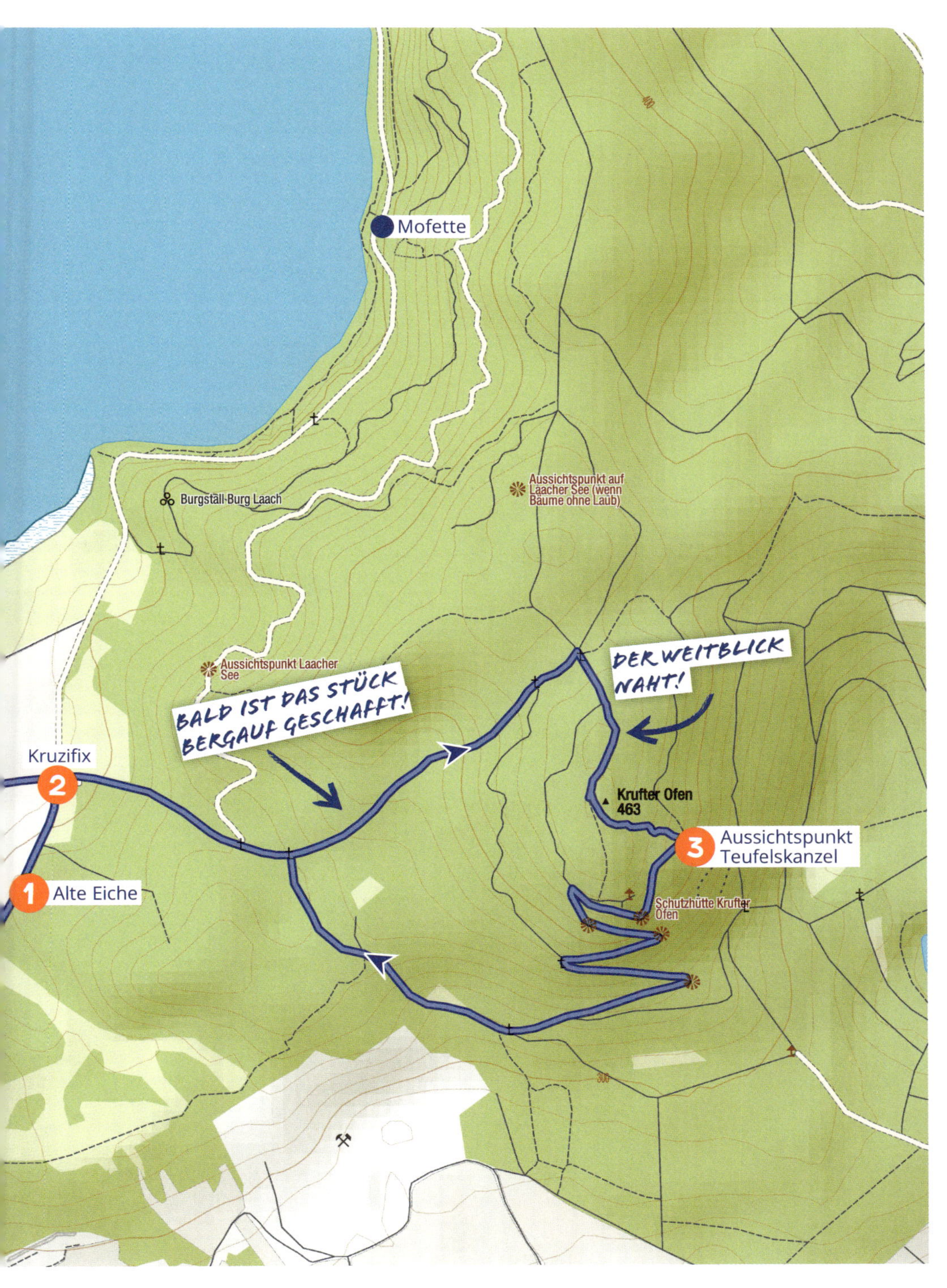
Mofette
Burgstall Burg Laach
Aussichtspunkt auf Laacher See (wenn Bäume ohne Laub)
Aussichtspunkt Laacher See
BALD IST DAS STÜCK BERGAUF GESCHAFFT!
DER WEITBLICK NAHT!
Kruzifix
2
1
Alte Eiche
Krufter Ofen 463
3
Aussichtspunkt Teufelskanzel
Schutzhütte Krufter Ofen
300

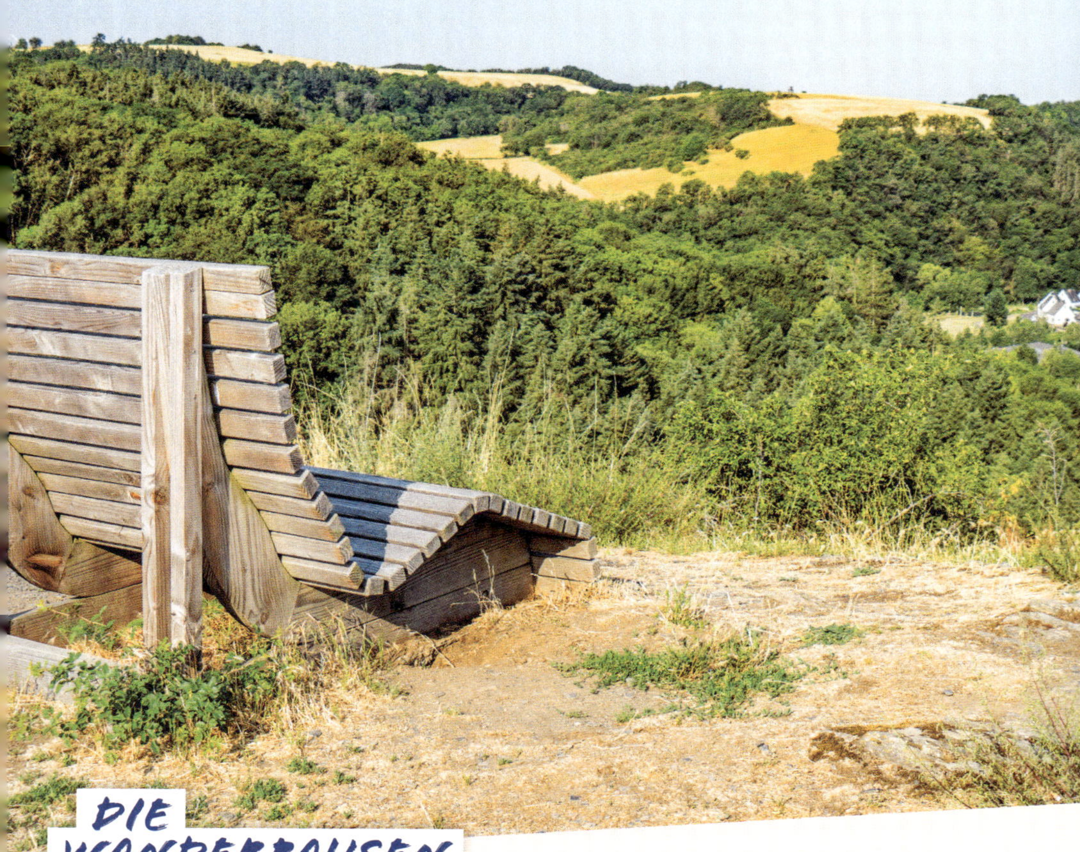

DIE WANDERPAUSEN

» START
Dorfplatz Trimbs

KM 1,8
1 Mühlenberg
Die Aussicht genießen

KM 5,2
2 Ehemalige Schiefergruben
Ausflug in die Zeit des Schieferabbaus

KM 5,8
3 Nettewasserfall
Dem Plätschern lauschen

AUF DER SPUR DES SCHIEFERS

4

In der Trimbser Schweiz

Wer auf den Hügeln rund um das Dorf Trimbs auf Wanderschaft ist, läuft auf einer steinernen Schatzkammer. Die sogenannte Trimbser Schweiz besteht nämlich aus Schiefer. Spuren des einstigen Schieferabbaus begegnen einem hier auf Schritt und Tritt. Dazwischen kann man sich an der idyllischen Eifellandschaft kaum sattsehen.

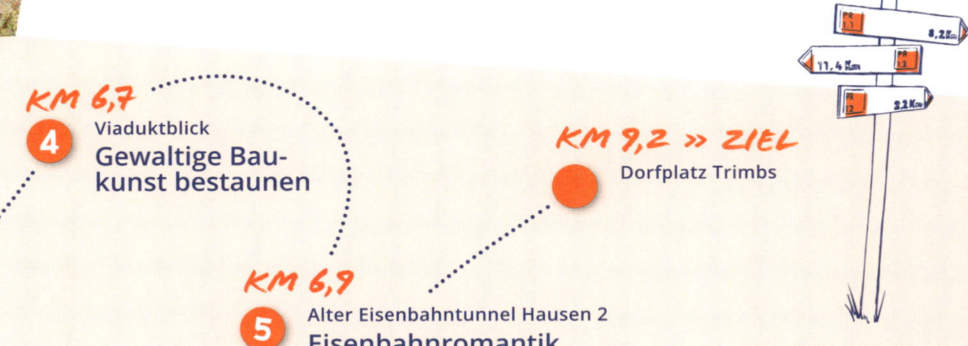

IDYLLISCH IM NETTETAL ...

... liegt das 600-Seelendorf **Trimbs.** Die Landschaft, auch Trimbser Schweiz genannt, ist stark durch den Schieferabbau geprägt. Schroffe Schieferklippen schaffen zusammen mit der blühenden Talaue der Nette einen reizvollen Kontrast. Schiefer ist ein Sedimentgestein, das vor 350–400 Millionen Jahren durch tektonische Aktivitäten bei der Gebirgsbildung entstand. Es zeichnet sich durch eine gute Spaltbarkeit und die Fähigkeit aus, Wärme zu speichern.

Zunächst wollen ein paar Höhenmeter überwunden werden. In Serpentinen geht es nach oben. Wer ins Schwitzen kommt, ist damit sicher nicht allein. Aber der Ausblick vom **Mühlenberg** ist jeden Schweißtropfen wert. Auf zwei Liegebänken kann man zu Atem kommen und den Ausblick genießen. Durch ein Wäldchen geht es über Wurzeln hinweg zu einem Kornfeld, dessen gelbes Leuchten im Sommer nur von den roten Tupfern der Mohnblumen und den lilafarbenen Sprenkeln der blühenden Kratzdisteln unterbrochen wird.

AUF DEM MÜHLENBERG DIE FÜSSE HOCHLEGEN UND DEN BLICK ÜBER TRIMBS UND DIE TRIMBSER SCHWEIZ SCHWEIFEN LASSEN

Dann ist der Barbaraweg erreicht. Hier erklärt eine Infotafel, dass es in und um Trimbs früher 37 **Schiefergruben** gab. Der Weg hier trägt seinen Namen zu Ehren der heiligen Barbara, der Schutzpatronin der Bergleute. An dessen Ende kommt ein Gestüt, der Nettehof, in Sicht. Im hohen Bogen führt der Weg um den Pferdehof herum und dann vorbei an einer Weide mit Highland Cattles, den zotteligen Rindern, die als besonders gutmütig gelten.

Kurz darauf wartet ein besonderes Schmankerl: Der **Nettewasserfall** kündigt sich durch sanftes Plätschern schon von Weitem an. Einfach herrlich! Der kleine Fluss steht hier auf 15 Kilometern Länge samt der anschließenden Hänge unter Naturschutz. Ein Stückchen weiter kann man in der Entfernung das **Viadukt** erspähen, über das früher Züge ratterten, heute führt der Maifeld-Radwanderweg dort entlang, sodass man bald auch Fahrradfahrern begegnen kann. Denn der Wanderweg überschneidet sich mit dem Radweg, während es durch den **ehemaligen Eisenbahntunnel Hausen 2** geht. Auf dem schmalen, heute beleuchteten und asphaltierten Tunnelabschnitt kann man sich kaum vorstellen, dass hier einmal Züge gefahren sind. Durch den Wald und an mehreren Aussichtspunkten vorbei geht es zurück zum Ausgangspunkt in **Trimbs.** «

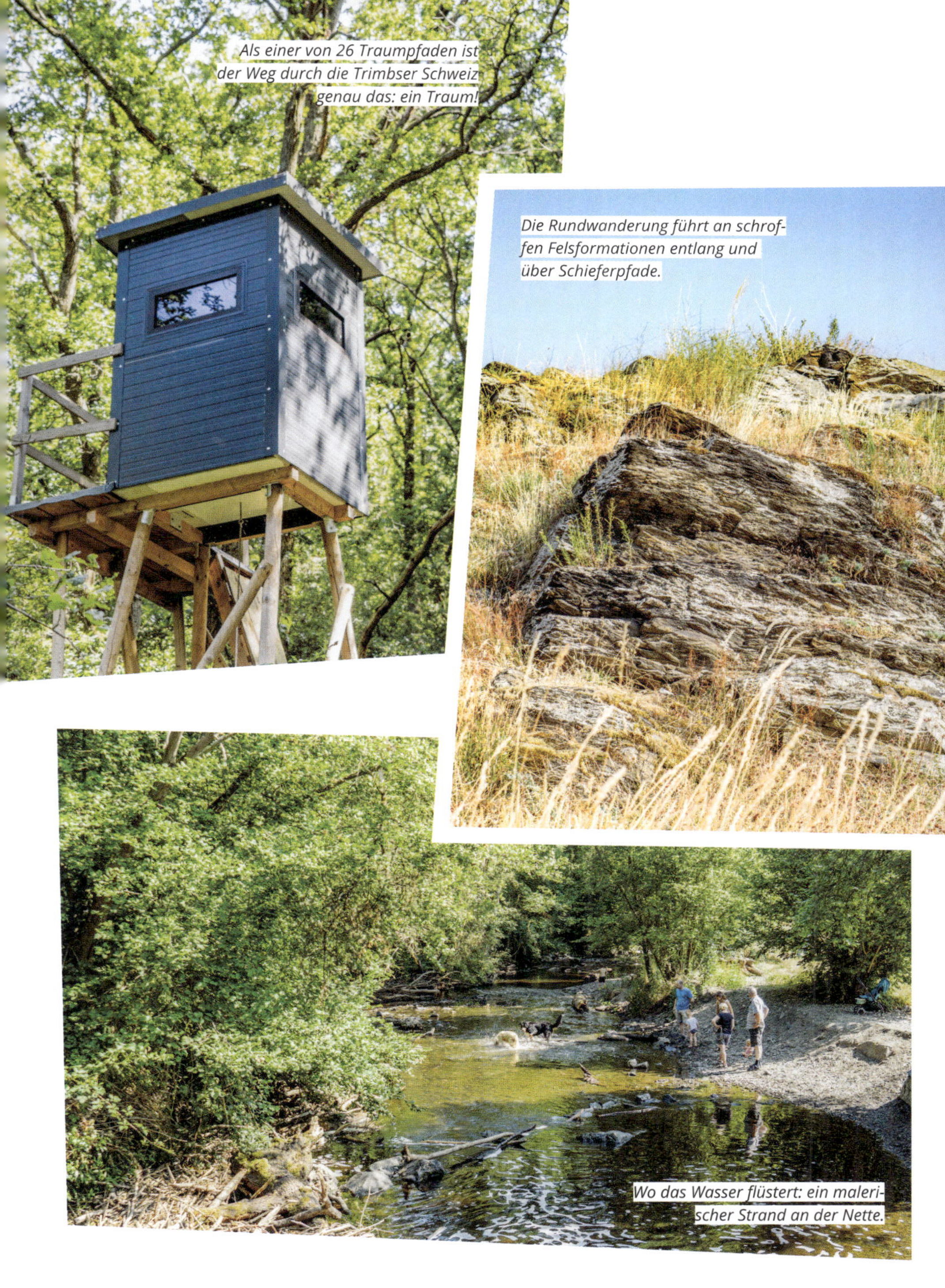

Als einer von 26 Traumpfaden ist der Weg durch die Trimbser Schweiz genau das: ein Traum!

Die Rundwanderung führt an schroffen Felsformationen entlang und über Schieferpfade.

Wo das Wasser flüstert: ein malerischer Strand an der Nette.

WANDERN & GENIESSEN

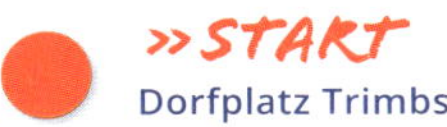

»START

Dorfplatz Trimbs

Vom Dorfplatz der Nette folgend den Ort verlassen. Links an der Pferdekoppel vorbei und geradeaus bis zur Müllerquelle. Dann 100 Meter zurücklaufen und rechts den Berg hoch. In drei langgezogenen Serpentinen geht es hinauf auf den Mühlenberg.

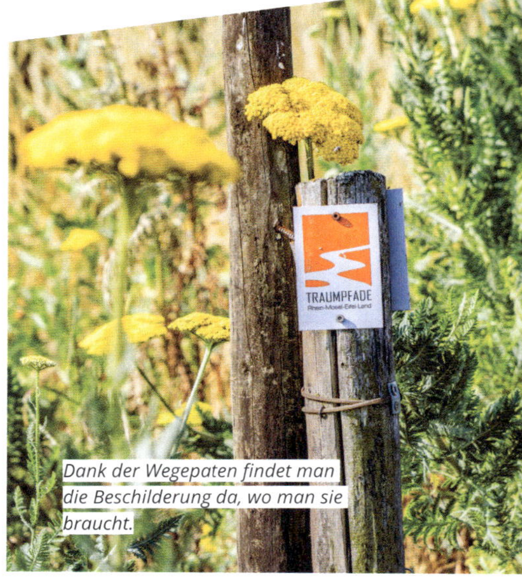

Dank der Wegepaten findet man die Beschilderung da, wo man sie braucht.

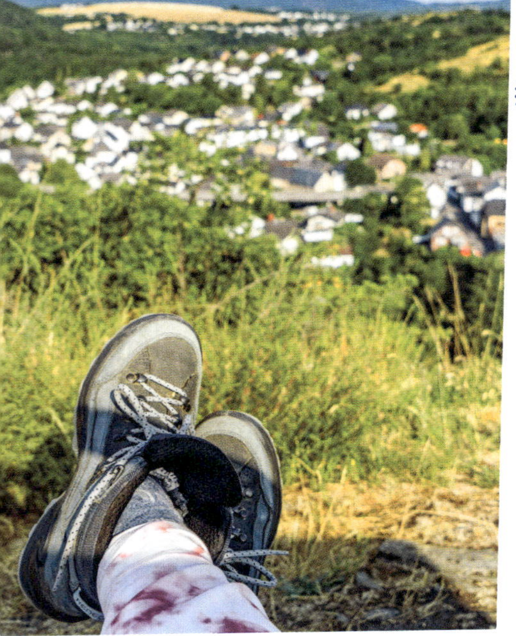

Panoramablick auf die atemberaubende Landschaft, die darauf wartet, entdeckt und erkundet zu werden.

KM 1,8

1 Mühlenberg

Die Aussicht genießen

Auf dem Mühlenberg warten gleich zwei Liegebänke. So kann man nach dem ersten Aufstieg dieser Tour Luft holen, etwas trinken oder einfach den Ausblick genießen. Vor einem erstreckt sich das Nettetal mit den Häusern von Trimbs, wo die Wanderung begonnen hat. Wer nach hinten blickt, kann den markanten Turm der Pauliniuskirche in Welling erspähen, mit 70 Metern ist er einer der höchsten Kirchtürme in der Region.

Der Beschilderung Traumpfad folgen.

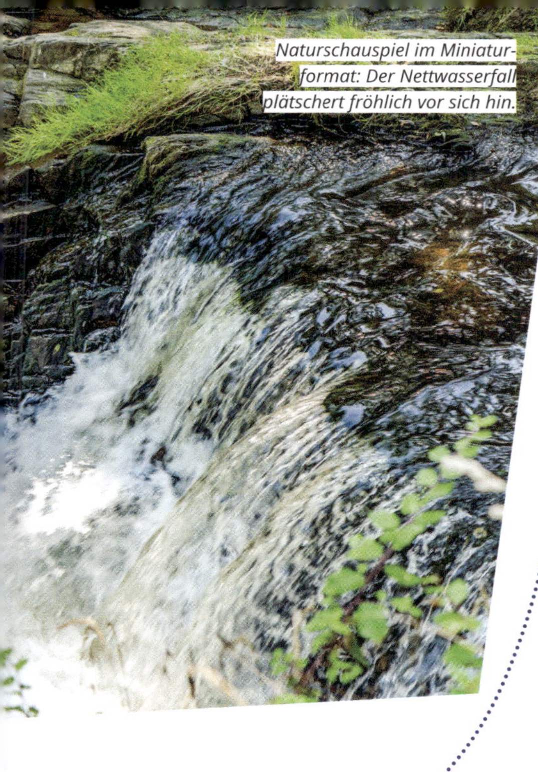

Naturschauspiel im Miniaturformat: Der Nettwasserfall plätschert fröhlich vor sich hin.

FUSSDUSCHE GEFÄLLIG?

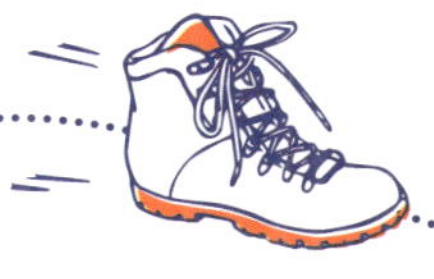

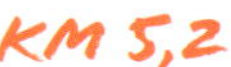

2 Ehemalige Schiefergruben

Ausflug in die Zeit des Schieferabbaus

Rund um Trimbs gab es früher 37 größtenteils private Schiefergruben und Bergwerke. Diese Konzentration ist einmalig. Hier bauten die sogenannten Kaulemänner den begehrten Naturrohstoff ab, der besonders zum Decken von Dächern beliebt ist. Man befindet sich hier schließlich auf dem Barbaraweg, der zu Ehren der Schutzheiligen der Bergleute benannt wurde. Am Rande des Weges liegen mehrere stillgelegte Stollen – man kommt auch an einem offenen vorbei, in den man hineinblicken kann.

Weiter der Beschilderung folgen.

KM 5,8

3 Nettewasserfall

Dem Plätschern lauschen

Sogar ein kleiner, aber dennoch feiner Wasserfall wartet am Wegesrand. Hier kann man entweder auf einer Bank seine Snacks auspacken oder dem Weg nach unten folgen. Am Wochenende ist es gut möglich, dass man sich den Platz mit Familien und Entspannungssuchenden teilen muss. Einfach dazugesellen und es sich am Ufer bequem machen! Praktisch, wenn man eine Picknickdecke dabei hat. Wanderschuhe ausziehen und die Füße ins kühle Nass halten. Erfrischung pur!

Weiter der Beschilderung folgen.

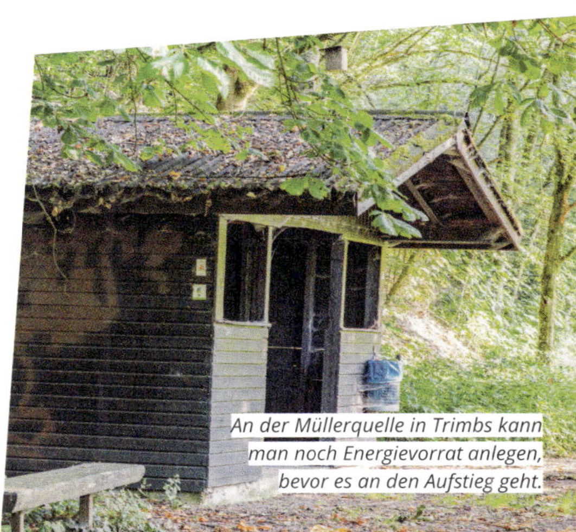

An der Müllerquelle in Trimbs kann man noch Energievorrat anlegen, bevor es an den Aufstieg geht.

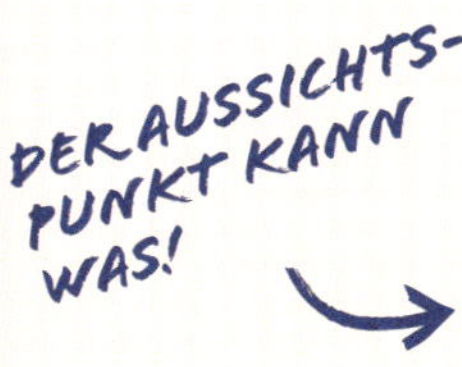

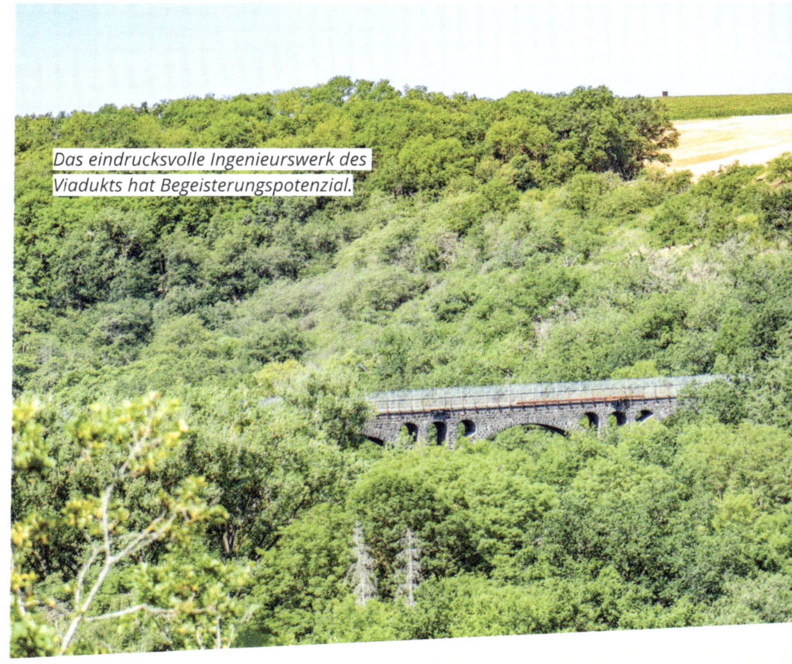
Das eindrucksvolle Ingenieurswerk des Viadukts hat Begeisterungspotenzial.

KM 6,7

4 Viaduktblick

Gewaltige Baukunst bestaunen

Von diesem Aussichtspunkt hat man einen fantastischen Blick auf das 31 Meter hohe Natursteinviadukt, das 1904 für die Bahnstrecke Mayen–Koblenz fertiggestellt wurde. Züge fahren hier allerdings seit 1983 keine mehr, dafür nutzen Radfahrer (Maifeld-Radweg) und Fußgänger das 115 Meter lange Bauwerk, um das Nettetal zu überqueren. Wer das Viadukt genauer betrachten will, sollte ein Fernglas oder ein Zoom-Objektiv für seine Kamera dabei haben.

Der Beschilderung folgen.

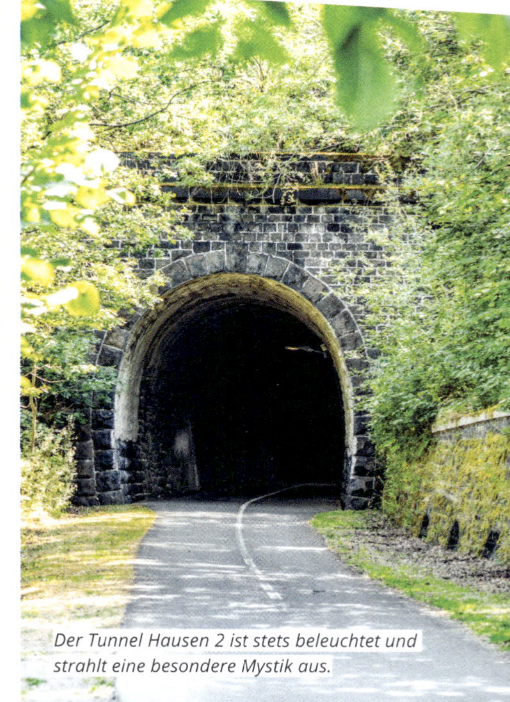
Der Tunnel Hausen 2 ist stets beleuchtet und strahlt eine besondere Mystik aus.

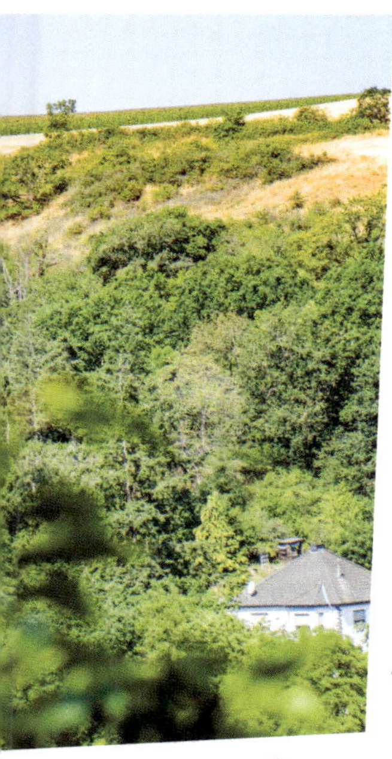

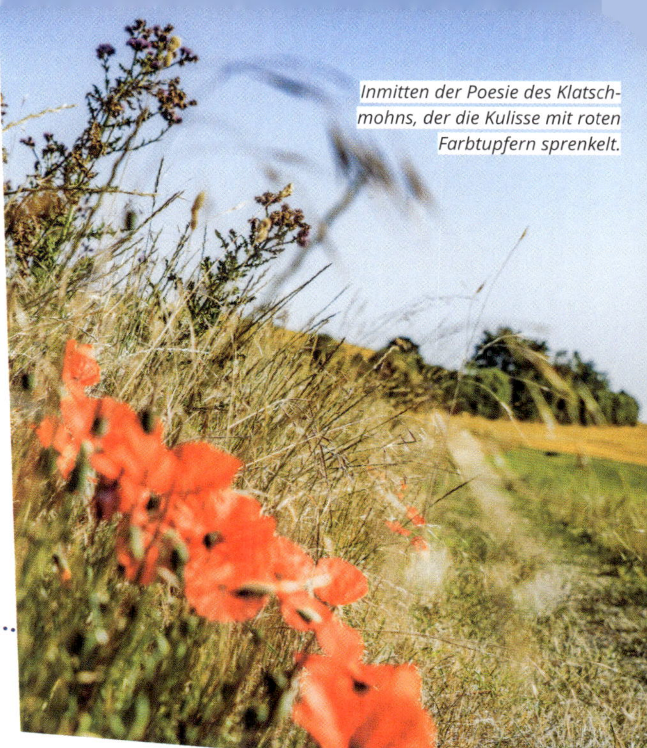

Inmitten der Poesie des Klatschmohns, der die Kulisse mit roten Farbtupfern sprenkelt.

KM 6,9

5 Eisenbahntunnel Hausen 2

Eisenbahnromantik erleben

Hausen 2 ist einer von zwei ehemaligen Eisenbahntunneln auf der stillgelegten Bahnstrecke. Beim Anblick des imposanten Eingangs kann einen schon mal die Abenteuerlust ereilen. Im Innern schlägt einem gleich kühle Luft ins Gesicht. Der 252,95 Meter lange Tunnel ist schwach, aber ausreichend beleuchtet. Da er Teil des Radwanderwegs Maifeld ist, teilt man sich den asphaltierten Weg nicht nur mit Wanderern, sondern auch mit Radfahrern. Obacht ist geboten!

Der Beschilderung weiter folgen. Den Abzweig vor dem nächsten Tunnel (Hausen 1) nicht verpassen, dort, wo der Wanderweg links in den Wald führt. Dann geht es gemäß Beschilderung zurück zum Dorfplatz in Trimbs.

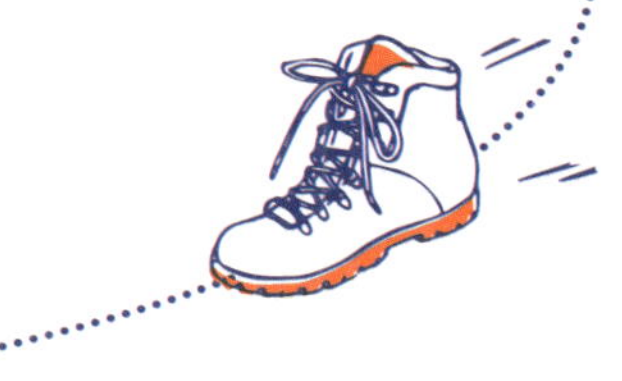

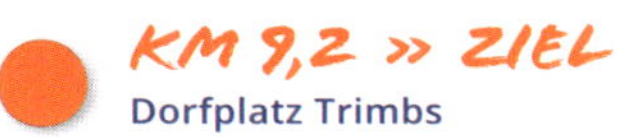

KM 9,2 » ZIEL

Dorfplatz Trimbs

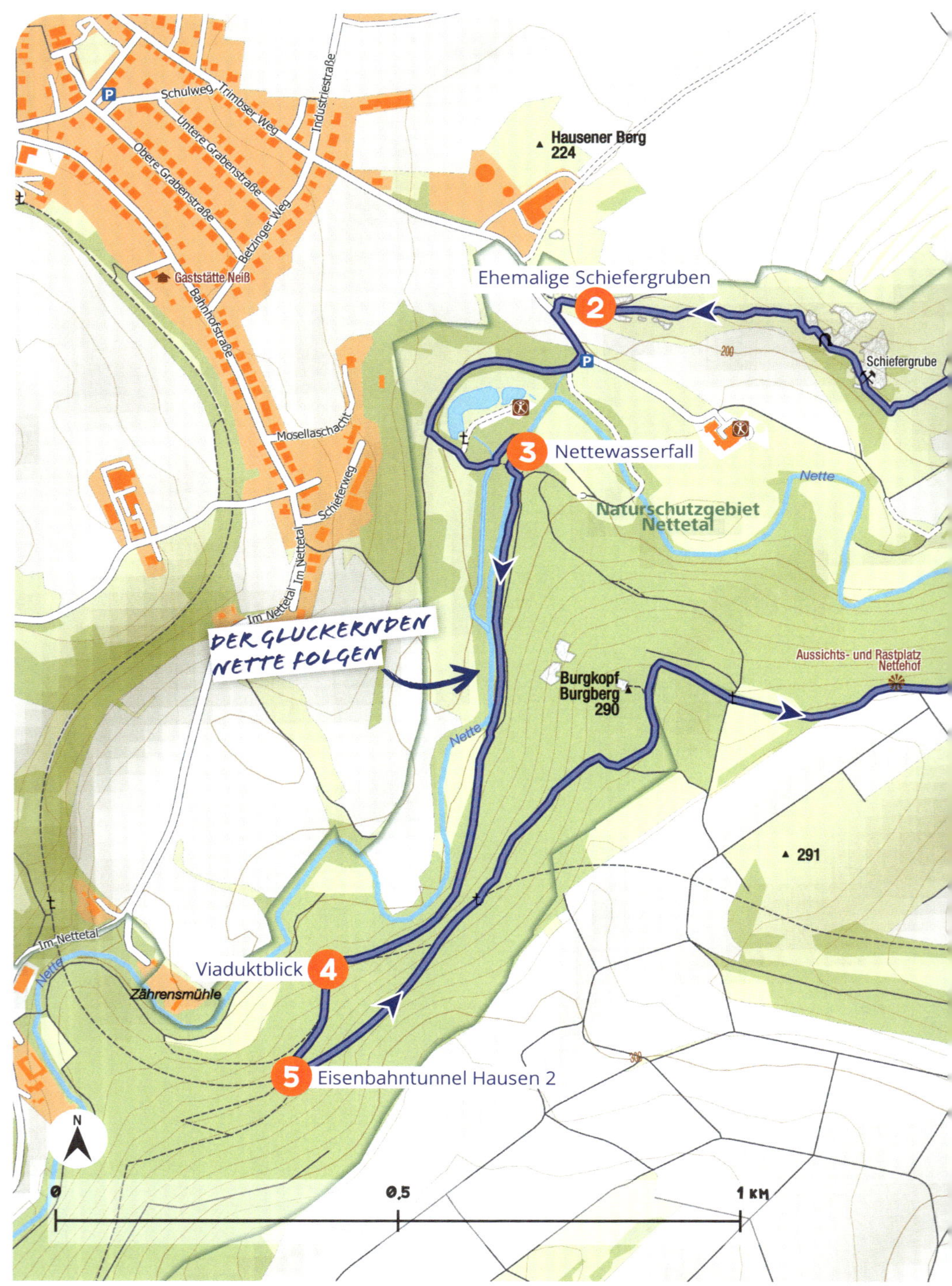

Schulweg
Trimbser Weg
Untere Grabenstraße
Obere Grabenstraße
Industriestraße
Betzinger Weg
Hausener Berg
224
Gaststätte Neiß
Bahnhofstraße
Ehemalige Schiefergruben
2
Schiefergrube
200
Mosellaschacht
Nettewasserfall
3
Nette
Schieferweg
Naturschutzgebiet Nettetal
Im Nettetal
DER GLUCKERNDEN NETTE FOLGEN
Aussichts- und Rastplatz Nettehof
Burgkopf Burgberg
290
Nette
291
Im Nettetal
Viaduktblick
4
Nette
Zährensmühle
300
5
Eisenbahntunnel Hausen 2
N
0
0,5
1 KM

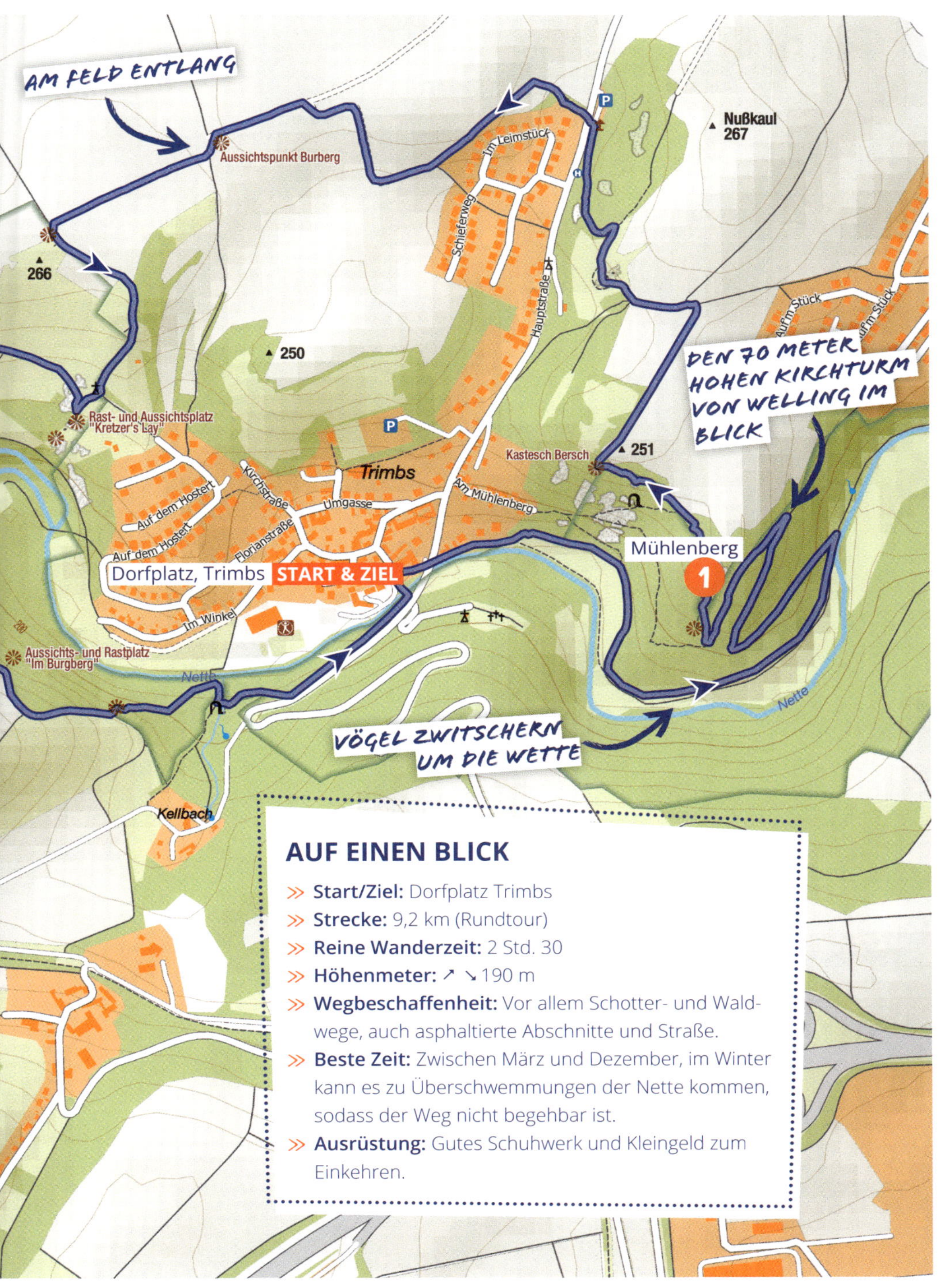

AUF EINEN BLICK

- **Start/Ziel:** Dorfplatz Trimbs
- **Strecke:** 9,2 km (Rundtour)
- **Reine Wanderzeit:** 2 Std. 30
- **Höhenmeter:** ↗ ↘ 190 m
- **Wegbeschaffenheit:** Vor allem Schotter- und Waldwege, auch asphaltierte Abschnitte und Straße.
- **Beste Zeit:** Zwischen März und Dezember, im Winter kann es zu Überschwemmungen der Nette kommen, sodass der Weg nicht begehbar ist.
- **Ausrüstung:** Gutes Schuhwerk und Kleingeld zum Einkehren.

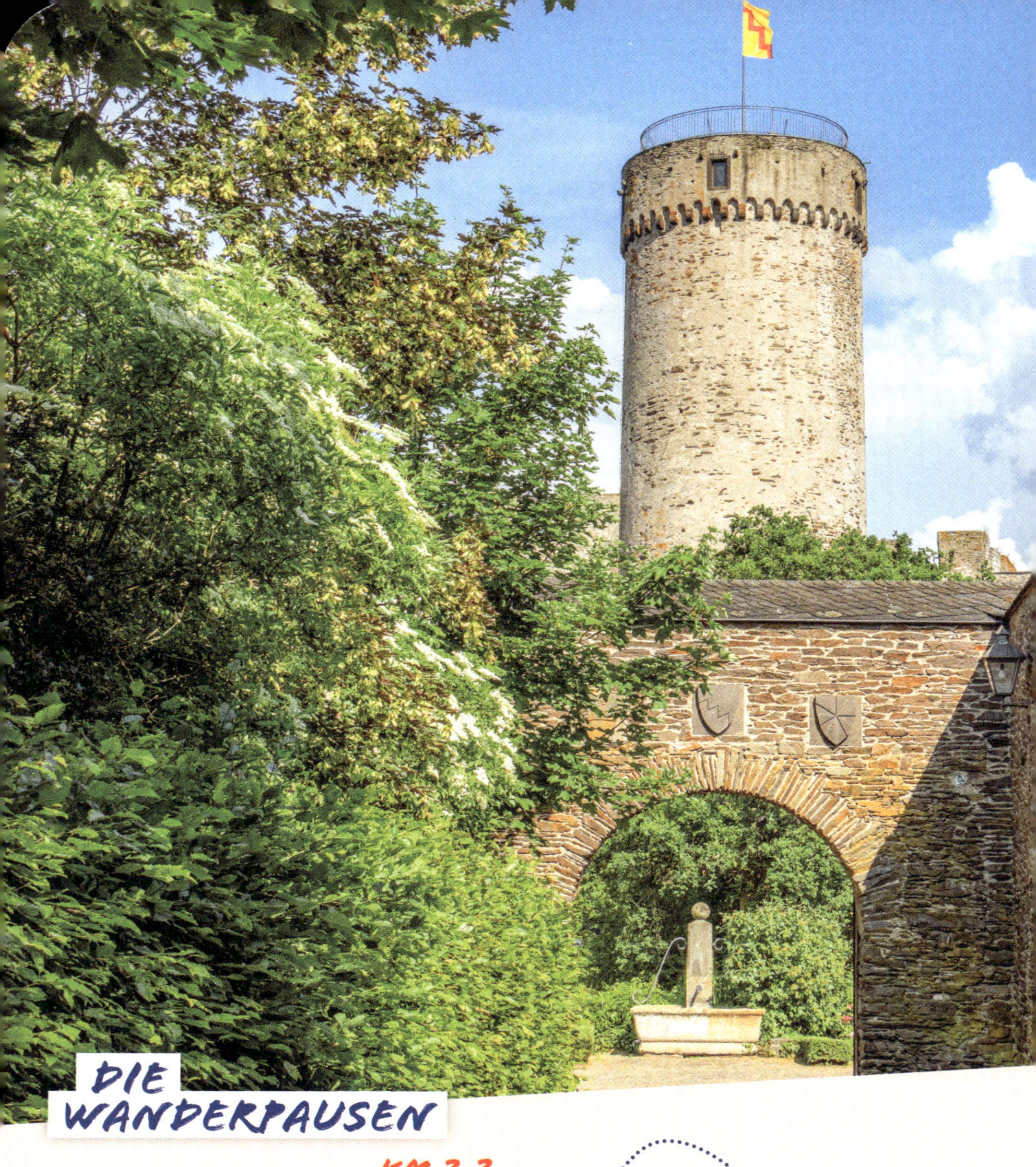

DIE WANDERPAUSEN

» START
Bushaltestelle Pyrmonter Mühle

KM 0,7
1 Drei Kreuze
Zur Ruhe kommen

KM 2,2
2 Aussichtspunkt mit Kreuz
In die Ferne blicken

KM 8,1
3 Seltsam gewachsener Baum
Innehalten und lauschen

SAGEN-HAFT ROMAN-TISCH 5

Auf dem Traumpfad zur Burg Pyrmont

Auf dem Pyrmonter Felsensteig geht es durch Wald, über Felder und Wiesen, zu Aussichtspunkten und ins idyllische Elzbachtal. Naturliebhaber kommen hier voll auf ihre Kosten. Am Ende warten zwei mittelalterliche Highlights: Burg Pyrmont und die Pyrmonter Mühle am Wasserfall.

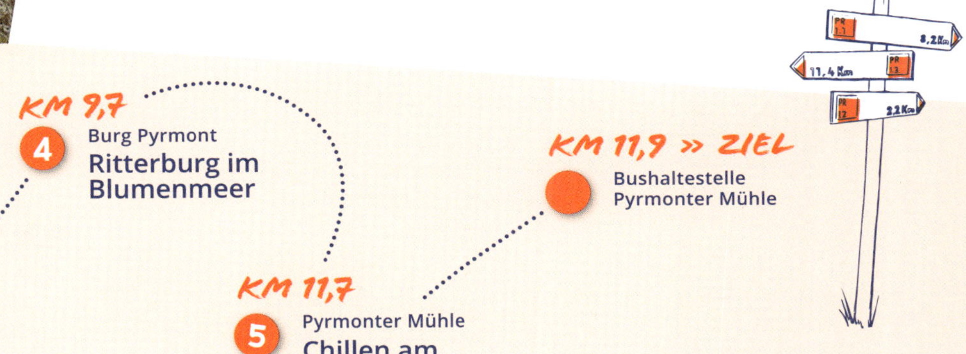

HIER GIBT ES VIEL ZU ENTDECKEN, ...

... über eine Treppe geht es direkt von der Bushaltestelle ins Grüne. Nach anderthalb Kilometern trifft man auf die **Drei Kreuze,** eine kleine Andachtsstelle, die eine ganz besondere Ruhe ausstrahlt. Dann läuft man durch eine Landschaft mit im Sommer bunt blühenden Feldern: Je nach Jahreszeit gedeihen hier verschiedene Getreidesorten, Rüben und Knollen; besonders Raps, Weizen, Senf und Topinambur sind schön anzusehen. Vereinzelt gibt es auch kleine Laubwäldchen, wie z. B. am nächsten **Aussichtspunkt mit Kreuz**. Eine kleine Bank lädt hier zu einer ersten Pause ein.

Zunächst entfernt man sich von der Burg Pyrmont, im Rückblick kann man sie aber noch sehen. Dafür hat man immer wieder traumhafte Weitblicke auf die hügelige Landschaft der Osteifel und die darin eingebetteten Dörfer. Nach einigen Kilometern enden die Felder, und man taucht in einen dichten Laubwald ein. Bald ist das Plätschern eines Bachs zu hören, viele moosbedeckte Steine und Felsen säumen den Weg. Es geht leicht bergab ins Elzbachtal, an einigen Stellen verengt sich der Waldweg zu einem kleinen Pfad. Nicht direkt vom Weg aus zu erkennen, befindet sich eine kleine Höhle, ein ehemaliger Schieferstollen, der vom einstigen Schieferabbau in dieser Region zeugt. Was sich hier wohl noch alles im Felsen verbirgt?

DURCH DAS TOR DER BURG PYRMONT IN DEN LAUSCHIGEN INNENHOF TRETEN

Im Tal geht es nun am Elzbach entlang, teils ganz nah am Ufer, sodass man schnell mal Hände oder Füße ins kühle Nass tauchen kann. Das Wasser hier im Auwald eignet sich sogar zum Auffüllen der Wasserflasche. Nachdem man die Elz auf zwei recht modernen Brücken überquert hat, stößt man am Ufer auf einen **seltsam gewachsenen Baum,** der mit seiner geschwungenen Form noch länger im Gedächtnis haften bleibt.

Noch über eine weitere Brücke, dann geht es bergauf zur **Burg Pyrmont,** dem Highlight der Tour. Beim Betreten des Burghofs kann man nur staunen, in welch gutem Zustand die Anlage ist. Die Gärten und Rosenranken, Steine und Wege sowie die Gastronomie sind top gepflegt und laden zur Pause ein. Wer sich hier nicht niederlässt, kann auch noch ein Stück weiterwandern und sich in der **Pyrmonter Mühle,** direkt neben den kleinen Wasserfällen, ausruhen und ein kühles Getränk zu sich nehmen. «

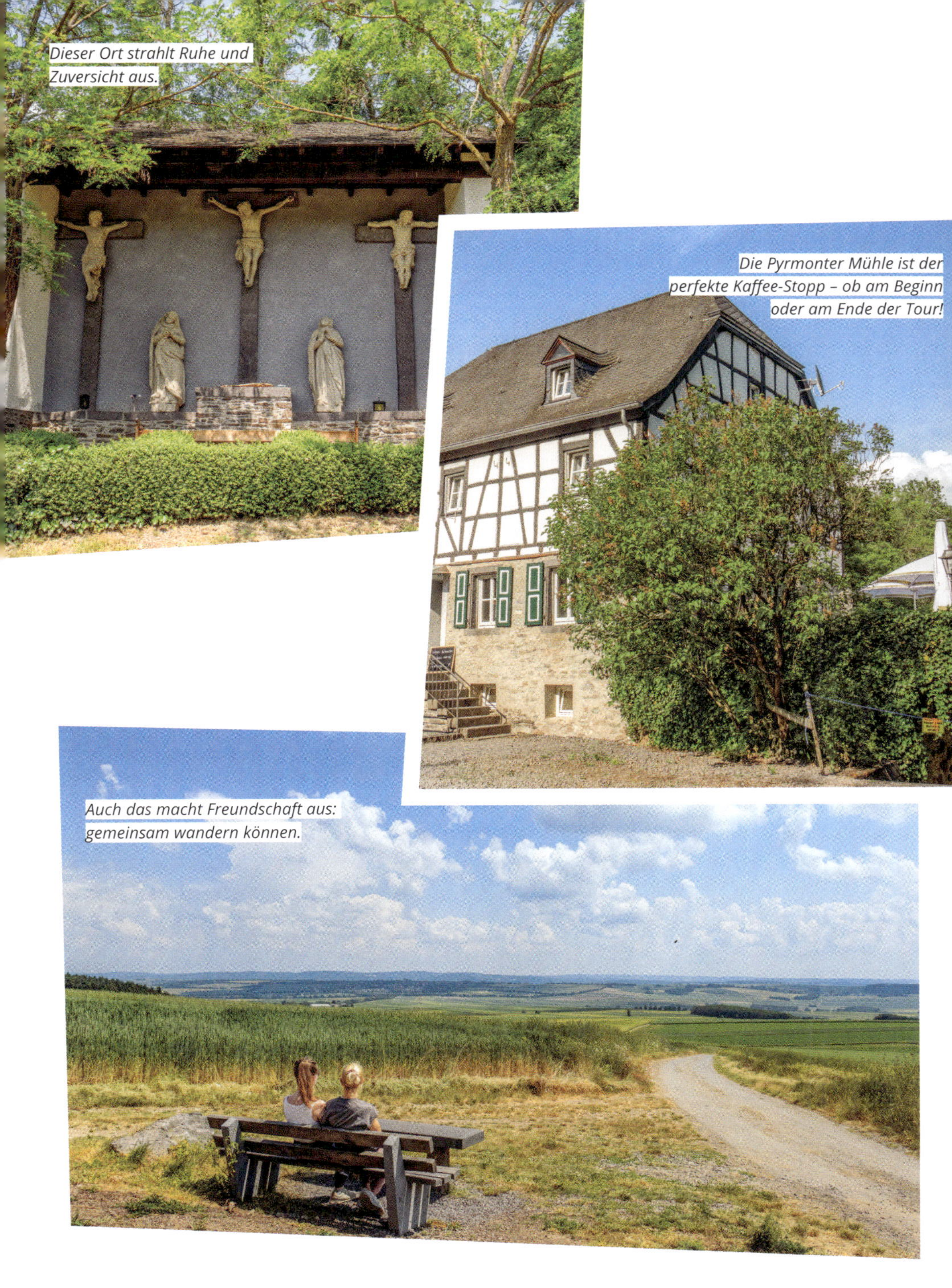

Dieser Ort strahlt Ruhe und Zuversicht aus.

Die Pyrmonter Mühle ist der perfekte Kaffee-Stopp – ob am Beginn oder am Ende der Tour!

Auch das macht Freundschaft aus: gemeinsam wandern können.

WANDERN & GENIESSEN

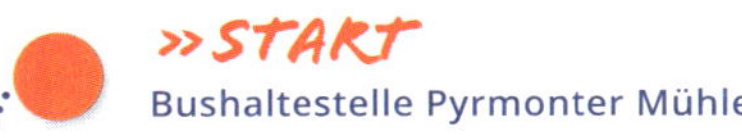

» START

Bushaltestelle Pyrmonter Mühle

Der Landstraße über die alte Elzbrücke in Richtung Pillig folgen (am Ende der Tour geht es zum Wasserfall und der Pyrmonter Mühle zurück). Rechts eine kleine Treppe hochgehen und dann der orange-weißen Markierung Traumpfade Rhein-Mosel-Eifel-Land, also hier dem Pyrmonter Felsensteig, folgen.

KM 0,7

1 Drei Kreuze

Zur Ruhe kommen

Erste Station dieser Tour ist die überdachte Skulpturengruppe Drei Kreuze, die 1652 zum Dank für die überstandenen Nöte des Dreißigjährigen Krieges errichtet wurde. 1969 erfuhr das Denkmal aus Tuffstein eine grundlegende Renovierung. Hier gibt es eine Bank, um sich nach dem kurzen Anstieg auszuruhen und den Blick über die Felder schweifen zu lassen.

Dem Traumpfad durch die Felder folgen. Zwischendurch öffnen sich immer wieder weite Ausblicke auf die Eifellandschaft.

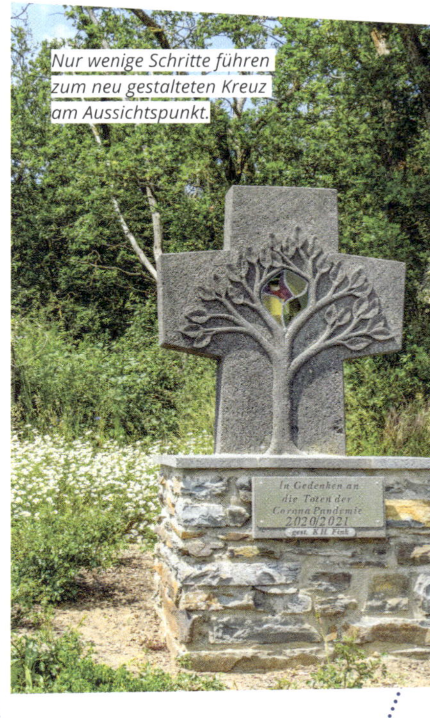

Nur wenige Schritte führen zum neu gestalteten Kreuz am Aussichtspunkt.

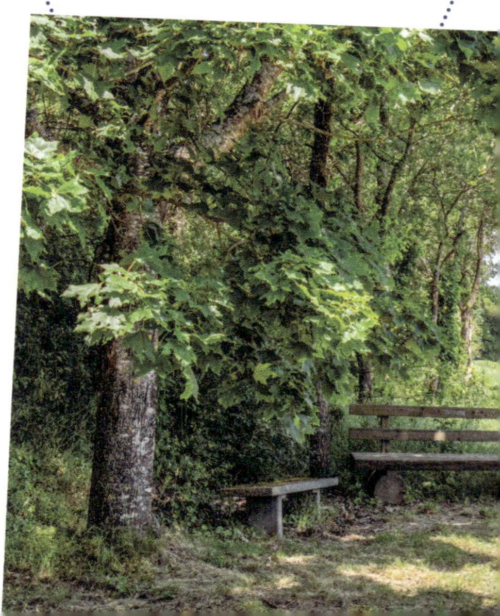

KM 2,2

2 Aussichtspunkt mit Kreuz

In die Ferne blicken

Hier lohnt sich ein kurzer Abstecher zum Aussichtspunkt mit Gedenkkreuz, wo es auch eine Bank gibt. Die Aussicht ist ganz fantastisch. Wer genau hinhört, kann viele verschiedene Vogelstimmen wahrnehmen, u. a. von Amseln, Spatzen und Eichelhähern, Spechten, Elstern und im Sommer auch Schwalben. Mit etwas Glück sieht man einen Wanderfalken oder Bussard am Himmel. Die Pause tut gut, denn ab jetzt geht es einige Kilometer ohne Rastbank weiter.

Zurück auf dem Wanderweg, diesem weiter durch die Felder folgen. Rechts auf den Feldweg abbiegen, auf dem es über den Sammetzkopf und dann, an der Schutzhütte vorbei, hinunter bis zum Elzbach geht.

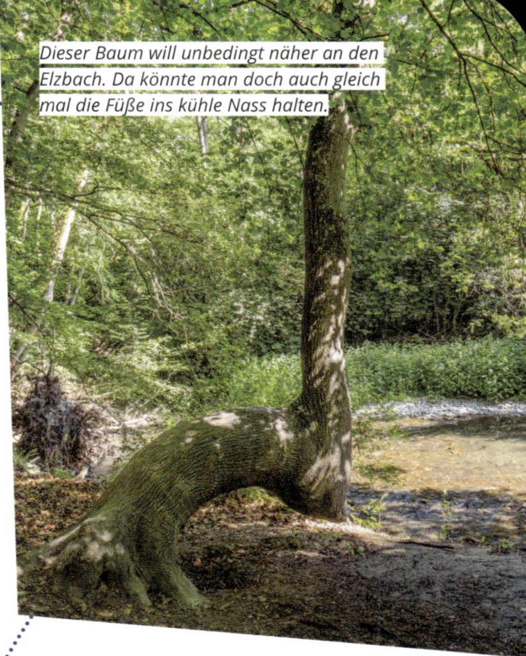

Dieser Baum will unbedingt näher an den Elzbach. Da könnte man doch auch gleich mal die Füße ins kühle Nass halten.

EIN GANZ NEUER ORT DES GEDENKENS

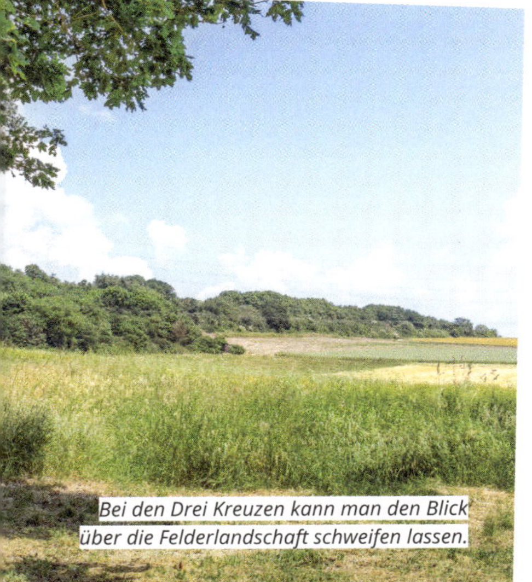

Bei den Drei Kreuzen kann man den Blick über die Felderlandschaft schweifen lassen.

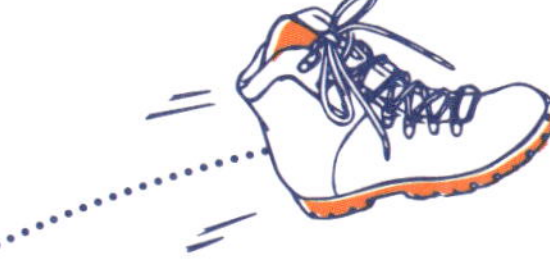

KM 8,1

3 Seltsam gewachsener Baum

Innehalten und lauschen

Direkt an der Elz steht ein Baum, der erst nach unten und dann steil nach oben gewachsen ist. Seine besondere Form springt sofort ins Auge. Aber auch die Geräuschkulisse hier lädt zum Innehalten ein. Man hört nur das Plätschern des Baches und das Quaken der Frösche. Wie schön es hier mitten im Wald ist!

Eine letzte Brücke führt noch einmal über die Elz, dann geht es ein Stück bergauf. Durch einen Hohlweg gelangt man schließlich zur Burg.

KM 9,7

4

Burg Pyrmont

Ritterburg im Blumenmeer

Die mittelalterliche Burg thront auf einem Schieferfelsen über dem Elztal und ist wunderschön renoviert. Ein Burghof dient als Sonnenterrasse, dazu gibt es charmante Lauben und kleinere Gärten. In der Burg selbst kann man sich zahlreiche Antiquitäten anschauen, die Aussicht vom 25 Meter hohen Bergfried bestaunen oder in den 49 Meter tiefen Brunnen blicken. Beliebt ist die romantische Burg für Trauungen und andere Feiern sowie für Tagungen (Eintritt für Erwachsene 7 €, wechselnde Öffnungszeiten, burg-pyrmont.de).

In einem Bogen verlässt der Wanderweg die Burg, führt hinunter ins Tal und auf der anderen Seite den Hang hinauf, wo man noch einmal einen schönen Blick auf die Burg hat. Bei der Pyrmonter Mühle tritt man aus dem Wald heraus und erreicht einen kleinen See vor dem Pyrmonter Wasserfall.

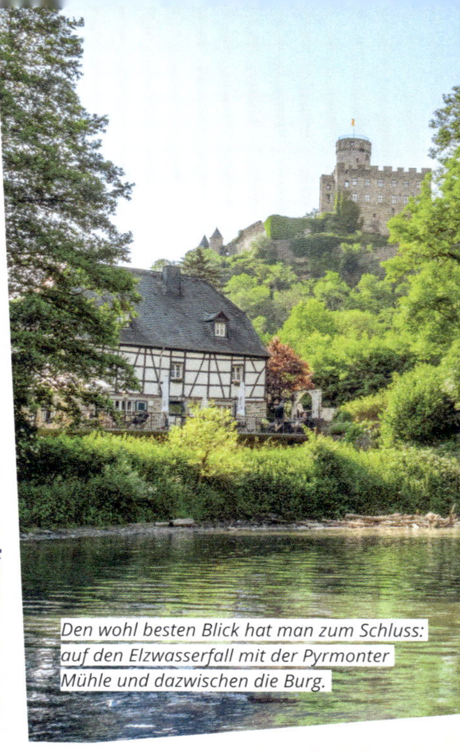

Den wohl besten Blick hat man zum Schluss: auf den Elzwasserfall mit der Pyrmonter Mühle und dazwischen die Burg.

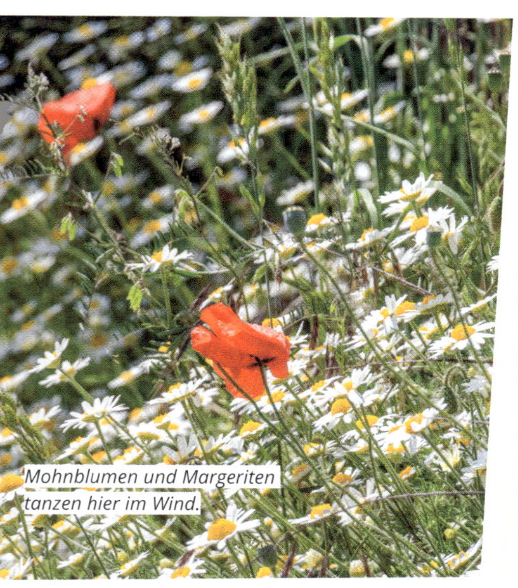

Mohnblumen und Margeriten tanzen hier im Wind.

KM 11,7

5

Pyrmonter Mühle

Chillen am Wasserfall

Auf der Terrasse des 800 Jahre alten Fachwerkhauses, einer einstigen Ölmühle, sitzt man mit Blick auf den Wasserfall und kann die abwechslungsreiche Tour Revue passieren lassen. In zwei Armen rauscht hier die Elz unter der alten Steinbrücke hindurch in einen kleinen Teich, um dann ihren mäandernden Lauf fortzusetzen. Sollte das Wetter nicht mitspielen, kann man es sich im liebevoll-rustikal eingerichteten Innenraum der Mühle gemütlich machen. Serviert werden lokale Speisen sowie heiße und kalte Getränke zu fairen Preisen (pyrmonter-muehle.de).

Von hier geht es zurück zur Bushaltestelle.

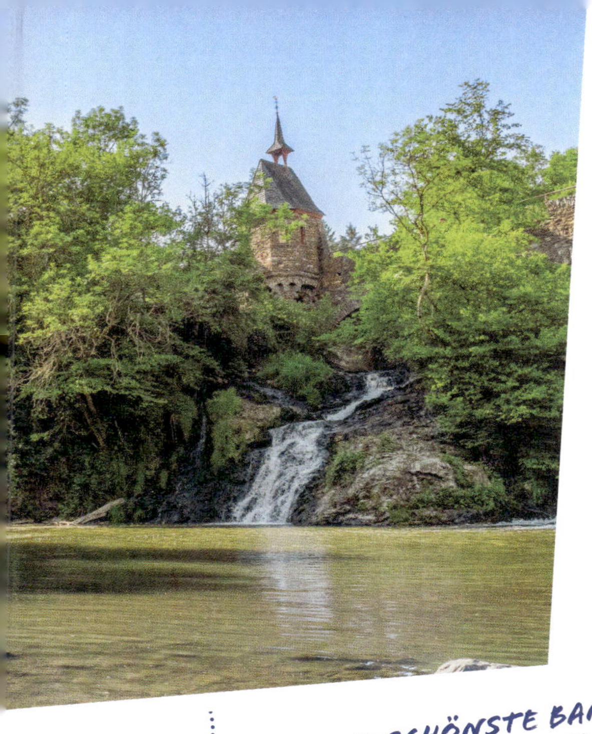

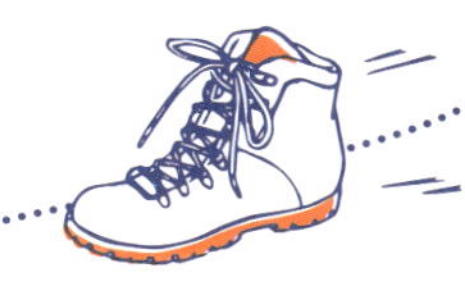

KM 11,9 » ZIEL
Bushaltestelle Pyrmonter Mühle

DIE SCHÖNSTE BANK DER WANDERUNG

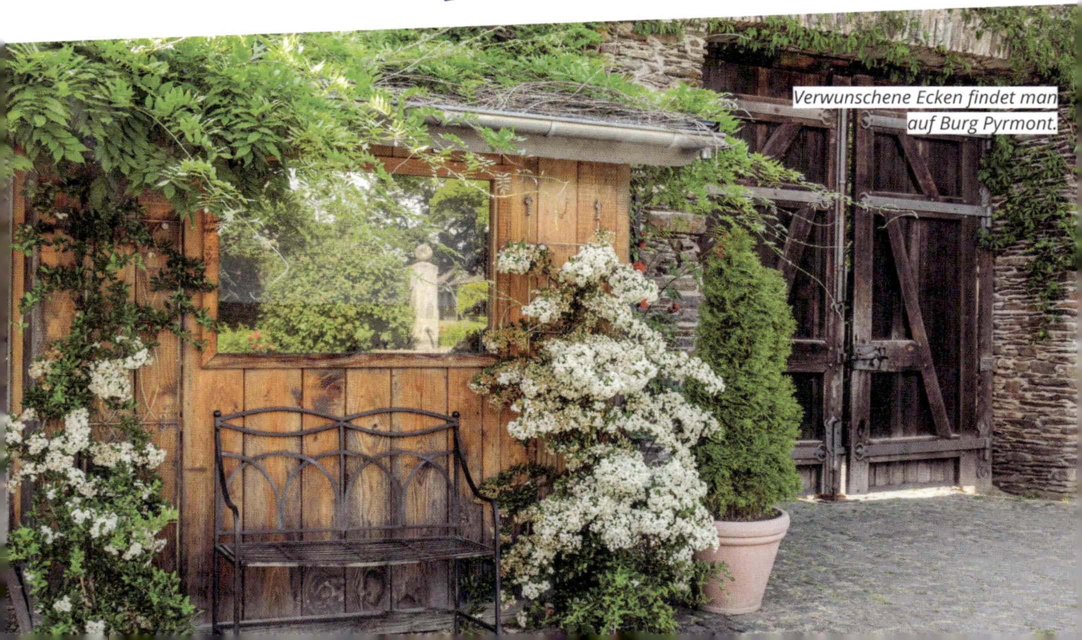

Verwunschene Ecken findet man auf Burg Pyrmont.

AUF EINEN BLICK

- **Start/Ziel:** Bushaltestelle Pyrmonter Mühle
- **Strecke:** 11,9 km (Rundtour)
- **Reine Wanderzeit:** 3 Std. 30
- **Höhenmeter:** ↗ ↘ 280 m
- **Wegbeschaffenheit:** Wald- und Feldwege.
- **Beste Zeit:** In den Sommer- und frühen Herbstmonaten, bei Regen können Passagen rutschig sein.
- **Ausrüstung:** Gutes Schuhwerk und Wasser.

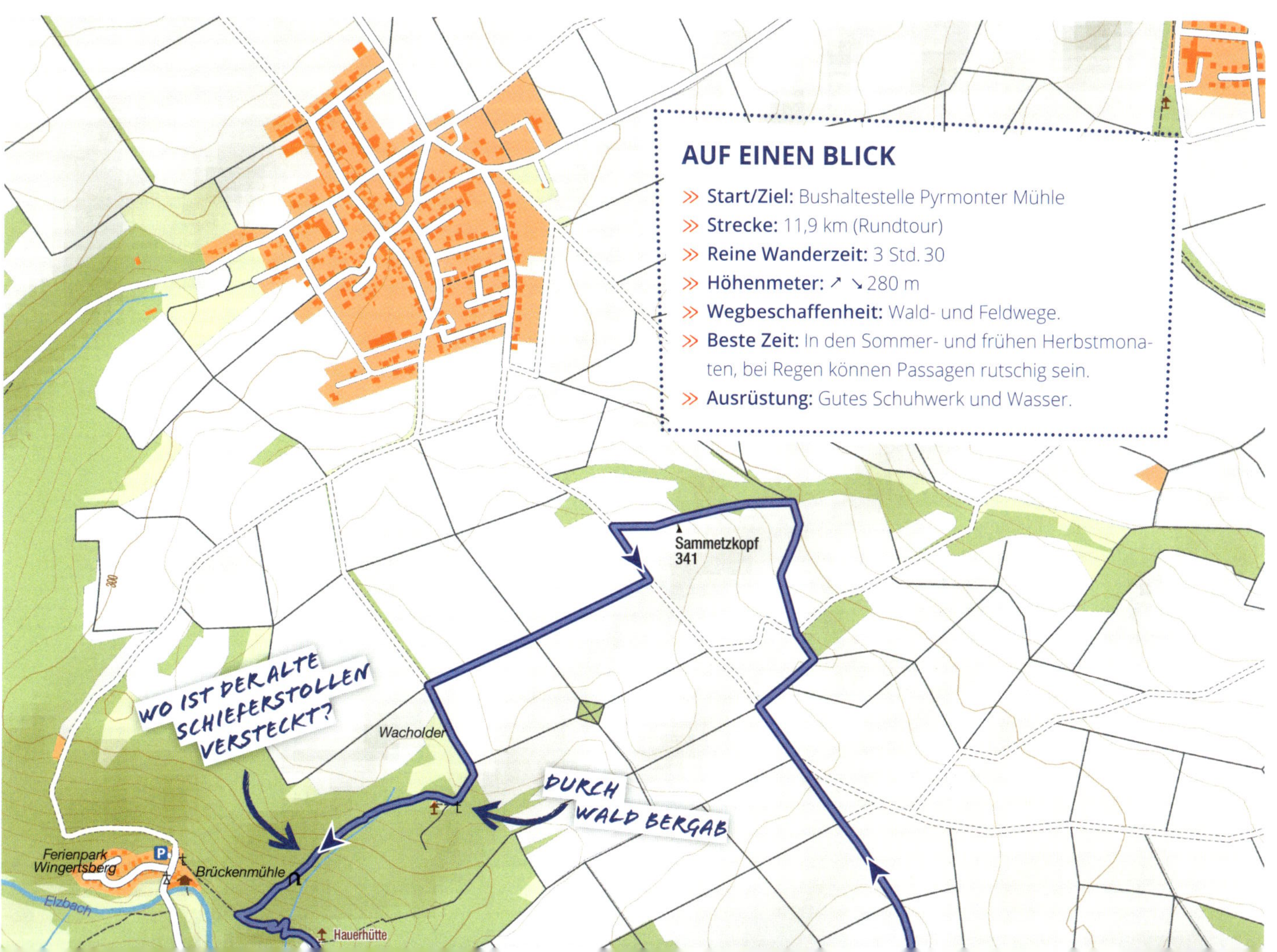

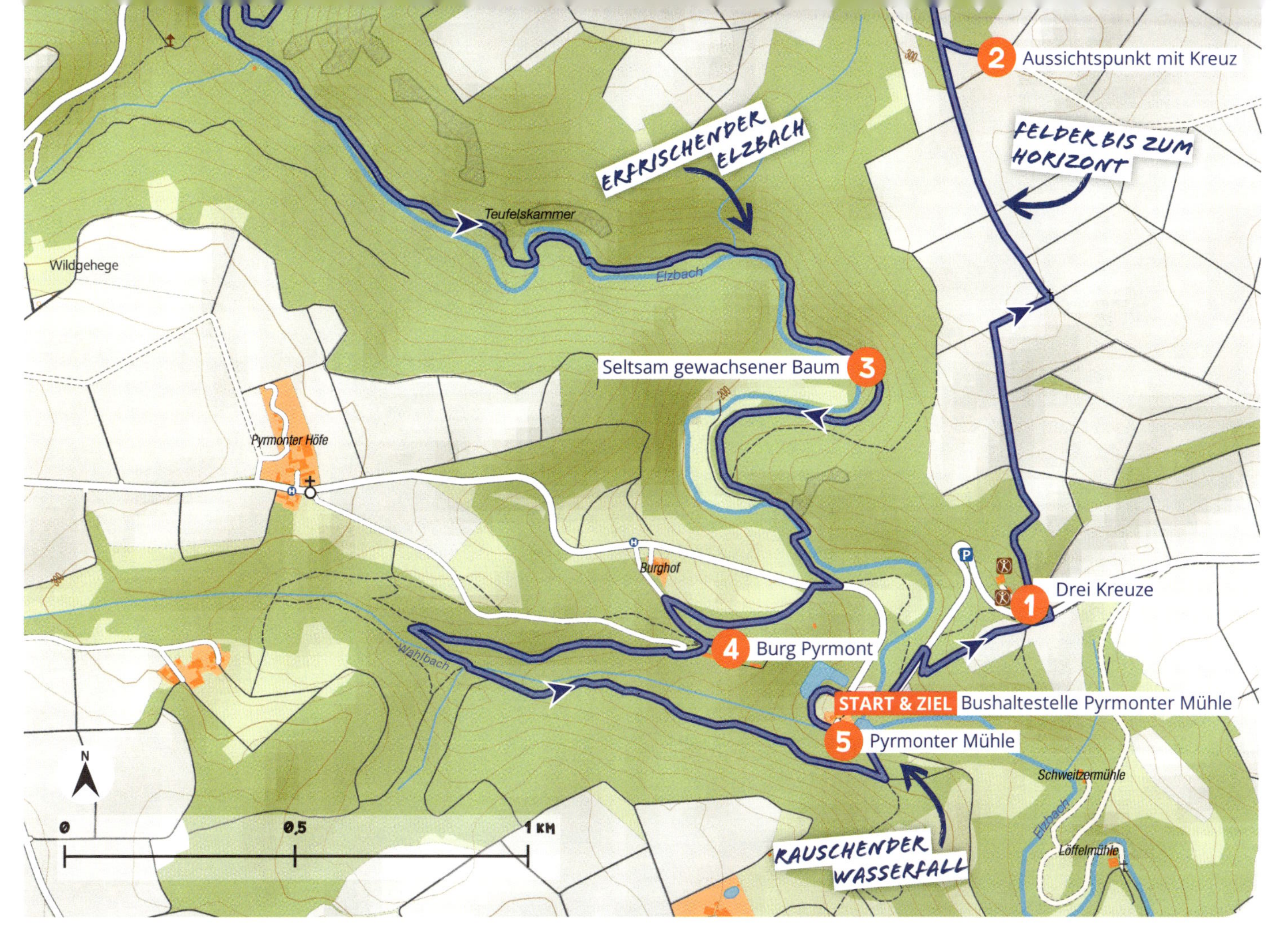

2 Aussichtspunkt mit Kreuz
FELDER BIS ZUM HORIZONT
ERFRISCHENDER ELZBACH
Teufelskammer
Elzbach
Wildgehege
3 Seltsam gewachsener Baum
Pyrmonter Höfe
Burghof
1 Drei Kreuze
4 Burg Pyrmont
Wahlbach
START & ZIEL Bushaltestelle Pyrmonter Mühle
5 Pyrmonter Mühle
Schweitzermühle
Elzbach
Löffelmühle
RAUSCHENDER WASSERFALL
300
200
N
0
0,5
1 KM

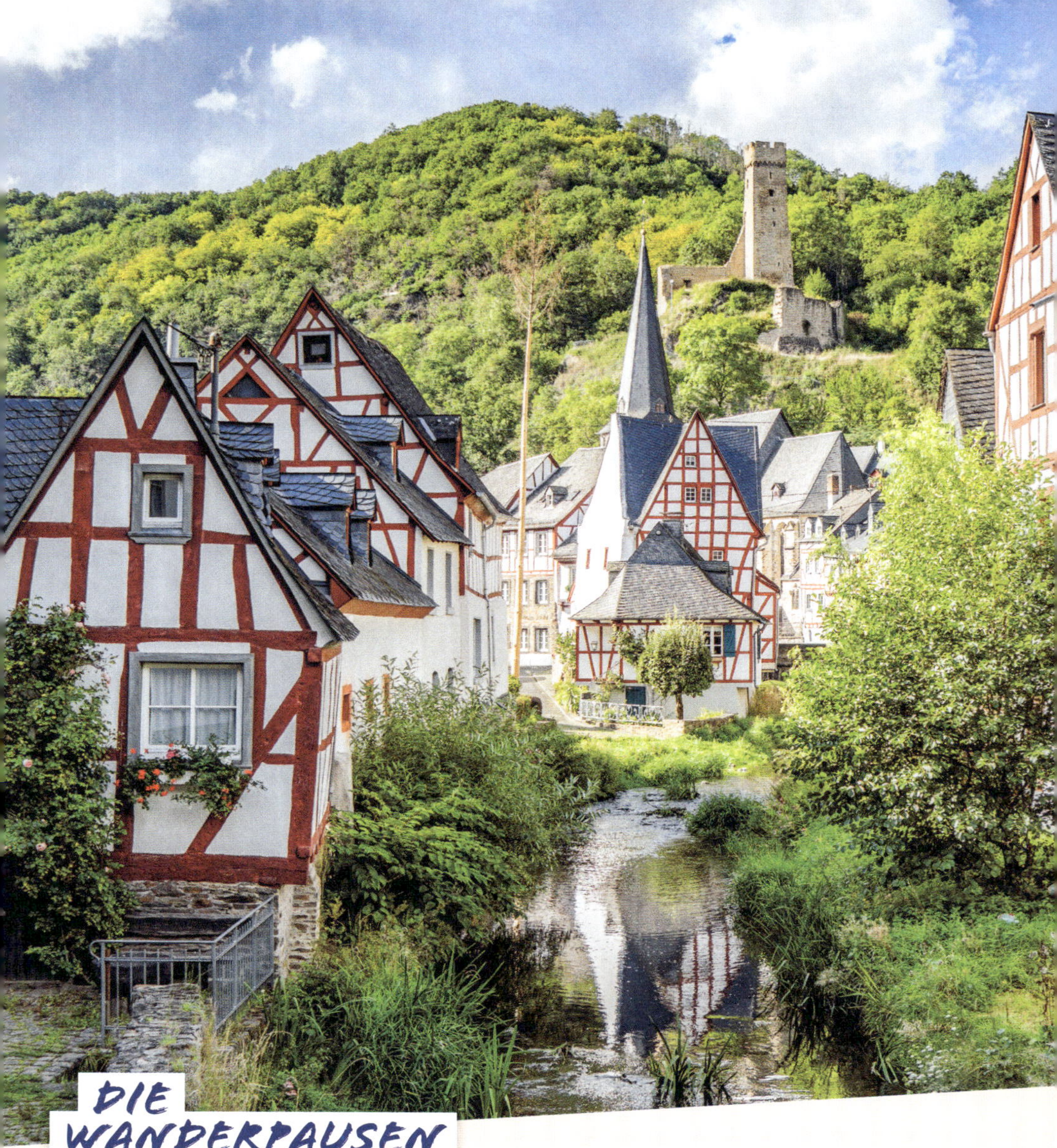

DIE WANDERPAUSEN

» START
Bahnhof Monreal

KM 2,2
1 Aussichtspunkt
Zwei Burgen auf einen Streich

KM 7,2
2 Alte Brücke
Einmal unten durch, bitte!

KM 8,2
3 Sankt-Barbara-Kapelle
Eine Verschnaufpause einlegen

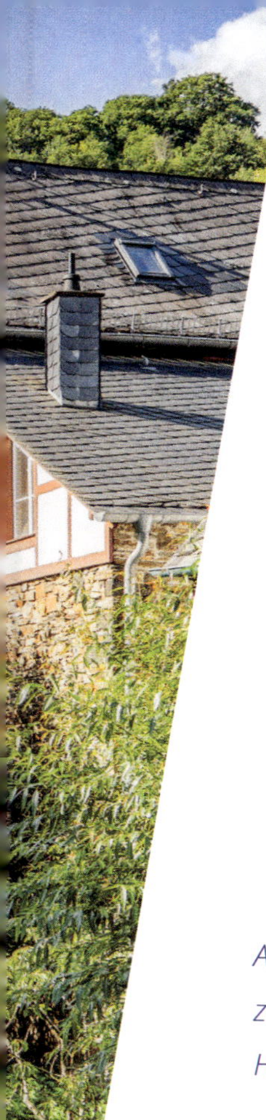

6 AUF ZEITREISE GEHEN

Rund um Monreal

Alte Fachwerkhäuser, dazwischen die Elz und über allem thronen gleich zwei Burgen: Monreal sieht aus wie aus einem Bilderbuch entsprungen. Hier fühlt man sich ein bisschen wie in einer früheren Zeit.

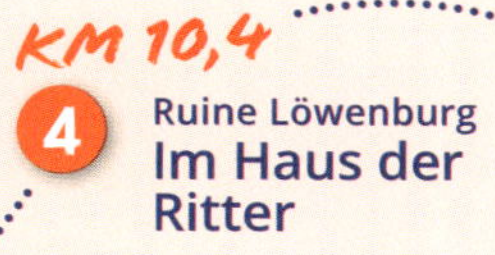

KM 10,4

4 Ruine Löwenburg
Im Haus der Ritter

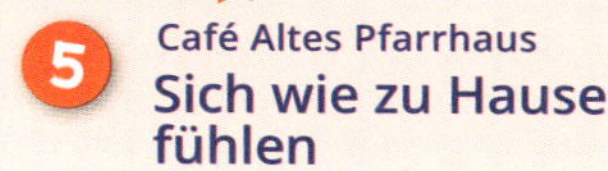

KM 10,7

5 Café Altes Pfarrhaus
Sich wie zu Hause fühlen

KM 11,4 » ZIEL

Bahnhof Monreal

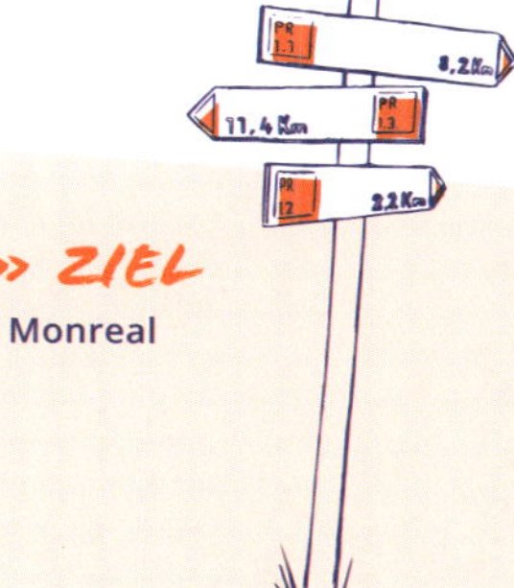

WAHRHAFT KÖNIGLICH ...

... thronen zwei Burgen auf einem Hügel über **Monreal,** das damit seinem Namen alle Ehre macht. Cunisberch (Königsberg) wurde im 12. Jahrhundert erstmals erwähnt und der Name wurde – wie es damals Mode war – bald ins Französische übersetzt. Monreal war geboren, und heute ist es das vielleicht hübscheste Dorf der Vulkaneifel. Nicht umsonst wird es gerne als Perle des Elztals bezeichnet.

Beim glanzvollen Auftakt der Wanderung durch den idyllischen Fachwerkort kommt man aus dem Staunen kaum heraus. Denn nach dem Dreißigjährigen Krieg war in Monreal dank der Wolle der großen Eifeler Schafherden eine bedeutende Tuchindustrie entstanden. Die schmucken Fachwerkhäuser zeugen vom damaligen Wohlstand der Tuchmacher.

VOM ERSTEN AUSSICHTSPUNKT AUF MONREAL MIT DEN ZWEI BURGEN BLICKEN, HERRLICH!

Vom **Alten Pfarrhaus,** heute ein **Café,** über eine der historischen Elzbrücken und durch die mittelalterlichen Gassen ist der Ort bald durchquert und das Kopfsteinpflaster wird gegen Gras getauscht. Langsam geht es bergauf, denn für das erste Highlight wollen ein paar Höhenmeter überwunden werden. Oben angekommen, kann man sich getrost kurz ausruhen. Denn der **Aussichtspunkt** wartet nicht nur mit einem herrlichen Blick auf Monreal mit den beiden Burgruinen auf, sondern auch mit einer Bank.

Wer sich losreißen kann, wandert durch eine Landschaft aus abwechselnd Wald und Wiesen, überquert das eine oder andere Mal die Landstraße und unterquert die Trasse der Eifelquerbahn unter einer **alten Brücke.** Kurz darauf ist die **Sankt-Barbara-Kapelle** erreicht. Sie gehörte zur alten Mühle, an der der Wanderweg ein paar Meter weiter vorbeiführt.

Eine Brücke führt über den plätschernden Elzbach, und vorbei am Sportplatz würde es rechts zurück zum Bahnhof gehen. Wer noch Kraft in den Beinen hat, sollte jedoch noch einen letzten Anstieg in Kauf nehmen, um über den gewundenen Waldpfad auf den Hügel zu gelangen, auf dem die Ruinen der kleineren Philippsburg und der majestätischen **Löwenburg** thronen. Von letzterer sind noch große Teile erhalten, die einschließlich Bergfried erkundet werden können.

Zurück in der Ortsmitte von Monreal kann man sich im **Café Altes Pfarrhaus** mit Kaffee und selbst gebackenem Kuchen belohnen. Danach geht es zurück zum **Bahnhof.** «

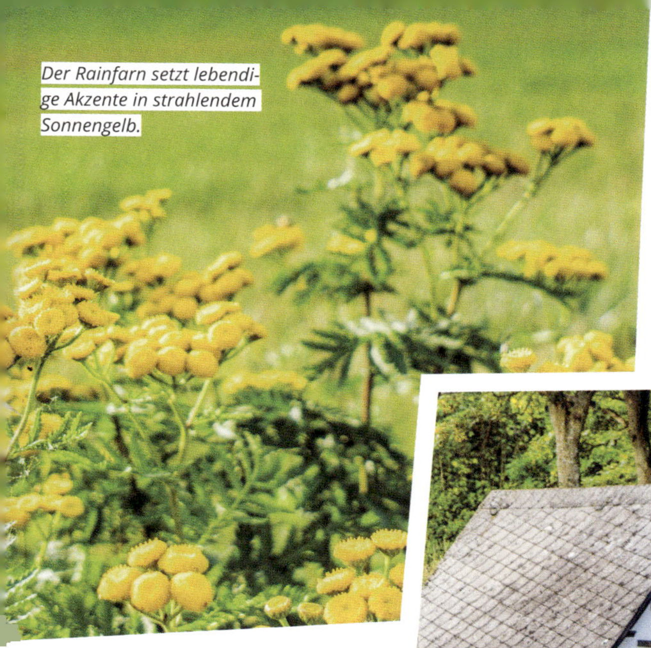

Der Rainfarn setzt lebendige Akzente in strahlendem Sonnengelb.

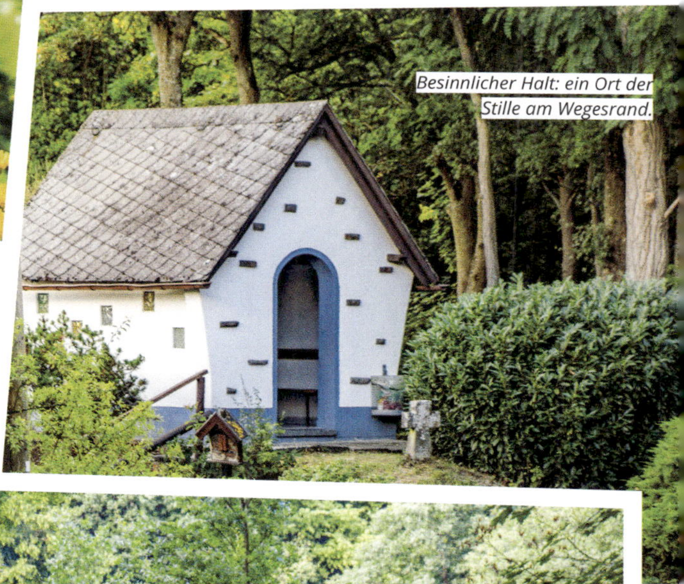

Besinnlicher Halt: ein Ort der Stille am Wegesrand.

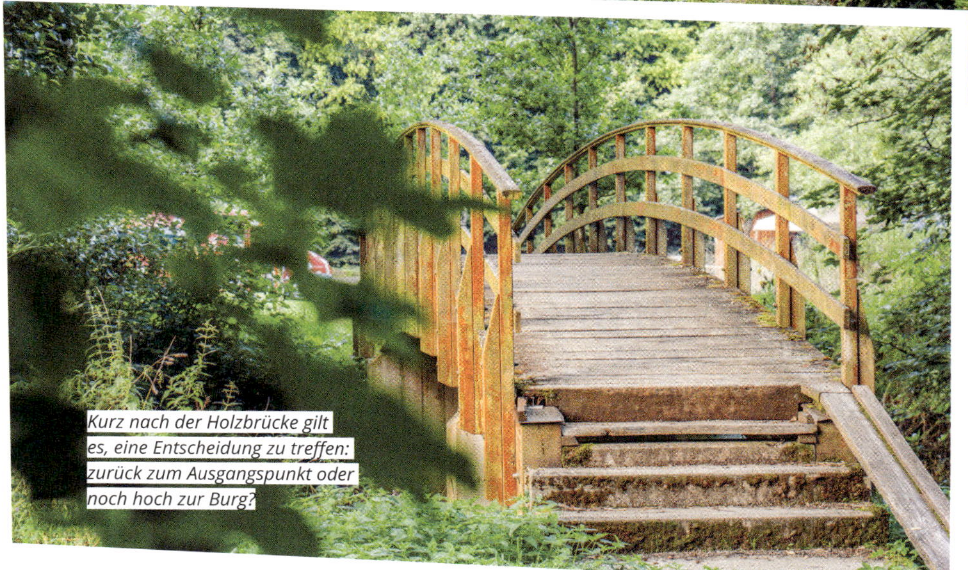

Kurz nach der Holzbrücke gilt es, eine Entscheidung zu treffen: zurück zum Ausgangspunkt oder noch hoch zur Burg?

WANDERN & GENIESSEN

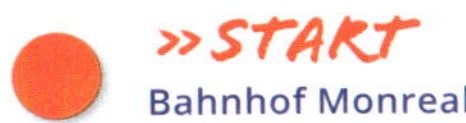

»START

Bahnhof Monreal

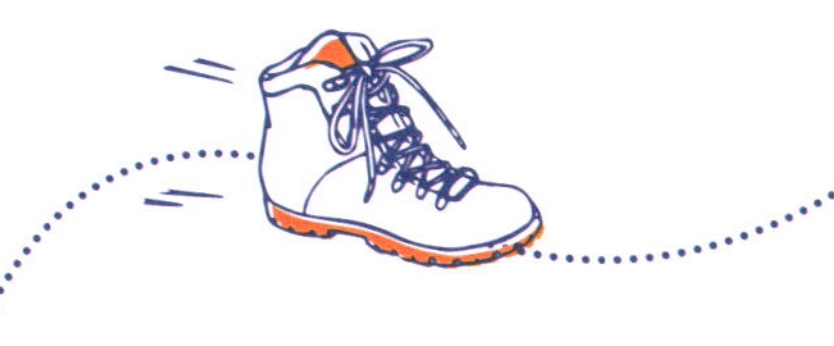

Über den Elzer Weg den Schildern in die Ortsmitte und dann dem Wanderweg Monrealer Ritterschlag etwa 1,5 Kilometer folgen. Danach die enge Kurve nehmen statt geradeaus zu gehen. Die Straße entlang, dann rechts halten, bis eine kleine Kapelle erreicht ist. Dahinter zur Bank und den kleinen Waldpfad nach oben laufen, bis sich das Blattwerk zur Rechten lichtet.

KM 2,2

1 Aussichtspunkt

Zwei Burgen auf einen Streich

Monreal wartet mit gleich zwei Burgen auf. Der Ausblick von hier oben auf Löwenburg und Philippsburg, die über dem mittelalterlichen Fachwerkstädtchen und dem Elztal thronen, ist atemberaubend. Die größere Löwenburg rechts ist noch in großen Teilen erhalten. Bei beiden Burgruinen handelt es sich um sogenannte Spornburgen. Bei dieser in Deutschland am weitesten verbreiteten Art der Höhenburg wird die Burg nicht auf einem Gipfel, sondern auf einem mindestens an zwei Seiten steil über dem Tal abfallenden Bergsporn errichtet. So musste die Burg nicht nach allen Seiten verteidigt werden. Warum zwei Burgen errichtet wurden, ist unklar.

Ein Stück dem Weg folgen, dann aber den Pfad nach links und nicht geradeaus nehmen. Hinter dem Haus entlang, an der Straße rechts und dann geradeaus bis Km 2,7. Dem Weg über ein weites Feld folgen und an zwei Weggabelungen rechts halten. Die L 98 überqueren und nach einem weiteren Wiesenstück in den Wald wandern. Nach dem Abstieg über einen Waldpfad rechts auf eine Forststraße abbiegen. Bei Km 5,5 wieder auf einen kleinen Pfad nach links abbiegen und, unten angekommen, nach rechts gehen. Dem Weg geradeaus bis zur Brücke folgen.

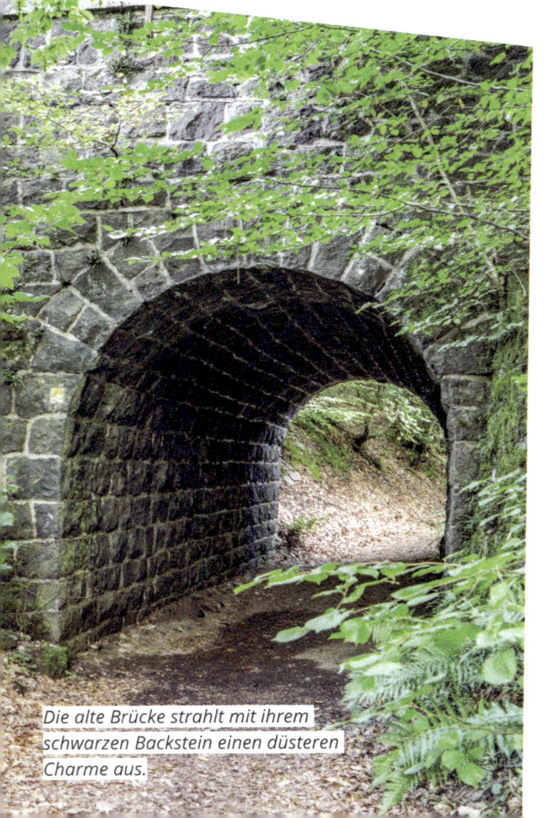

Die alte Brücke strahlt mit ihrem schwarzen Backstein einen düsteren Charme aus.

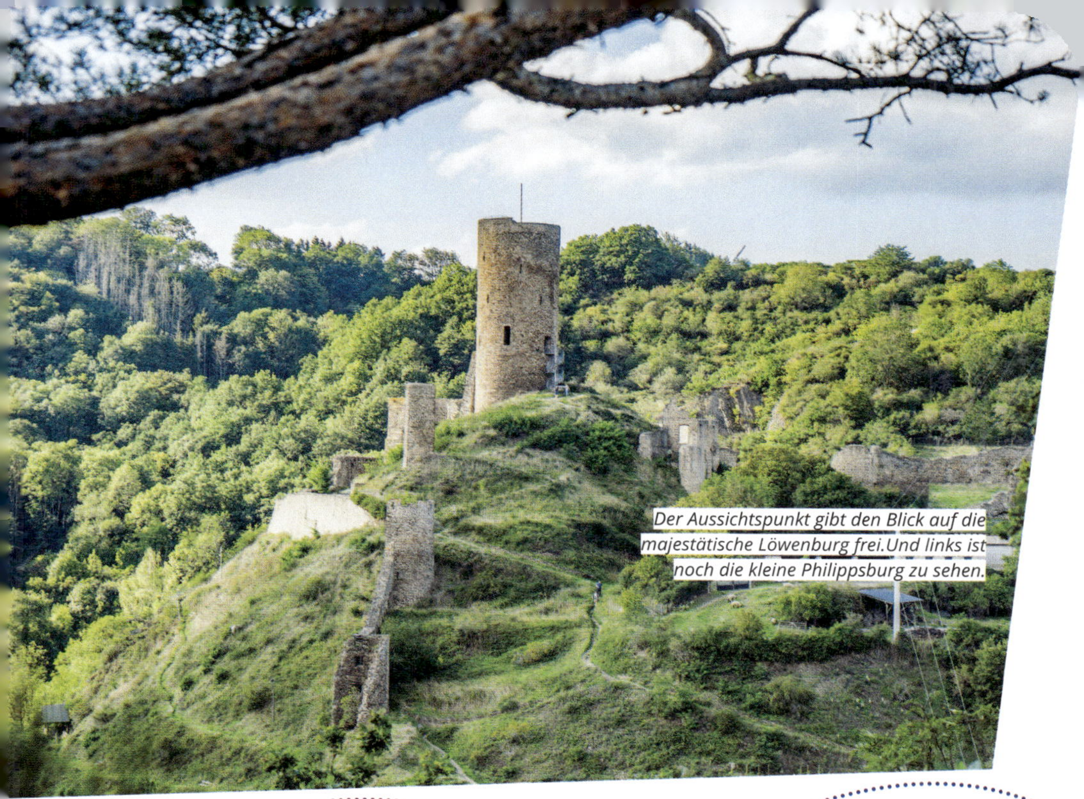

Der Aussichtspunkt gibt den Blick auf die majestätische Löwenburg frei. Und links ist noch die kleine Philippsburg zu sehen.

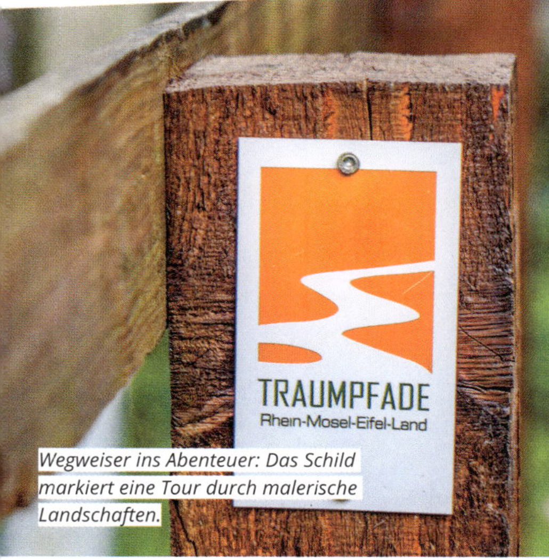

Wegweiser ins Abenteuer: Das Schild markiert eine Tour durch malerische Landschaften.

KM 7,2

2 Alte Brücke
Einmal unten durch, bitte!

Die alte Brücke aus schwarzen Backsteinen wurde einst errichtet, um Fußgängern eine Möglichkeit zu geben, sicher durch dieses Waldstück zu kommen, durch das die Eifelquerbahn führt. Heute nutzen ihn auch Wanderer. Der etwa drei Meter lange und vier Meter hohe Durchgang liegt idyllisch mitten im Wald. Das Blattwerk der umstehenden Bäume sorgt für einen grünen Schmuck – ein hübscher Kontrast zum dunklen Mauerwerk.

Unter der Brücke hindurch und der Beschilderung nach Monreal folgen.

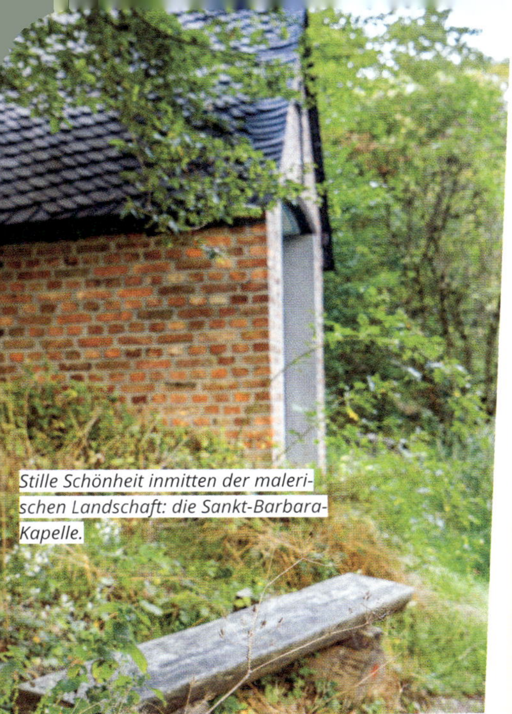

Stille Schönheit inmitten der malerischen Landschaft: die Sankt-Barbara-Kapelle.

KM 8,2

Sankt-Barbara-Kapelle

Eine Verschnaufpause einlegen

Zu beiden Seiten der kleinen Kapelle oberhalb der Augstmühle befinden sich Bänke – gut für eine kurze Pause, bevor es zum Endspurt geht. Die Kapelle ist der heiligen Barbara gewidmet, die zu den Vierzehn Nothelfern gehört und u. a. als Schutzpatronin der Bergleute und der Artillerie gilt. Die Kapelle aus Backsteinen ist mit einem Gitter verschlossen, doch kann man von außen die größere Statue der heiligen Barbara in rotem Gewand erkennen, die von zwei kleineren Statuen von Geistlichen flankiert wird.

Der Beschilderung Monrealer Ritterschlag an der Ruine der Philippsburg vorbei zur Löwenburg folgen.

KM 10,4

4

Ruine Löwenburg

Im Haus der Ritter

Die Ruine der im 13. Jahrhundert erbauten Löwenburg kann nach Herzenslust erkundet werden. Der Turm ist begehbar, aber wer eine Taschenlampe dabei hat oder das Handy als solche verwendet, ist klar im Vorteil. Weit ist der Weg hinauf aber nicht. Die Mauern sind mit drei Metern ganz schön dick, beschränken aber auch die Aussicht. Der Blick vom Aussichtspunkt zuvor ist daher besser. Trotzdem ist es herrlich, an einem so historischen Ort zu stehen und zu sinnieren, wie es den einst hier lebenden Menschen wohl ergangen ist. Wie sah ihr Leben aus? Was die Mauern wohl erzählen würden, wenn sie sprechen könnten …

Den Schildern hinunter in den Ort folgen. Unten angekommen, geht es nach rechts zum Alten Pfarrhaus.

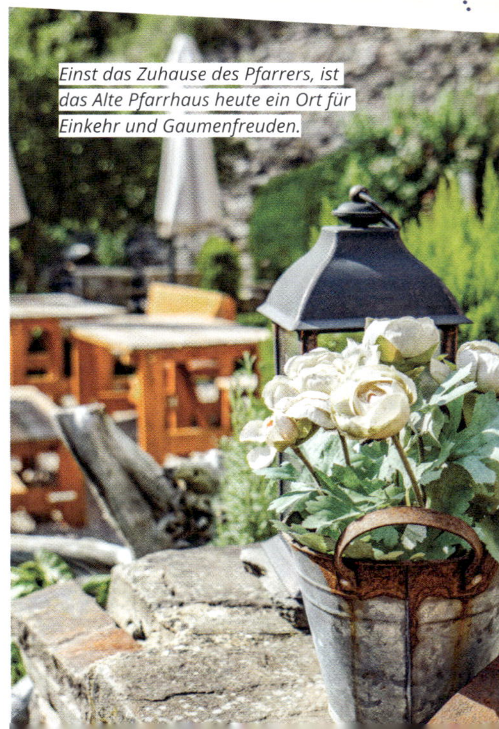

Einst das Zuhause des Pfarrers, ist das Alte Pfarrhaus heute ein Ort für Einkehr und Gaumenfreuden.

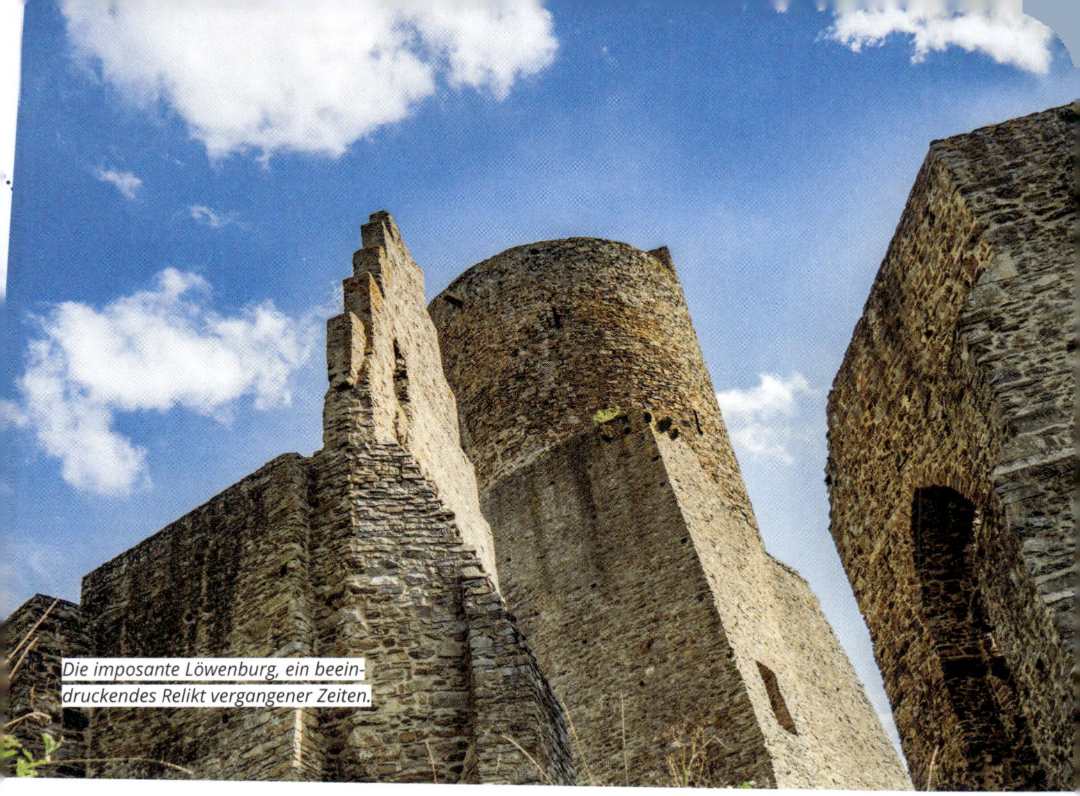

Die imposante Löwenburg, ein beeindruckendes Relikt vergangener Zeiten.

KM 10,7

5

Café Altes Pfarrhaus

Sich wie Zuhause fühlen

Das Alte Pfarrhaus wurde 1883 im spätbarocken Stil als katholisches Pfarrhaus errichet. Seit 2017 lädt hier ein Café zum Besuch ein. Bodenständig und authentisch geht es hier zu, aber gleichzeitig auch kreativ. Die charmante Einrichtung ruft sofort ein Gefühl des Willkommenseins hervor. Wie bei Oma und Opa – das ist das hehre Ziel. Bei lokalen sowie saisonalen Spezialitäten, Vesper oder Kaffee und Kuchen kann man sich in heimeliger Atmosphäre nach der Wanderung stärken.

Auf dem Elzer Weg geht es wieder zurück zum Bahnhof.

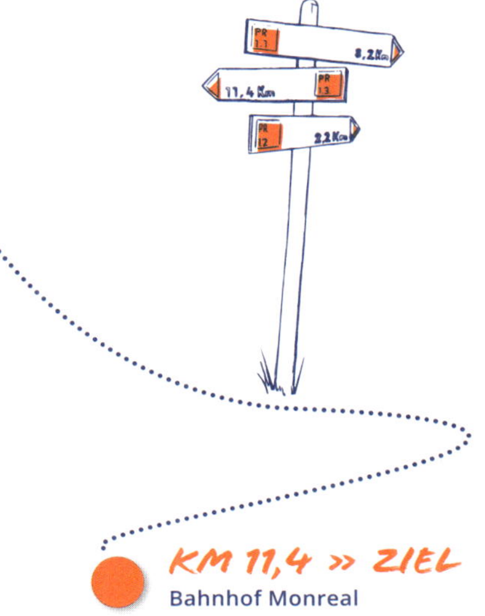

KM 11,4 » ZIEL

Bahnhof Monreal

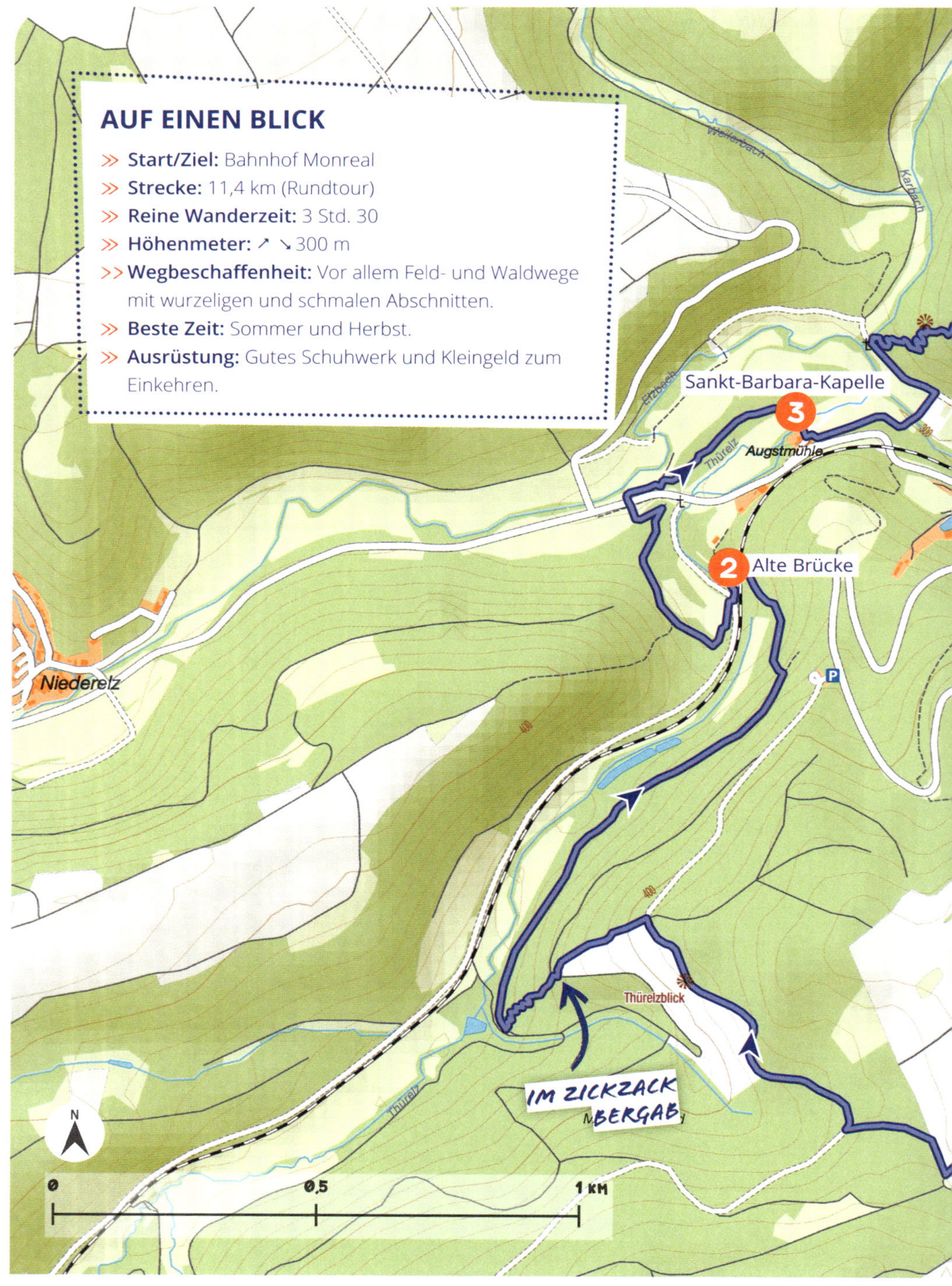

AUF EINEN BLICK

- » **Start/Ziel:** Bahnhof Monreal
- » **Strecke:** 11,4 km (Rundtour)
- » **Reine Wanderzeit:** 3 Std. 30
- » **Höhenmeter:** ↗ ↘ 300 m
- » **Wegbeschaffenheit:** Vor allem Feld- und Waldwege mit wurzeligen und schmalen Abschnitten.
- » **Beste Zeit:** Sommer und Herbst.
- » **Ausrüstung:** Gutes Schuhwerk und Kleingeld zum Einkehren.

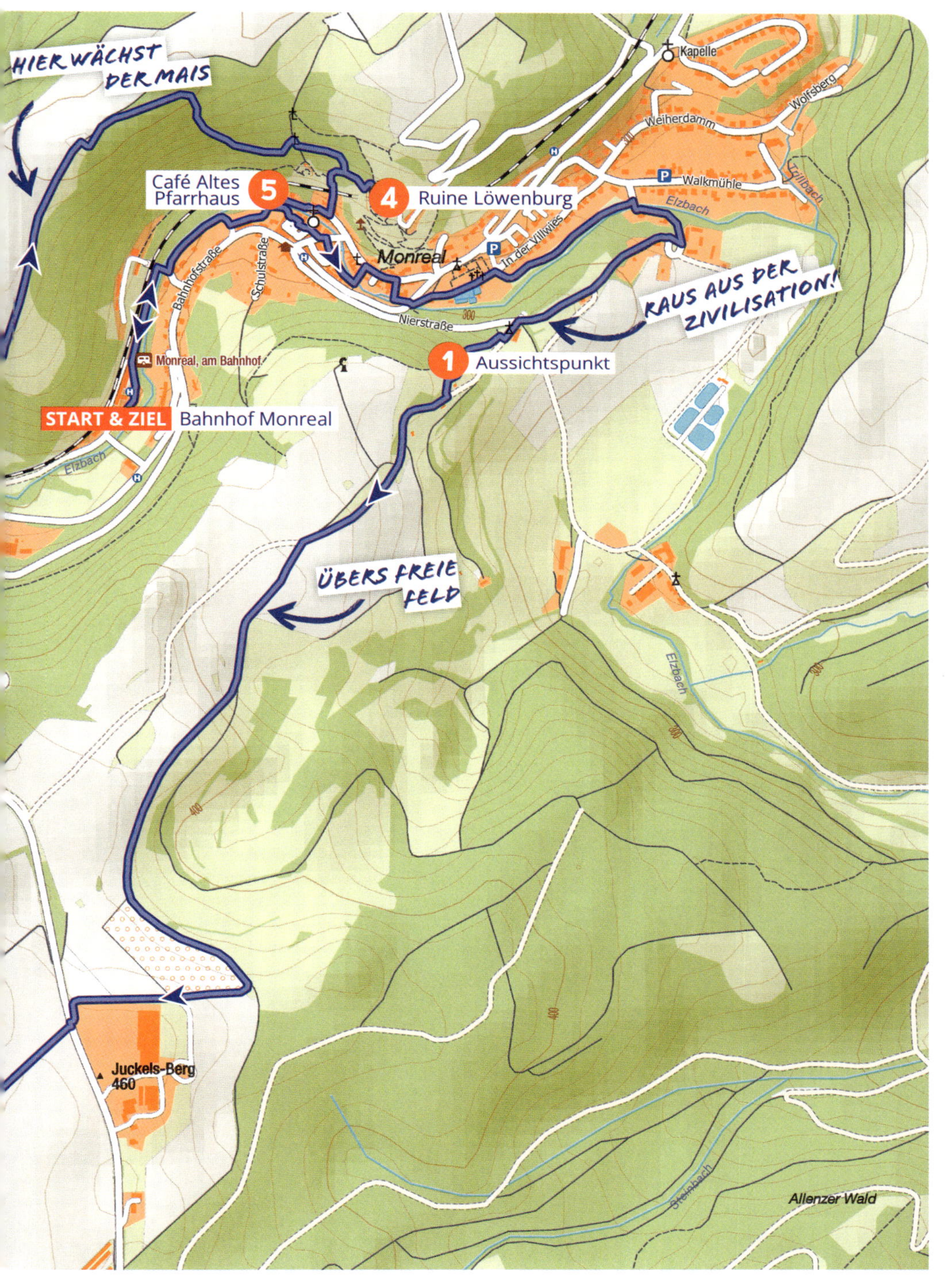

HIER WÄCHST DER MAIS
Café Altes Pfarrhaus
5
4
Ruine Löwenburg
Kapelle
Weiherdamm
Wolfsberg
Walkmühle
Elzbach
Trillbach
In der Villwies
Monreal
Bahnhofstraße
Schulstraße
Nierstraße
RAUS AUS DER ZIVILISATION!
1
Aussichtspunkt
Monreal, am Bahnhof
START & ZIEL
Bahnhof Monreal
Elzbach
ÜBERS FREIE FELD
Elzbach
Juckels-Berg
460
Steinbach
Allenzer Wald

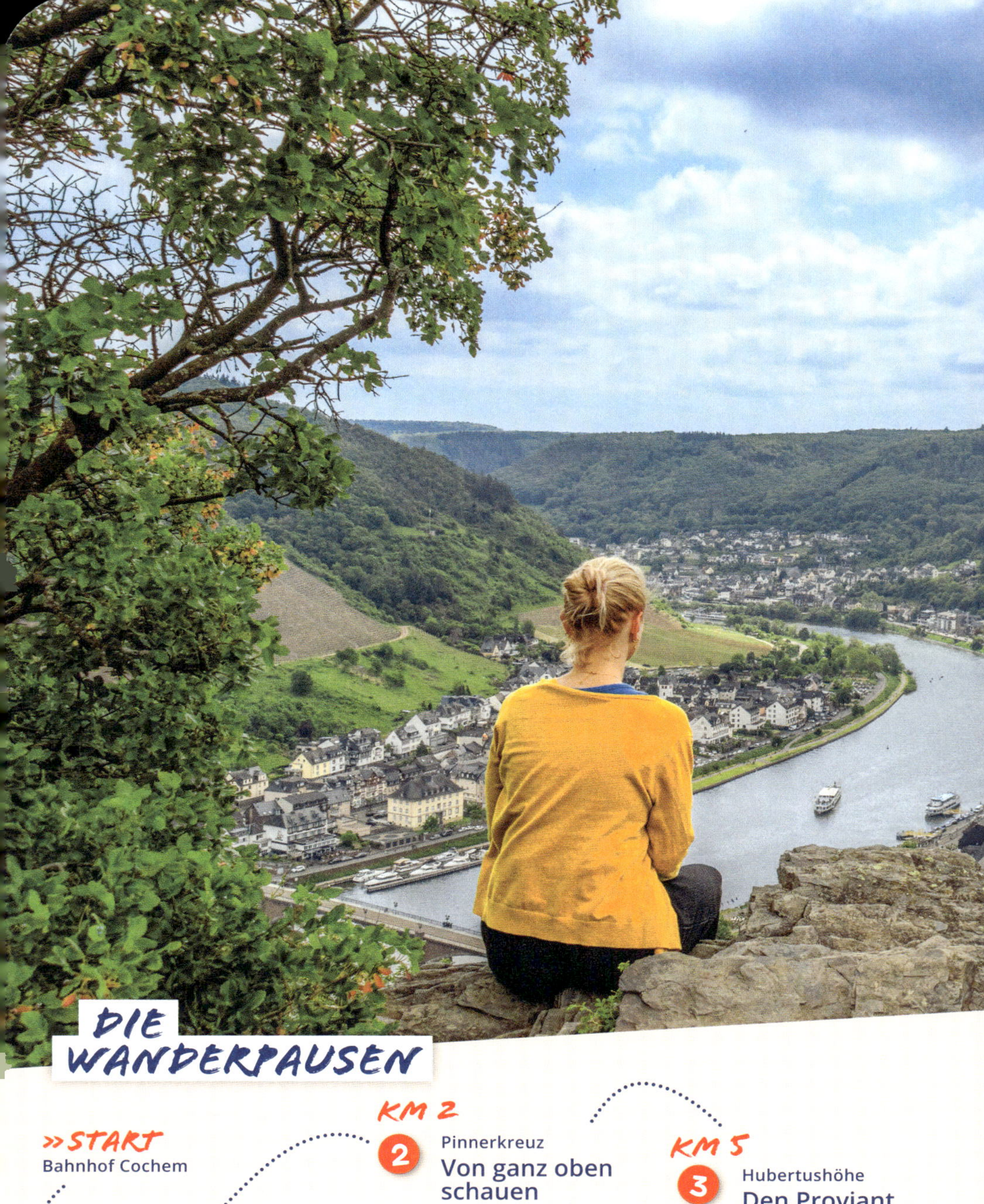

DIE WANDERPAUSEN

» START
Bahnhof Cochem

KM 1,6
1 Aussichtsbank
Moselblick de luxe

KM 2
2 Pinnerkreuz
Von ganz oben schauen

KM 5
3 Hubertushöhe
Den Proviant auspacken

7 TRAUM-HAFTE AUSICHTEN

Entdeckungstour rund um Cochem

Von Cochem geht es durch die schönen Moselweinberge, die Wälder oberhalb des Flusses und zur Reichsburg Cochem. Im historischen Stadtkern der hübschen Moselstadt kann man den perfekten Tourtag mit vor Ort geröstetem Kaffee adäquat ausklingen lassen.

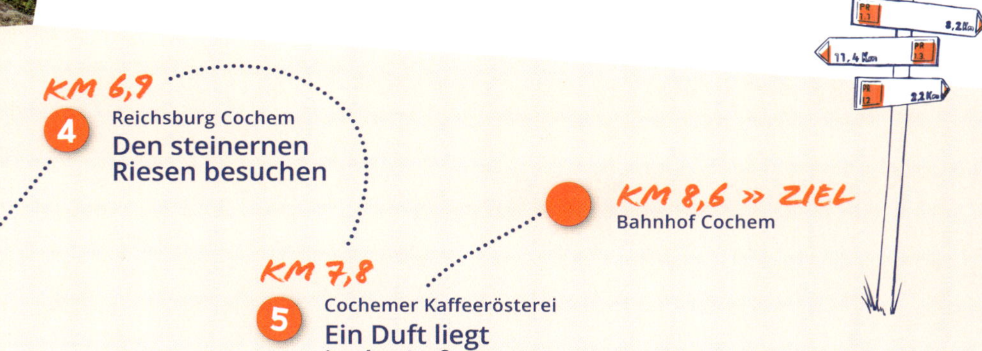

ALLE SINNE ANSPRECHEN, ...

... diesem Anspruch wird diese Tour locker gerecht. Kaum hat man den **Bahnhof in Cochem** verlassen, beginnt auch schon der sachte Anstieg in die Weinberge. Einen großen Teil der Strecke verbringt man ab jetzt inmitten der Natur. Dichte Wälder links und rechts vom Weg bestimmen diese Route, doch keine Sorge, immer wieder geben sie den Blick frei auf die Landschaft beidseits der Mosel und das herrlich gelegene Cochem.

Die kleine **Holzbank** in der Wegkurve markiert den ersten perfekten Aussichtspunkt auf die Reichsburg. Weiter geht es auf schmalen Wegen Richtung **Pinnerkreuz.** Das Gipfelkreuz ist auf Grund seiner freistehenden Lage und Größe wirklich beeindruckend. Auch von hier hat man einen hervorragenden Blick auf das Ensemble aus Fluss, Burg und Stadt. Würde man von hier oben bergab Richtung Cochem laufen, könnte man die offenen Kabinen der Sesselbahn durch den Wald schweben sehen.

STAUNEND VOR DEN TOREN DER GEWALTIGEN COCHEMER REICHSBURG STEHEN

Es geht aber nun bergab ins Enderttal. Der Weg führt weiter durch den schönen Laubwald, in dem es viel zu entdecken gibt: Entwurzelte Bäume, mannshohe Farne, man kann Spechte klopfen hören, und das Rauschen des Windes in den Baumkronen ist immer präsent. Irgendwie hat dieser Abschnitt des Waldes etwas Mystisches.

Während man sich dem nächsten Aussichtspunkt nähert, ändert der Wald noch einmal sein Aussehen. Es gibt jetzt mehr knorrige Bäume, moosbewachsene Felsen, viele Eichen an steilen Hängen. Der letzte Aussichtspunkt, die **Hubertushöhe,** eignet sich nicht nur zum Schauen, sondern auch wunderbar zum Picknicken.

Es geht noch ein Stück weiter hinunter in eine etwas größere Senke, in der man den Bach Märtschelt überquert und danach langsam weiter bergab läuft, bis man den Fuß der Burg erreicht. Die **Reichsburg Cochem** ist nicht nur aufgrund ihrer Größe eine beeindruckende mittelalterliche Festung, auf dem Burggelände gibt es auch viel zu entdecken.

Entlang der alten Stadtmauer schlendert man zurück in die Altstadt. Der historische Rathausplatz ist ein echter Touristenmagnet, hier findet man auch die **Cochemer Kaffeerösterei.** Bei einem Stück Zimtschnecke mit frisch geröstetem Kaffee oder Kakao kann man die aussichtsreiche Tour Revue passieren lassen. «

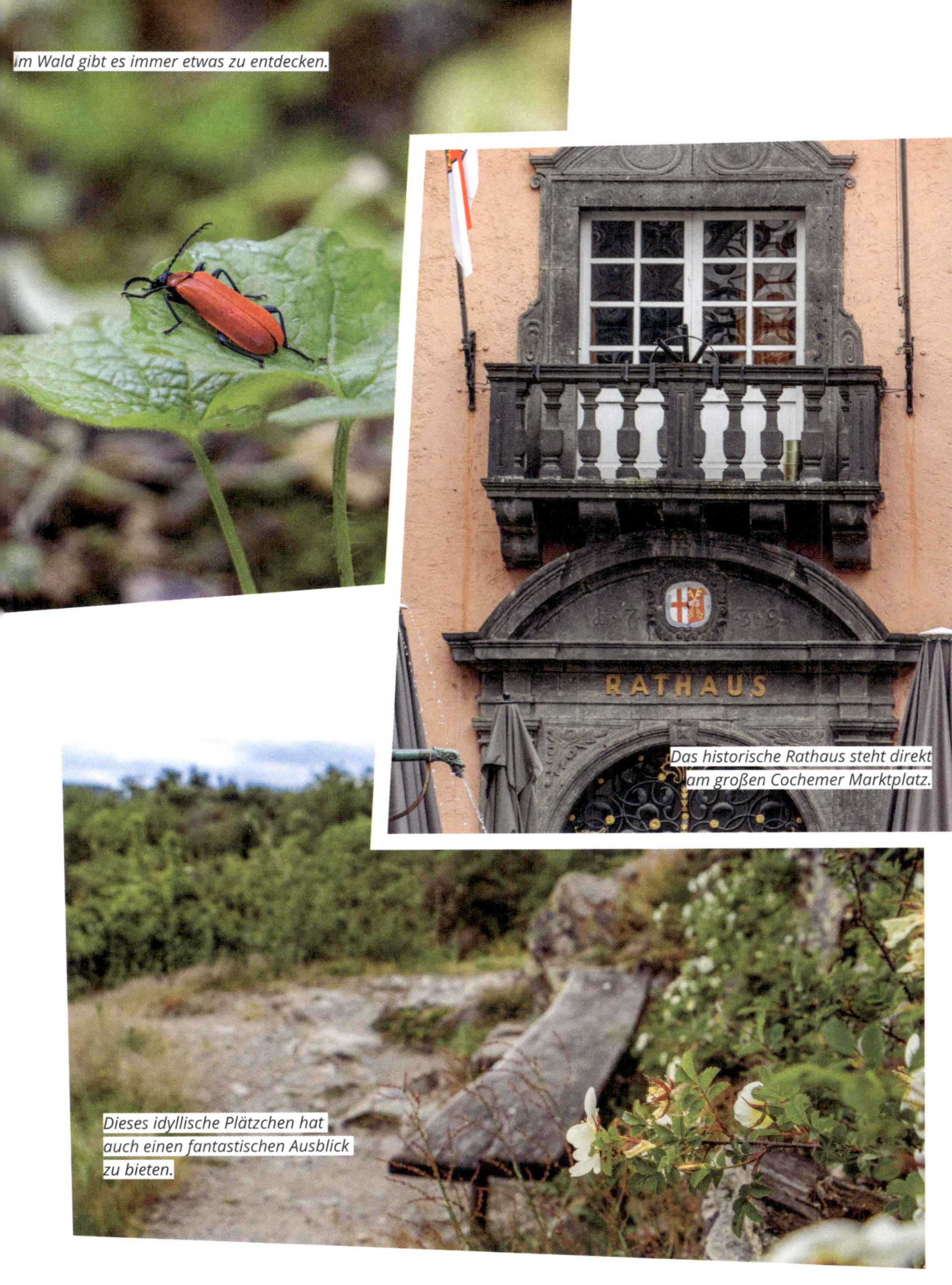

Im Wald gibt es immer etwas zu entdecken.

Das historische Rathaus steht direkt am großen Cochemer Marktplatz.

Dieses idyllische Plätzchen hat auch einen fantastischen Ausblick zu bieten.

WANDERN & GENIESSEN

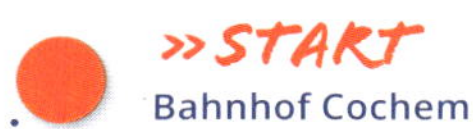

Bahnhof Cochem

Direkt hinter der Bahnstation führt ein kleiner Trampelpfad hinauf in die Weinberge, immer höher über Schieferplatten und Grasboden, bis man auf die kleine Bank am Aussichtspunkt trifft.

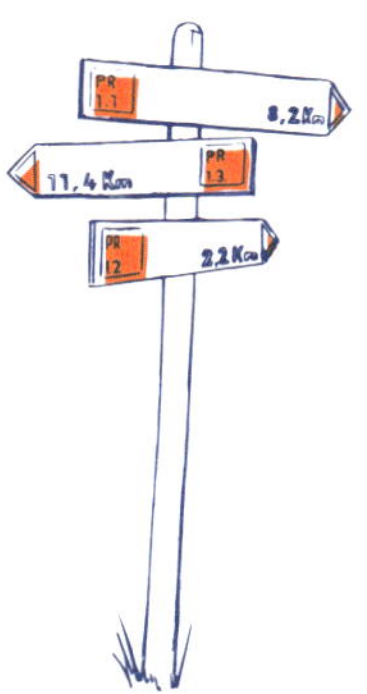

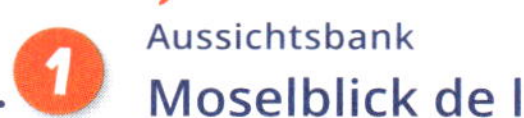

Aussichtsbank

Moselblick de luxe

Die Holzbank steht auf einem kleinen Schiefervorsprung, oberhalb der Bahnstation Cochem und der Mosel. Was für eine fantastische Aussicht auf die Weinberge, die Burg und die historische Altstadt man hier genießen kann! Sollte man keine Getränke im Rucksack haben, kann man nur wenige Meter von der Bank entfernt eine kalte Apfelschorle im Café Sesselbahn-Terrassen trinken (sesselbahn-terrassen-cafe.de).

Geradeaus weiter und dem Weg bis zum Pinnerkreuz folgen.

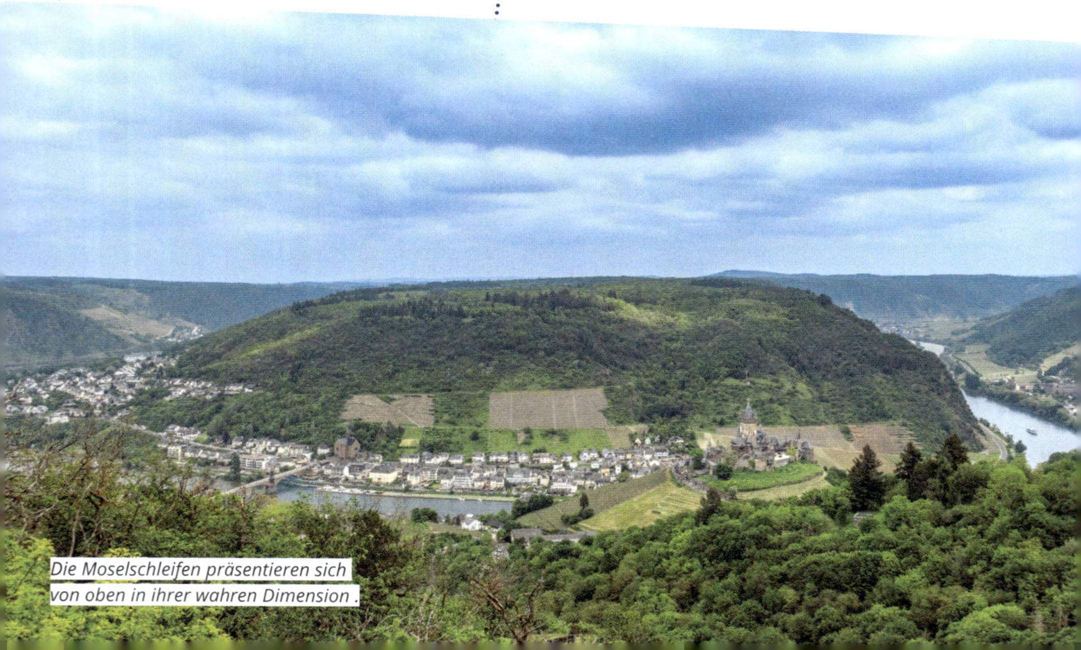

Die Moselschleifen präsentieren sich von oben in ihrer wahren Dimension .

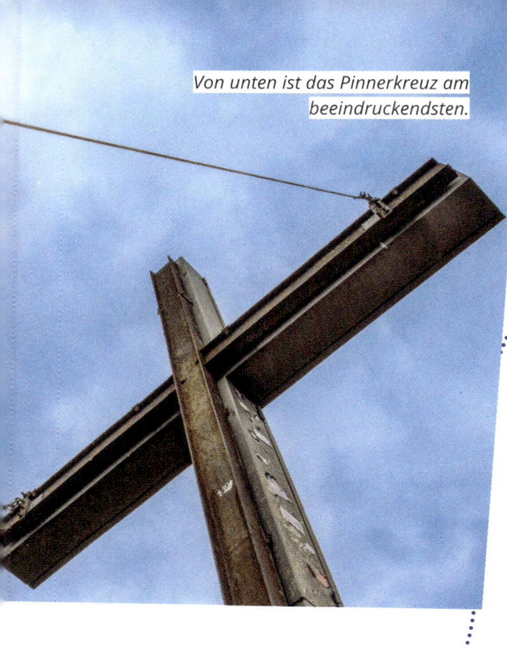

Von unten ist das Pinnerkreuz am beeindruckendsten.

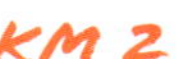

Pinnerkreuz

Von ganz oben schauen

Vom eisernen Gipfelkreuz kann man ganz Cochem mit Reichsburg unten im Moseltal überblicken – der perfekte Hintergrund für ein Erinnerungsfoto. Die Plattform bietet Platz für etwa 20 Personen. Es gibt es auch einige Bänke, falls man hier schon einen Picknickstop einlegen möchte.

Zurück auf dem Hauptweg, geht es nun über Stufen bergab, zweimal unter der Sessellifttrasse hindurch bis hinunter zu den Häusern im Enderttal. Gegenüber der Sesselliftstation muss man wieder bergauf Richtung Wald und dazu zunächst ein kurzes Stück der Landstraße folgen. Nach der Biegung führt links der Waldweg weiter den Berg hoch zur Hubertushöhe.

KM 5

Hubertushöhe

Den Proviant auspacken

Auch hier oben am Aussichtspunkt auf der Hubertushöhe hat man einen fantastischen Blick auf die Reichsburg Cochem, besonders gut kann man den Bergkegel, auf dem sie thront, erkennen. Der Platz ist ideal für ein Picknick mit Panoramablick auf die von Weinbergen durchbrochenen, bewaldeten Hänge über dem Moseltal und idyllische Dörfer am Fluss. Es gibt auch einen Platz zum Unterstellen und zwei Bänke, falls man einen Regentag erwischt. Von hier hat man den besten Überblick über die ganze Gegend.

Nach der Hubertushöhe rechts gehen, dem Wegweiser Pinnerberg/Cochem/Reichsburg folgen. Jetzt führt der Wanderweg immer geradeaus.

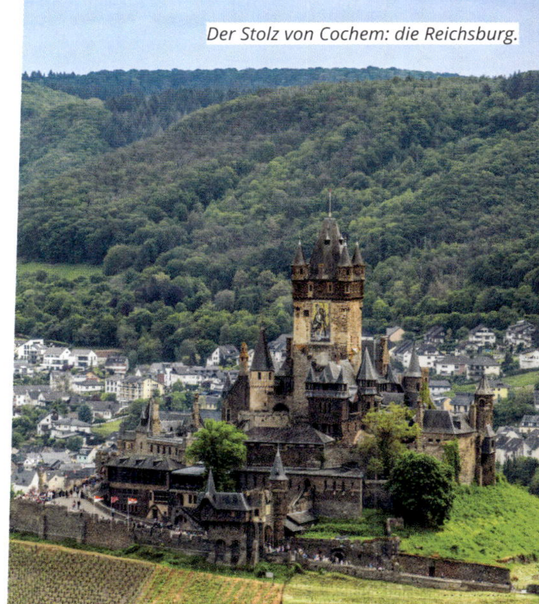

Der Stolz von Cochem: die Reichsburg.

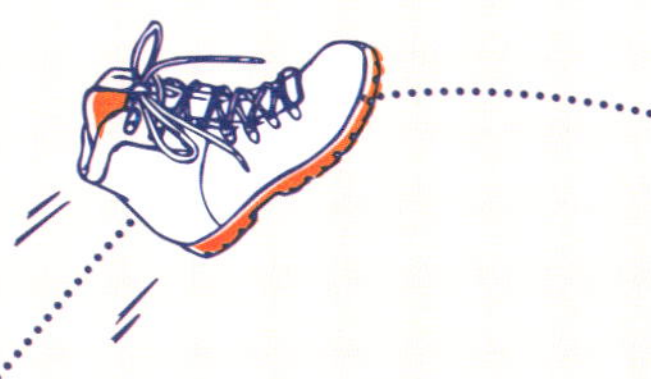

Ein beeindruckendes Eingangstor empfängt die Besucher der Reichsburg.

KM 6,9

4 Reichsburg Cochem

Den steinernen Riesen besuchen

Das Wahrzeichen der Stadt liegt atemberaubend oberhalb der Mosel auf einem Bergkegel und gehört damit zu den Höhenburgen. Um 1100 errichtet, diente die Anlage im Mittelalter als Zollburg. Nach der Zerstörung im 17. Jahrhundert durch französische Truppen wechselte die Ruine mehrfach den Besitzer und wurde im 19. Jahrhundert wieder aufgebaut. Heute befindet sie sich im Besitz der Stadt Cochem. Es gibt viel zu entdecken, ein Highlight ist das Christopherus-Mosaik mit goldenem Hintergrund im großen Achteckturm, aber auch die verträumten Zinnen, Tore und Lampen, die die Burg zieren, sind hübsch anzusehen. Allerdings können die Innenhöfe und Innenräume nur im Rahmen einer Burgführung besichtigt werden (Erw. 8,50 €, Kinder 6–17 J. 4,50 €, reichsburg-cochem.de).

Nach dem Besuch der Burganlage auf einen Feldweg an den Weinbergen einbiegen. Es geht an der kleinen Marien- und Pestkapelle vorbei und einmal um die Burg herum, die Burgmauer immer zur Linken, bis man direkt auf die Altstadt stößt.

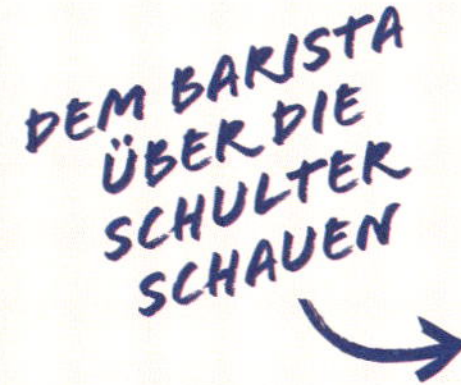

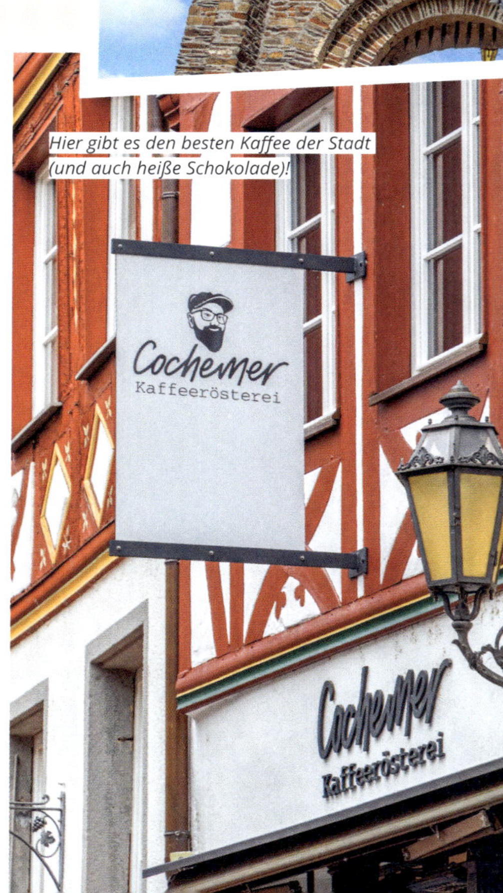

Hier gibt es den besten Kaffee der Stadt (und auch heiße Schokolade)!

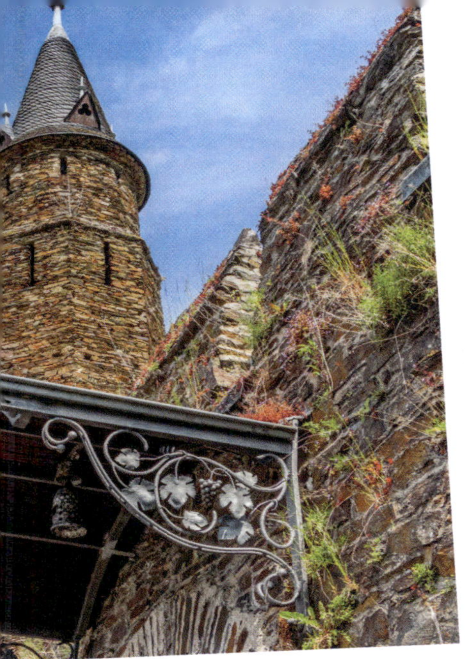

EXTRA INFOS:

In der ● **Alten Thorschenke** in Cochem haben nicht nur Napoleon und Goethe genächtigt, sondern auch die Monarchin Maria Theresia. Hier wird Übernachten an der Mosel zu einem ganz besonderen Erlebnis (Brückenstraße 3, thorschenke.de).

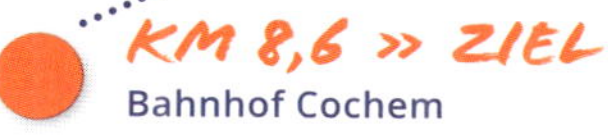

KM 8,6 » ZIEL

Bahnhof Cochem

KM 7,8

5 **Cochemer Kaffeerösterei**

Ein Duft liegt in der Luft

Direkt am historischen Rathausplatz in der Altstadt gibt es leckere Zimtschnecken, fein gerösteten Kaffee, dunkle Trinkschokolade. Auch nette Mitbringsel wie Keramik, Kaffeebohnen und Schokolade kann man hier kaufen. Drinnen sitzt man gemütlich am Fenster des renovierten Cafés oder draußen vor dem historischen Fachwerkhaus und kann dem bunten Treiben auf dem Rathausplatz zuschauen. Die Rösterei ist so beliebt, dass es inzwischen einen zweiten Standort direkt am Bahnhof gibt (tgl. 10.30–17 Uhr, kaffeerösterei-cochem.de).

Nach dem Café-Besuch könnte sich ein Stadtbummel anschließen. Ansonsten geht es geradeaus zurück zum Bahnhof.

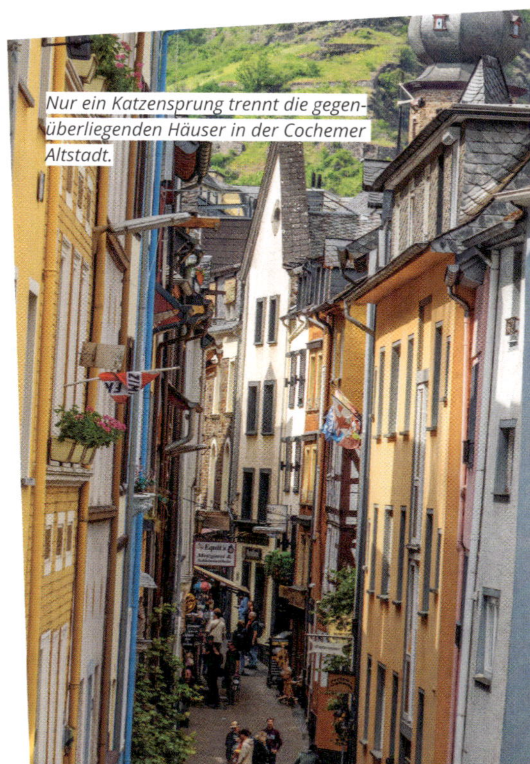

Nur ein Katzensprung trennt die gegenüberliegenden Häuser in der Cochemer Altstadt.

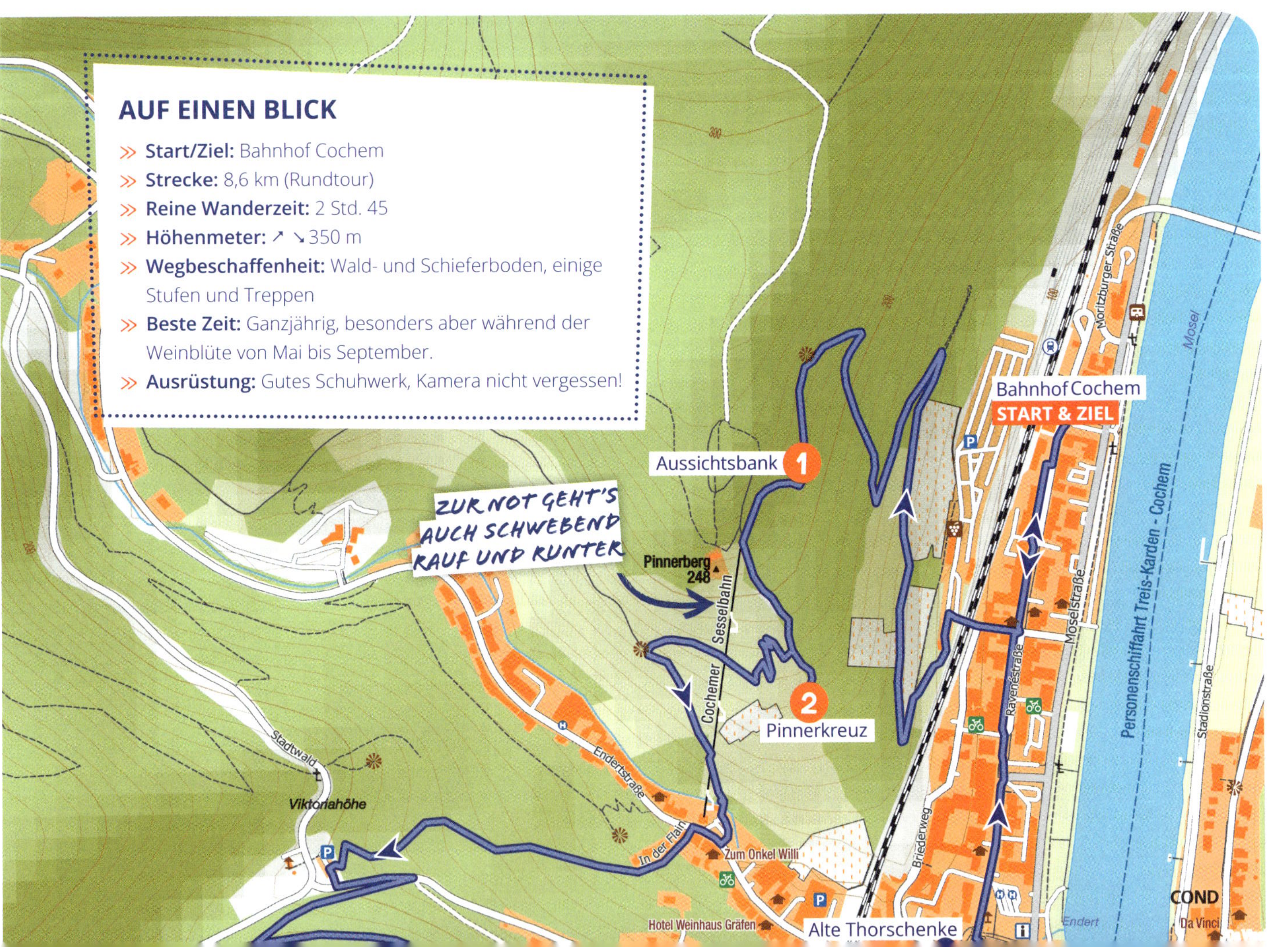

AUF EINEN BLICK

- » **Start/Ziel:** Bahnhof Cochem
- » **Strecke:** 8,6 km (Rundtour)
- » **Reine Wanderzeit:** 2 Std. 45
- » **Höhenmeter:** ↗ ↘ 350 m
- » **Wegbeschaffenheit:** Wald- und Schieferboden, einige Stufen und Treppen
- » **Beste Zeit:** Ganzjährig, besonders aber während der Weinblüte von Mai bis September.
- » **Ausrüstung:** Gutes Schuhwerk, Kamera nicht vergessen!

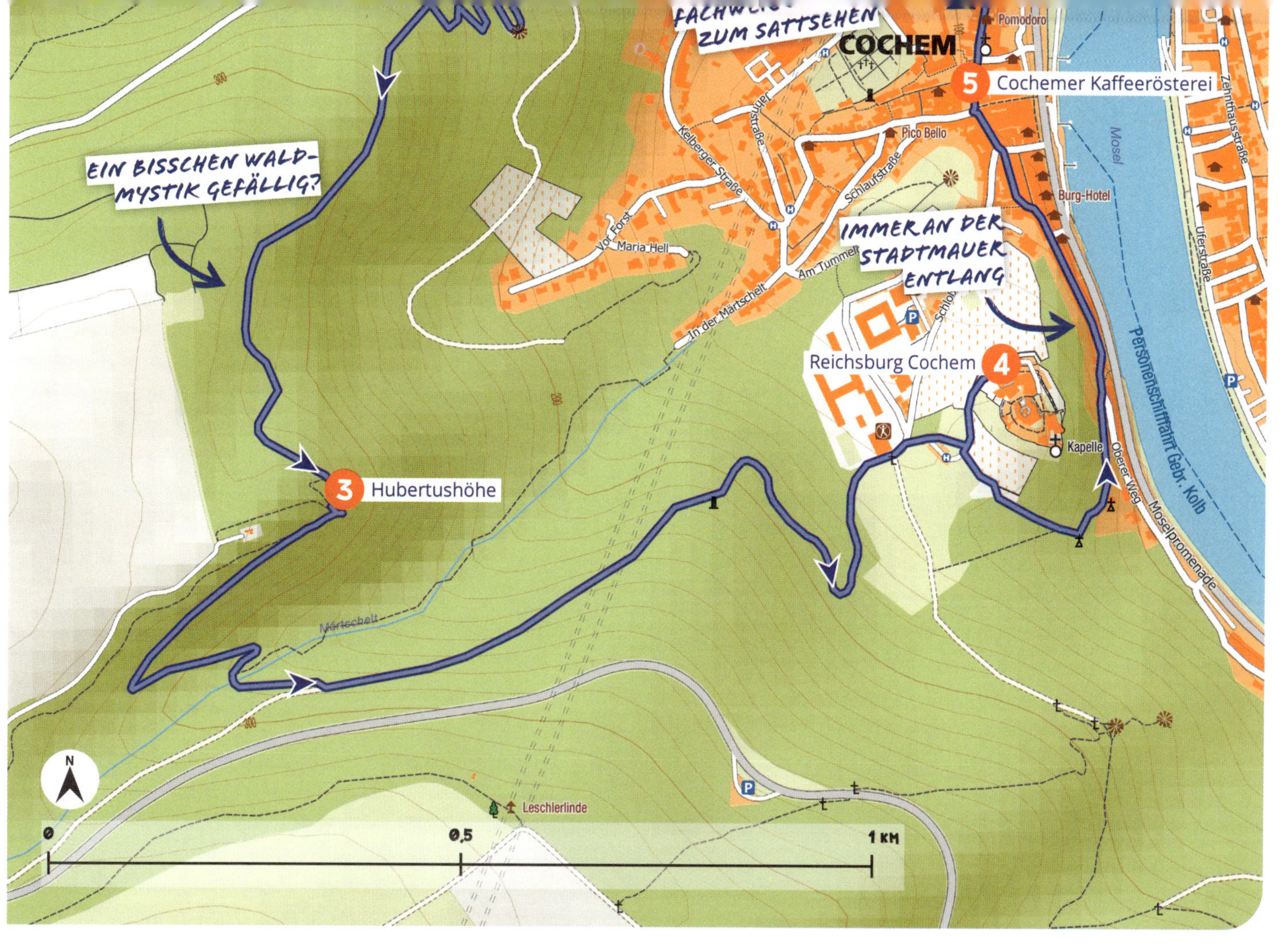

ZUM SATTSEHEN
COCHEM
Pomodoro
5 Cochemer Kaffeerösterei
Zehnthausstraße
Mosel
Pico Bello
Kelberger Straße
Schlaufstraße
Burg-Hotel
EIN BISSCHEN WALD-
MYSTIK GEFÄLLIG?
Vor Forst
Maria Hell
Am Tummel
In der Märtschelt
IMMER AN DER
STADTMAUER
ENTLANG
Uferstraße
Reichsburg Cochem
4
Personenschifffahrt Gebr. Kolb
Kapelle
Oberer Weg
Moselpromenade
3 Hubertushöhe
Märtschelt
Leschlerlinde
0
0,5
1 KM

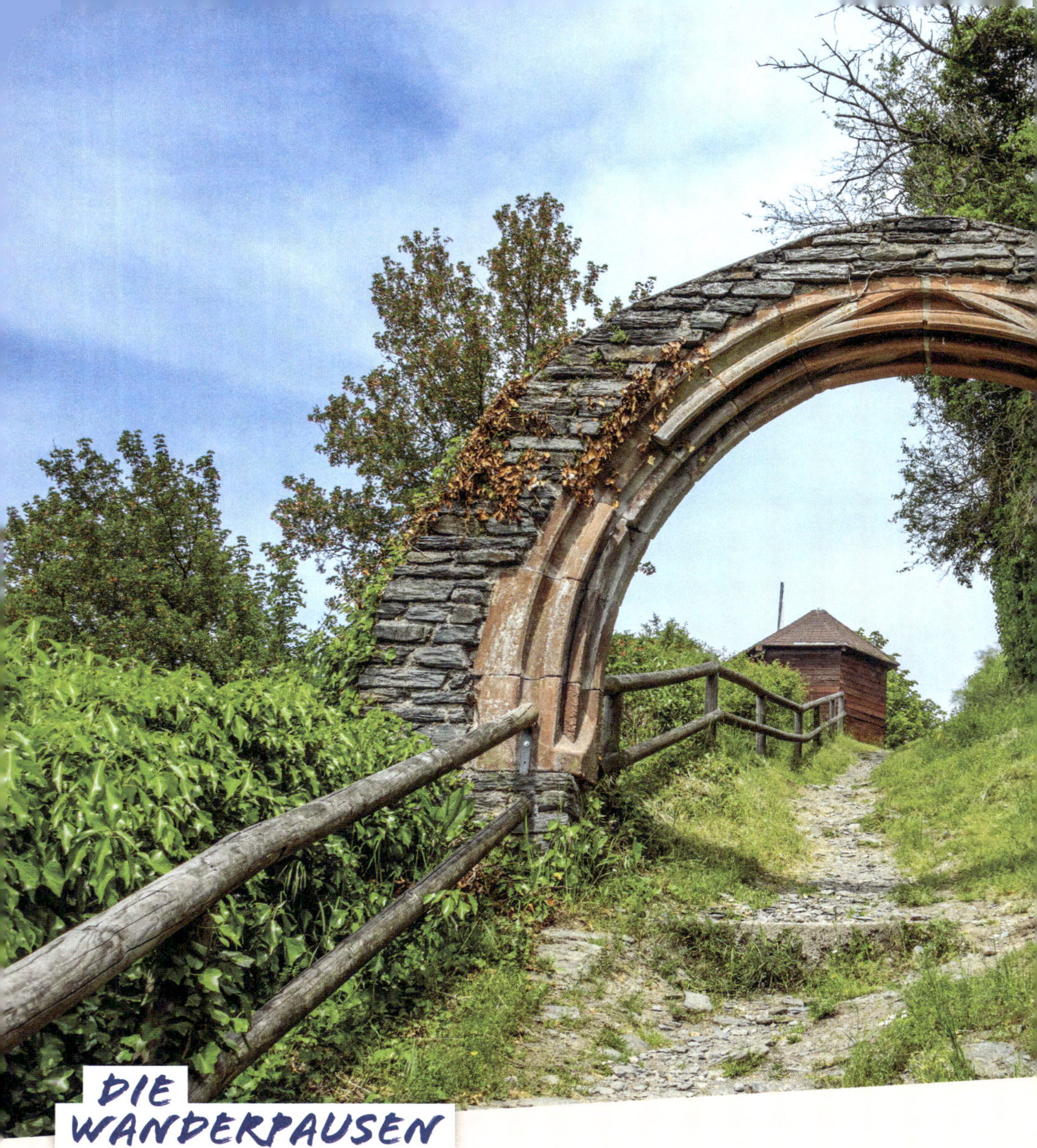

DIE WANDERPAUSEN

» START
Bahnhof Traben-Trarbach

KM 0,5
1 Moselbrücke & Brückentor
Verbindende Elemente

KM 2,8
2 Bank mit Aussicht
Durch verträumten Wald wandern

KM 3,3
3 Weinhaus Schöne Aussicht & Ruine Starkenburg
Einkehren und erkunden

8

MOSEL, WALD & BURGEN

Durch Wald und Weinberge bei Traben-Trarbach

Ein charmantes Fachwerkstädtchen, sonnenverwöhnte Weinberge, verträumte Burgruinen, dichte Mischwälder, atemberaubende Ausblicke auf die Moselschleife: Rund um Traben-Trarbach kann man sich kaum sattsehen. Zum Glück gibt es immer wieder schöne Rastplätze!

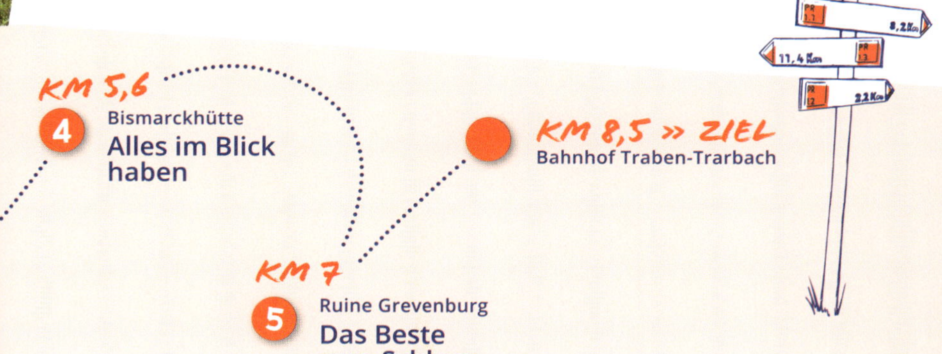

KULTUR TRIFFT NATUR, ...

... wer könnte da widerstehen! Traben und Trarbach waren ursprünglich durch die Mosel getrennte eigenständige Orte. Seit 1904 sind sie vereint und durch die Moselbrücke verbunden. Besonders die Fachwerkhäuser und Bauten im Jugendstil sind einen Blick wert. Ende des 19. und Anfang des 20. Jahrhunderts erlebte der Weinhandel eine enorme Blütezeit und bescherte dem Städtchen Wohlstand.

Sobald man den Bahnhof von Traben-Trarbach verlassen, die Mosel auf der **alten Brücke** überquert und das historische **Brückentor** passiert hat, lässt man Gebäude und Straßen hinter sich und begibt sich in die Natur. Im dichten Mischwald stehen auf der Moselseite viele hohe Zedern, und auf dem weichen Waldboden zu laufen, fühlt sich besonders angenehm an. Es geht einige Kilometer durch den Wald, bis man auf eine **Holzbank** trifft, die etwas versteckt in einer Wegkurve steht und von der aus man durch die Bäume einen schönen Blick auf das Moseltal erhaschen kann.

Am Horizont taucht nach kurzer Zeit der Ort Starkenburg auf, wo man ins **Weinhaus Schöne Aussicht** zur Stärkung einkehren kann. Außer der schönen Aussicht hat das Dorf auch hübsche historische Gebäude und die lauschigen Ruinen der **Starkenburg** zu bieten. Im weiteren Verlauf geht es über Wald- und Feldwege mit dem bewaldeten Moselhang zur Rechten, große Felder zur Linken. An der **Bismarckhütte** kann man die nächste Rast einlegen – natürlich mit Moselblick. Noch einmal zurücklehnen und den Geräuschen des Waldes lauschen!

WOW! DER BLICK VON DER GREVENBURG-RUINE HINUNTER AUF TRABEN-TRARBACH UND DIE MOSEL

Gegen Ende der Tour folgt noch ein kulturelles Highlight: die **Grevenburg-Ruine** mit den Resten einer Höhenburg aus dem 13. Jahrhundert. Schon unten von der Moselbrücke aus ist die Ruine beeindruckend. Hier oben kann man den Blick jedoch kaum von ihr abwenden und muss aufpassen, dass das Eis nicht in der Sonne wegschmilzt, das man sich gerade in der angeschlossenen Gastwirtschaft bestellt hat.

Dann geht es mitten durch die Weinberge wieder hinunter ins Tal, dort noch einmal über die **Moselbrücke** und durch den Stadtteil Traben zurück zum **Bahnhof.** Wer mag, kann hier oder zuvor in einem der vielen Weinläden der Stadt noch die eine oder andere Flasche guten Moselweins (z. B. Riesling) fürs heimische Weinregal oder als Mitbringsel erwerben.

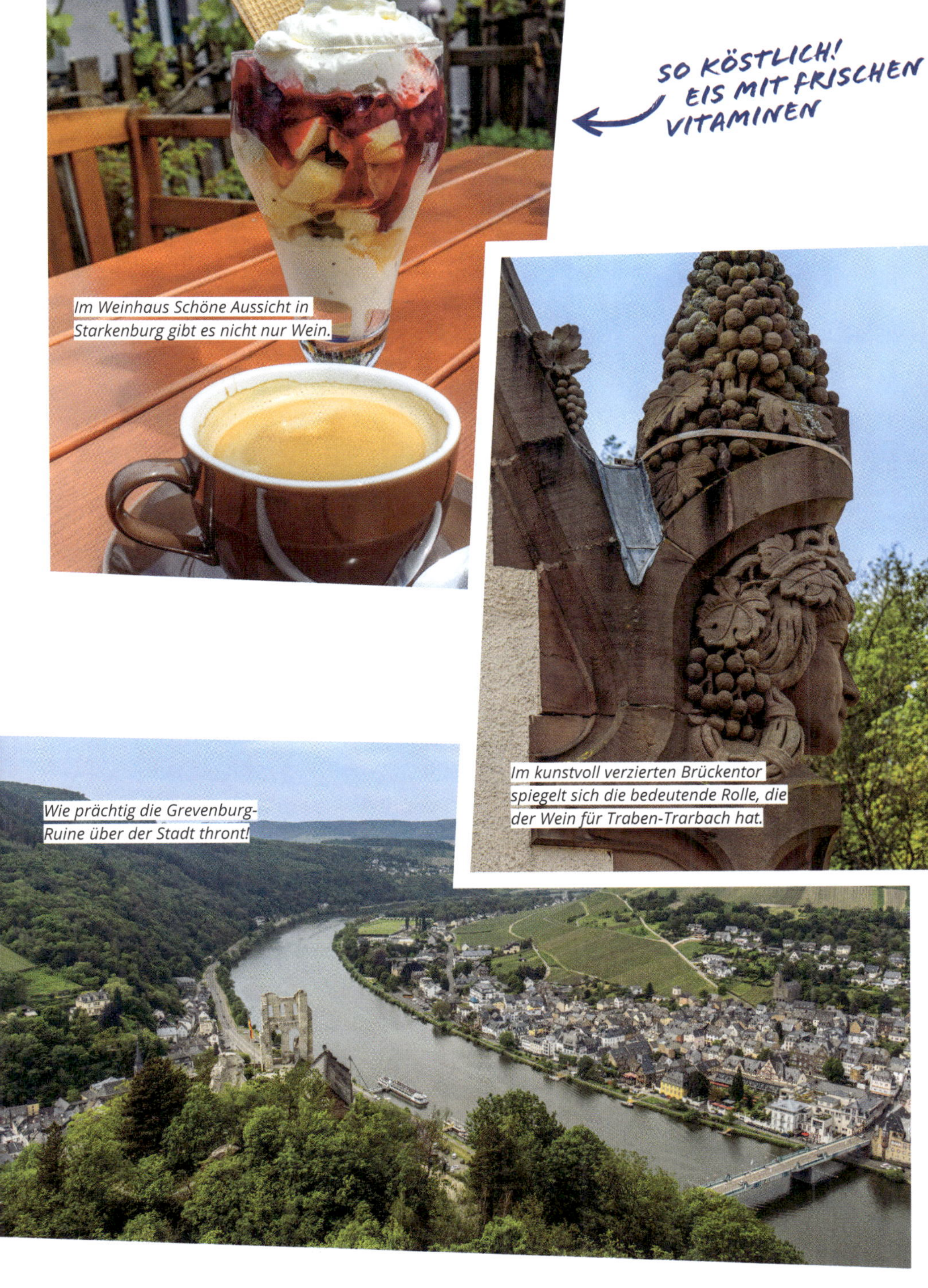

Im Weinhaus Schöne Aussicht in Starkenburg gibt es nicht nur Wein.

Im kunstvoll verzierten Brückentor spiegelt sich die bedeutende Rolle, die der Wein für Traben-Trarbach hat.

Wie prächtig die Grevenburg-Ruine über der Stadt thront!

WANDERN & GENIESSEN

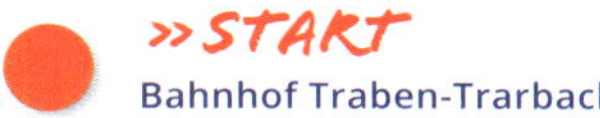

»START

Bahnhof Traben-Trarbach

Vom Alten Bahnhof rechts abbiegen in Richtung Innenstadt von Trarbach. Man überquert die große Stahlträgerbrücke und läuft auf die Burgruine zu.

KM 0,5

1 **Moselbrücke & Brückentor**

Verbindende Elemente

Auf der breiten, 239 Meter langen Brücke, die seit 1904 die beiden Stadtteile Traben und Trarbach verbindet, hat man einen fantastischen Blick auf die Mosel und die bewaldeten und mit Wein bewachsenen Hänge auf beiden Seiten. Am Ende der Brücke steht das alte Stadttor, das mit romantischen Jugendstildetails verziert und teils mit mit Schiefer aus der Region verkleidet wurde. Innen befindet sich die Brückenschänke, in der man sich mit Kartoffelsuppe, einem Strammen Max oder einem Bauernsalat für den bevorstehenden Aufstieg wappnen kann. Viele Besucher verweilen ein paar Minuten auf der Brücke, weil sie wirklich etwas Besonderes ist. Stadttor und Brücke wurden von dem bekannten Jugendstil-Architekten Bruno Möhring entworfen. Die heutige Brücke ist allerdings ein Nachfolgebau, da die ursprüngliche Jugendstilbrücke 1945 gesprengt wurde.

Dem Moselhöhenweg M+MV folgen und rechts abbiegen. Immer geradeaus, zur Linken die Mosel. Dem Loretta-Weg Richtung Starkenburg folgen, am Grillplatz vorbei bis zum kleinen Ort Starkenburg.

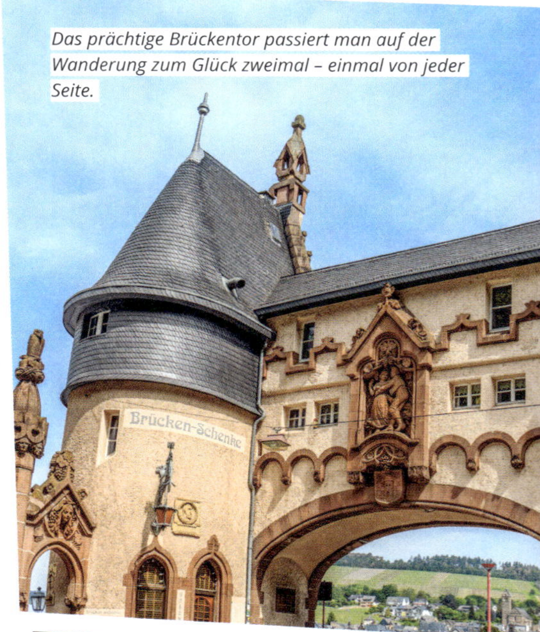

Das prächtige Brückentor passiert man auf der Wanderung zum Glück zweimal – einmal von jeder Seite.

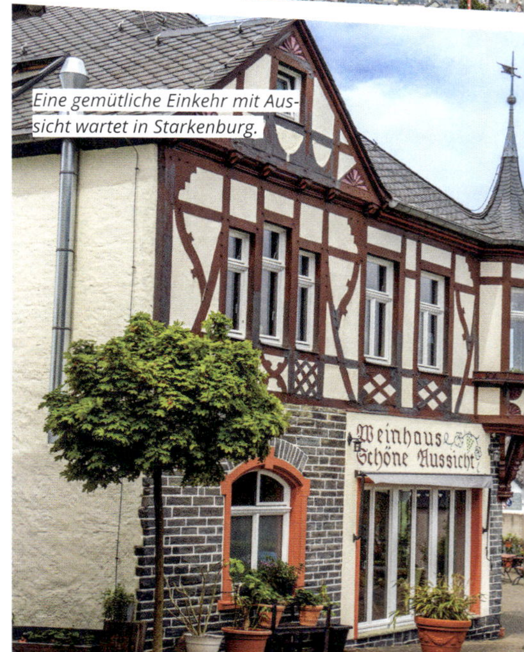

Eine gemütliche Einkehr mit Aussicht wartet in Starkenburg.

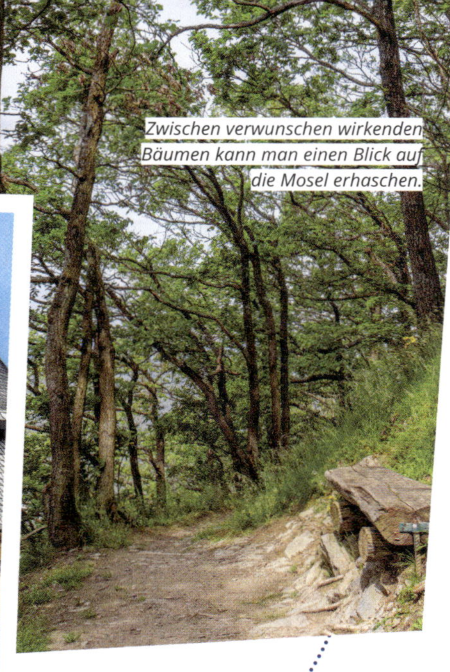

Zwischen verwunschen wirkenden Bäumen kann man einen Blick auf die Mosel erhaschen.

KM 2,8

Bank mit Aussicht
Durch verträumten Wald wandern

Die Holzbank am Wanderweg wirkt auf den ersten Blick unscheinbar. Doch durch ihre Lage in einer Wegkurve kann man genau auf den 200 Meter tiefer gelegenen Doppelort Traben-Trarbach und die Moselschleife schauen. Der Weg wird hier schmaler, lässt aber immer wieder den Blick auf die Mosel zu. Der Wald ist hier ganz ruhig und überall gibt es kleine Highlights zu entdecken, wenn man richtig hinschaut. Eidechsen, die sich auf dem Schiefer sonnen und moosbewachsene Bäume. Wenn man Glück hat, sieht man ein Reh zwischen den Bäumen entlanghuschen.

Immer geradeaus bis zur Ortsgemeinde Starkenburg.

KM 3,3

Weinhaus Schöne Aussicht & Ruine Starkenburg
Einkehren und erkunden

Es ist Zeit für eine schöne Pause: Das Weinhaus Schöne Aussicht im historischen Örtchen Starkenburg wird nicht nur seinem Namen gerecht. Zur Aussicht gibt es nämlich Eis, Kuchen, frische Waffeln mit Puderzucker, roter Grütze oder Vanilleeis, Speisen für den kleinen oder größeren Hunger (auch vegane Alternativen). Die ursprüngliche Starkenburg entstand im 12. Jahrhundert zunächst als Residenz der Grafschaft Sponheim, bis sie um 1350 als solche von der Grevenburg abgelöst wurde. Ab dem 16. Jahrhundert verfiel die Burg und wurde von den Dorfbewohnern später als Steinbruch genutzt. Die überwucherte Ruine lädt dazu ein, die Fantasie spielen zu lassen, wie sich das Leben hier abgespielt haben könnte.

Von der Gemeinde Starkenburg geht es nun Richtung Ruine Grevenburg (Moselsteig Seitensprung). An einer Holzhütte mit Aussichtspunkt und Schaukel vorbei, dann weiter auf dem Sponheimer Weg, beim weißen Schild rechts abbiegen.

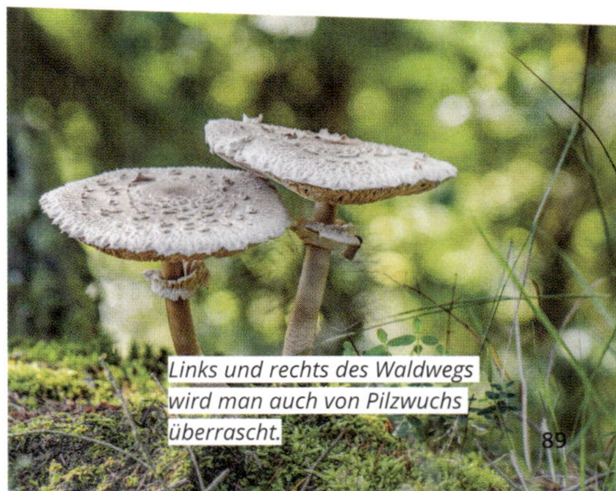

Links und rechts des Waldwegs wird man auch von Pilzwuchs überrascht.

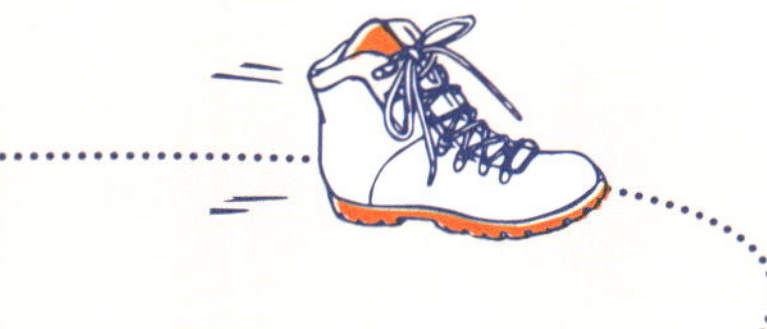

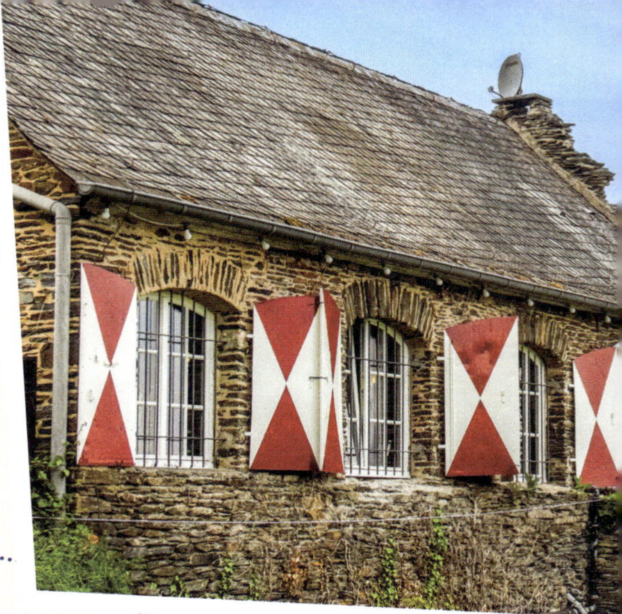

KM 5,6

4 Bismarckhütte

Alles im Blick haben

Die kleine Hütte lädt zum Relaxen und Grillen mit der ganzen Familie oder den Mitwandernden ein. Auch eine Bank zum Füße hochlegen gibt es. Man blickt dabei genau auf die Moselschleife mit einer kleinen Landzunge, die Weinberghänge und die Ausläufer von Traben-Trarbach. Ganz still ist es hier, und man kann den Geräuschen des nahen Waldes mit seinen hohen Nadelbäumen und kleinen Geheimnissen lauschen.

Es geht bergab, links abbiegen und auf dem Sponheimer Weg bleiben. Rechts abbiegen und der Beschilderung Richtung Brücke von Traben-Trarbach/Kriegerdenkmal folgen.

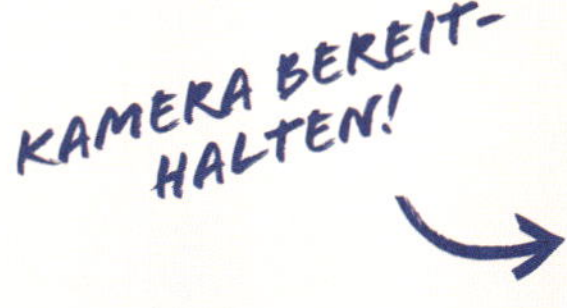

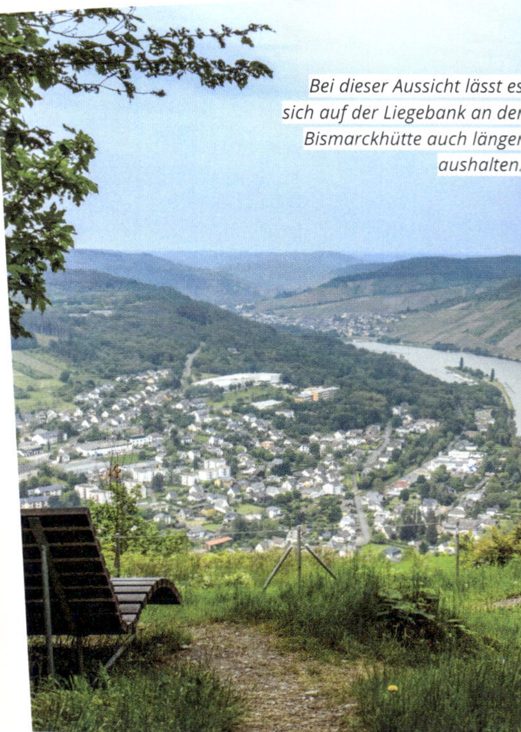

Bei dieser Aussicht lässt es sich auf der Liegebank an der Bismarckhütte auch länger aushalten.

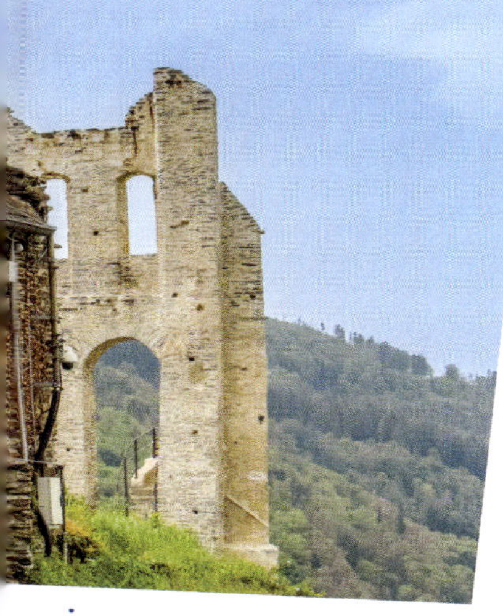

Einzigartige Fensterläden schmücken das Lokal an der Grevenburg-Ruine.

EXTRA INFOS:

Wer von Burgen und Ruinen nicht genug bekommen kann: Innerhalb der Moselschleife liegen auf dem gleichnamigen Hügel oberhalb von Traben-Trarbach die Ruinen der Festung ● **Mont Royal,** die Ende des 17. Jahrhunderts auf Anordnung des Sonnenkönigs Ludwig XIV. zum Schutz der französischen Grenze errichtet wurde. Von der einst gigantischen Festungsanlage sind nur noch wenige Mauerreste, Kasematten und Kellergewölbe erhalten. Das Ruinengelände darf auf eigene Faust erkundet werden (traben-trarbach.de/de/festung-montroyal.html).

KM 7

5 Ruine Grevenburg

Das Beste zum Schluss

Die Grevenburg der Grafschaft Sponheim (1350–1734) wurde von Graf Johann III. von Sponheim erbaut und gehörte lange Zeit rechtlich zur Festung Mont Royal. Nach einer bewegten Geschichte wurde die Burg dann 1734 von den Franzosen gesprengt. Heute kann man noch die Reste des Wohnturms sehen, der eventuell aus dem 14. Jahrhundert stammt. In der Gastronomie gibt es selbst gemachtes Eis und kühle Getränke. Und die Aussicht auf den Stadtteil Traben mit der weißen Kirche und auf die Mosel ist atemberaubend.

Am Kriegerdenkmal vorbei geht es auf Treppenstufen hinab (Moseler Jakobsweg) bis Trarbach, dort über die Moselbrücke und zurück zum Bahnhof.

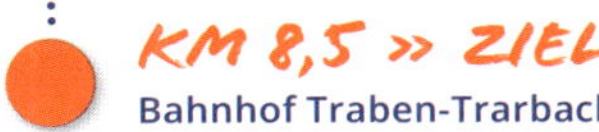

KM 8,5 » ZIEL

Bahnhof Traben-Trarbach

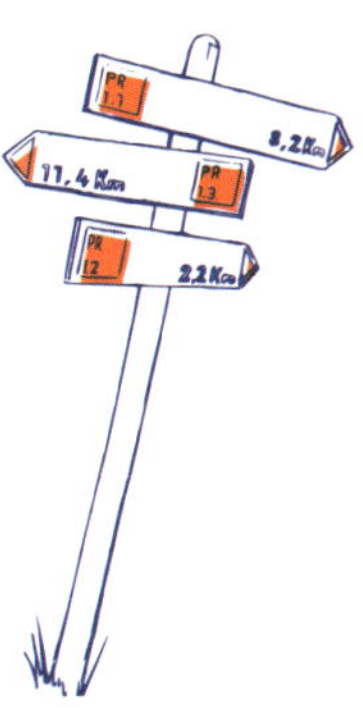

AUF EINEN BLICK

- » **Start/Ziel:** Bahnhof Traben-Trarbach
- » **Strecke:** 8,5 km (Rundtour)
- » **Reine Wanderzeit:** 2 Std. 45
- » **Höhenmeter:** ↗ ↘ 350 m
- » **Wegbeschaffenheit:** Überwiegend Waldwege in hügeligem Terrain.
- » **Beste Zeit:** In den Sommer- und Herbstmonaten.
- » **Ausrüstung:** Gutes Schuhwerk und Wasser.

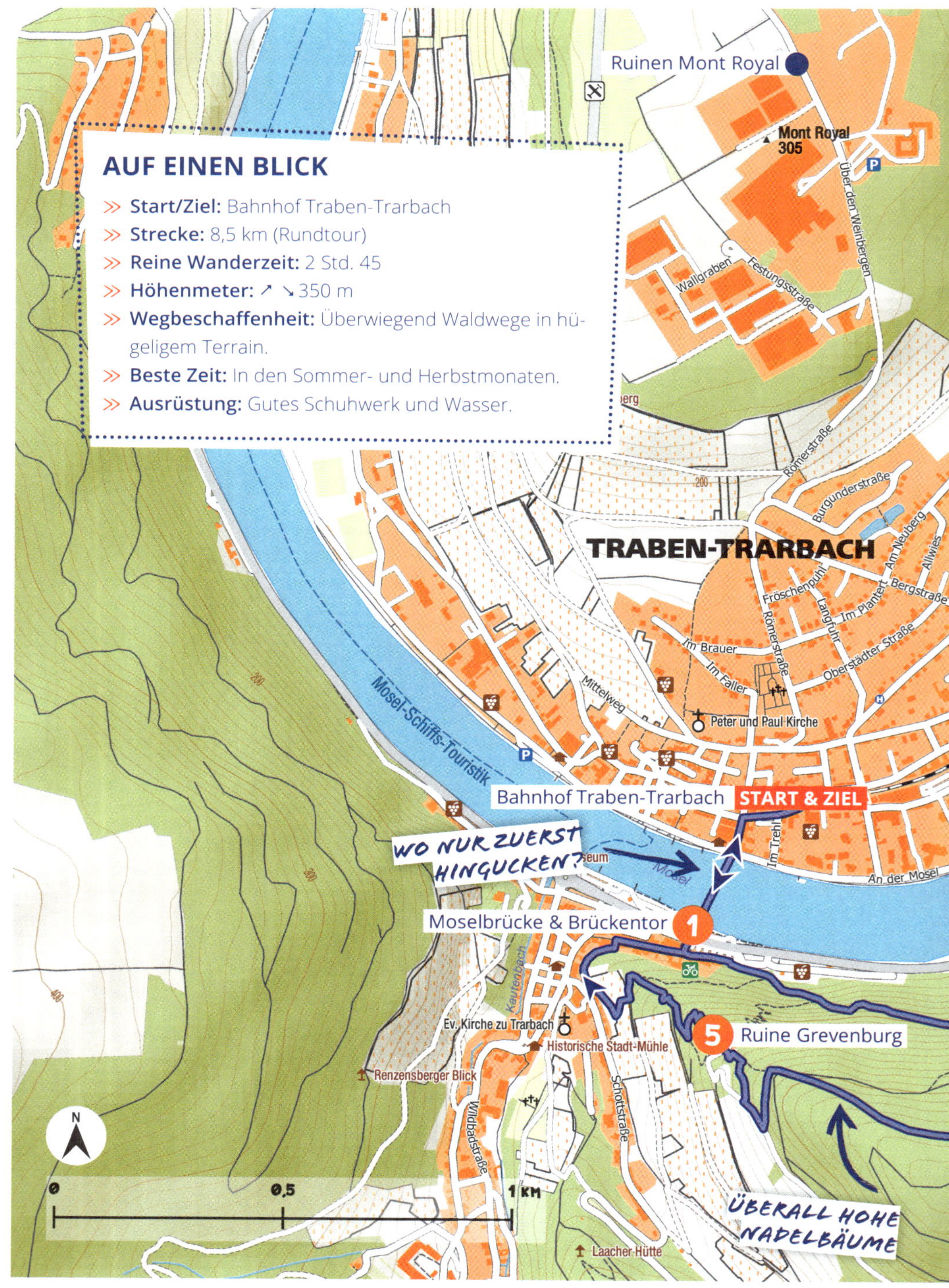

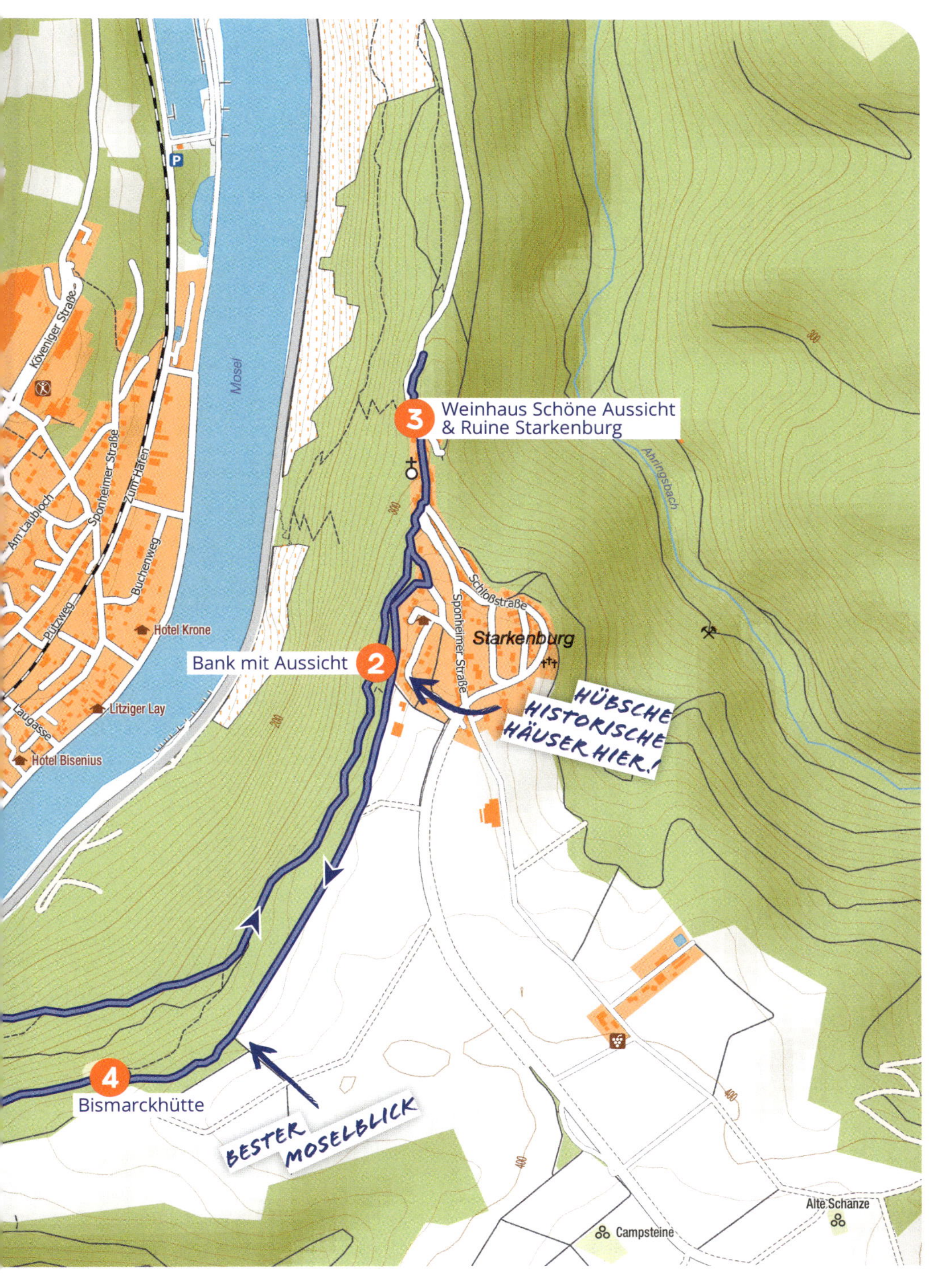

Weinhaus Schöne Aussicht
& Ruine Starkenburg
Bank mit Aussicht
Bismarckhütte
HÜBSCHE HISTORISCHE HÄUSER HIER!
BESTER MOSELBLICK
Starkenburg
Schloßstraße
Sponheimer Straße
Mosel
Ahringsbach
Köveniger Straße
Am Laubloch
Zum Hafen
Buchenweg
Pützweg
Laugasse
Hotel Krone
Litziger Lay
Hotel Bisenius
Alte Schanze
Campsteine

DIE WANDERPAUSEN

» START
Porta-Nigra-Vorplatz

KM 2,3
1 Wildgehege
Ein tierisches Vergnügen

KM 3,8
2 Schusterkreuz
Am höchsten Punkt

KM 7,8
3 MTB-Kreuzung
Die Radler bestaunen

9 STADT, LAND, FLUSS

In und um Trier

Ein bisschen von allem? Auf dem Weg von der imposanten Porta Nigra über die malerische Mosel in den wanderbaren Stadtwald von Trier beschleicht einen durchaus das Gefühl, dass man durch die perfekte Mischung aus Urbanem und Ländlichem läuft.

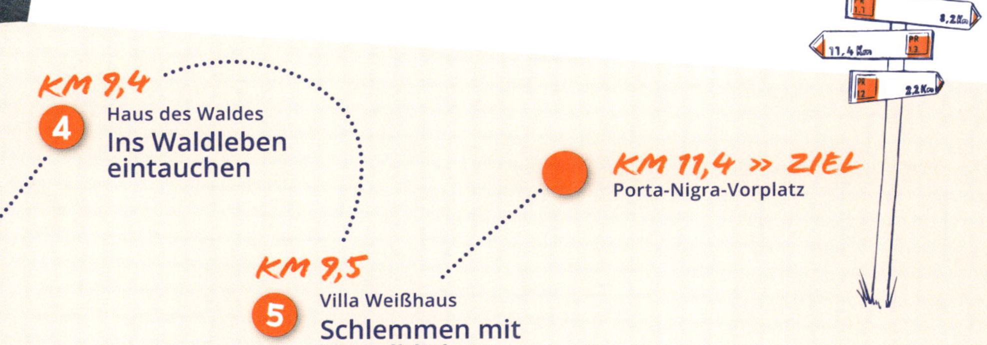

SO GANZ SCHWARZ …

… ist sie eigentlich nicht. Und während sie seit fast einem Jahrtausend als Schwarzes Tor bezeichnet wird, ist nicht bekannt, wie die **Porta Nigra,** eines der ehemals vier römischen Stadttore in Trier, von ihren Erbauern genannt wurde. Das Wahrzeichen der ältesten Stadt Deutschlands ist Startpunkt dieser Tour. Die wuselige Alt- und Innenstadt ist schnell durchschritten. Kaum, dass es über die Kaiser-Wilhelm-Brücke geht, liegt der Stadtlärm hinter und der Trierer Stadtwald vor einem.

Das **Wildgehege** ist vor allem für aktive Familien ein Muss, die sich daran erfreuen, Rehe, Wildschweine und Waldziegen auf dem acht Hektar großen Gelände zu bestaunen. Hier strahlen nicht nur Kinderaugen, wenn einem das Tierfutter, das man easy an einem der Automaten für einen kleinen Obolus ziehen kann, aus der Hand geschlabbert wird. Wer mit Kindern wandert, kann hier parken und so den Rundweg abkürzen.

BEIM AUFSTIEG ZUM STADTWALD DAS ERSTE MAL EINEN BLICK AUF DIE MOSEL ERHASCHEN

Danach umschließt einen der Wald. Am Hochseilgarten vorbei geht es auf geschotterten Wegen immer höher bis zu einer Lichtung, auf der zahlreiche Wanderwege zusammenlaufen. Hier steht das **Schusterkreuz,** das eigentlich wie eine Stele aussieht. Eine Inschrift lässt verlauten, dass hier im Jahre 1745 der Ratsherr Heinrich Umbscheiden durch einen Schlaganfall dahinschied.

Dann taucht man noch tiefer in den Wald ein und hört nichts außer dem Geräusch der Wanderschuhe beim Gehen und dem gelegentlichen Knacken im Wald sowie dem einen oder anderen Vogel. Wenn die **MTB-Kreuzung** erreicht ist, kann man schon mal jäh aus dieser Ruhe gerissen werden. Denn hier stoppen Radsport-Fans zum Fachsimpeln, welchen der Wege sie als nächstes unter die Reifen nehmen oder welcher ihnen am besten gefallen hat.

Nun ist es nicht mehr weit bis zum **Ameisenhaus,** wo Anni Ameise Kindern auf einem Waldlehrpfad die Flora und Fauna dieser Gegend näherbringt. Eine Pause kann man kurz darauf einlegen. Das **Restaurant Weisshaus** liegt nicht nur direkt am Wanderweg, sondern hat auch einen der besten Ausblicke auf Trier und die Mosel zu bieten. «

WANDERN & GENIESSEN

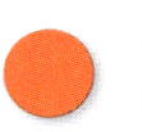

» START

Porta-Nigra-Vorplatz

Von der Porta Nigra entlang der Überreste der alten Stadtmauer bis zur Merianstraße. Dort einbiegen und vorlaufen bis zur Mosel. Den Fluss über die Kaiser-Wilhelm-Brücke überqueren. Auf der anderen Seite rechts halten und dann die Treppe zum Stadtwald nehmen. An der nächsten Möglichkeit rechts, dann vor dem Parkplatz links abbiegen und geradeaus die Treppe hoch.

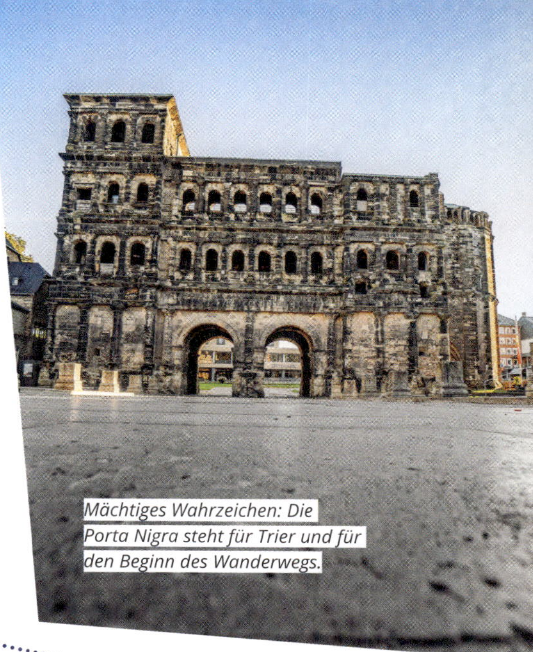

Mächtiges Wahrzeichen: Die Porta Nigra steht für Trier und für den Beginn des Wanderwegs.

KM 2,3

1 Wildgehege

Ein tierisches Vergnügen

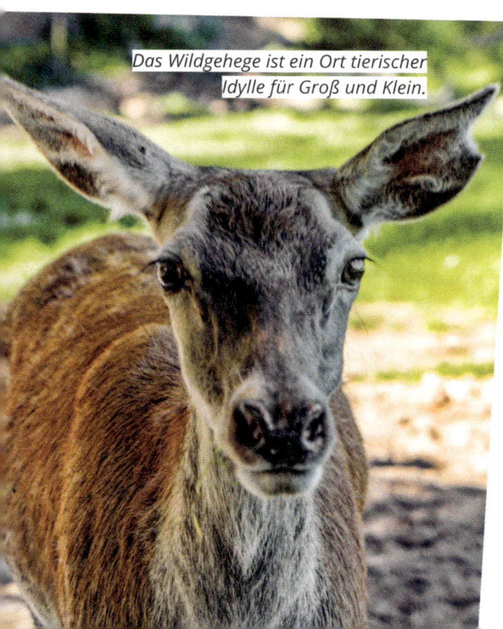

Das Wildgehege ist ein Ort tierischer Idylle für Groß und Klein.

Auf einem Gelände von fast acht Hektar kann man im Naherholungsgebiet Weisshauswald in einem kostenfrei zugänglichen Wildgehege die hier lebenden Tiere beobachten, fotografieren und sogar füttern. Rotwild, Schwarzwild, Dam- und Muffelwild sind in großräumigen Gehegen untergebracht, auch seltene Haustierrassen wie Thüringer Waldziegen und verschiedene Hühnerrassen sowie ein Wollschwein sind hier zu Hause.

Am Wildgehege vorbei immer geradeaus und der Wegführung folgen. Nicht abbiegen.

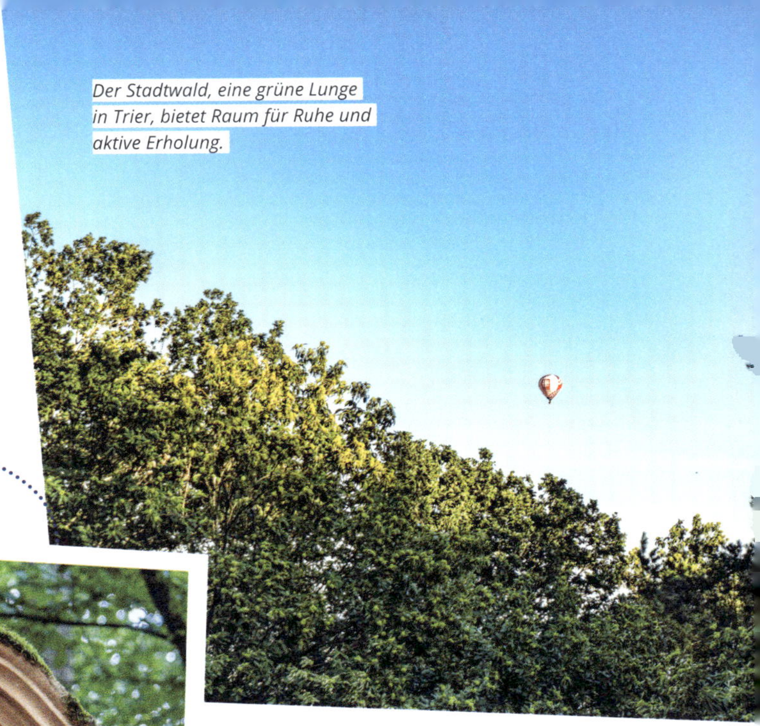

Der Stadtwald, eine grüne Lunge in Trier, bietet Raum für Ruhe und aktive Erholung.

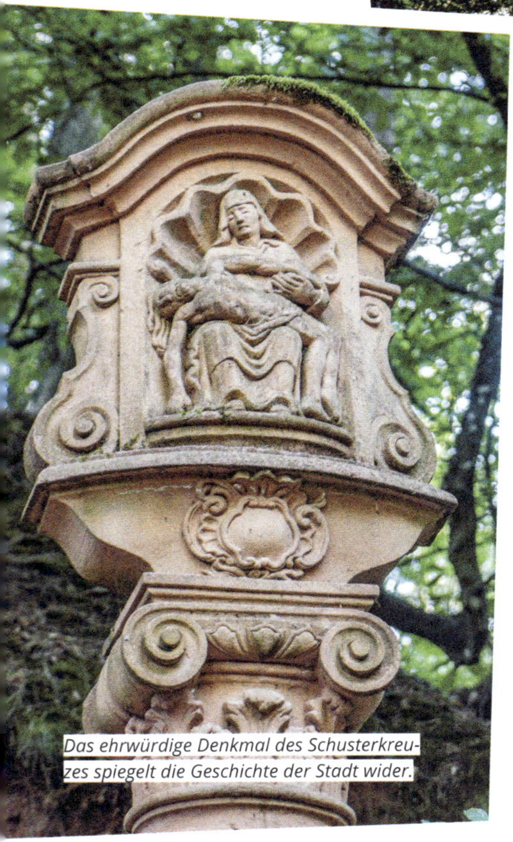

Das ehrwürdige Denkmal des Schusterkreuzes spiegelt die Geschichte der Stadt wider.

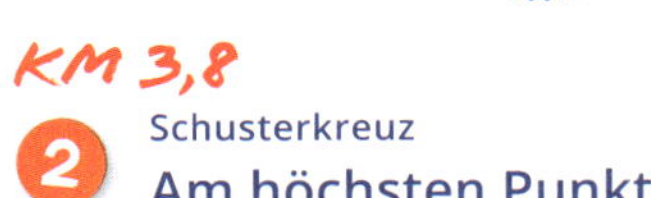

2 Schusterkreuz

Am höchsten Punkt

Auf einer Lichtung steht das Schusterkreuz, ein Schaftkreuz auf einem altarähnlichen Sockel. In diesem Unterbau erkennt man auch eine Inschrift, die den Grund für das Kreuz mitten im Wald verrät: Es wurde für Heinrich Umbscheiden errichtet, der Amtsmeister der Schuhmacherzunft war und hier 1745 an einem Schlaganfall starb. Im oberen Teil des Kreuzes befindet sich eine nahezu vollplastische Pietà, die Darstellung des vom Kreuz genommenen Jesu in den Armen seiner Mutter, der Mater Dolorosa.

Immer geradeaus und bei Abzweigungen rechts halten. Der Markierung W2 folgen.

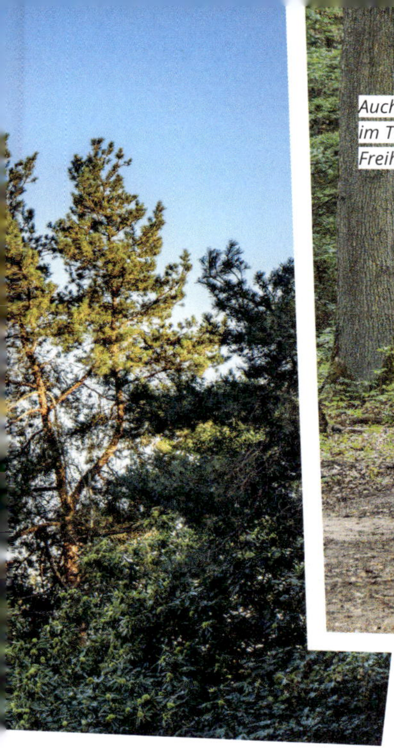

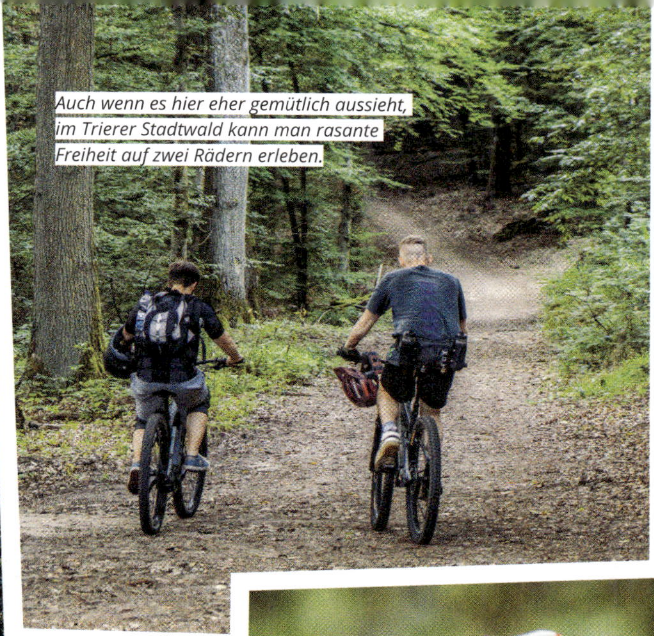

Auch wenn es hier eher gemütlich aussieht, im Trierer Stadtwald kann man rasante Freiheit auf zwei Rädern erleben.

KM 7,8

3 MTB-Kreuzung

Die Radler bestaunen

Der Trierer Stadtwald ist jedoch nicht nur zum Wandern ideal. Der Verein Fahrvergnügen hat hier auch mehrere Trails für Mountainbiker eingerichtet, die sowohl Anfängern mit einem einfachen Flowtrail wie erfahrenen Bikern mit einer Endurostrecke eine Möglichkeit bieten sollen, ihrem Hobby auf zwei Rädern zu frönen. Die drei Wege laufen hier an der Kreuzung zusammen. Auf Bänken kann man sich kurz ausruhen, sich auf Schildern über die Trails informieren.

Dem linken Weg mit der Markierung W2 folgen. Immer geradeaus bis zu einer Liegebank. Dieser gegenüber den unauffälligen Waldpfad nehmen.

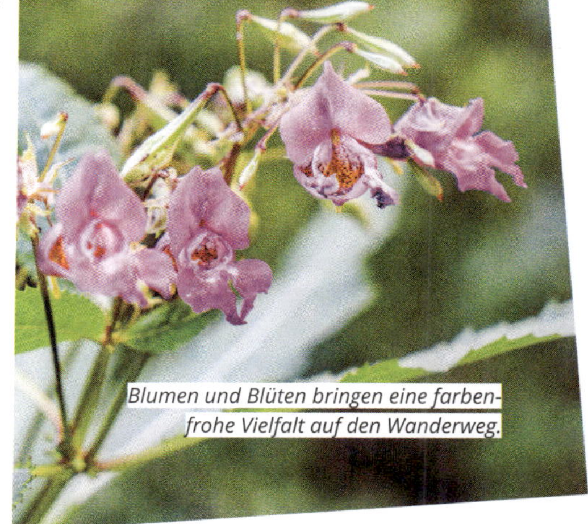

Blumen und Blüten bringen eine farbenfrohe Vielfalt auf den Wanderweg.

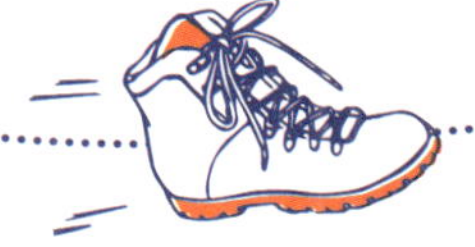

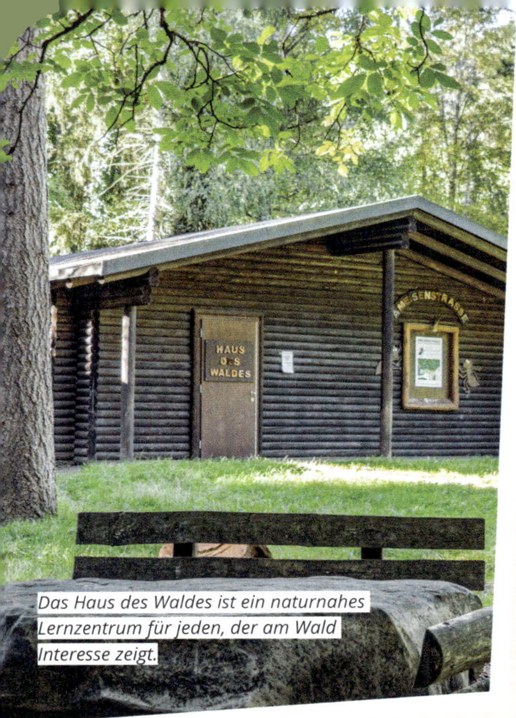

Das Haus des Waldes ist ein naturnahes Lernzentrum für jeden, der am Wald Interesse zeigt.

KM 9,5

5

Villa Weißhaus

Schlemmen mit Moselblick

Die Villa Weißhaus (villa-weisshaus.de) ist ein klassizistisches Gebäude aus dem Jahr 1823. Es thront auf den Sandsteinfelsen am Rande des Trierer Stadtfelsens und ist Zeuge der Geschichte der ältesten Stadt Deutschlands. Hier eine Pause einzulegen, verspricht nicht nur gutbürgerliche regionale Küche, gepaart mit modernem Touch, sondern auch den vielleicht besten Panoramablick auf Trier und ins Moseltal.

Über die Treppe hinab zum Wanderweg und auf diesem hinunter zur Mosel. Die Flussseite wechseln und auf gleichem Weg durch die Altstadt zurück zur Porta Nigra.

KM 9,4

4

Haus des Waldes

Ins Waldleben eintauchen

Am Haus des Waldes können nicht nur die Kleinen etwas lernen. Die Infos über Flora und Fauna sind für alle interessant. Vor allem die kleinsten Tiere des Waldes werden hier in den Mittelpunkt gestellt. Anni, die Ameise, wartet in übermenschlicher Größe aus Holz und Stahl am Rande des Hauses und lädt dazu ein, ihren Lebensraum Wald besser kennenzulernen. Schilder bieten Erklärungen zu Bäumen, an Bänken und einem Picknicktisch kann man rasten.

Hinter dem Parkplatz rechts abbiegen und durch das weiße Tor die Treppe nehmen.

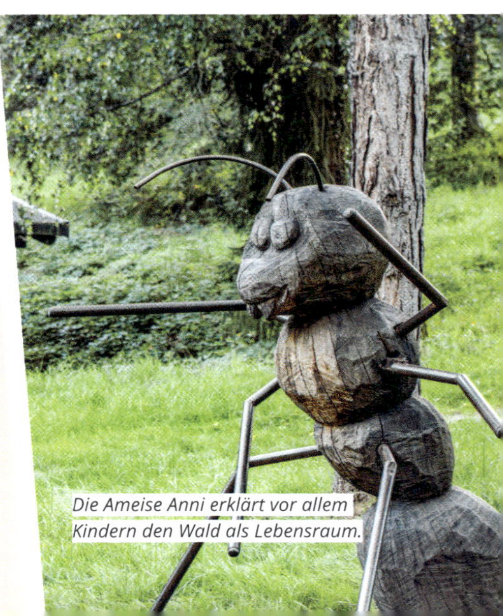

Die Ameise Anni erklärt vor allem Kindern den Wald als Lebensraum.

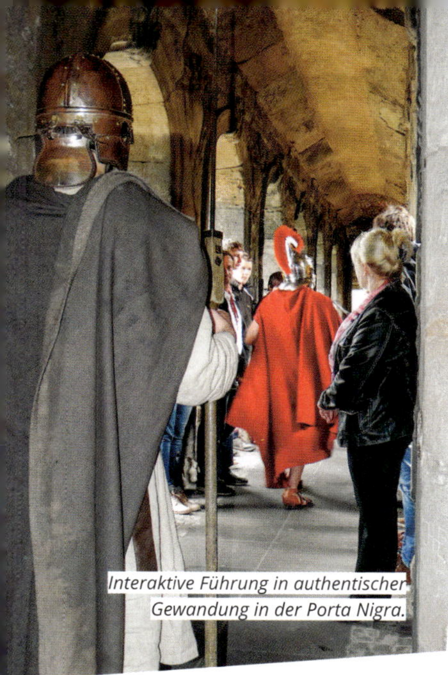

Interaktive Führung in authentischer Gewandung in der Porta Nigra.

EXTRA INFOS:

Wie das Leben in Trier wohl zur Zeit der Römer aussah? Diese Frage kann ein waschechter römischer Soldat bei der interaktiven ● **Zenturio-Führung** »Das Geheimnis der Porta Nigra« beantworten. Na gut, vielleicht ist es doch nur ein Schauspieler und kein Zenturio, wie die Soldaten im römischen Reich hießen. Weniger spannend ist die Erlebnisführung deshalb aber nicht, die die Teilnehmer ins römische Trier vor 1800 Jahren entführt (trier-info.de/oeffentliche-fuehrungen).

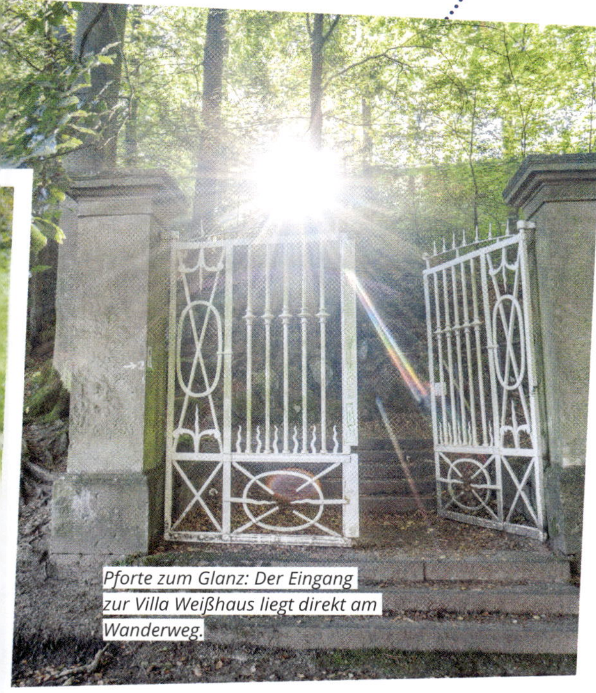

Pforte zum Glanz: Der Eingang zur Villa Weißhaus liegt direkt am Wanderweg.

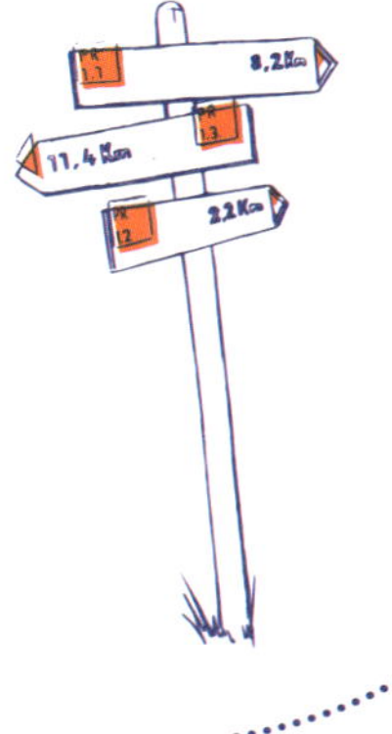

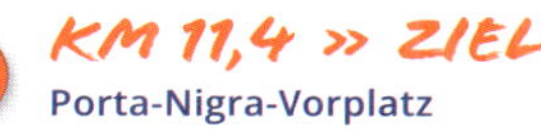

KM 11,4 » ZIEL

Porta-Nigra-Vorplatz

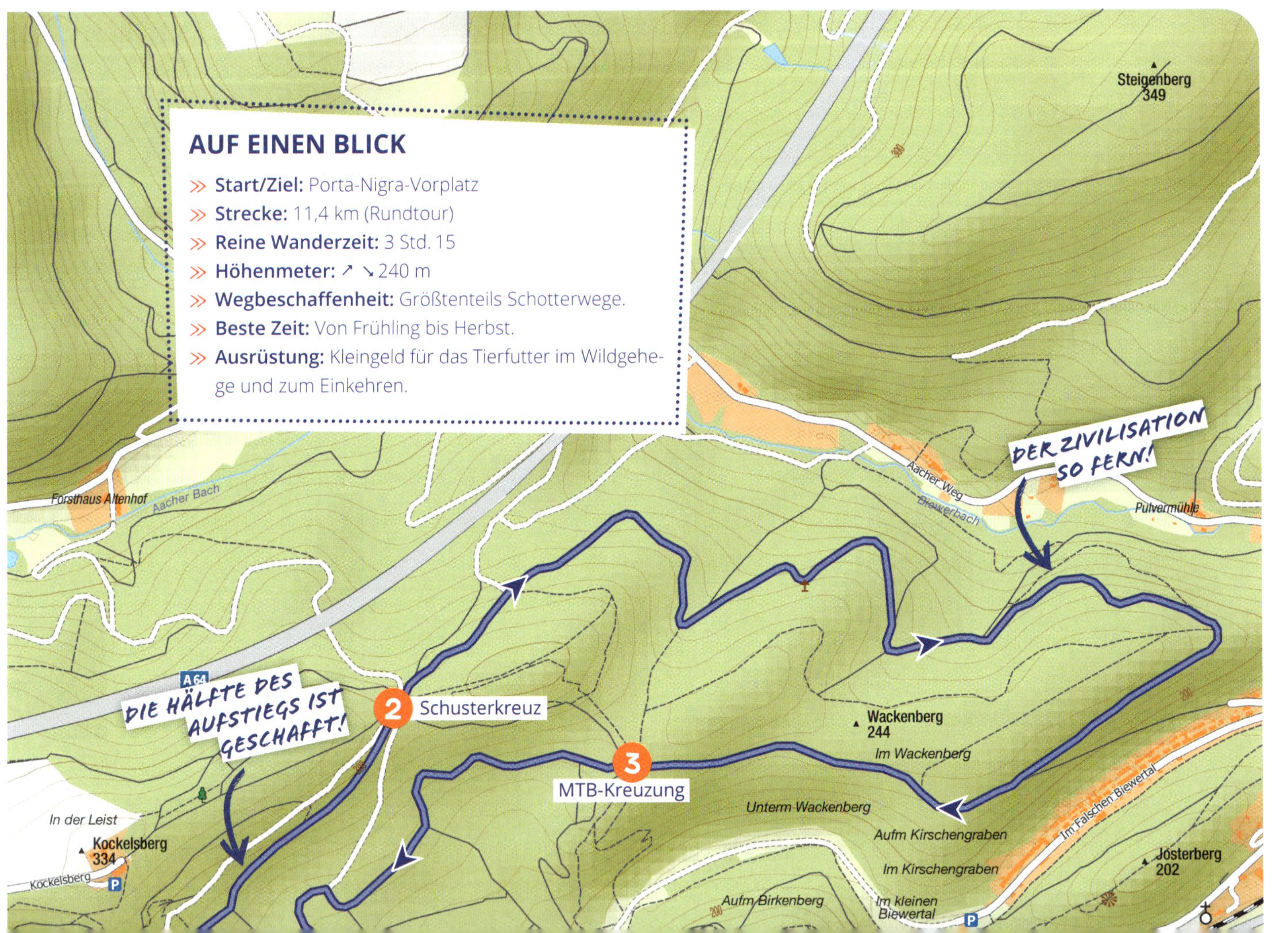
AUF EINEN BLICK
» Start/Ziel: Porta-Nigra-Vorplatz
» Strecke: 11,4 km (Rundtour)
» Reine Wanderzeit: 3 Std. 15
» Höhenmeter: ↗ ↘ 240 m
» Wegbeschaffenheit: Größtenteils Schotterwege.
» Beste Zeit: Von Frühling bis Herbst.
» Ausrüstung: Kleingeld für das Tierfutter im Wildgehege und zum Einkehren.
Steigenberg 349
DER ZIVILISATION SO FERN!
Pulvermühle
Aacher Weg
Biewerbach
Forsthaus Altenhof
Aacher Bach
A 64
DIE HÄLFTE DES AUFSTIEGS IST GESCHAFFT!
2 Schusterkreuz
3 MTB-Kreuzung
Wackenberg 244
Im Wackenberg
Unterm Wackenberg
Aufm Kirschengraben
Im Kirschengraben
Aufm Birkenberg
Im kleinen Biewertal
Im Falschen Biewertal
Jösterberg 202
In der Leist
Kockelsberg 334
Kockelsberg

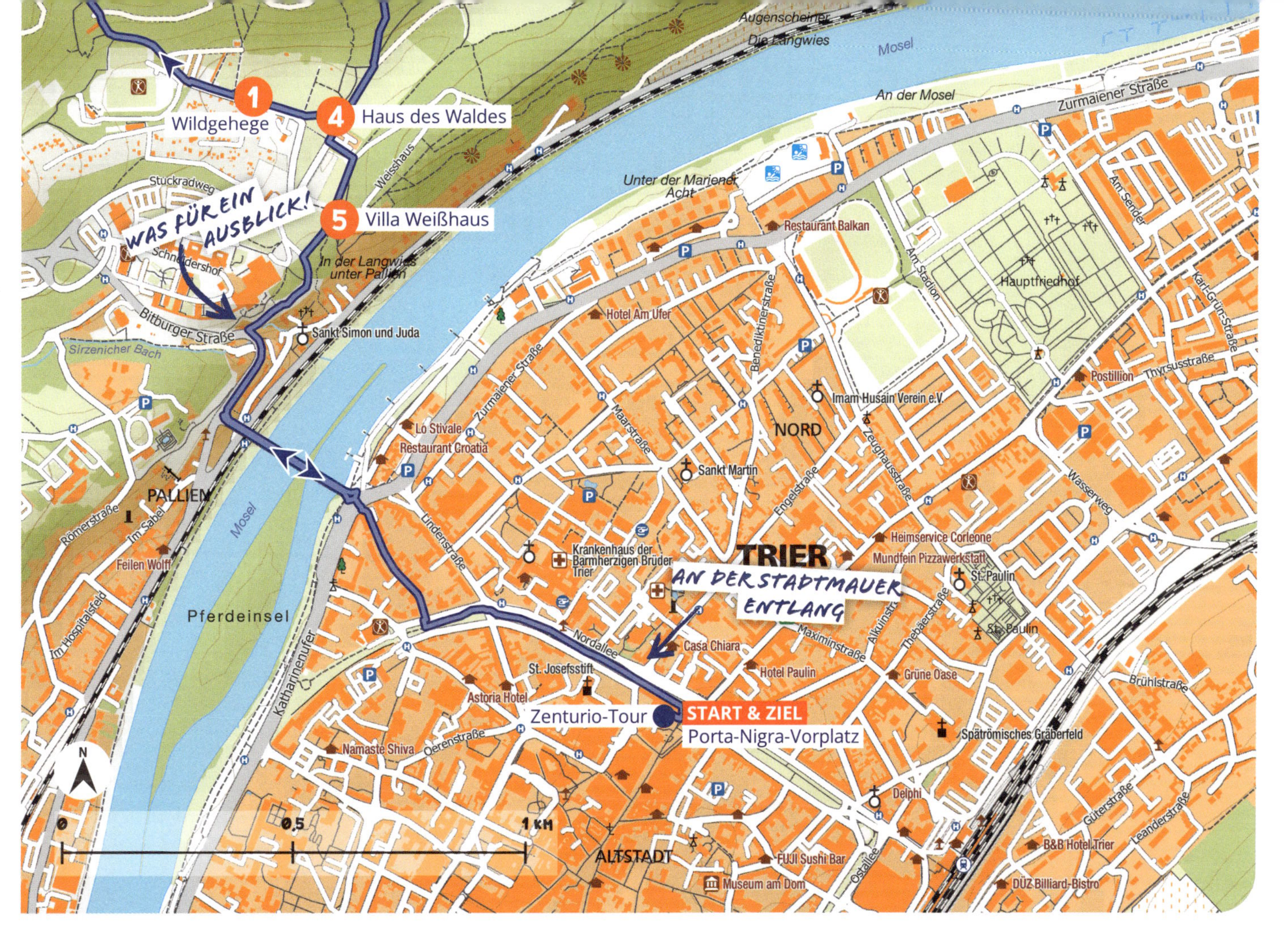

1 Wildgehege
4 Haus des Waldes
5 Villa Weißhaus
WAS FÜR EIN AUSBLICK!
AN DER STADTMAUER ENTLANG
TRIER
NORD
ALTSTADT
PALLIEN
START & ZIEL
Porta-Nigra-Vorplatz
Zenturio-Tour
Mosel
Pferdeinsel
Augenscheiner
Die Langwies
An der Mosel
Zurmaiener Straße
Unter der Mariener Acht
In der Langwies unter Pallien
Weisshaus
Stuckradweg
Schneidershof
Bitburger Straße
Sirzenicher Bach
Sankt Simon und Juda
Römerstraße
Im Sabel
Feilen Wolff
Im Hospitalsfeld
Katharinenufer
Lo Stivale
Restaurant Croatia
Lindenstraße
Maarstraße
Hotel Am Ufer
Restaurant Balkan
Am Stadion
Hauptfriedhof
Am Sender
Karl-Grün-Straße
Thyrsusstraße
Postillion
Benediktinerstraße
Imam Husain Verein e.V.
Zeughausstraße
Sankt Martin
Engelstraße
Wasserweg
Heimservice Corleone
Mundfein Pizzawerkstatt
St. Paulin
Krankenhaus der Barmherzigen Brüder Trier
Nordallee
Casa Chiara
Maximinstraße
Alkuinstr.
Thebäerstraße
Hotel Paulin
Grüne Oase
Brühlstraße
St. Josefsstift
Astoria Hotel
Namaste Shiva
Oerenstraße
Spätrömisches Gräberfeld
Delphi
Güterstraße
Leanderstraße
B&B Hotel Trier
DÜZ Billiard-Bistro
FUJI Sushi Bar
Museum am Dom
Ostallee
N
0
0,5
1 KM

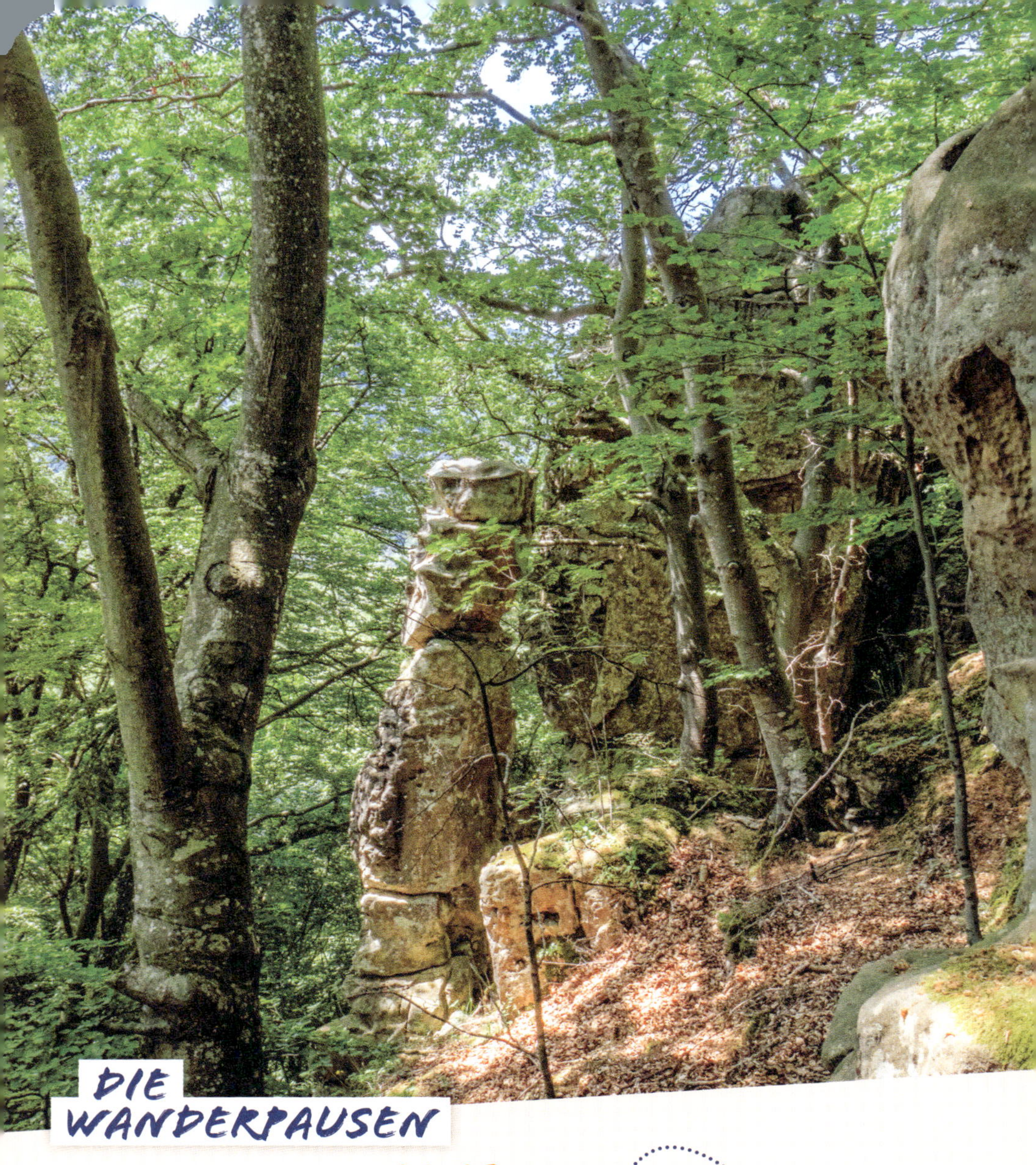

DIE WANDERPAUSEN

» START
ZOB Irrel

KM 0,5
1 Eardeler Naschgarten
Obst, so viel man möchte!

KM 0,9
2 Westwallmuseum
Geschichte auf dem Weg

KM 1,6
3 Teufelsschlucht (östlicher Te
Am Klippenrand entlangwandeln

10

WILDES FELSEN-LABYRINTH

Die Teufelsschlucht bei Irrel

Einer der aufregendsten Touren in der Eifel führt entlang gewaltiger Felsformationen in einer Schlucht. Hier, nahe der Grenze zu Luxemburg, ist die Natur noch wild, sind die Höhlen und Felsen abenteuerlich und die Wälder dicht. Auch ein Museum und eine Burg liegen auf dem Weg.

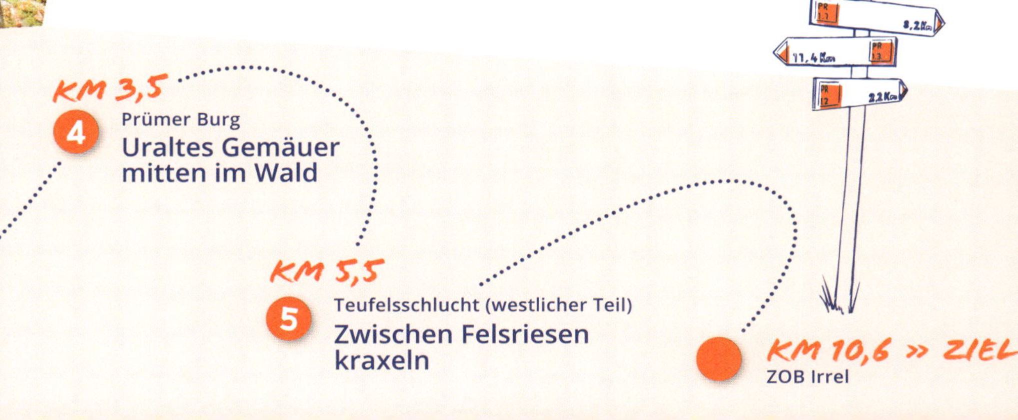

NAH AN DER GRENZE …

… zum schönen Luxemburg erstreckt sich zwischen Irrel und Prümzurlay die Teufelsschlucht. Los geht's in Irrel, vorbei am **Eardeler Naschgarten**, oder eben nicht vorbei, denn im Sommer und Herbst kann man sich hier mit Obst eindecken – gratis. Frischer geht's nicht! Dann führt der Weg Richtung Wald. Beim **Westwallmuseum** auf einer kleinen Anhöhe kann man gut einen ersten Stopp einlegen und sich die Informationstafeln durchlesen oder Ausstellungsobjekte anschauen (geöffnet an Sonn- und Feiertagen).

Danach geht es weiter Richtung **Teufelsschlucht (östlicher Teil).** Auf dem Rundweg sieht man schön die beiden Seiten der Schlucht. Auf dem östlichen Teil führt die Tour oberhalb der Felsen entlang durch Wald. Auch wenn es am Rand der Schlucht auf beeindruckende Weise in die Tiefe geht, alles ist mit Zäunen gesichert und deswegen auch mit Kindern ein Erlebnis! Alte knorrige Bäume klammern sich mit ihren Wurzeln wagemutig an Felswänden fest. Riesige Felsblöcke klemmen zwischen Felswänden oder liegen auf dem Grund der Schlucht. Mit mit viel Glück sieht man einen Rehbock über den Weg huschen.

MITTEN IM VERWUNSCHENEN WALD AN DER STEINBRÜCKE AUF DIE PRÜMER BURG ZU LAUFEN

Der Weg durch den dichten Wald endet an den Mauern der **Prümer Burg**. Die verlassene Ruine hat mehrere Stockwerke – nach unten und nach oben – und bietet ihren Besuchern vom Turm eine fantastische Aussicht über das Prümtal. Anschließend durchquert man das verschlafene Dörfchen Prümzurlay und kommt nach Überquerung der Prümbrücke auf die andere Seite der **Teufelsschlucht (westlicher Teil).**

Nun wandert man nicht mehr oberhalb, sondern unterhalb der Felswände und zwischen den Felsriesen hindurch. Gewaltig türmen sich die Steinblöcke übereinander, ragen steil über den Köpfen der Wandernden in den Himmel oder bilden schmale Spalten, durch man sich fast hindurchzwängen muss. In der grünen Waldumgebung ist das Grau der Felsen ein toller Kontrast.

Auf teilweise zugewachsenen und wilden Waldwegen geht es schließlich zurück nach **Irrel.**

«

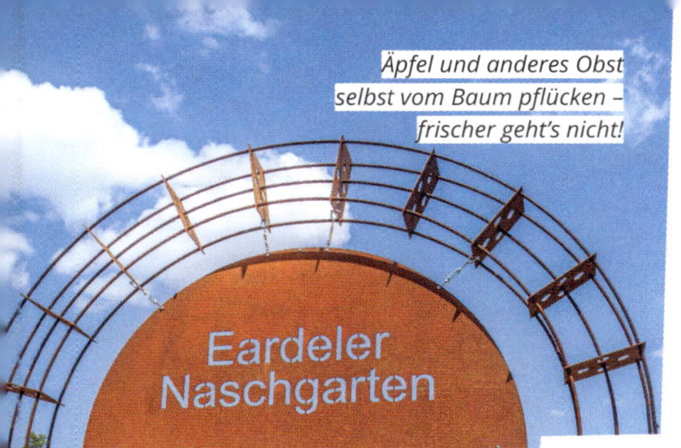

Äpfel und anderes Obst selbst vom Baum pflücken – frischer geht's nicht!

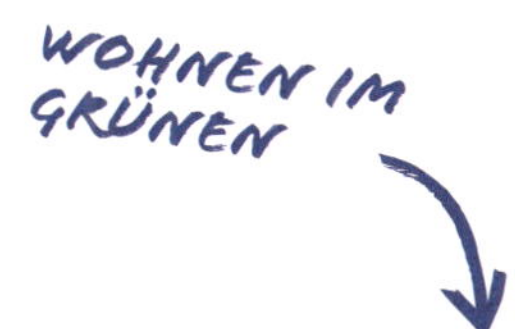

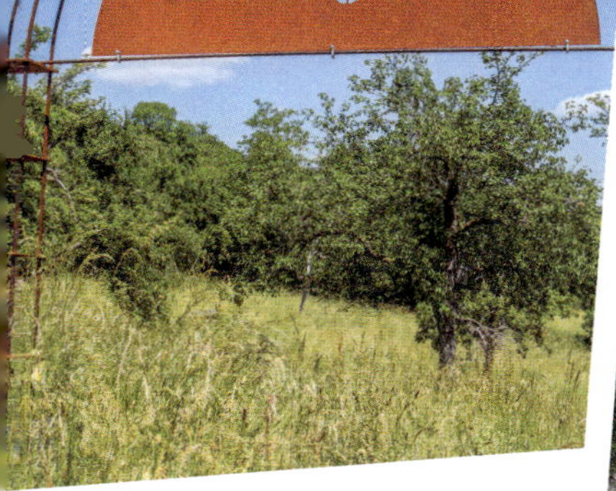

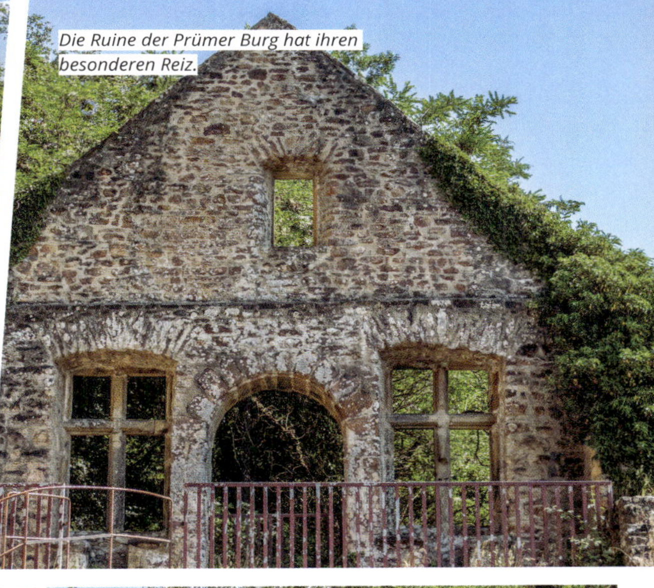

Die Ruine der Prümer Burg hat ihren besonderen Reiz.

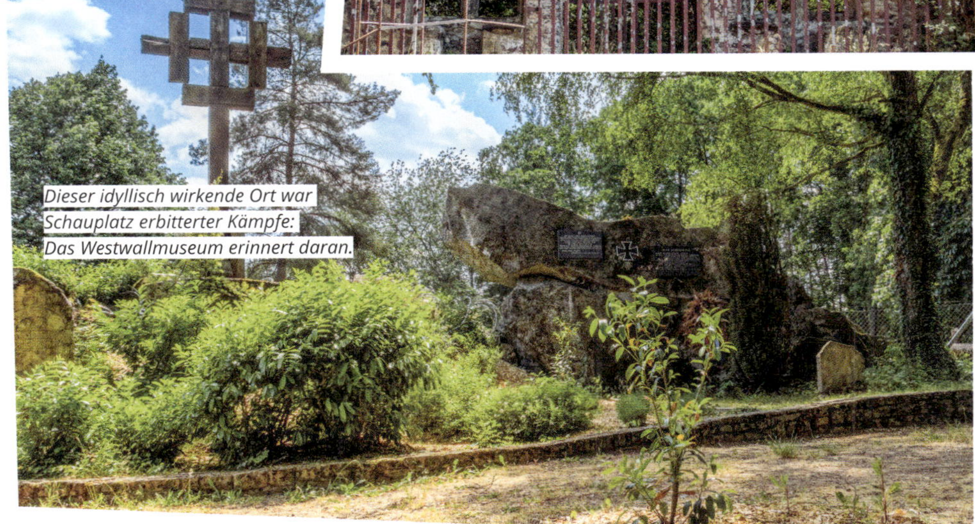

Dieser idyllisch wirkende Ort war Schauplatz erbitterter Kämpfe: Das Westwallmuseum erinnert daran.

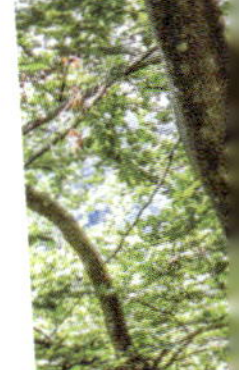

WANDERN & GENIESSEN

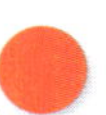

» START

ZOB Irrel

Vom Busbahnhof am Kreisel links abbiegen Richtung Teufelsschlucht (östlicher Teil, Felsenweg 5).

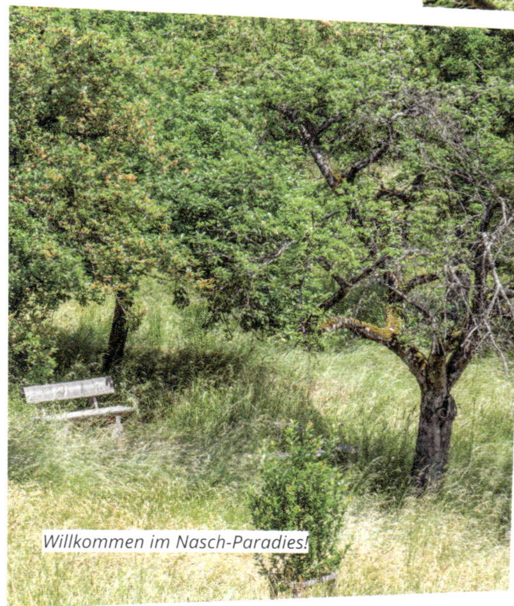

Willkommen im Nasch-Paradies!

KM 0,6

Eardeler Naschgarten

Obst, so viel man möchte!

Die Naschwiese ist etwas ganz Besonderes: Läuft man im Herbst hier entlang, kann man sich den Bauch mit Obst vollschlagen oder einen kleinen Vorrat für die Wanderung anlegen. Im Winter haben die Bäume auf der Streuobstwiese einen eigenen Reiz, und anhand von Infotafeln erfährt man Interessantes über das Projekt und die verschiedenen alten Obstsorten. Im Sommer sitzt man hier auf Bänken und kann dem Summen der Bienen in den blühenden Obstbäumen zuhören.

Wenige Hundert Meter geradeaus gehen.

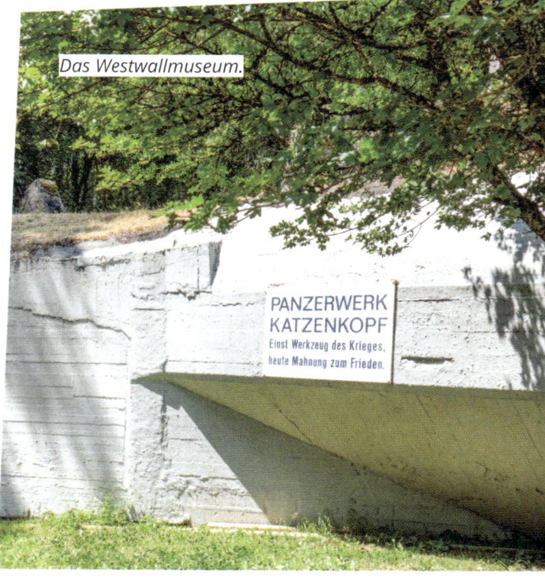

Das Westwallmuseum.

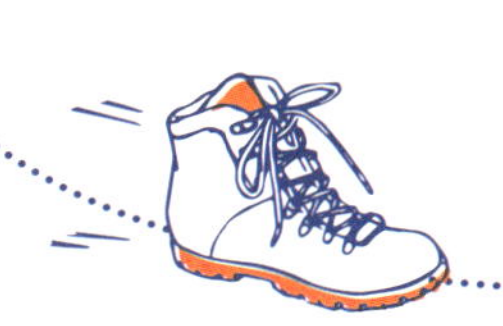

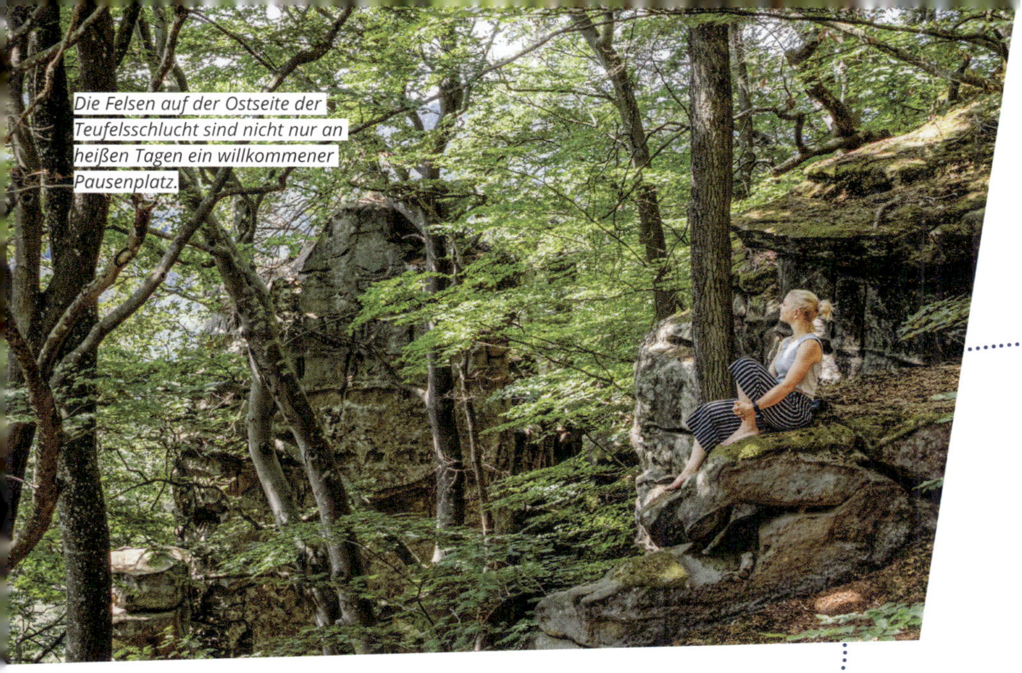

Die Felsen auf der Ostseite der Teufelsschlucht sind nicht nur an heißen Tagen ein willkommener Pausenplatz.

KM 0,9

Westwallmuseum

Geschichte auf dem Weg

Das auf einer Anhöhe gelegene Westwallmuseum befindet sich in einem ehemaligen Bunker. Dieser war Teil des von den Nationalsozialisten errichteten Westwalls. Im Innern informiert eine Ausstellung mit Bild- und Waffendokumenten über die Befestigungsanlage. Das Westwallmuseum ist eine Mahnung zum Frieden (geöffnet an Sonn- und Feiertagen 14–17 Uhr). Neben einer Gedenkstätte gibt es viele Bänke und Wiesen. Von hier oben hat man einen guten Überblick auf die Umgebung.

Hinter dem Museum Felsenweg 5 (Teil des NaturWanderparks deluxe) in den Wald folgen. Nach links auf die Landstraße abbiegen und nach 100 Metern auf den kleinen Pfad rechts wechseln. Es geht zurück in den Wald.

KM 1,6

Teufelsschlucht (östlicher Teil)

Am Klippenrand entlangwandeln

Die ersten Felsen werden sichtbar und man versteht, wie diese Landschaft zu ihrem Namen gekommen ist. Am oberen Rand der Klippen, wo es steil hinunter geht, sieht man nun immer wieder kleine und große Felsformationen. Besonders schön sind die Bäume, die sich mit ihren Wurzeln an Felsen festklammern. Der steilste Abhang ist von nun an mit einem Geländer gesichert. Die Nadelbäume geben die Sicht frei auf die wunderschöne waldige Umgebung. Hier kann man Stunden verbringen und kommt trotzdem aus dem Staunen nicht mehr raus.

Vorbei an kleineren Wasserfällen geht es weiter geradeaus auf dem Waldpfad.

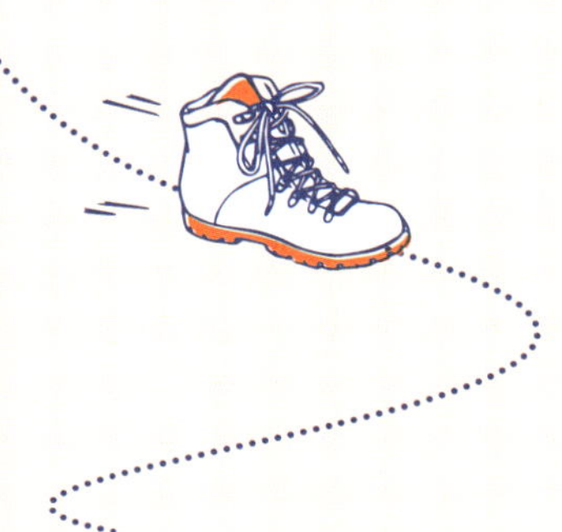

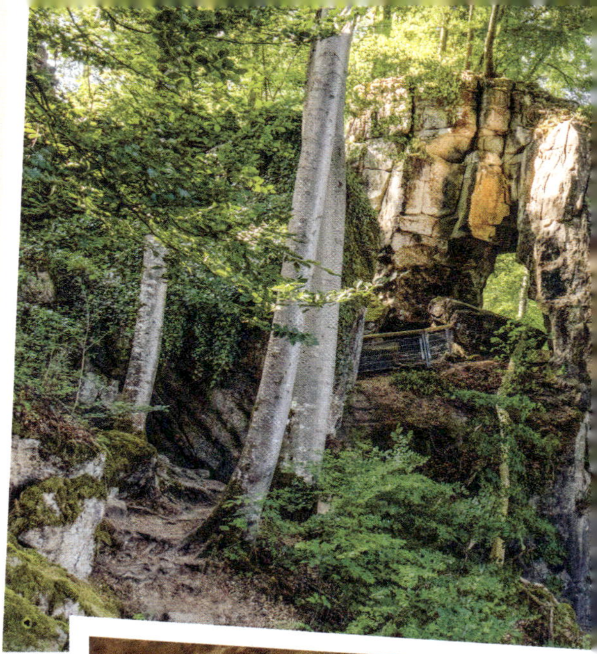

KM 3,5

4 Prümer Burg

Uraltes Gemäuer mitten im Wald

Hier auf den steilen Sandsteinfelsen thront die Ruine der »uralten Burg zu Layen«. Angeblich soll sie von einem Zeitgenossen von Karl dem Großen gegründet worden sein. In den Urkunden wurde die Burg zuerst 1337 erwähnt. 1658 wurde sie zerstört und nicht wieder aufgebaut. Der Gewölbekeller verbindet Turm und Palast und überbrückt eine beeindruckende Felsspalte. Von der Spitze des fünfeckigen Wehrturms hat man eine fantastische Aussicht über das Prümtal.

Bei der Burgbrücke geht es auf Treppenstufen wieder hinunter in den Wald (Felshöhle mit Madonna). Nach links und ein Stück geradeaus, dann zurück auf einen kleinen Waldweg (Nr. 59, Naturpark Südeifel). Im Dorf Prümzurley führt eine Brücke über die Prüm. Nach einigen Hundert Metern gelangt man wieder an den Waldrand und zur Teufelsschlucht (westlicher Teil).

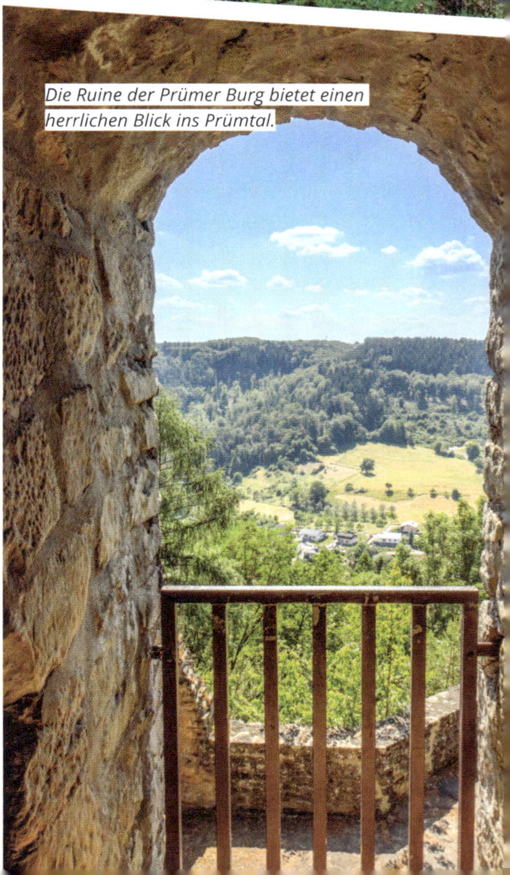

Die Ruine der Prümer Burg bietet einen herrlichen Blick ins Prümtal.

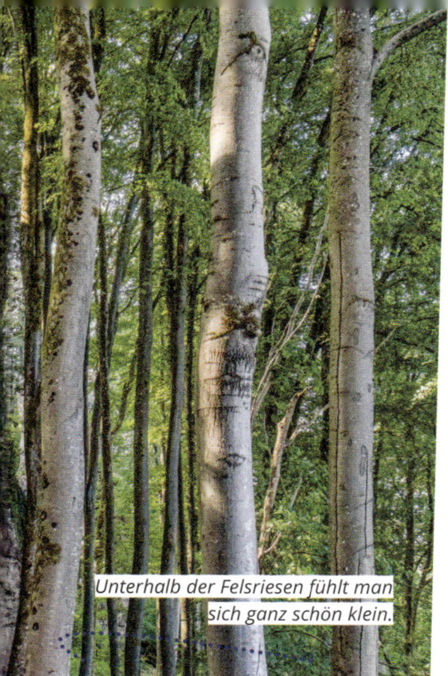
Unterhalb der Felsriesen fühlt man sich ganz schön klein.

EXTRA INFOS:

Wer noch mehr über die Felsenlandschaft wissen möchte, kann dem ● **Naturparkzentrum Teufelsschlucht** einen Besuch abstatten. Im angeschlossenen Naturparkmuseum ist viel Interessantes zur Geologie, Entstehung und zu weiteren Besonderheiten dieser Felsregion zu erfahren (felsenland-suedeifel.de/erlebnis-teufels schlucht).

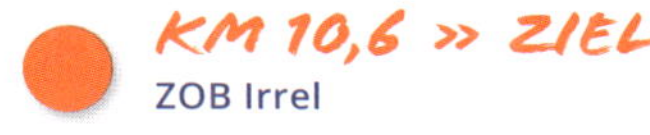
KM 10,6 » ZIEL
ZOB Irrel

KM 5,5

5

Teufelsschlucht (westlicher Teil)

Zwischen Felsriesen kraxeln

In ihrem westlichen Teil erlebt man die Teufelsschlucht aus einer ganz anderen Perspektive. Man befindet sich nun unterhalb der steilen, zehn bis zwanzig Meter hohen Felswände und wandert durch die Felsenlandschaft. Die teils bizarren, vielfach mit Moos überwachsenen Felsformationen machen einen verwunschenen Eindruck. Ständig taucht ein neues Felsgebilde auf, viele knorrige Bäume scheinen mit den Felsen verwachsen zu sein. An einigen Stellen erleichtern in den Fels gehauene Stufen das Kraxeln.

Über kleine Waldpfade (hier ist Trittsicherheit erforderlich) dem Felsenweg 6 folgen, links den Berghang langsam, aber stetig auf breiter werdenden Wegen abwärts gehen. Die Bundesstraße unterqueren und über einen Feldweg nach Irrel zurücklaufen.

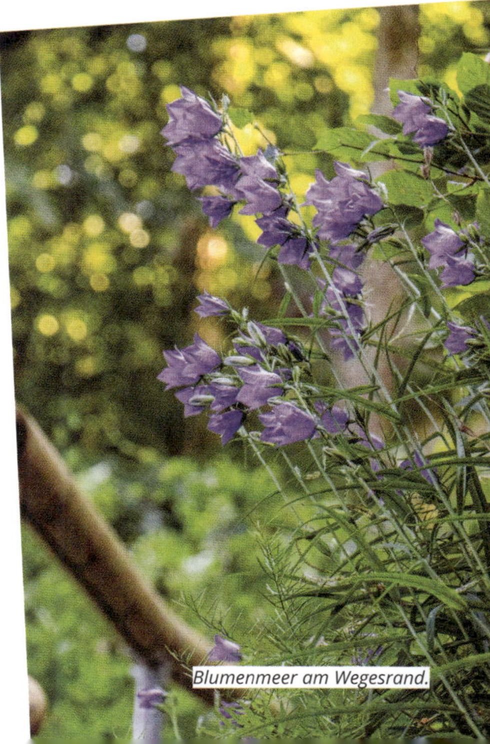
Blumenmeer am Wegesrand.

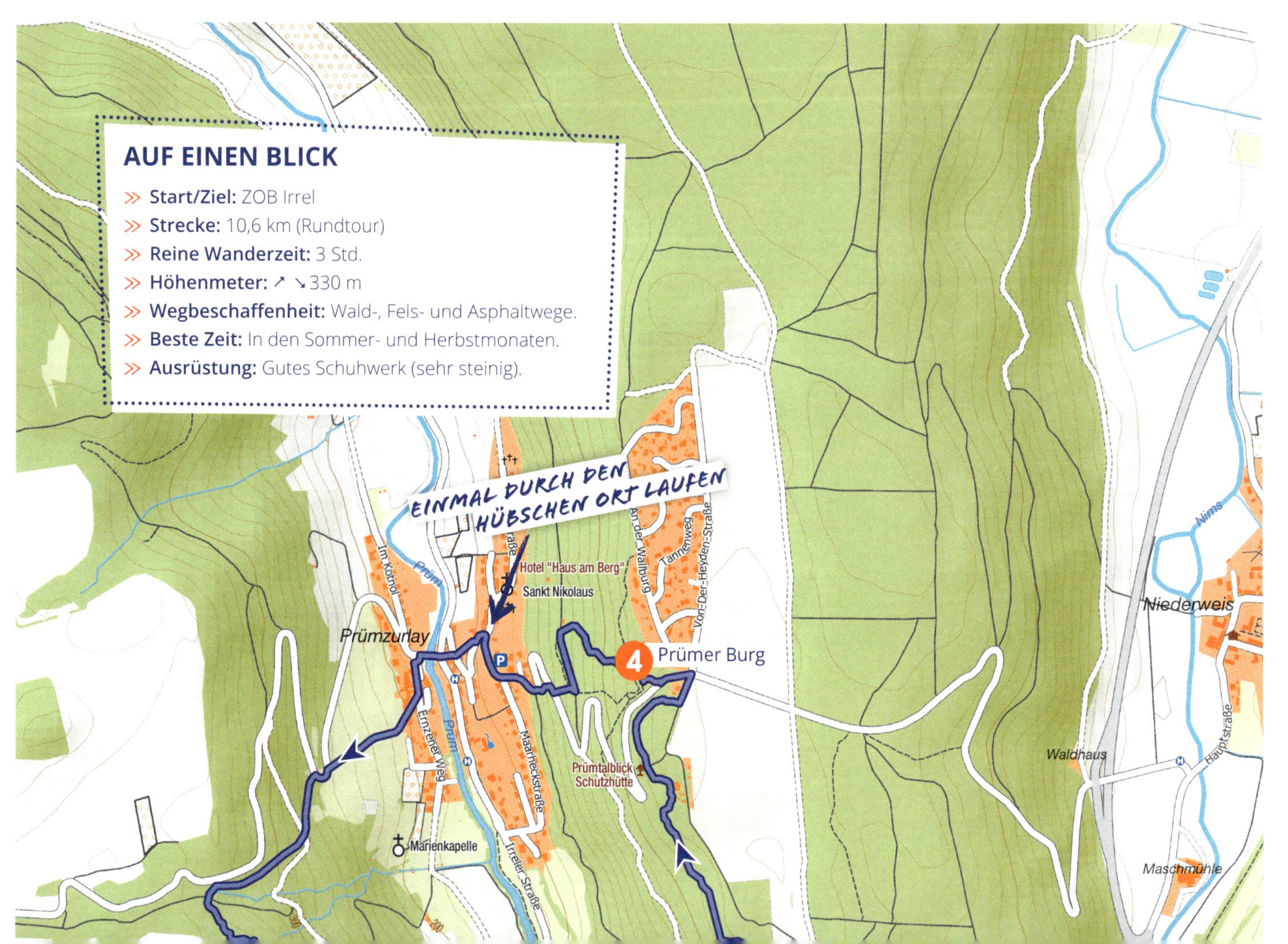
AUF EINEN BLICK
» Start/Ziel: ZOB Irrel
» Strecke: 10,6 km (Rundtour)
» Reine Wanderzeit: 3 Std.
» Höhenmeter: ↗ ↘ 330 m
» Wegbeschaffenheit: Wald-, Fels- und Asphaltwege.
» Beste Zeit: In den Sommer- und Herbstmonaten.
» Ausrüstung: Gutes Schuhwerk (sehr steinig).
EINMAL DURCH DEN HÜBSCHEN ORT LAUFEN
4 Prümer Burg
Prümzurlay
Im Kotnol
Prüm
Hotel "Haus am Berg"
Sankt Nikolaus
An der Wallburg
Tannenweg
Von-Der-Heyden-Straße
Ernzener Weg
Maarheckstraße
Irreler Straße
Prümtalblick Schutzhütte
Marienkapelle
Niederweis
Nims
Hauptstraße
Waldhaus
Maschmühle

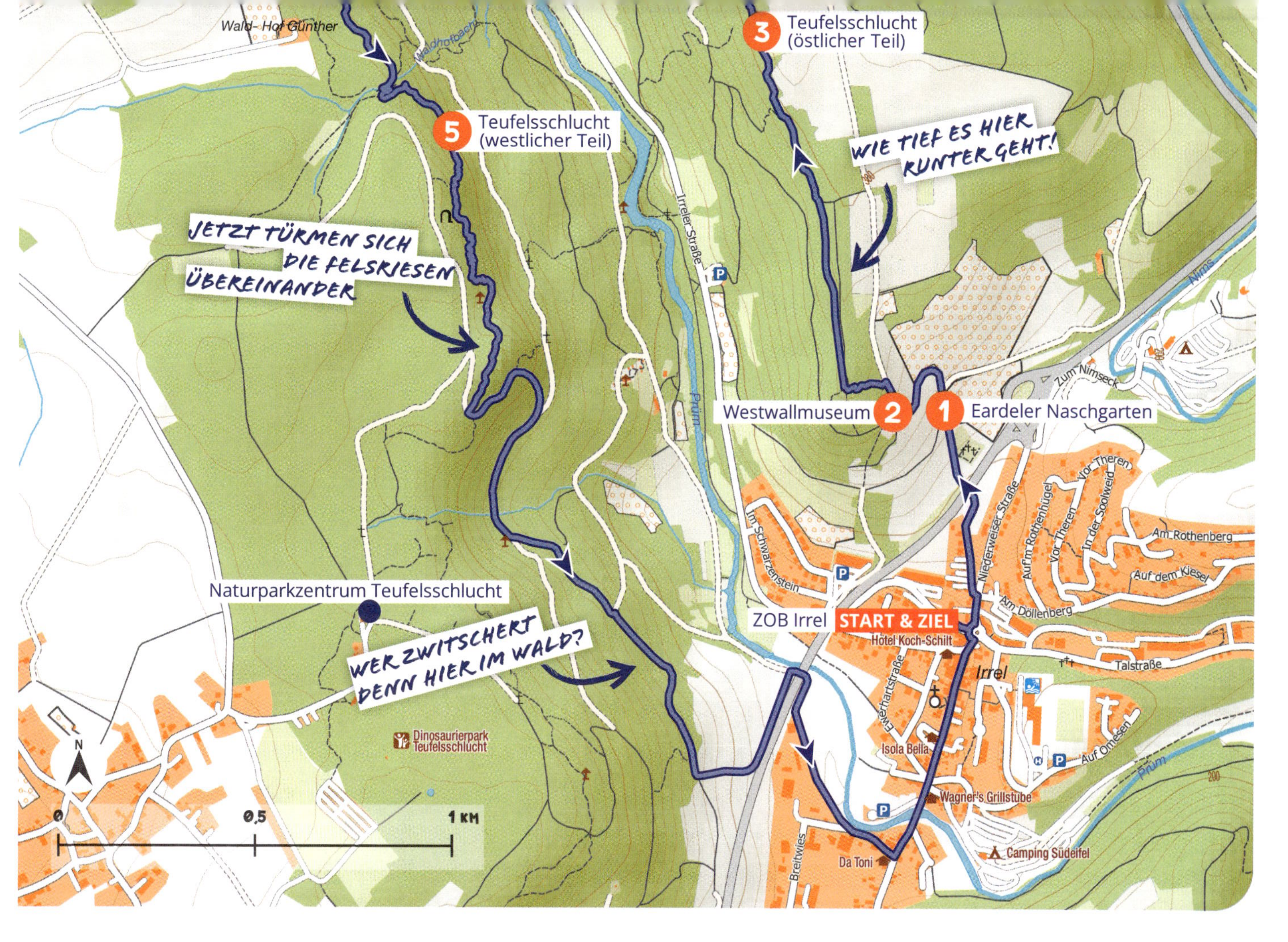

Wald-Hof Günther
Waldhofbach
3 Teufelsschlucht (östlicher Teil)
5 Teufelsschlucht (westlicher Teil)
WIE TIEF ES HIER RUNTER GEHT!
JETZT TÜRMEN SICH DIE FELSRIESEN ÜBEREINANDER
Irreler Straße
Prüm
Nims
Zum Nimseck
2 Westwallmuseum
1 Eardeler Naschgarten
Vor Theren
Aufm Rothenhügel
Niederweiser Straße
In der Soolweid
Am Rothenberg
Auf dem Kiesel
Am Dollenberg
Im Schwarzenstein
ZOB Irrel
START & ZIEL
Hotel Koch-Schilt
Irrel
Talstraße
Ewerhartstraße
Isola Bella
Auf Omesen
Wagner's Grillstube
Da Toni
Breitwies
Camping Südeifel
Naturparkzentrum Teufelsschlucht
WER ZWITSCHERT DENN HIER IM WALD?
Dinosaurierpark Teufelsschlucht
N
0
0,5
1 KM

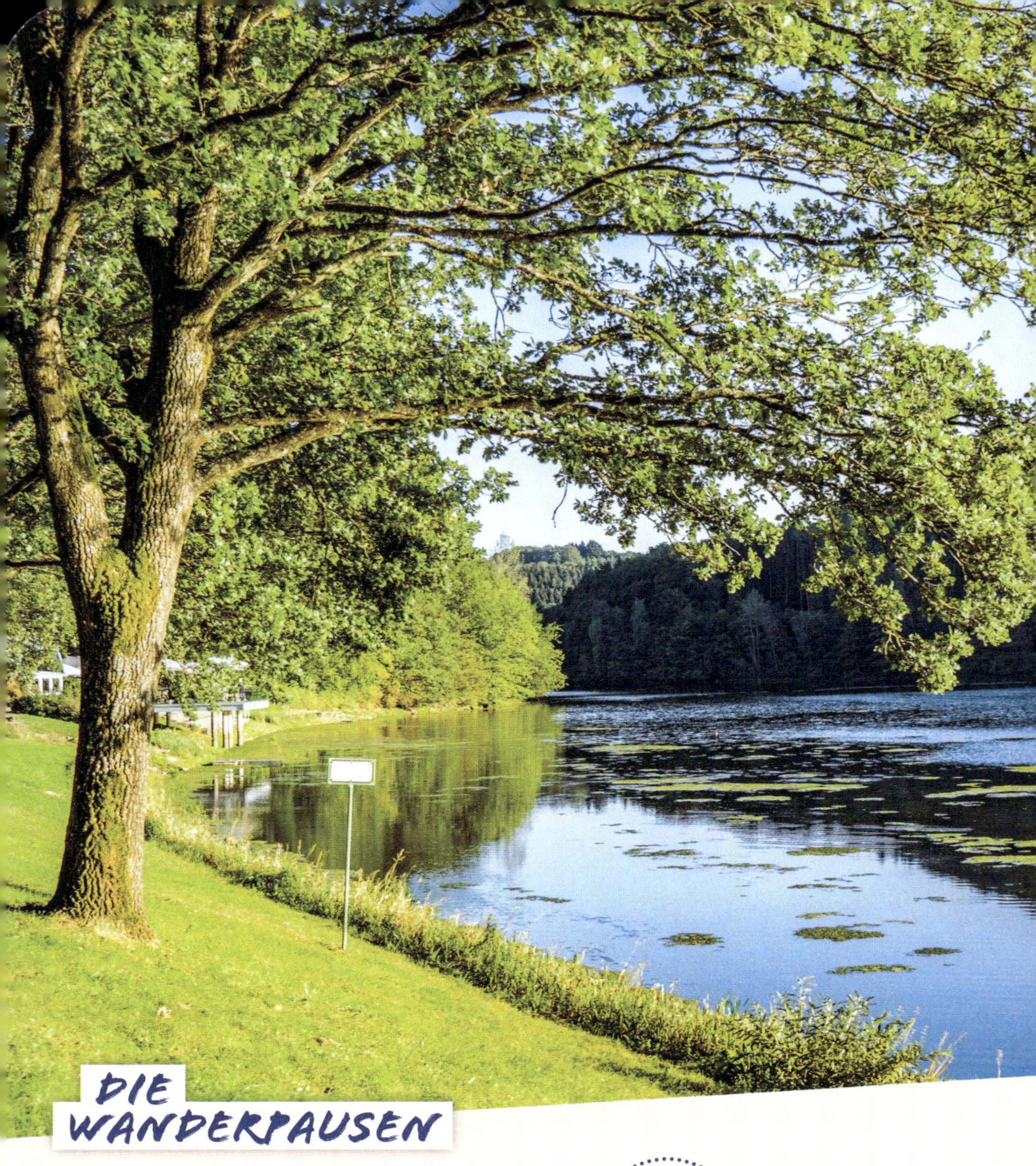

DIE WANDERPAUSEN

» START
Bushalte Zur Rotlay, Biersdorf am See

KM 1
1 Staumauer
Wasser, halt!

KM 1,7
2 Schutzhütte
Erster Picknickspot im Tal

KM 3,8
3 Schloss Hamm
Romantisches Gemäuer

11 FÜR KLEIN & GROSS

Rund um den Bitburger Stausee

Bitburg kann so viel mehr als nur Bier! Egal, ob man lieber aktiv unterwegs ist oder dem Müßiggang frönt, rund um den Bitburger Stausee kommen alle auf ihre Kosten. Bevor sie sich zu einem See aufstaut, fließt die Prüm hier durch ein idyllisches Tal. Und in einer ihrer Schleifen liegt eingebettet ein Schloss.

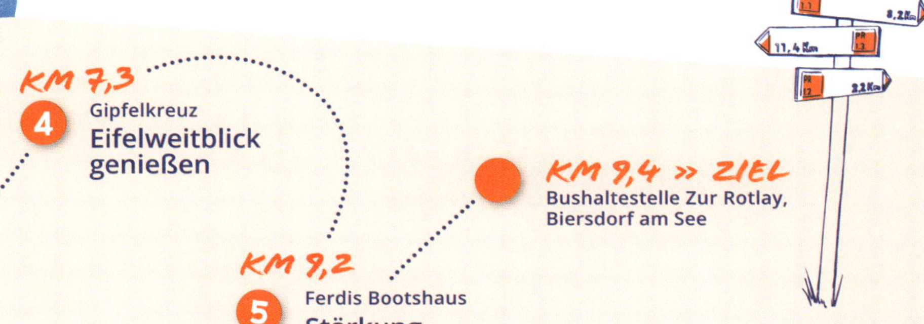

DAS TAL DER PRÜM ...

... war bis ins vergangene Jahrhundert hinein stets hochwassergefährdet. Dort, wo sich das enge und tiefe Tal der Prüm etwa zehn Kilometer nordwestlich von Bitburg zu einer Mulde weitet, kam es immer wieder zu Überschwemmungen. Um den Wasserstand kontrollieren zu können, wurde Anfang der 1970er-Jahre eine **Staumauer** gebaut. Mit dem so angestauten Bitburger Stausee entstand auch ein Naherholungsgebiet mit zahlreichen Möglichkeiten, um Natur, Sport und Freizeit zu genießen.

Ein fünf Kilometer langer **Rundweg** führt einmal um den See herum und bietet auch Familien mit Kinderwagen Wanderspaß. Entlang des Weges gibt es nicht nur Bänke, sondern auch Spielgelegenheiten wie Federwippen in Tierformen, um die ganz Kleinen zu beschäftigen. Auch eine **Schutzhütte** bietet sich für eine kurze Pause an, auf jeden Fall bei wechselhaftem Wetter.

Wer dem Rundweg jedoch nicht folgt, sondern nach Überquerung der Prüm weiter geradeaus an der Straße entlangläuft, gelangt bald an das **Schloss Hamm,** eine Burg, deren mittelalterliche Wehranlage bereits im 11. Jahrhundert erwähnt wurde. Sie thront etwas erhöht auf einem Hügel und ist der ganze Stolz des gleichnamigen Örtchens.

AM GIPFELKREUZ STEHEN UND DIE HERRLICH WEITE EIFELLANDSCHAFT BEWUNDERN

Dann geht es aufwärts und man darf ruhig außer Atem kommen. Nur nicht die Abzweigung verpassen, wo der Wanderweg von Asphalt in weichen Grasboden übergeht. Dann geht es über verschlungene Pfade durch den Wald dem höchsten Punkt entgegen.

Nicht wundern: Das **Gipfelkreuz** befindet sich tiefer als der höchste Punkt der Wanderung. Es geht also erst einmal wieder bergab, bis die Landmarke erreicht ist, die das Tal überblickt. Am Kreuz ist ein Briefkasten befestigt, in dem ein Logbuch zu finden ist. Auch wenn es kein alpiner Aufstieg war, können sich stolze Wanderer hier verewigen und ihre Wanderung festhalten.

Danach geht es nur noch bergab und über schmale Waldpfade gelangt man schließlich wieder an den Stausee. Die Uferpromenade führt zurück zu **Ferdis Bootshaus,** an dem eine Erfrischung oder auch Stärkung fällig ist. Mit einem kühlen Getränk in der Hand und dem Blick auf den Sonnenuntergang über dem See klingt der Tag gut aus! «

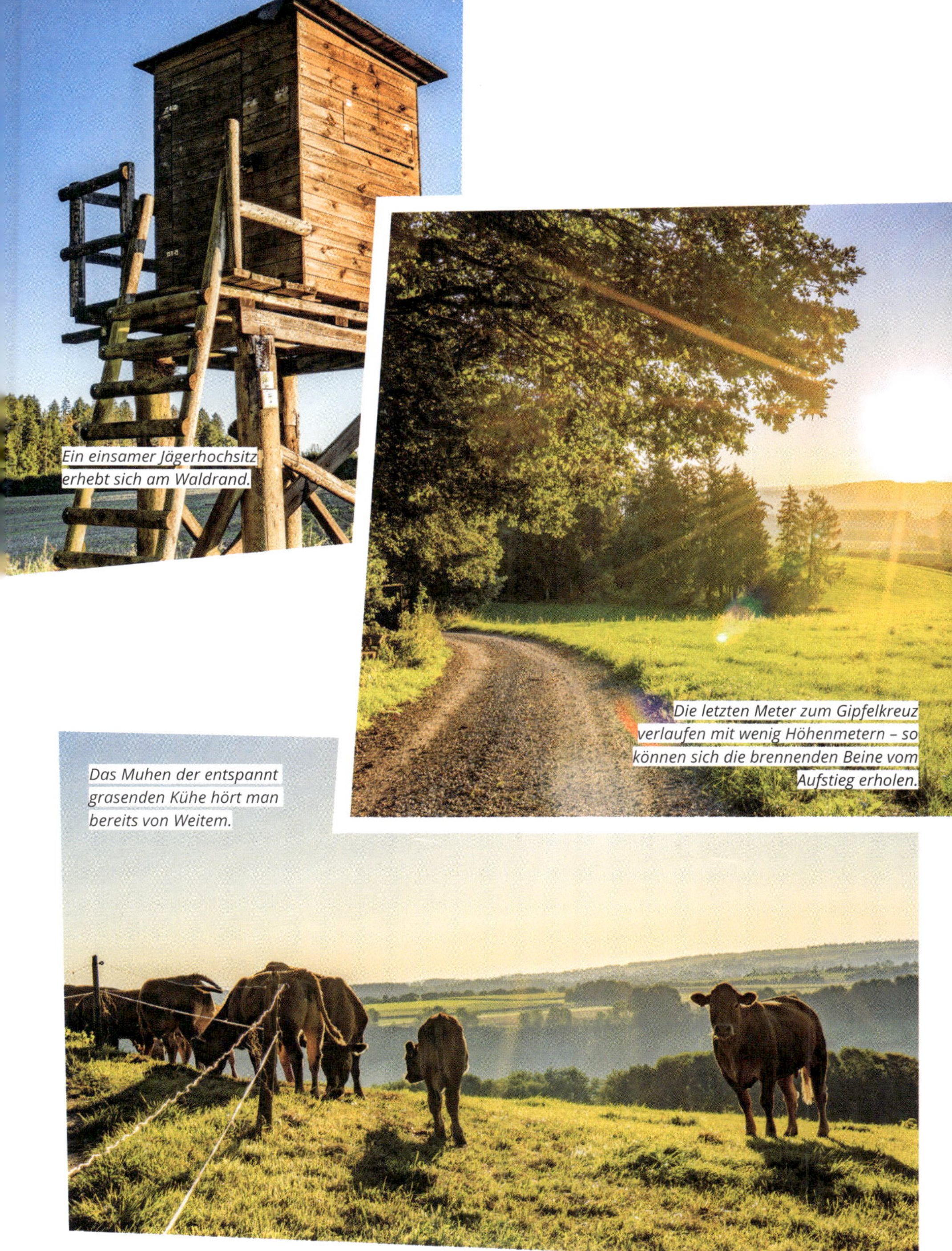

Ein einsamer Jägerhochsitz erhebt sich am Waldrand.

Die letzten Meter zum Gipfelkreuz verlaufen mit wenig Höhenmetern – so können sich die brennenden Beine vom Aufstieg erholen.

Das Muhen der entspannt grasenden Kühe hört man bereits von Weitem.

WANDERN & GENIESSEN

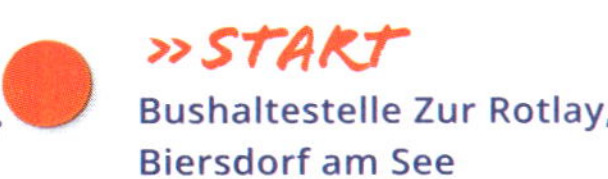

Bushaltestelle Zur Rotlay, Biersdorf am See

Von der Bushaltestelle geht's Richtung See und aufs Bootshaus zu, links daran vorbei und am See entlang laufen.

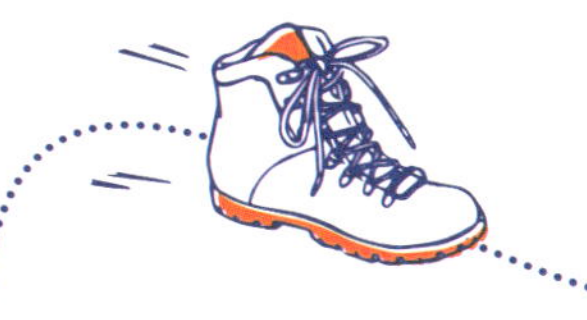

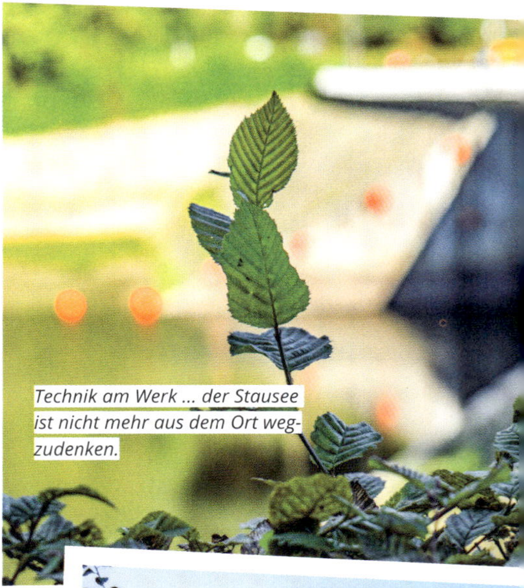

Technik am Werk ... der Stausee ist nicht mehr aus dem Ort wegzudenken.

KM 1

1 Staumauer

Wasser, halt!

Das Tal der Prüm war früher häufig von Überschwemmungen betroffen, sodass man schließlich zum Schutz der Bewohner ein Wasserrückhaltebecken errichtete, um den Wasserstand regulieren zu können. 1972 wurde die 15 Meter hohe Staumauer eröffnet, die seitdem die Prüm zu einem zwei Kilometer langen See aufstaut – den Bitburger Stausee. Mehr als 20 Jahre später erhielt der Ort Biersdorf den Namenszusatz »am See«.

Dem Rundweg um den See folgen.

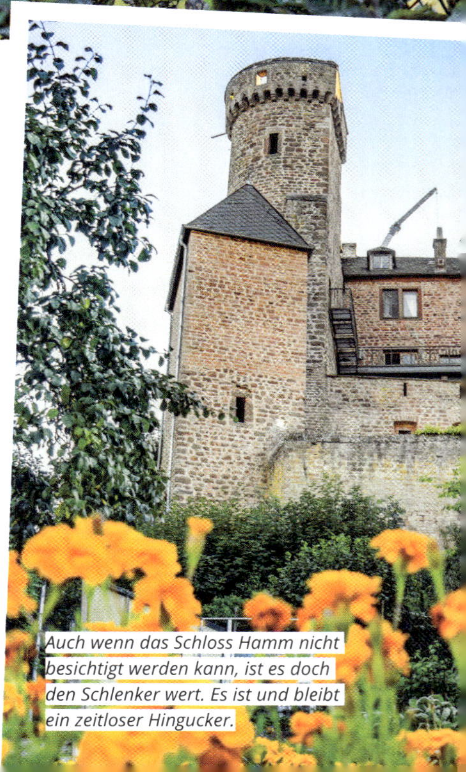

Auch wenn das Schloss Hamm nicht besichtigt werden kann, ist es doch den Schlenker wert. Es ist und bleibt ein zeitloser Hingucker.

KM 1,7

2 Schutzhütte
Erster Picknickspot im Tal

Um den See herum ist ein Naherholungsgebiet entstanden, das Familien und Aktivurlaubern eine Freizeitoase bieten sollte. Von Tretboot- oder Kajakfahren, Angeln, Mountainbiken bis Wandern ist alles möglich. Inzwischen gibt es ein Netz aus Wanderwegen, auf denen man die Landschaft des Prümtals kennenlernen und genießen kann. Und Schutzhütten wie diese.

Dem Rundweg weiter folgen, die Prüm überqueren, dann aber geradeaus und nicht auf dem Rundweg rechts gehen.

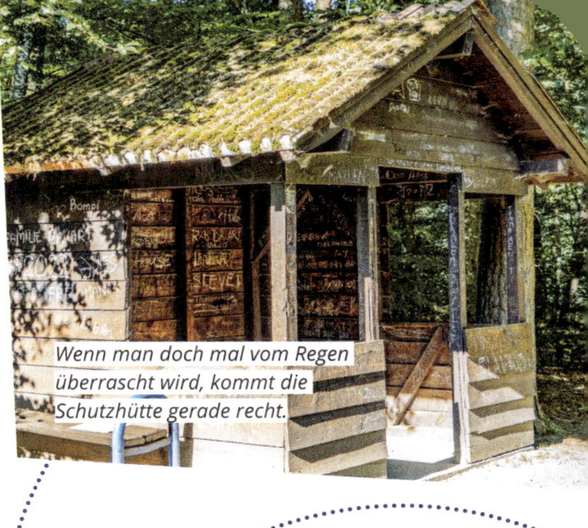

Wenn man doch mal vom Regen überrascht wird, kommt die Schutzhütte gerade recht.

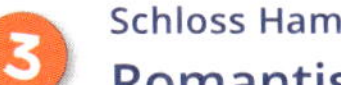

3 Schloss Hamm
Romantisches Gemäuer

Eine mittelalterliche Wehranlage im kleinen Örtchen Hamm, eingebettet in eine Schleife der Prüm, wurde bereits vor fast 1000 Jahren urkundlich erwähnt. Im Laufe der Jahrhunderte wurde die Burg immer wieder an zeitgenössische Bedürfnisse und Vorlieben angepasst, verändert und zum Teil neugebaut. Von außen beeindrucken vor allem die imposanten, teils mit Rosen und Wildem Wein bewachsenen Mauern sowie ein Wohnkomplex aus der Gotik. Der wohl älteste Teil stammt jedoch aus der Romanik. Auch er wurde umgebaut und um eine barocke Kapelle ergänzt. Das Schloss befindet sich in Privatbesitz und ist nur im Rahmen von Führungen, Hochzeiten und anderen Fest- und Kulturveranstaltungen zugänglich. Wer jedoch einmal gräflich wohnen möchte – zwei Ferienwohnungen werden vermietet (schlosshamm.de).

Auf gleichem Weg zurück und am Abzweig der Straße nach oben folgen. Am Ferienpark vorbei, dann nach ca. 400 Metern auf die Wiese abbiegen. Der Markierung des Willibrordusweges durch den Wald und bis zum Gipfelkreuz folgen.

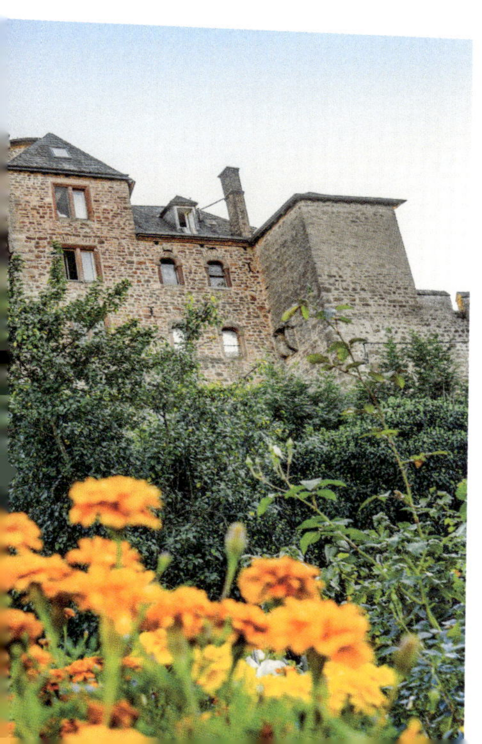

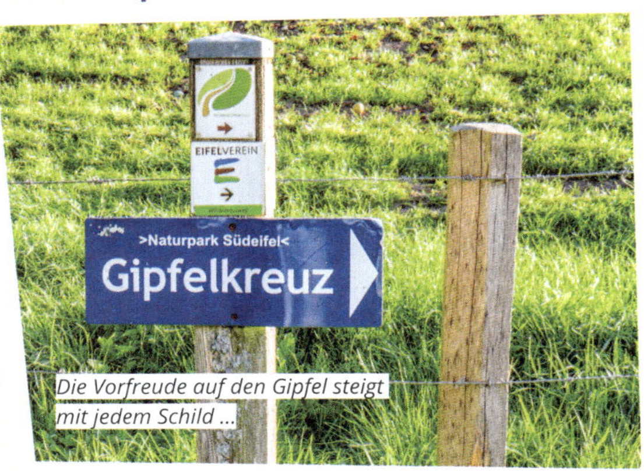

Die Vorfreude auf den Gipfel steigt mit jedem Schild ...

Das Gipfelkreuz auf dem Ringelstein ist ein beeindruckendes Symbol der Schlichtheit.

KM 7,3

4 Gipfelkreuz
Eifelweitblick genießen

Viereinhalb Meter hoch und zweieinhalb Meter breit ist das Biersdorfer Gipfelkreuz auf dem Ringelstein, das eigentlich gar nicht mehr in Biersdorf steht. Es ist nämlich nicht nur ein hervorragender Spot für eine Pause mit Panoramablick über Wiesen, Wälder und Felder, sondern auch ein Zeichen guter Nachbarschaft. Als die Biersdorfer 2005 das Kreuz aufstellen wollten, fiel ihnen auf, dass der Blick wenige Meter außerhalb der Gemeindegrenze deutlich besser war. Da man in Niederweiler nichts dagegen hatte, errichtete man das Kreuz an der Stelle, an der es heute noch steht.

Nach der Pause am Gipfelkreuz wieder ein Stück zurücklaufen und durch den Wald stets bergab, bis der See erreicht ist. An der Uferpromenade entlang bis zu Ferdis Bootshaus.

KM 9,2

5 Ferdis Bootshaus
Stärkung gefällig?

Es ist Biergarten und Café in einem: Ferdis Bootshaus wartet direkt an der Uferpromenade des Bitburger Stausees. Einfach die Seele baumeln lassen, den Blick über den malerischen See schweifen lassen oder mit dem Getränk der Wahl den Sonnenuntergang genießen und dem Hunger geben, was er verlangt. Wer noch Tatendrang verspürt, kann noch eine Tretbootrunde über den See drehen. Und für die Kleinen gibt es sogar einen Spielplatz. Auch Sportevents finden hier statt (afunti.de).

Vom Bootshaus sind es nur ein paar Schritt bis zur Bushaltestelle.

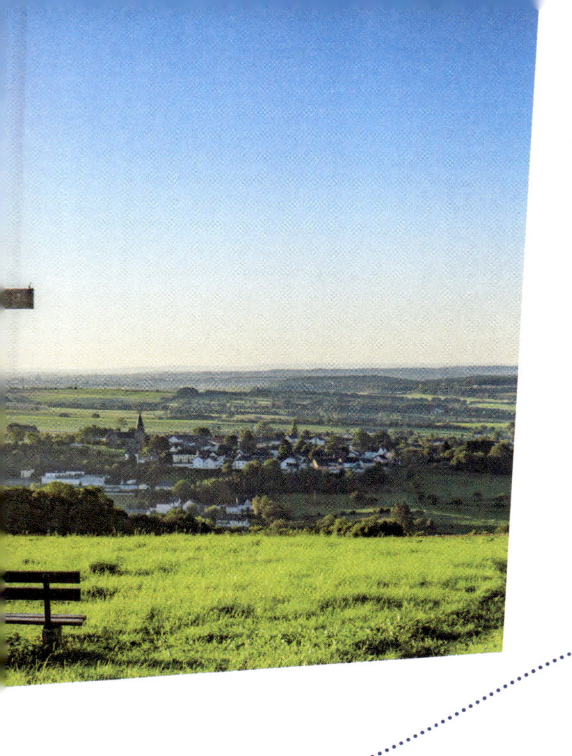

AUCH NACHTS HIMMLISCH SCHÖN!

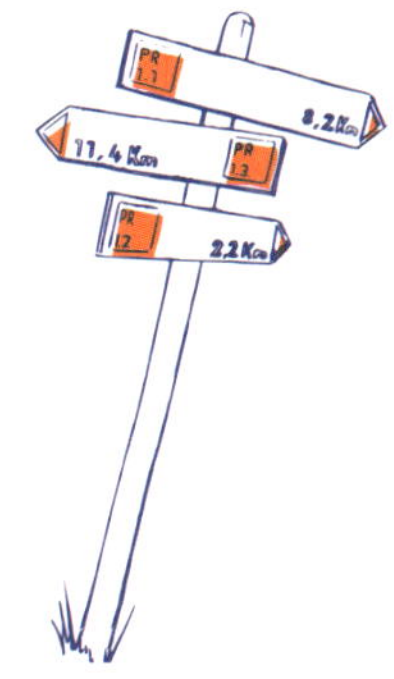

KM 9,4 » ZIEL

Bushaltestelle Zur Rotlay, Biersdorf am See

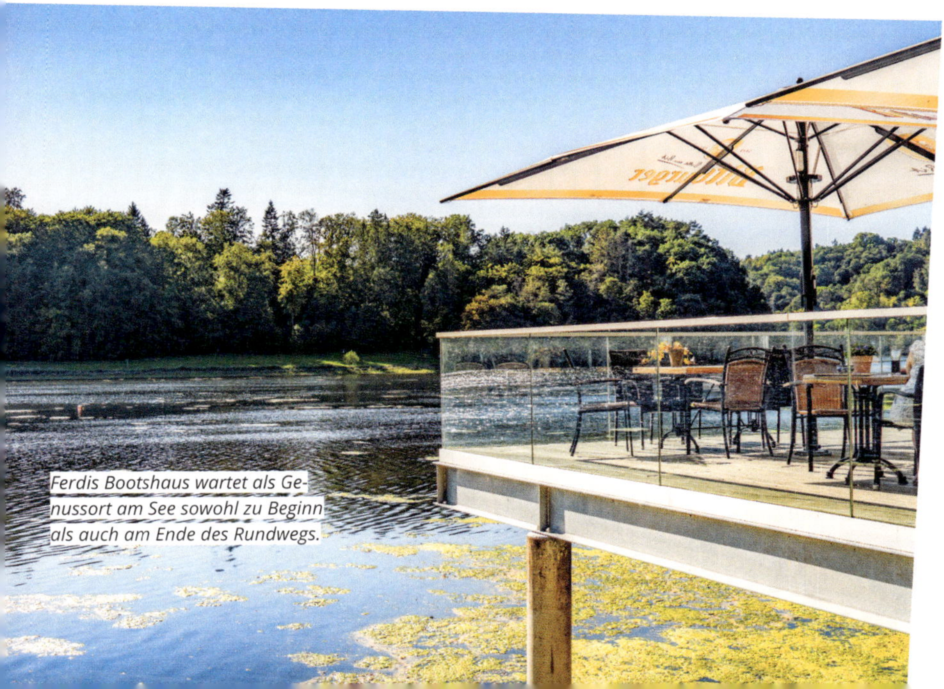

Ferdis Bootshaus wartet als Genussort am See sowohl zu Beginn als auch am Ende des Rundwegs.

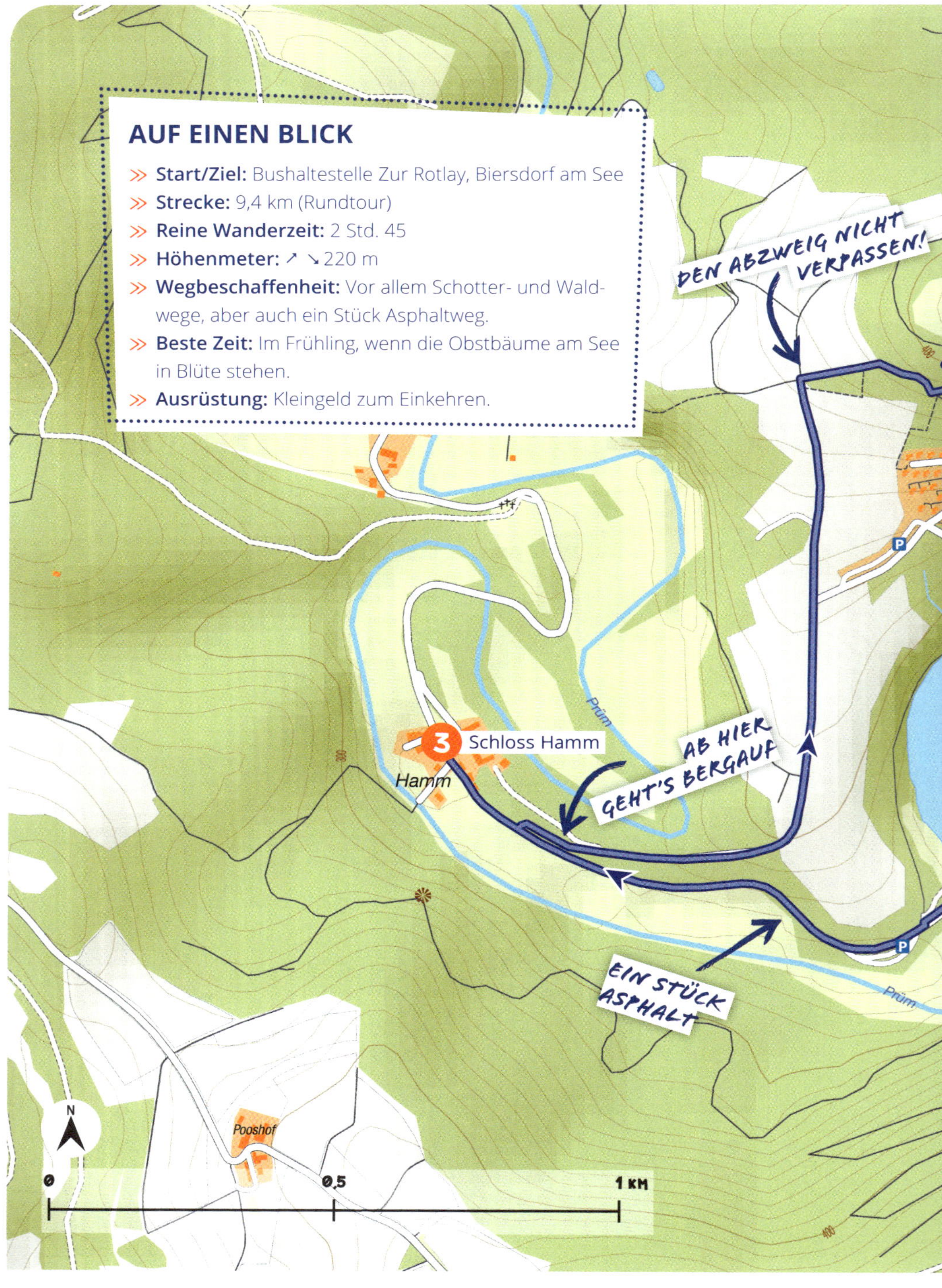

AUF EINEN BLICK

- **Start/Ziel:** Bushaltestelle Zur Rotlay, Biersdorf am See
- **Strecke:** 9,4 km (Rundtour)
- **Reine Wanderzeit:** 2 Std. 45
- **Höhenmeter:** ↗ ↘ 220 m
- **Wegbeschaffenheit:** Vor allem Schotter- und Waldwege, aber auch ein Stück Asphaltweg.
- **Beste Zeit:** Im Frühling, wenn die Obstbäume am See in Blüte stehen.
- **Ausrüstung:** Kleingeld zum Einkehren.

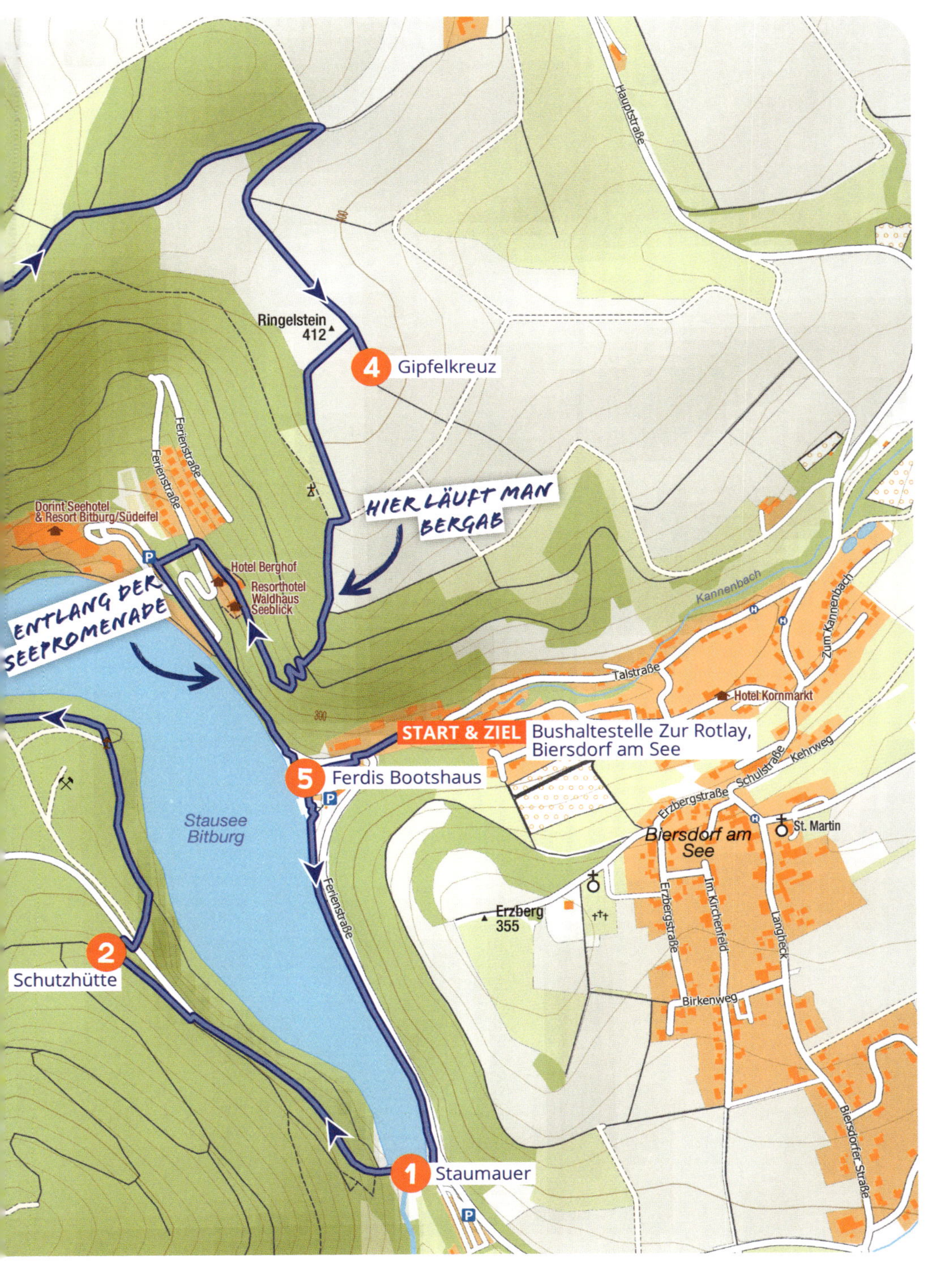

Hauptstraße
Ringelstein
412
4 Gipfelkreuz
Ferienstraße
Ferienstraße
HIER LÄUFT MAN BERGAB
Dorint Seehotel & Resort Bitburg/Südeifel
Hotel Berghof
Resorthotel Waldhaus Seeblick
ENTLANG DER SEEPROMENADE
Kannenbach
Zum Kannenbach
Talstraße
Hotel Kornmarkt
START & ZIEL
Bushaltestelle Zur Rotlay, Biersdorf am See
5 Ferdis Bootshaus
Kehrweg
Schulstraße
Erzbergstraße
Stausee Bitburg
Biersdorf am See
St. Martin
Ferienstraße
Erzberg
355
Erzbergstraße
Im Kirchenfeld
Langheck
2 Schutzhütte
Birkenweg
Biersdorfer Straße
1 Staumauer

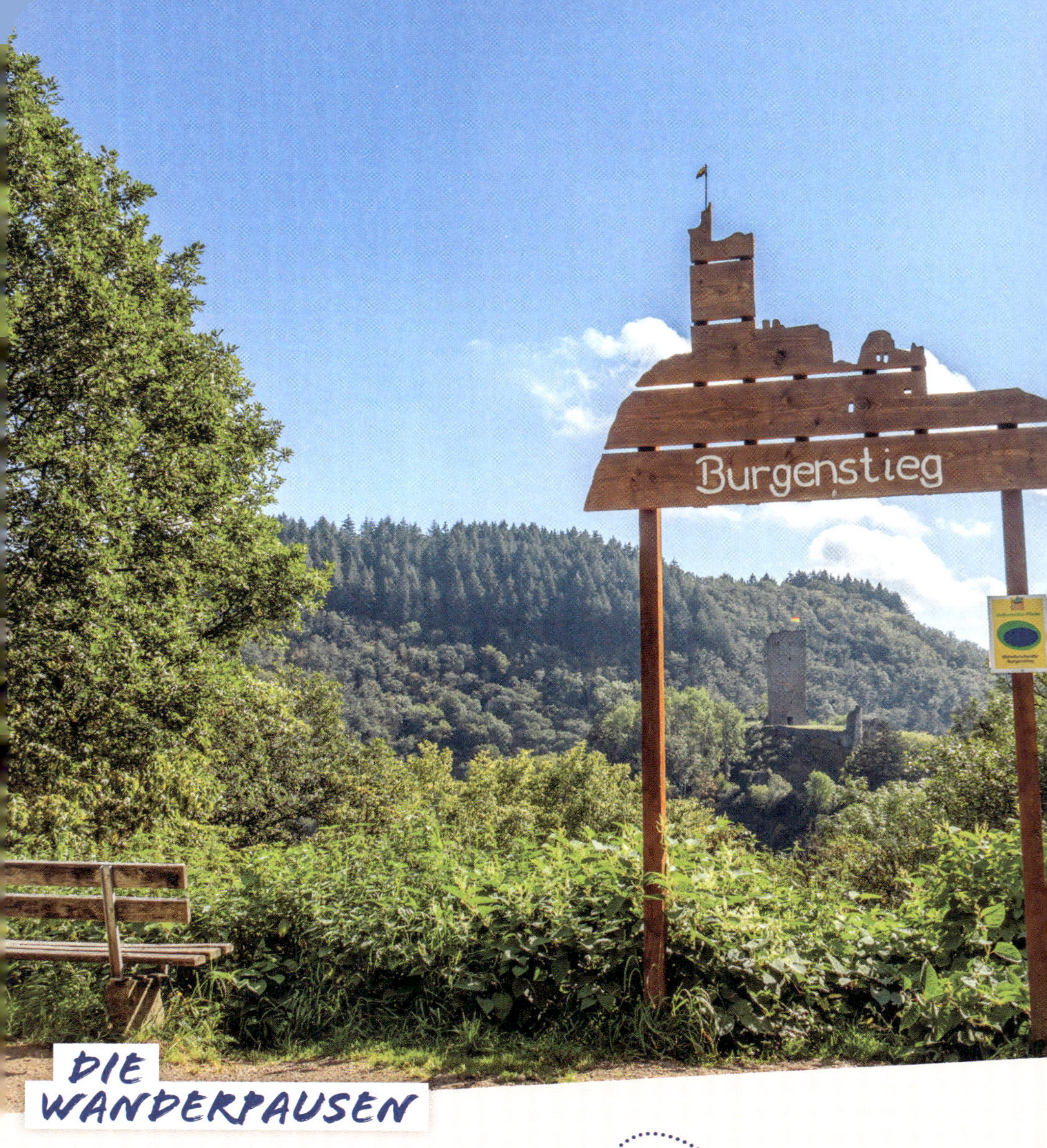

DIE WANDERPAUSEN

» START
Busbahnhof Dauner Straße, Manderscheid

KM 0,8
1 Aussichtspunkt Burgenblick
Den Weitblick genießen – und mitnehmen!

KM 2,9
2 Holzbrücke im Liesertal
Baden oder Klettern?

KM 4,2
3 Wolfshütte
Zeit für ein Picknick

12

REIN INS MITTEL-ALTER

Auf dem Manderscheider Burgenstieg

Der Manderscheider Burgenstieg verbindet Natur und Geschichte auf wunderbare Weise. Schmale Waldwege, der fröhlich plätschernde Fluss Lieser, tolle Aussichtspunkte und zwei Burgen: Nicht umsonst wurde der Rundweg 2020 zum drittschönsten Wanderweg Deutschland gekürt!

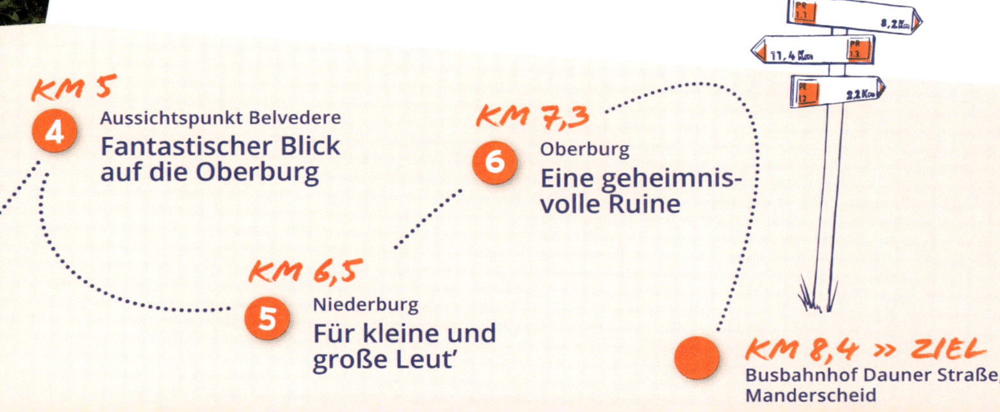

ZWEI ABENTEUERLICHE BURGEN, ...

... ein malerisches Flusstal und ein hübsches Städtchen: Der Manderscheider Burgenstieg hat viel Abwechslung zu bieten und ist perfekt für alle, die sich für Burgen interessieren und gerne in der Natur und im Wald unterwegs sind. Auf dem anfangs noch recht breiten, asphaltierten Weg gelangt man schnell zum **Aussichtspunkt Burgenblick**, wo man eine fantastische Sicht auf die beiden Burgen genießen kann. Danach geht es auf einem Waldweg weiter, der bald schmaler wird, die Umgebung grüner und die Vegetation dichter. Einatmen, ausatmen, und die Geräusche des Waldes bewusst wahrnehmen, die frische Luft einsaugen, die Tier- und Pflanzenwelt um sich herum wahrnehmen!

Bald schon kann man die **Lieser** plätschern hören, immer den Beschilderungen des Pfades folgend bis zur **Holzbrücke** über den kleinen Fluss. Man befindet sich jetzt an der Schnittstelle zum bekannten Lieserpfad, der ein anspruchsvoller Abschnitt des Eifelsteigs ist. Hier im idyllischen Flusstal lohnt eine kleine Verschnaufpause, auch um die Kletterer zu beobachten, die direkt hinter der Brücke in den Klettersteig einsteigen und sich oberhalb des Flusses am Felsen entlanghangeln. Der Weg führt jetzt stetig durch Nadelwälder, ein Stück weit begleitet von dem leise murmelnden Bach, der zuvor in die Lieser mündete. Auf dem schmalen Pfad erreicht man eine Schutzhütte, mit dem nach Wildnis klingenden Namen **Wolfshütte,** die sich wunderbar für eine Rast und zum Schauen eignet. Wölfe gibt es hier allerdings nicht, mit Glück sieht man ein Reh oder Kaninchen durch den Wald huschen.

VOM HÖCHSTEN PUNKT DER OBERBURG DEN BESTEN BLICK AUF DIE NIEDERBURG GENIESSEN

Auf dem nun wieder breiteren Waldweg geht es zum **Aussichtspunkt Belvedere,** dem höchsten Punkt der Wanderung (440 Meter). An der antiken römischen Säule soll schon Kaiser Wilhelm I. die herrliche Aussicht genossen haben. Auf dem Weg zur **Niederburg** hat man wieder das Rauschen der Lieser im Ohr, das letzte Stück läuft man auf dem Rittersteig, einem sehr alten Wanderweg. Die Ruine beeindruckt mit ihrem terrassenartigen Aufbau, der für viele zu erkundende Ebenen sorgt.

Überquert man die Wiesenfläche zwischen den beiden Burgen und wagt noch einen letzten Aufstieg, wird man mit der verwunschenen **Oberburg** belohnt. Nach Erkundung der mittelalterlichen Mauern geht es über das kleine Kaisertempelchen mit einer letzten Aussicht auf die beiden Burgen zurück ins Zentrum von **Manderscheid.** «

WANDERN & GENIESSEN

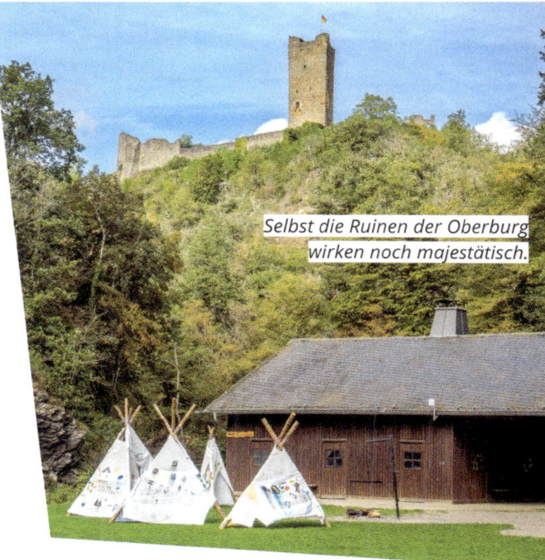

Selbst die Ruinen der Oberburg wirken noch majestätisch.

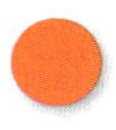

»START

Busbahnhof Dauner Straße, Manderscheid

Auf der Kurfürstenstraße bis zur Ortsmitte, am Markt links abbiegen. Dem Wanderweg Manderscheider Burgen und nach wenigen Hundert Metern der Beschilderung Burgenstieg folgen.

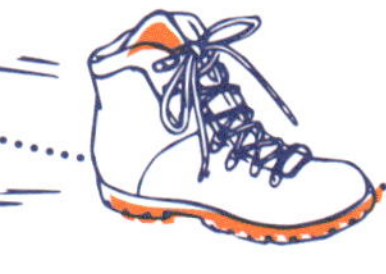

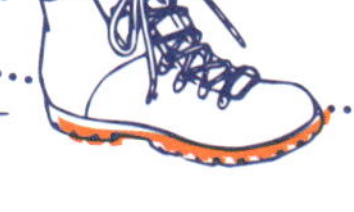

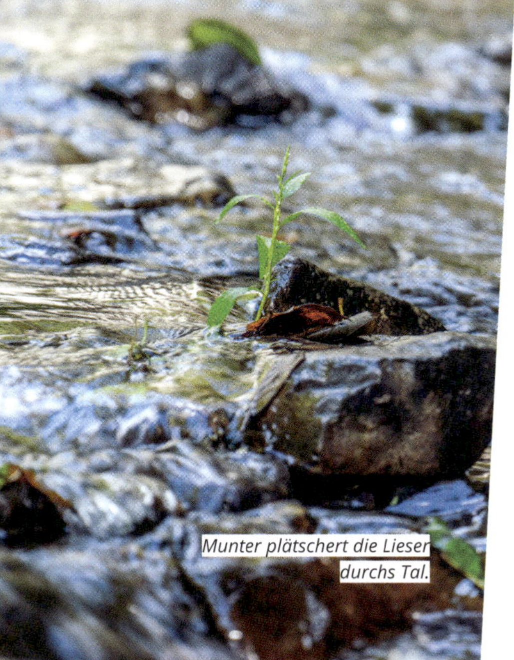

Munter plätschert die Lieser durchs Tal.

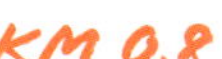

KM 0,8

Aussichtspunkt Burgenblick

Den Weitblick genießen – und mitnehmen!

Die kleine Bank mit Ausblick auf die Oberburg lädt dazu ein, hier einen ersten Kaffee oder heißen Tee zu trinken. Sogar einen Fotorahmen gibt es hier, in dem man sich kreativ mit thronender Burg im Hintergrund in Szene setzen kann. Die Oberburg von Manderscheid ist eine der prächtigsten Burgen in der ganzen Region. Auf der Wanderung wird man sie immer wieder zu Gesicht bekommen, aber den besten Blick hat man von hier.

Bei der ersten Abzweigung rechts abbiegen, unterhalb fließt jetzt der kleine Fluss Lieser.

KM 2,9

2 Holzbrücke im Liesertal
Baden oder Klettern?

Die hölzerne Brücke über die Lieser liegt direkt neben dem Einstieg zum Klettersteig, sodass man von hier gut die Kletterer beobachten kann, wie sie die steilen Felsen emporklettern. Ihr Ziel ist die Oberburg, die sie so auf direktem Weg erreichen. An heißen Tagen kann man schnell die Füße ins kühle Nass halten – herrlich erfrischend!

Nach der Brücke dem Waldweg folgen, nun mit dem Achtergraben zur Linken. Bei der Wegverzweigung scharf rechts abbiegen.

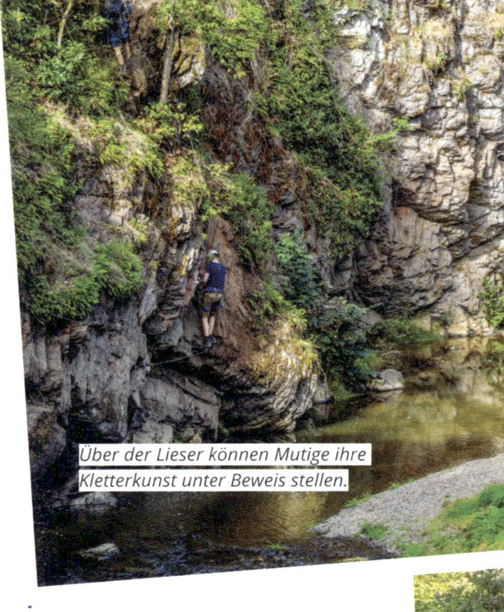

Über der Lieser können Mutige ihre Kletterkunst unter Beweis stellen.

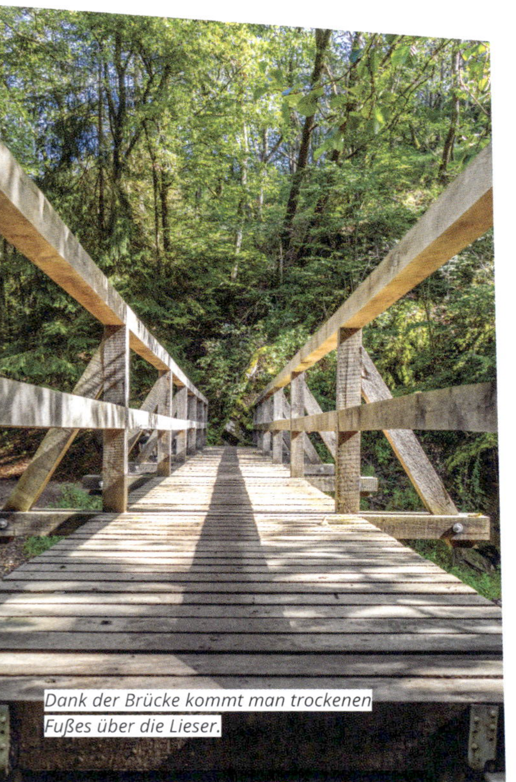

Dank der Brücke kommt man trockenen Fußes über die Lieser.

KM 4,2

3 Wolfshütte
Zeit für ein Picknick

Mit Erreichen der kleinen Schutzhütte ist der ideale Zeitpunkt für ein Picknick gekommen. Hier werden – den heißen Kakao und die belegten Brote ausgepackt – mitten im Wald alle Sinne angesprochen. Hat sich da im Unterholz etwas bewegt? Warum haben die Zweige geknackt? Welche Tiere leben hier? Man schaut auf das Liesertal und die gegenüberliegenden Hänge. Sonnenstrahlen brechen durch die dichten Zweige und tauchen die Schutzhütte in ein warmes Licht. Einfach genießen!

Es geht weiter auf dem Manderscheider Burgenstieg, der nun als schmaler Pfad tiefer in den Wald hineinführt (Wegweiser Eifelblick Belvedere).

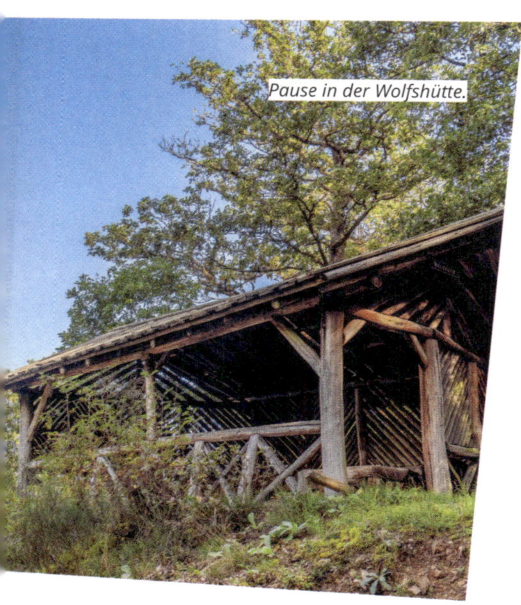

Pause in der Wolfshütte.

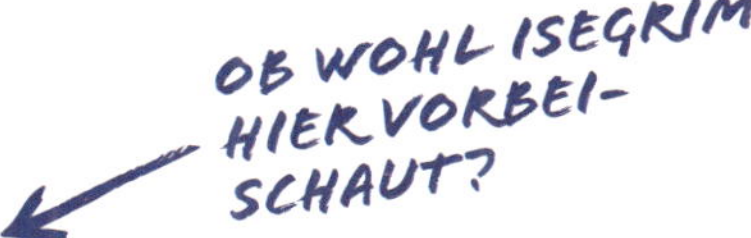

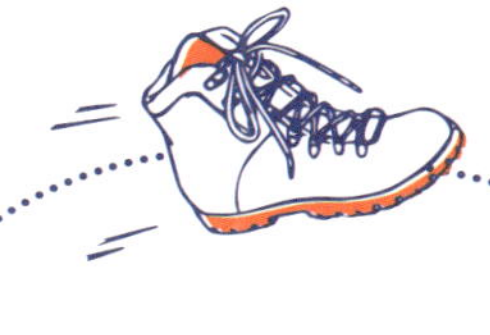

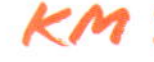

KM 5

4 Aussichtspunkt Belvedere

Fantastischer Blick auf die Oberburg

Der Aussichtspunkt, den eine antike Säule aus einer römischen Villa schmückt, ist ein Highlight der Tour. Auf der Informationstafel kann man sich Wissen zu der Burgenlandschaft anlesen, haben die beiden Burgruinen doch eine recht bewegte Geschichte. Von den beiden Bänken hat man einen atemberaubenden Blick auf die Burgen und Manderscheid mit seinen weißen Häusern und dem Kirchturm in der Mitte.

Weiter den Wegweisern Richtung Manderscheid und Niederburg folgen.

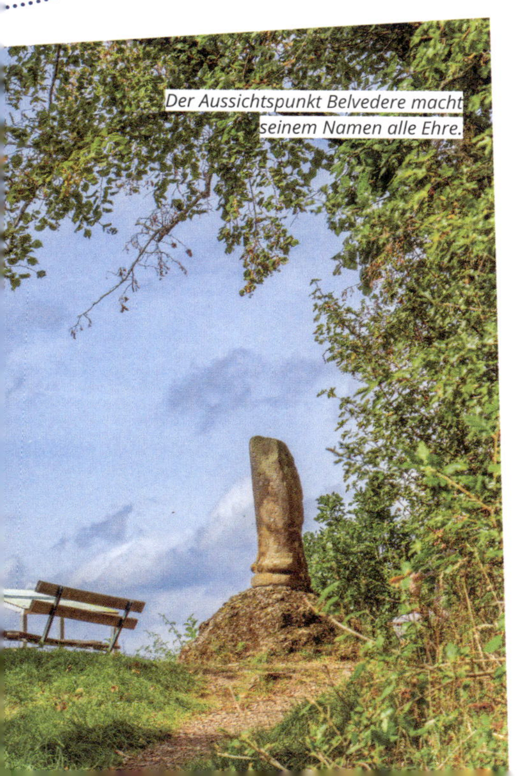

Der Aussichtspunkt Belvedere macht seinem Namen alle Ehre.

KM 6,5

5 Niederburg

Für kleine und große Leut'

Die auf einem Felsen über dem malerischen Liesertal thronende Burg war der erste Sitz der Edelherren von Manderscheid und wurde erstmalig 1173 in einer Urkunde erwähnt. Für ein kleines Eintrittsgeld kann man die terrassenartig angelegte Burgruine erkunden, an saisonalen Angeboten wie einer Hexenwanderung teilnehmen, Bogenschießen oder sich in einen Pranger einschließen lassen. Oder einfach nur die Burgmauern entlanglaufen und das mittelalterliche Mauerwerk bestaunen. Ein besonderes Erlebnis ist das jährlich im August stattfindende historische Burgfest mit Ritterspielen, Kunst- und Handwerkermarkt, Gauklern und Spielleuten (burgen-manderscheid.de).

Weiter den Wegweisern Richtung Manderscheid und Oberburg folgen.

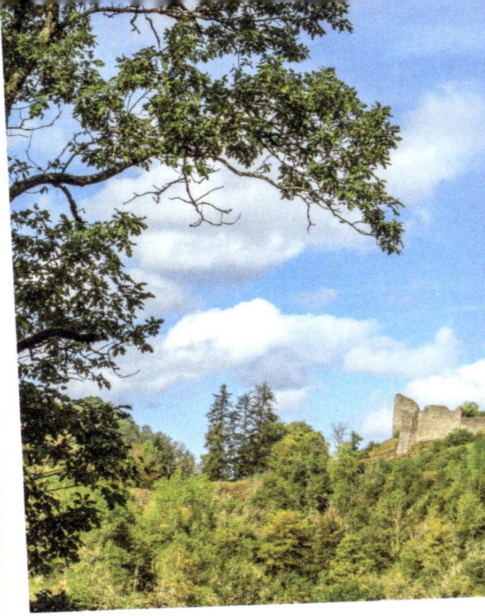

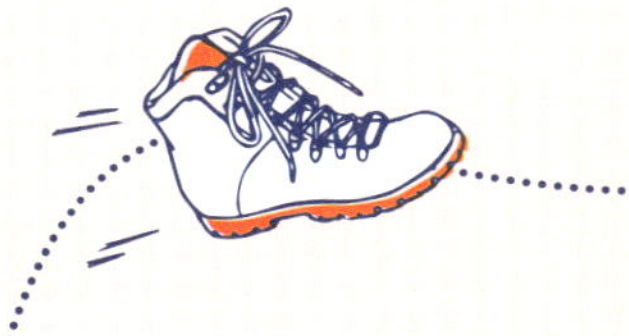

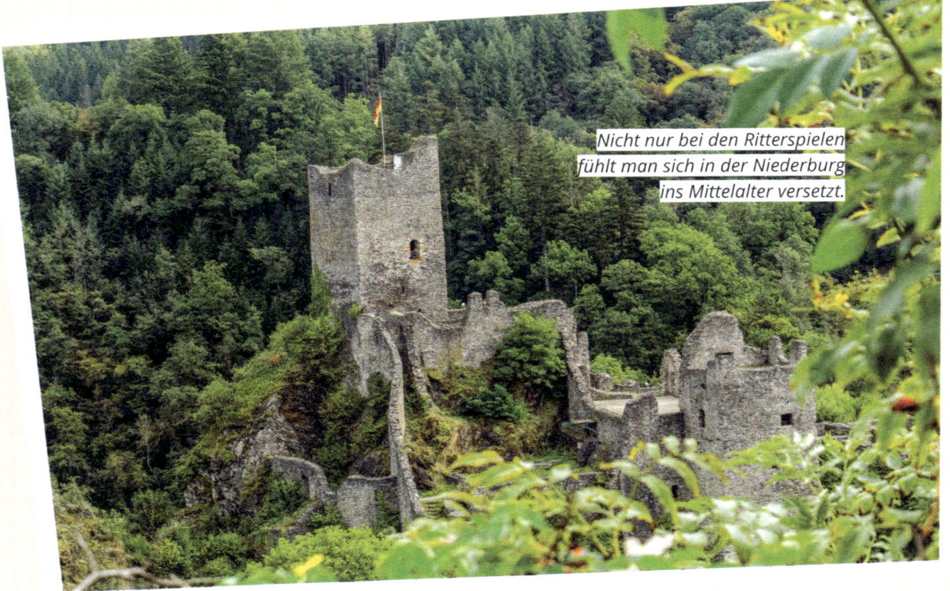

Nicht nur bei den Ritterspielen fühlt man sich in der Niederburg ins Mittelalter versetzt.

Der erhaltene Bergfried der Oberburg ist nicht nur weithin sichtbar, er bietet auch selbst einen Top-Ausblick.

EXTRA INFOS:

In der ● **Trattoria Vulcano** (trattoriavulcano.de, Mi–Mo, 11–21.30 Uhr) kann man sich mit italienischen Gerichten aus regionalen Zutaten stärken. Frisch zubereitete Tagessuppen, Pasta, Pizzen und Desserts werden im gemütlichen Innenraum mit Kamin, im Sommer auch auf der Sonnenterrasse serviert.

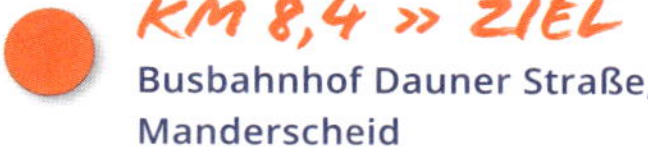

KM 8,4 » ZIEL

Busbahnhof Dauner Straße, Manderscheid

KM 7,3

6 Oberburg

Eine geheimnisvolle Ruine

Krönender Abschluss der Tour ist die Oberburg Manderscheid (freier Eintritt), die natürlich oberhalb der Niederburg liegt. Dazu überquert man einfach das Wiesenstück zwischen den beiden Burgen, auf dem im Sommer Ritterturniere und Burgfeste stattfinden. Ein kleiner Pfad schlängelt sich hoch zur Ruine, immer noch hört man die Lieser im Hintergrund rauschen. Überall stehen knorrige Bäume am Rand des Trampelpfads, moosbewachsene Felsen ragen in den verwunschenen Weg hinein. Die überwucherten Mauern, die auf Naturfelsen stehen und die teilweise erhaltenen Türme, die man erkunden kann, verleihen der Burg ihre geheimnisvolle Atmosphäre. Neben den Außenmauern ist von der ursprünglichen Grenzfestung der Erzbischöfe von Trier noch der mächtige Bergfried erhalten.

Von der Oberburg geht es zurück in den Stadtkern und zur Bushaltestelle.

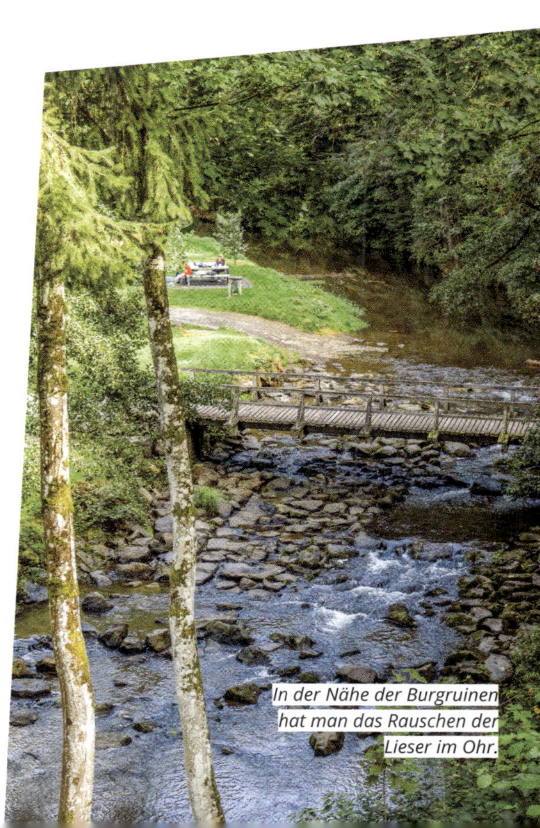

In der Nähe der Burgruinen hat man das Rauschen der Lieser im Ohr.

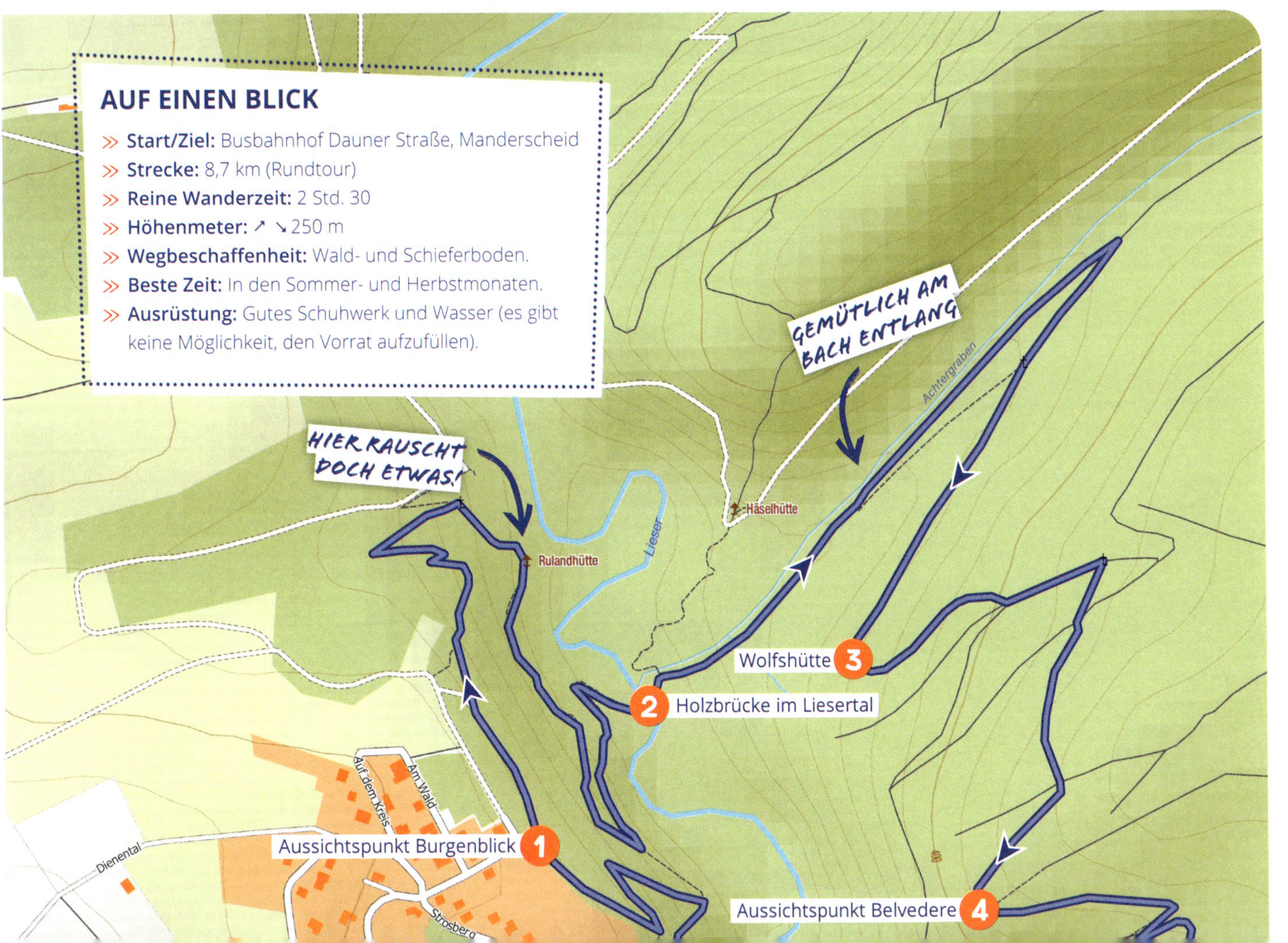

AUF EINEN BLICK

- **Start/Ziel:** Busbahnhof Dauner Straße, Manderscheid
- **Strecke:** 8,7 km (Rundtour)
- **Reine Wanderzeit:** 2 Std. 30
- **Höhenmeter:** ↗ ↘ 250 m
- **Wegbeschaffenheit:** Wald- und Schieferboden.
- **Beste Zeit:** In den Sommer- und Herbstmonaten.
- **Ausrüstung:** Gutes Schuhwerk und Wasser (es gibt keine Möglichkeit, den Vorrat aufzufüllen).

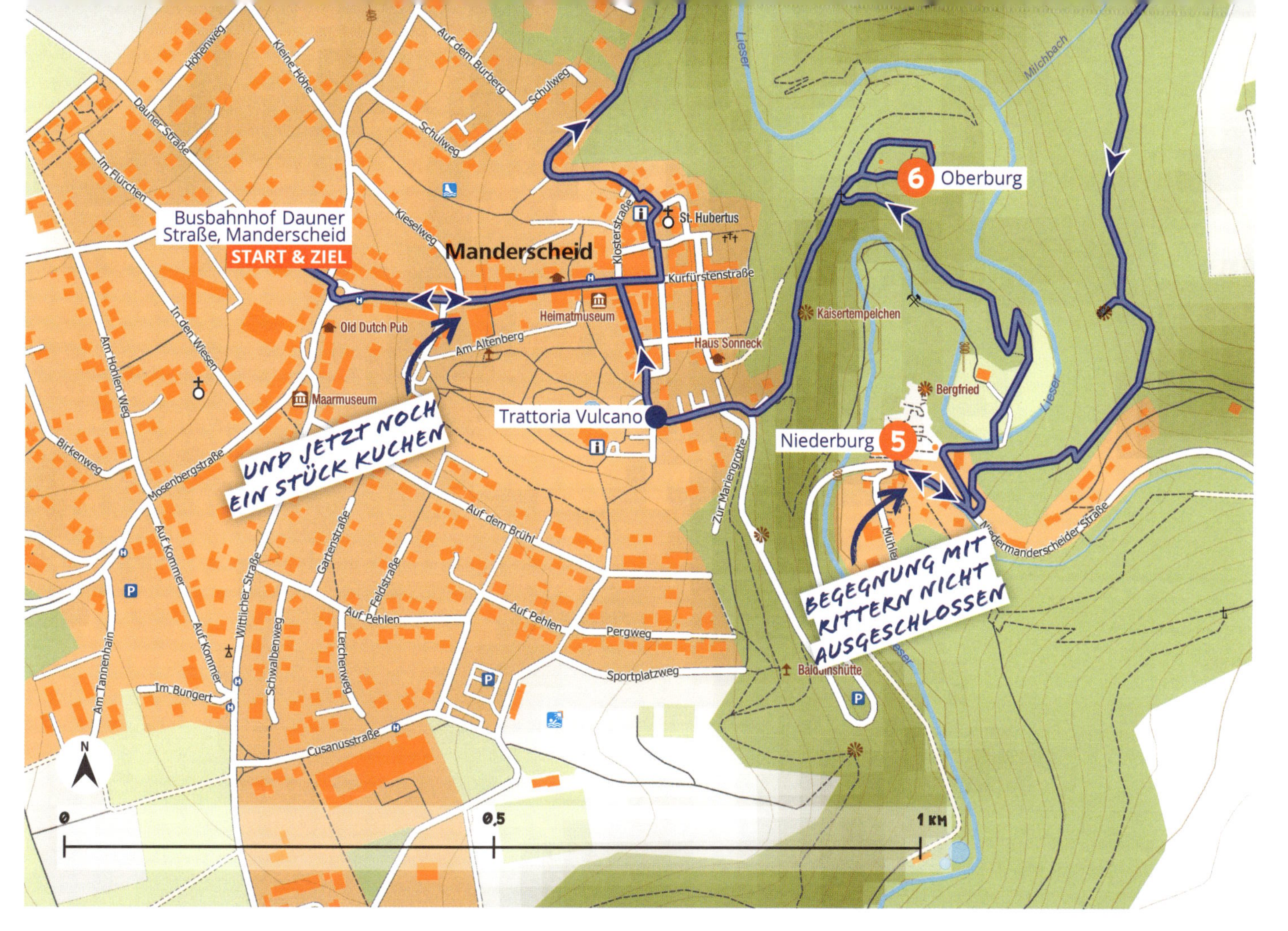

Busbahnhof Dauner Straße, Manderscheid
START & ZIEL
Manderscheid
Trattoria Vulcano
UND JETZT NOCH EIN STÜCK KUCHEN
Old Dutch Pub
Maarmuseum
Heimatmuseum
Am Altenberg
St. Hubertus
Klosterstraße
Kurfürstenstraße
Haus Sonneck
Zur Mariengrotte
Kaisertempelchen
6 Oberburg
5 Niederburg
Bergfried
BEGEGNUNG MIT RITTERN NICHT AUSGESCHLOSSEN
Niedermanderscheider Straße
Balduinshütte
Lieser
Milchbach
Höhenweg
Kleine Höhe
Auf dem Burberg
Schulweg
Dauner Straße
Im Flürchen
Kieselweg
In den Wiesen
Am Hohlen Weg
Birkenweg
Mosenbergstraße
Auf dem Brühl
Gartenstraße
Feldstraße
Auf Pehlen
Pergweg
Sportplatzweg
Auf Kommer
Wittlicher Straße
Schwalbenweg
Lerchenweg
Am Tannenhain
Im Bungert
Cusanusstraße
0
0,5
1 KM

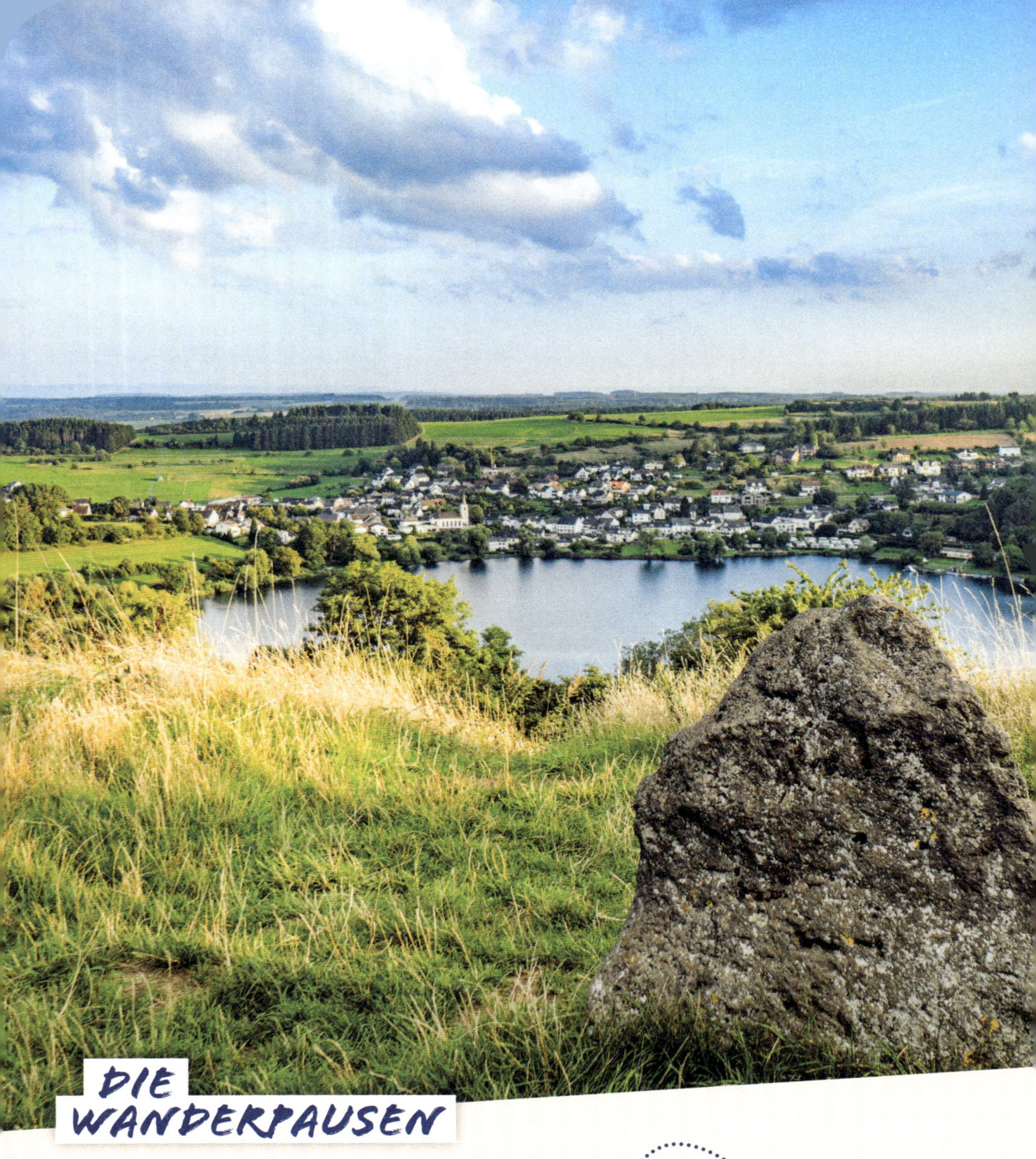

DIE WANDERPAUSEN

»START
Bushaltestelle Kirche, Schalkenmehren

KM 0,4

1 Naturfreibad Schalkenmehrener Maar
Badespaß und Relaxen

KM 1,3

2 Kleine Holzbank
Den Ausblick genießen

KM 2,1

3 Adolf-Dronke-Turm
Maar in Sicht!

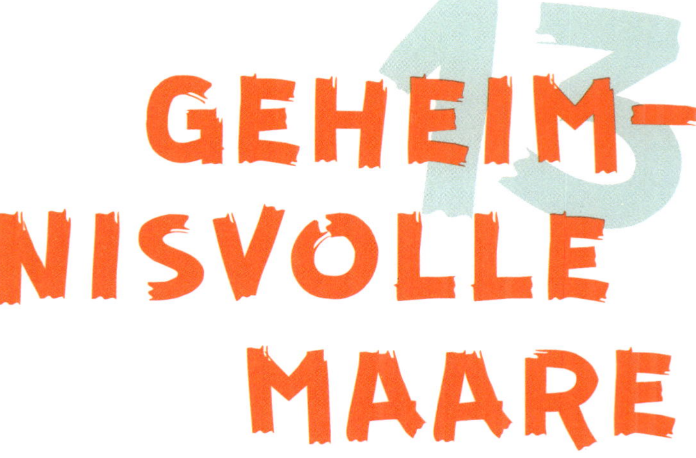

13 GEHEIMNISVOLLE MAARE

Rund um die Dauner Maare

Maare üben von jeher eine besondere Faszination aus und zeugen von vulkanischen Explosionen, in deren Folge sie vor über Zehntausend Jahren entstanden. Drei von ihnen kann man bei Daun erleben und dabei die vielleicht schönsten Ausblicke der Vulkaneifel genießen.

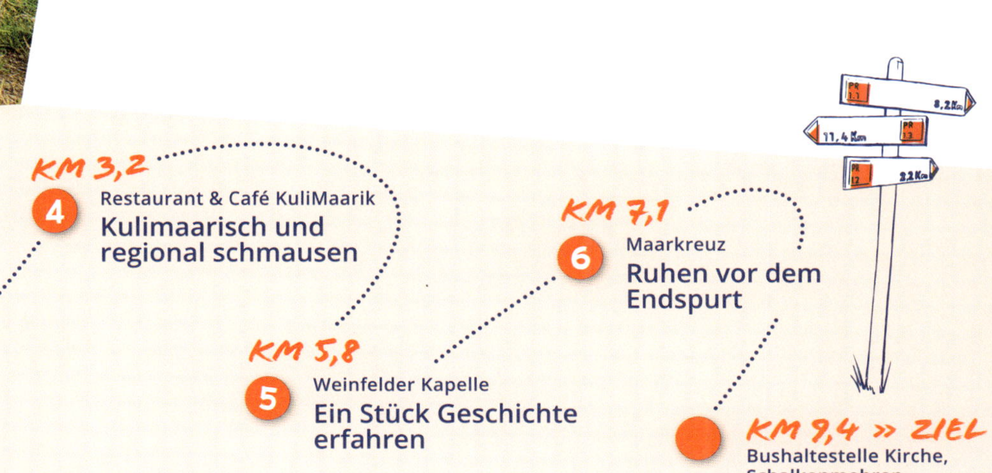

PACK DIE BADESACHEN EIN, ...

... denn wer die im Rucksack hat, ist auf dieser Tour im Vorteil. Aber der Reihe nach. **Schalkenmehren** ist ein entzückendes Dorf am Südufer des gleichnamigen Maares und ein anerkannter Erholungsort. Hier startet die Tour zu den drei Dauner Maaren, kreisrunden Seen vulkanischen Ursprungs, die zum Natur- und Geopark Eifel gehören und eine herrliche Kulisse für die Wanderung schaffen. Das Schalkenmehrener Maar liegt praktisch vor der Tür, an heißen Tagen kann man im Naturfreibad auf Tuchfühlung gehen und sich abkühlen. Als nächstes erreicht man das **Weinfelder Maar.** Von oben sieht man es friedlich daliegen, umgeben von Wald. Spätestens hier versteht man, warum die Maare auch gern als die blauen Augen der Eifel bezeichnet werden.

Durch ein kleines Wäldchen im Naturschutzgebiet führt der Weg in Richtung des dritten Maares. Bald lichtet sich der Wald, und an heißen Sommertagen sucht man hier vergeblich nach Schatten. Aber das Schwitzen beim Aufstieg wird belohnt: Auf dem Mäuseberg angekommen, ist nämlich der **Adolf-Dronke-Turm** erreicht. Über eine schmale Wendeltreppe mit 43 Stufen gelangt man auf den elf Meter hohen Turm, der Anfang des 20. Jahrhunderts errichtet wurde. Oben wartet ein herrlicher Blick auf den Buchenwald und das letzte der drei Maare: das Gemündener Maar. Dann geht es bergab durch den Wald, den man noch kurz zuvor von oben bewundert hat. Wenn sich das Blattwerk lichtet, gibt es den Blick frei auf das Wasser und die Tretboote am Ufer des Gemündener Maares.

VOR DEM FINALEN ABSTIEG NOCHMAL DEN BLICK AUFS BEZAUBERNDE SCHALKENMEHRENER MAAR WERFEN

Am nächsten Stopp ist Genuss angesagt! Im **Restaurant und Café Kulimaarik** gibt es lokale Spezialitäten und erfrischende Getränke. Das Maar umrundend, folgt ein weiterer Anstieg: Man passiert den Lift des Skiclub-Daun e.V., dann geht es wieder hinauf zum Adolf-Dronke-Turm. Vorbei an Wiesen, auf denen häufig Ziegen gemütlich grasen, führt der Weg zur **Weinfelder Kapelle,** die ursprünglich im Ort Weinfeld stand, bis dieser im 16. Jahrhundert verlassen wurde, da die Pest zu stark gewütet hatte – daher der Beiname Totenmaar.

Hinab zum Weinfelder Maar und hinauf zum Segelflugplatz wandert man nun wieder mit Maarblick. Am **Maarkreuz** kann die letzte Pause eingelegt werden, um den Blick nach **Schalkenmehren** zu genießen. Dann ist der Endspurt angesagt, und schon bald sind die Dächer des Ortes in Sicht und der Ausgangspunkt ist schnell erreicht. «

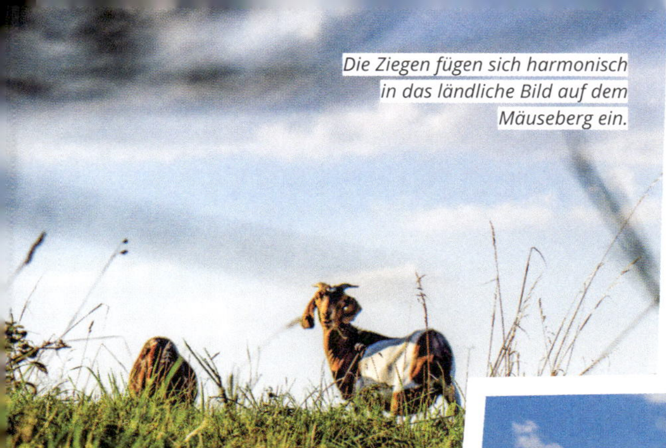

Die Ziegen fügen sich harmonisch in das ländliche Bild auf dem Mäuseberg ein.

WER MÄHT DENN HIER?

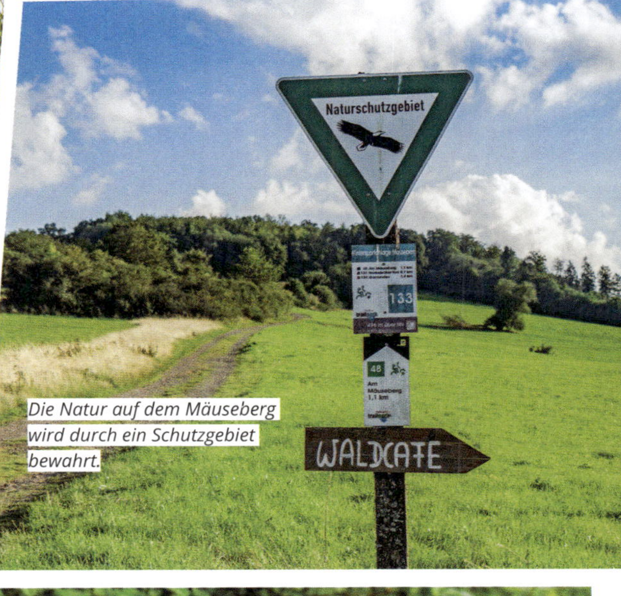

Die Natur auf dem Mäuseberg wird durch ein Schutzgebiet bewahrt.

Zwischen Mitte April und Anfang Oktober sorgt das Maarbad für pure Erfrischung.

WANDERN & GENIESSEN

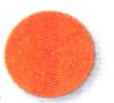

»START

Bushaltestelle Kirche, Schalkenmehren

Von der Bushaltestelle der Maarstraße nach oben folgen und am Hotel-Restaurant Schneider rechts abbiegen, um ans Schalkenmehrener Maar zu gelangen.

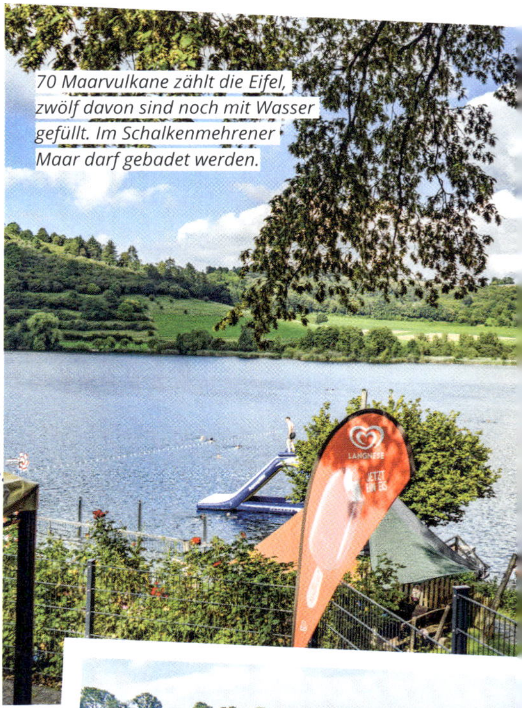

70 Maarvulkane zählt die Eifel, zwölf davon sind noch mit Wasser gefüllt. Im Schalkenmehrener Maar darf gebadet werden.

KM 0,4

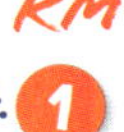

Naturfreibad Schalkenmehrener Maar

Badespaß und Relaxen

Im Naturfreibad Maarbad kann man wunderbar das kühle Nass genießen und nicht nur die Füße ins Wasser halten. Für die ganz Kleinen gibt es ein Babybecken und einen Kinderbereich für die etwas Größeren. Auf der Liegewiese findet man ein Plätzchen zum Entspannen, oder man vergnügt sich auf der Wasserrutsche. Am Kiosk lassen sich Hunger und Durst stillen. Ob zu Beginn der Wanderung oder zum erfrischenden Abschluss, das Maarbad lohnt sich immer.

Am Maarbad links vorbei und dann links auf einen kleinen Trampelpfad abbiegen, der nach oben zu einer Landstraße führt. Diese überqueren, auf der anderen Seite geht's dann durch ein Drehkreuz zum Weinfelder Maar.

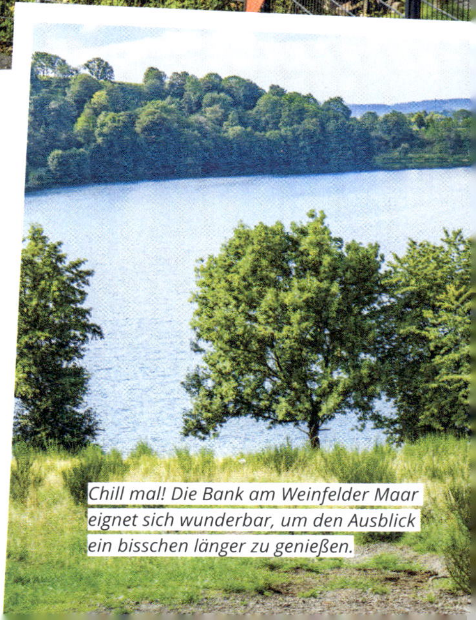

Chill mal! Die Bank am Weinfelder Maar eignet sich wunderbar, um den Ausblick ein bisschen länger zu genießen.

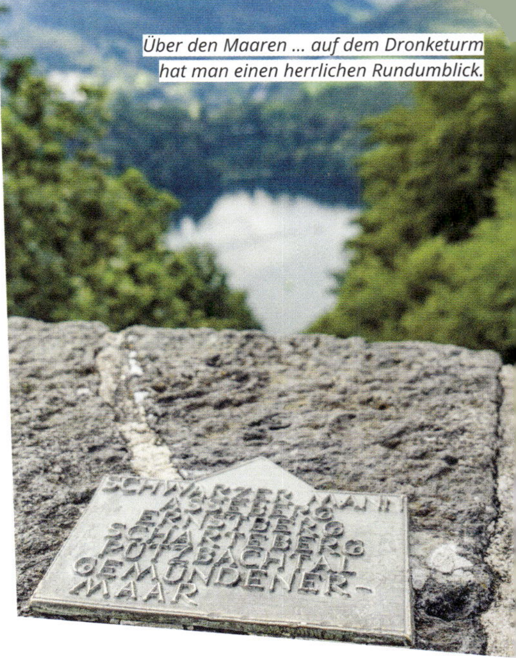

Über den Maaren ... auf dem Dronketurm hat man einen herrlichen Rundumblick.

KM 1,3

2 Kleine Holzbank
Den Ausblick genießen

Die kleine Holzbank über dem Weinfelder Maar bietet sich nach dem ersten Aufstieg für eine kleine Verschnaufpause an und um den Blick auf das idyllisch gelegene Maar ausgiebig zu genießen. Das 51 Meter tiefe Maar ist vor 20 000–30 000 Jahren durch vulkanische Aktivität entstanden. Den Beinamen Totenmaar erhielt es allerdings erst im 16. Jahrhundert, als die Pest so stark wütete, dass das gleichnamige Dorf nahezu ausgelöscht wurde. Die letzten Dorfbewohner mussten Weinfeld aufgeben. Das Weinfelder Maar und seine unmittelbare Umgebung stehen unter Naturschutz, Baden ist hier deshalb nicht gestattet.

Links an der Bank vorbei geht es in ein Wäldchen. Wenn sich der Wald wieder lichtet, links haltend einem kleinen Pfad nach oben auf den Mäuseberg folgen. Oben angekommen, sieht man einen Turm in der Ferne. Einfach geradeaus auf ihn zulaufen.

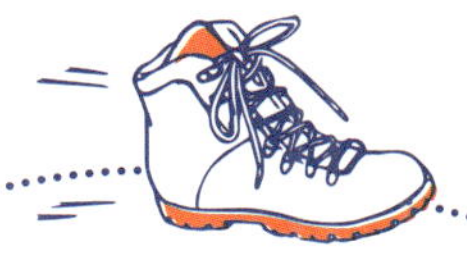

KM 2,1

3 Adolf-Dronke-Turm
Maar in Sicht!

Auf dem 561 Meter hohen Mäuseberg thront der Adolf-Dronke-Turm, der auch schlicht Dronketurm genannt wird. Er wurde zu Beginn des 20. Jahrhunderts als Denkmal für den Gründer des Eifelvereins, Dr. Adolf Dronke, errichtet. Über 43 Stufen kann er erklommen werden. Oben wartet eine herrliche Aussicht auf das Gemündener Maar und den Buchenwald, der es umgibt. Platten, die in den Stein eingelassen wurden, zeigen die Namen der umliegenden Hügel und Maare.

Hinter dem Dronketurm führt ein Weg in den Wald hinein. Diesem folgen, an den beiden Abzweigungen links halten, bis der nächste Stopp erreicht ist.

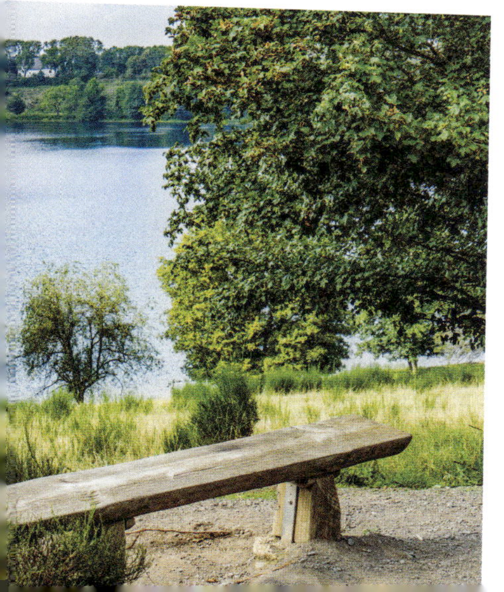

KM 3,2

4

Restaurant & Café KuliMaarik

Kulimaarisch und regional schmausen

Im Restaurant und Café KuliMaarik dreht sich alles um die Freuden des Lebens: Essen, Trinken, Unterhaltung, Lebensfreude, herzhaftes Lachen und natürlich das pure Genießen im herrlichen Ambiente des Gemündener Maars. Im Vordergrund steht hier der kulinarische Genuss, der in enger Verbindung zu den regionalen Produkten der Vulkaneifel steht. In der Küche wird vor allem Saisonalität geschätzt. Erlesene Weine aus der Moselregion runden das Geschmackserlebnis auf harmonische Weise ab, und so bietet der Stopp ein kulimaarisches Highlight (kulimaarik.de).

Am KuliMaarik zum Parkplatz gehen. Dahinter gabelt sich der Weg. Links haltend geht es aufwärts bis zum Skilift des Ski-Clubs Daun e. V., der Skifahrer im Winter auf den Mäuseberg hinaufbefördert. An der nächsten Abzweigung rechts weiter hinauf. Oben angekommen, trifft man ein zweites Mal auf den Dronketurm. Nach links abbiegen und nicht den Pfad nach unten nehmen, den man zuvor hinaufgekommen ist, stattdessen weiter geradeaus und am Ende des Plateaus nach links. Nun beginnt der Abstieg. Nach rund 500 Metern ist eine Kapelle erreicht.

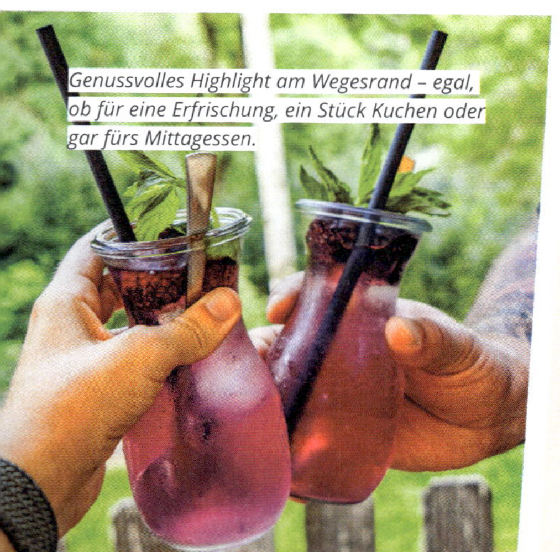

Genussvolles Highlight am Wegesrand – egal, ob für eine Erfrischung, ein Stück Kuchen oder gar fürs Mittagessen.

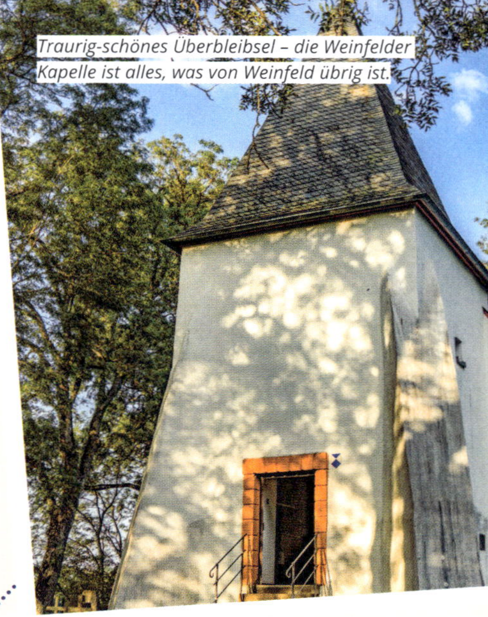

Traurig-schönes Überbleibsel – die Weinfelder Kapelle ist alles, was von Weinfeld übrig ist.

KM 5,8

5

Weinfelder Kapelle

Ein Stück Geschichte erfahren

Die dem Heiligen Martin geweihte Weinfelder Kapelle gehört zu den ältesten Kirchen der Eifel und ist das letzte Überbleibsel des Ortes Weinfeld, der im 16. Jahrhundert verlassen wurde, nachdem der schwarze Tod hier gewütet und dem Weinfelder Maar den Beinamen Totenmaar beschert hatte. Damals als Pfarrkirche genutzt, bestatten heute die Schalkenmehrener ihre Toten rund um die Kapelle. Im Innern hängt ein langes Seil bis zum Boden hinab. Wer daran zieht und so die Glocken läuten lässt, hat der Legende nach einen Wunsch frei. Eine Bank neben der Kirche lädt dazu ein, den Blick aufs Maar zu genießen und der Stille dieses Ortes zu lauschen.

Nun führt der Weg hinab zum Maar und etwa 500 Metern am Ufer entlang. Dann folgt ein kurzer Aufstieg hoch zur Landstraße. Anstatt rechts hinab zum Schalkenmehrener Maar zu laufen, geht es links hoch zum Segelflugplatz.

KM 7,1

6 Maarkreuz

Ruhen vor dem Endspurt

Auf 534 Metern Höhe thront das Maarkreuz über dem Schalkenmehrener Maar. Die Inschrift »Maarkreuz seist du genannt, uns zum Heil und diesem Land. Notjahr 1932« erinnert an die schweren Unwetter und die dadurch entstandenen Schäden und Ernteausfälle, durch die viele Familien Not leiden mussten. Es wurde als Schutzkreuz für die Zukunft errichtet und steht mittlerweile gut von Schalkenmehren aus sichtbar auf dem Gipfel. Bänke laden zum Verweilen ein, sodass hier der perfekte Ort für die letzte Pause vor dem Endspurt ist. Der Ausblick auf das Schalkenmehrener Maar ist zudem atemberaubend.

Dem Wanderweg immer weiter in einem hohen Bogen folgen, bis Schalkenmehren wieder erreicht ist. Dann geradeaus zurück zur Bushaltestelle.

EXTRA INFOS:

Für ein Wochenende der besonderen Art kann man auch mit Maarblick nächtigen. Dafür bieten sich die ● **Schäferwagen** des Hotels Schneider an, von denen gleich vier nach alter Tradition am Ufer des Schalkenmehrener Maares warten (hotelschneider.de/rooms/schaeferwagen).

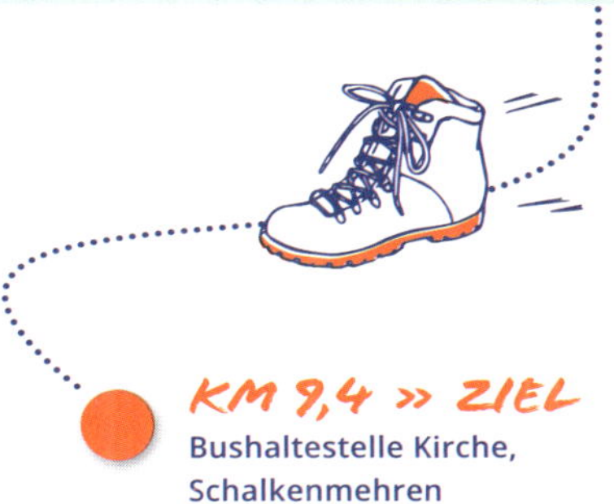

KM 9,4 » ZIEL

Bushaltestelle Kirche, Schalkenmehren

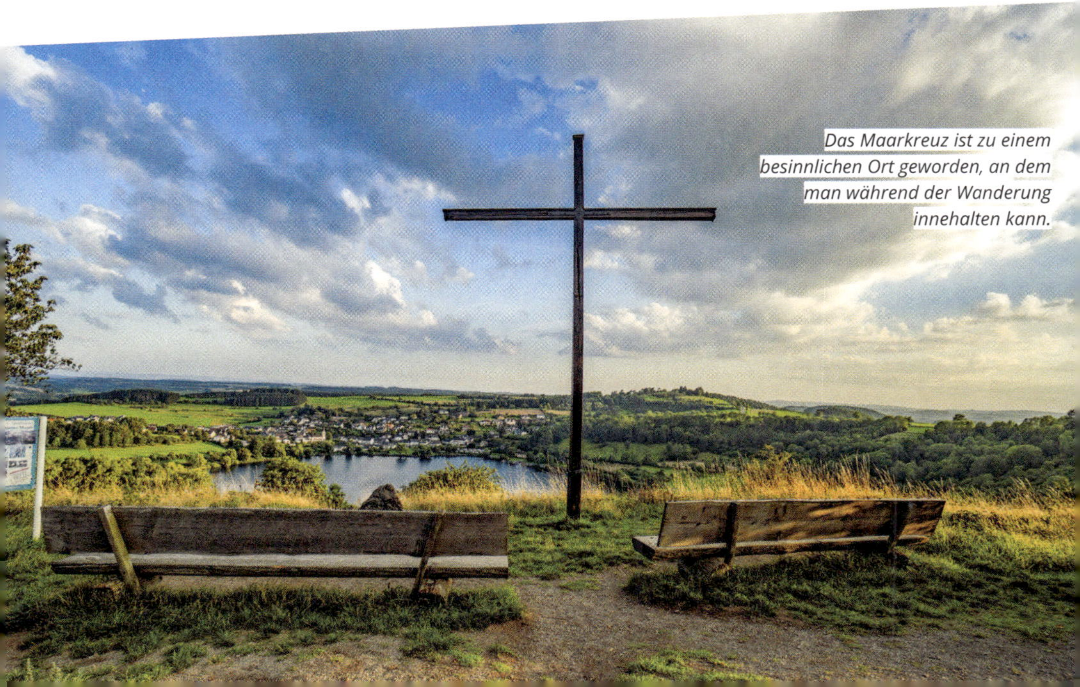

Das Maarkreuz ist zu einem besinnlichen Ort geworden, an dem man während der Wanderung innehalten kann.

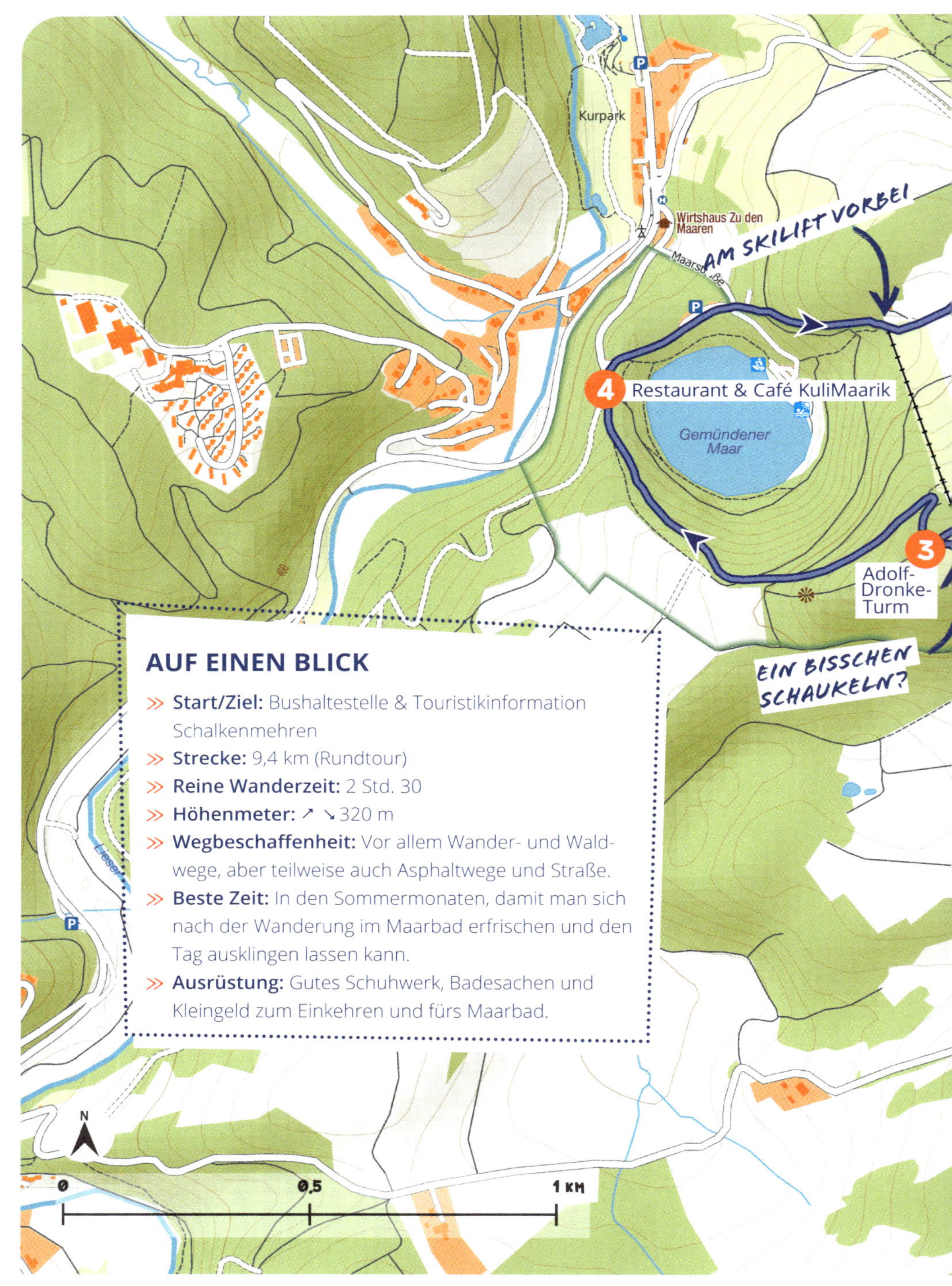

AUF EINEN BLICK

- **Start/Ziel:** Bushaltestelle & Touristikinformation Schalkenmehren
- **Strecke:** 9,4 km (Rundtour)
- **Reine Wanderzeit:** 2 Std. 30
- **Höhenmeter:** ↗ ↘ 320 m
- **Wegbeschaffenheit:** Vor allem Wander- und Waldwege, aber teilweise auch Asphaltwege und Straße.
- **Beste Zeit:** In den Sommermonaten, damit man sich nach der Wanderung im Maarbad erfrischen und den Tag ausklingen lassen kann.
- **Ausrüstung:** Gutes Schuhwerk, Badesachen und Kleingeld zum Einkehren und fürs Maarbad.

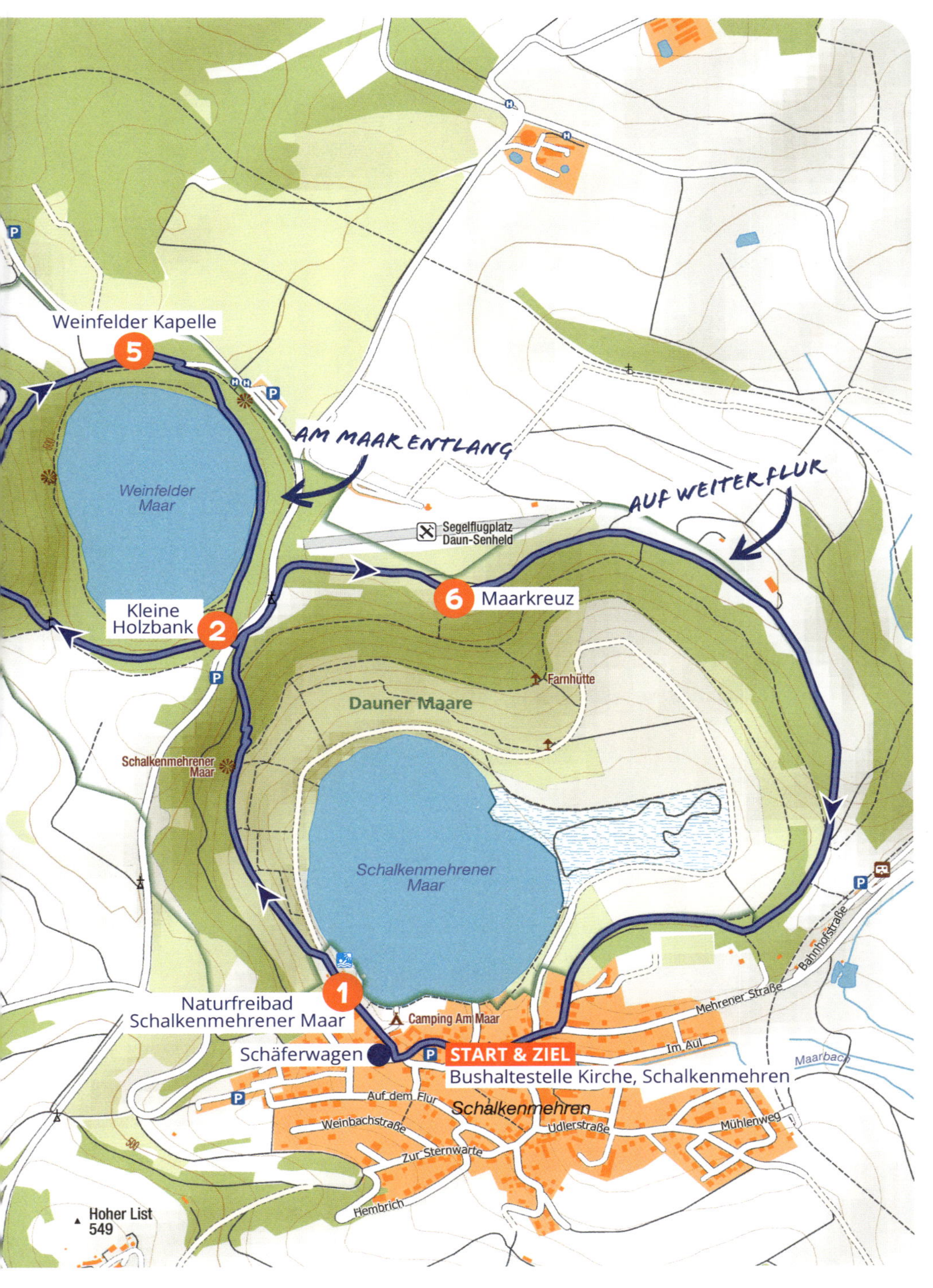

Weinfelder Kapelle
5
AM MAAR ENTLANG
AUF WEITER FLUR
Weinfelder Maar
Segelflugplatz Daun-Senheld
Kleine Holzbank
2
6
Maarkreuz
Farnhütte
Dauner Maare
Schalkenmehrener Maar
Schalkenmehrener Maar
Naturfreibad Schalkenmehrener Maar
1
Camping Am Maar
Schäferwagen
START & ZIEL
Bushaltestelle Kirche, Schalkenmehren
Mehrener Straße
Bahnhofstraße
Im Aul
Maarbach
Auf dem Flur
Schalkenmehren
Weinbachstraße
Üdlerstraße
Mühlenweg
Zur Sternwarte
Hembrich
Hoher List 549

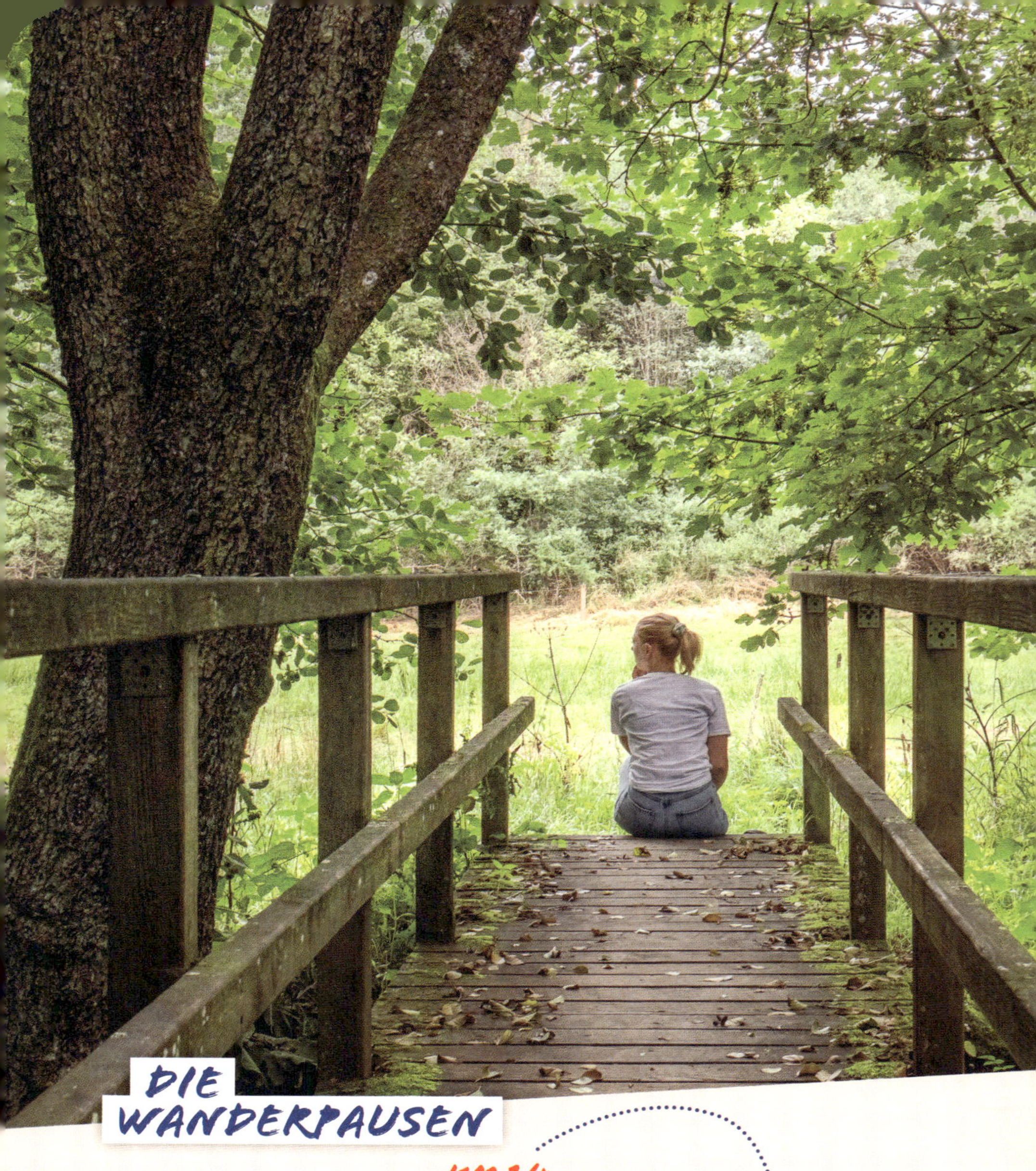

DIE WANDERPAUSEN

» START
Bushaltestelle Gerberweg, Prüm

KM 0,3
1 Basilika Sankt Salvator
Barocker Prachtbau

KM 1,4
2 Kalvarienberg
Zeit für ein Picknick

KM 3,9
3 Kleine Kapelle
Ein Platz zum Innehalten

14 WALD, WIESEN & BAROCK

Über den Prümer Kalvarienberg ins Mehlenbachtal

Die Tour startet an der beeindruckenden Salvator-Basilika in Prüm, führt vorbei an Kreuzwegstationen und einem menschengemachten Krater. Auf dem Weg ins malerische Mehlenbachtal trifft man auf eine hübsche Kapelle und idyllische Plätze mit Gedenkkreuzen und Ziegen!

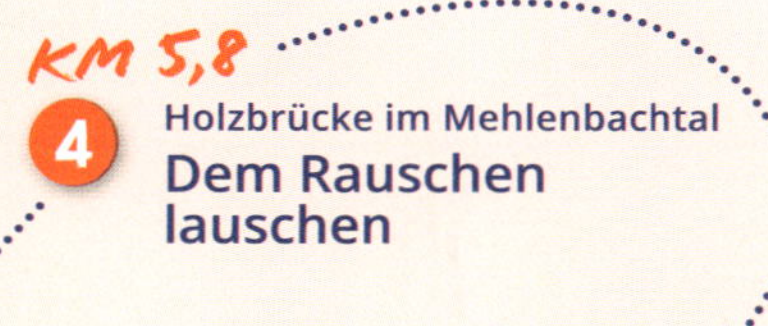

KM 5,8

4 Holzbrücke im Mehlenbachtal
Dem Rauschen lauschen

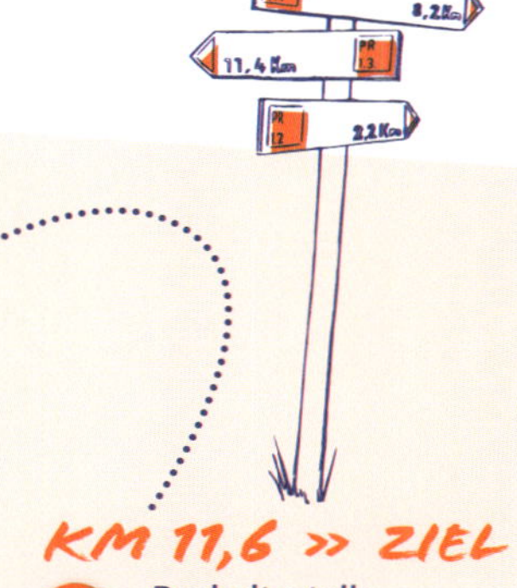

KM 9

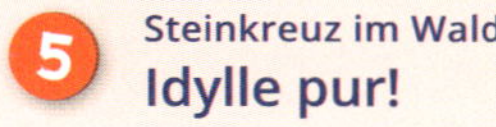

5 Steinkreuz im Wald
Idylle pur!

KM 11,6 » ZIEL

Bushaltestelle Gerberweg, Prüm

PRÄCHTIG GEHT´S LOS, ...

... denn die Wanderung beginnt mit der imposanten **Basilika Sankt Salvator** im Zentrum von Prüm. Der Ursprung der Stadt geht zurück auf eine Abteigründung im Jahr 721 und ist eng mit dem Geschlecht der Karolinger verbunden. Im Zweiten Weltkrieg wurde Prüm fast völlig zerstört und nach dem Krieg samt Basilika wieder aufgebaut. Auf dem großen Platz vor der Kirche kann man zu Beginn oder am Ende der Tour in einem der zahlreichen Cafés mit Blick auf die Basilika einen Eisbecher genießen. Von hier aus geht es aus der Stadt heraus, Richtung Kalvarienberg.

VOR DER BASILIKA AUF EINER DER STEINBÄNKE SITZEN UND STAUNEND NACH OBEN SCHAUEN

Auf dem Weg hinauf zum **Kalvarienberg** ist der Leidensweg Christi an 14 Stationen auf in Sandsteinblöcken eingelassenen Bronzetafeln dargestellt. Von den ursprünglichen Stationen hat nur die dritte die Explosionskatastrophe von 1949 überstanden, als ein Munitionslager im Berg explodierte und große Teile von Prüm erneut zerstörte. Der Krater ist heute noch am Berg zu erkennen. Am Beginn des Kreuzwegs passiert man eine große Wiese mit Bänken und einem Spielplatz. Das Lachen der Kinder im Ohr, geht es, nachdem man die kleine Gedenkkapelle passiert hat, weiter auf den Hügel hinauf. Oben angekommen, warten sogar ein paar (innerhalb eines größeren Geländes) frei lebende Ziegen, die gestreichelt werden dürfen und die sich dies auch gefallen lassen. Hier steht auch ein großes Gedankkreuz, und man erhält anhand eindrücklicher Bilder auf Infotafeln eine Vorstellung von dem Ereignis 1949.

Weiter durch den Wald erreicht man im kleinen Niedermehlen eine hübsche **Kapelle,** die etwas Besonderes ist. Ihr weißer Anstrich verleiht ihr eine ruhige, friedliche Ausstrahlung. Außer ab und zu vorbeifahrenden Autos herrscht hier völlige Ruhe. Den Ort Richtung Süden verlassend, geht es hinein ins idyllische **Mehlenbachtal.** Auf dem Weg gelangt man bald an eine **Holzbrücke** und überquert den Mehlenbach. Nun läuft man auf dem Wanderweg Route 17 ein ganzes Stück durch Mischwald, begleitet vom Rauschen des Baches und Vogelgezwitscher und spürt den weichen Waldboden unter den Wanderschuhen.

Kurz vor Ende der Tour trifft man noch auf ein kleines, etwas verstecktes **Kreuz** am Waldrand, neben einer Koppel. Anwohner scheinen hier regelmäßig Gebetskerzen anzuzünden. Das letzte Stück führt im Prümtal noch einmal durch Wald, hier kann man die Natur um sich herum noch einmal ganz bewusst genießen, bevor die Tour im lebhaften **Prüm** endet. «

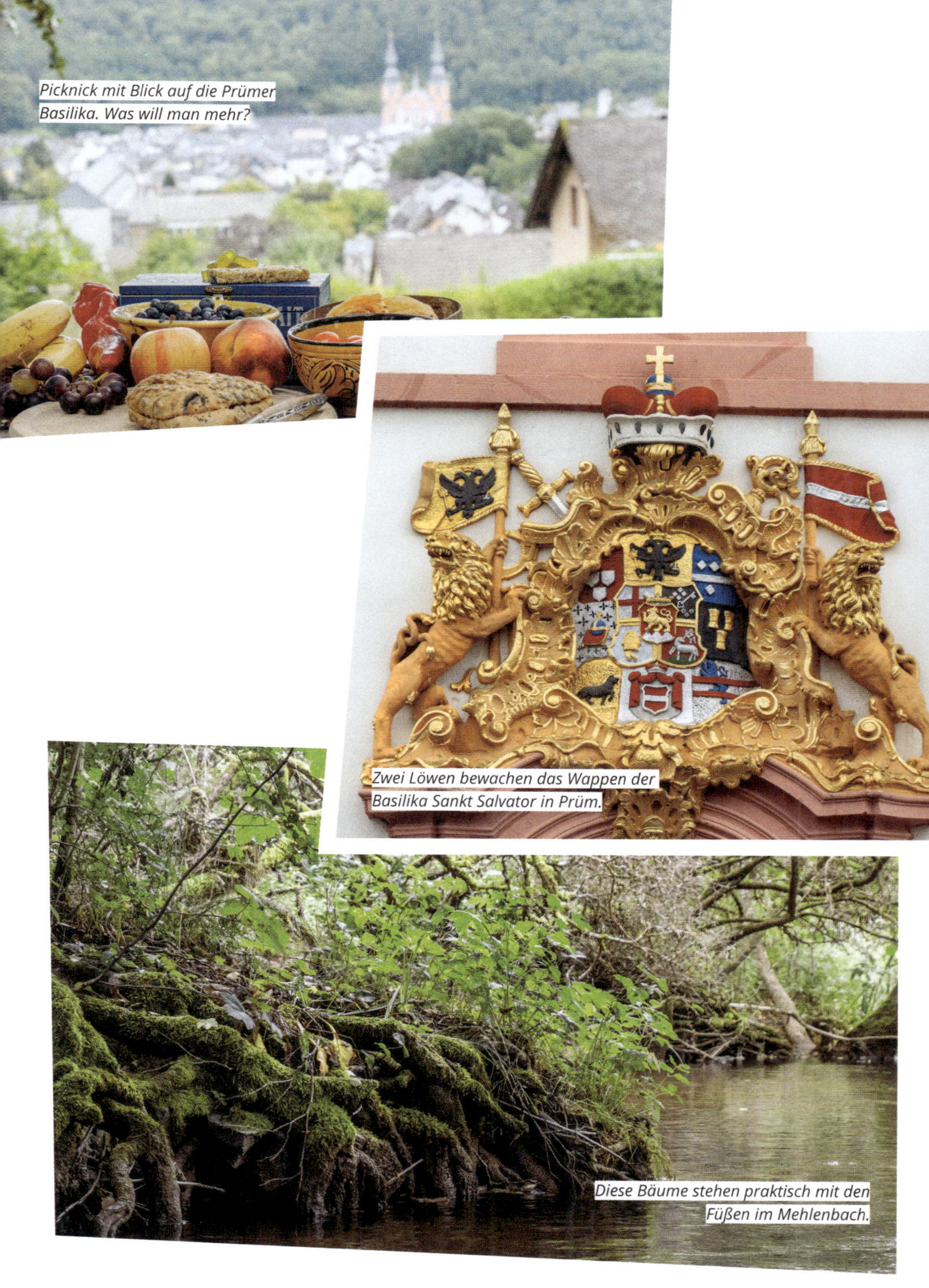

Picknick mit Blick auf die Prümer Basilika. Was will man mehr?

Zwei Löwen bewachen das Wappen der Basilika Sankt Salvator in Prüm.

Diese Bäume stehen praktisch mit den Füßen im Mehlenbach.

WANDERN & GENIESSEN

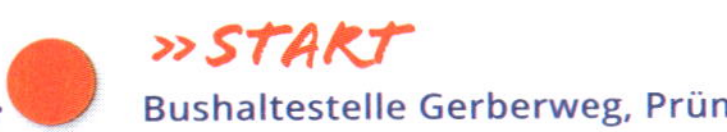

»START

Bushaltestelle Gerberweg, Prüm

Die Bushaltestelle liegt auf der Rückseite der Basilika Sankt Salvator. Links um die Kirche herum laufen.

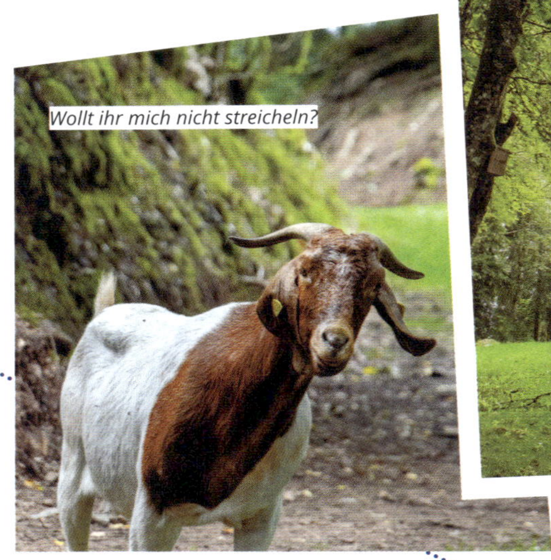

Wollt ihr mich nicht streicheln?

KM 0,3

1 Basilika Sankt Salvator

Barocker Prachtbau

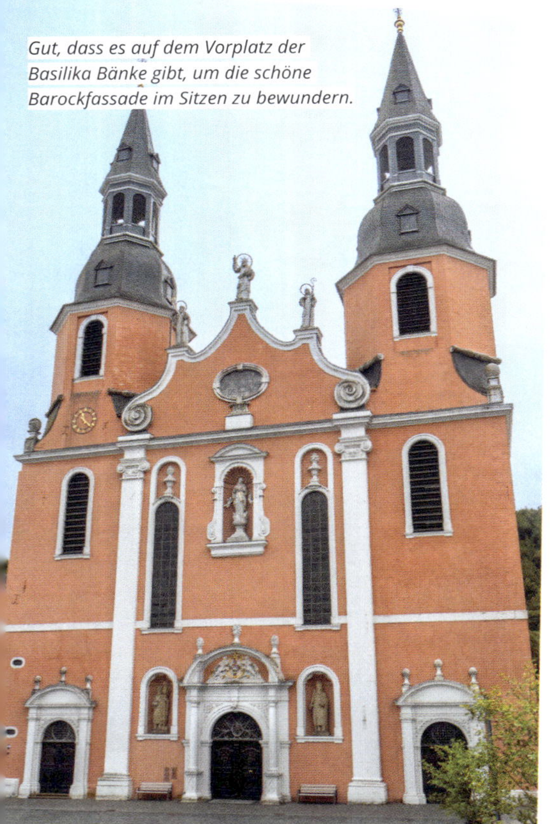

Gut, dass es auf dem Vorplatz der Basilika Bänke gibt, um die schöne Barockfassade im Sitzen zu bewundern.

Die beeindruckende rosafarbene Basilika im Stadtkern von Prüm war die Abteikirche des 1802 von Napoleon aufgelösten Klosters. Zwei sechzig Meter hohe Türme flankieren die rosafarbene Barockfassade der im 18. Jahrhundert auf einem Vorgängerbau errichteten Abteikirche. Sämtliche Abteigebäude wurden mit Sandstein aus dem nahen Kylltal erbaut. Auf dem großen Vorplatz kann man auf einer Bank sitzen und das Gebäudeensemble bewundern. Die ursprüngliche Abtei wurde schon im 8. Jahrhundert gestiftet und beherbergte Mönche des Benediktinerordens. Im Zweiten Weltkrieg wurden Prüm und die Abteigebäude stark beschädigt, Heiligabend 1945 stürzte sogar das Gewölbe des Lang- und Seitenschiffes ein. Bis 1950 wurde die Abtei wieder aufgebaut.

Es geht nun raus aus der Stadt, den Kalvarienberg hinauf, bis man auf eine große Wiese stößt.

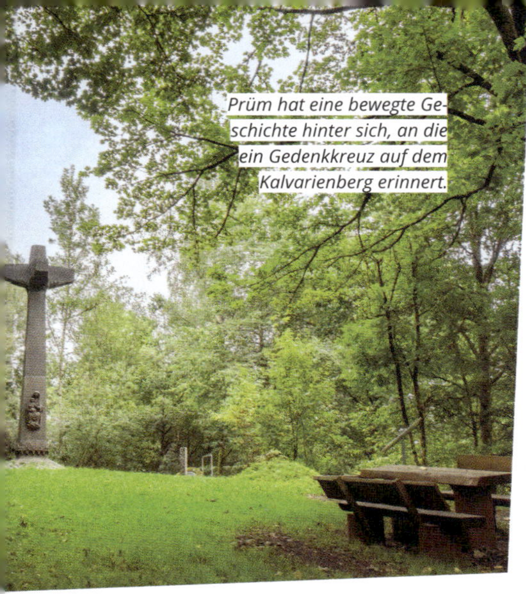

Prüm hat eine bewegte Geschichte hinter sich, an die ein Gedenkkreuz auf dem Kalvarienberg erinnert.

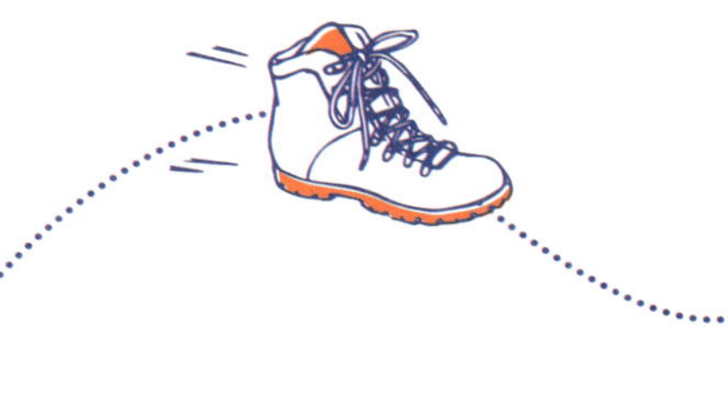

KM 1,4

2 Kalvarienberg

Zeit für ein Picknick

Hier auf dem Kalvarienberg gibt es viele Rastplätze, es findet sich für jeden etwas: Manche Plätze sind stiller, manche erfüllt von Kinderlachen. Auch Ziegen wissen das frische Gras zu schätzen. Auf dem Weg nach oben hat man die 14 Kreuzwegstationen des Künstlers Baptist Lenz von 1990 passiert. Die ursprünglichen Stationen wurden bis auf die dritte Station 1949 zerstört. Am Kalvarienberg befand sich nach dem Zweiten Weltkrieg ein unterirdisches Munitionsdepot mit 500 Tonnen Kriegsmunition der US-Armee. Im Sommer 1949 kam es infolge eines Brands zur Katastrophe, das Depot explodierte. Dabei wurden etwa 30 Prozent der Stadt Prüm zerstört, zwölf Menschen starben, etliche wurden verletzt und über 230 Häuser wurden (stark) beschädigt. Ein Krater von 190 Metern Länge und 90 Metern Breite entstand, der heute noch gut zu sehen ist. Auf dem Weg erinnert ein Gedenkkreuz an das Unglück.

Immer noch weiter den Berg hoch, dem Waldweg Route 17 folgen. Links um den Explosionskrater herum laufen und dann weiter geradeaus, den Berg wieder hinab bis nach Niedermehlen.

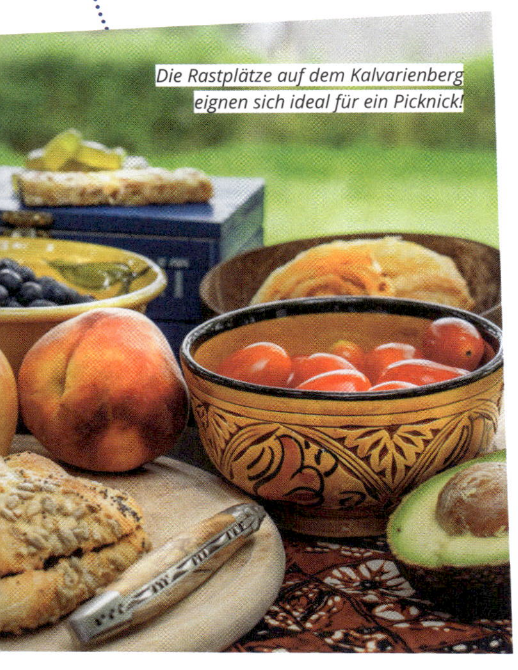

Die Rastplätze auf dem Kalvarienberg eignen sich ideal für ein Picknick!

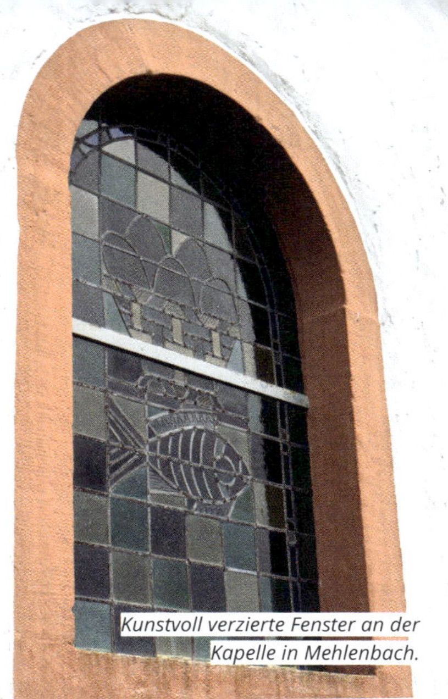

Kunstvoll verzierte Fenster an der Kapelle in Mehlenbach.

KM 3,9

3

Kleine Kapelle

Ein Platz zum Innehalten

Leicht rechts oberhalb des Weges sieht man jetzt eine weiße Kapelle mit terrakottafarbigen Verzierungen und die Häuser von Niedermehlen. Die kleine Kirche wurde 1871 erbaut (und 1877 fertiggestellt) und strahlt dieselbe Ruhe aus wie die Umgebung rundum. Das ganze Dorf ist ruhig und idyllisch, so wie viele kleine Orte in der Eifel. In das Ortsbild fügen sich kleine Fachwerkhäuser und andere alte Gebäude ein.

An der Kapelle die Landstraße überqueren, in den Wachholderweg hinein und einmal durch den südlichen Teil von Niedermehlen. Am Wald entlang und an einem großen, direkt am Weg stehenden Hochsitz links auf einem kleinen Waldpfad tiefer in den Wald laufen.

KM 5,8

4

Holzbrücke im Mehlenbachtal

Dem Rauschen lauschen

Wenn man im idyllischen Mehlenbachtal mit seinen Streuobstwiesen, lichten Auwäldern und vereinzelten Weiden eine recht neue Holzbrücke erreicht, sind zwei Drittel des Weges geschafft. Die alte Brücke wurde von der Flut im Sommer 2021 beschädigt und war nicht mehr passierbar. Auf der Brücke kann man gut eine kleine Pause einlegen und dem leise rauschenden Mehlenbach lauschen. Dann geht es auf der anderen Seite des Mehlenbachs weiter, tiefer in den Wald hinein. Das Ende des Mehlenbachtals führt über eine hügelige Felderlandschaft ins Prümtal, über dem in der Ferne eine gigantische Autobahnbrücke thront.

Immer dem Waldweg folgend, geht es schließlich durch das Prümtal zurück Richtung Prüm.

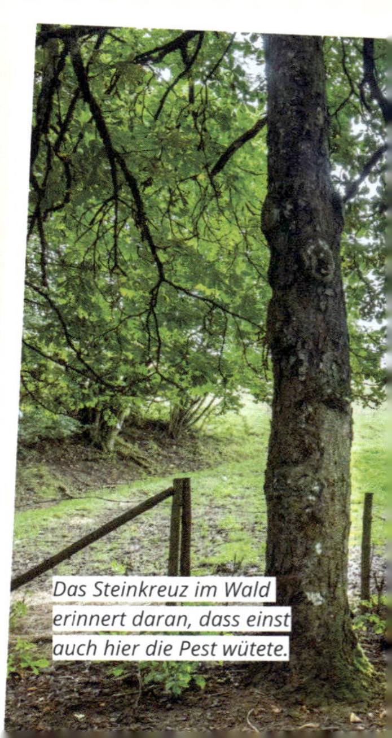

Das Steinkreuz im Wald erinnert daran, dass einst auch hier die Pest wütete.

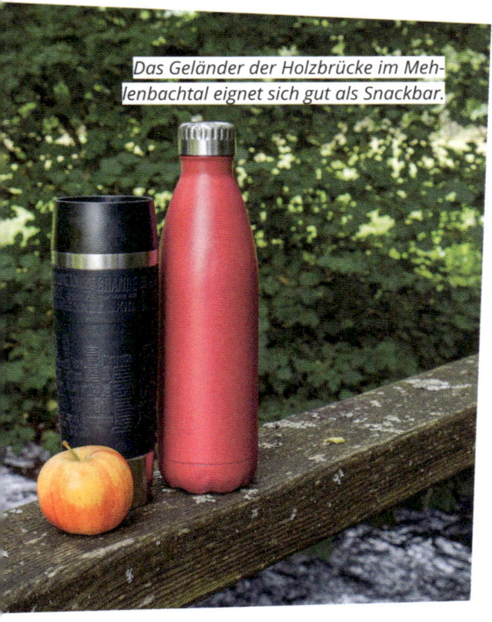

Das Geländer der Holzbrücke im Mehlenbachtal eignet sich gut als Snackbar.

KM 9

5 Steinkreuz im Wald

Idylle pur!

Dieser kleine, besinnliche Ort ist umrandet von alten Eichen und einer großen Kuhwiese. Das etwa drei Meter hohe Kreuz wurde um 1750 als Pestkreuz errichtet. Es scheint noch regelmäßig besucht zu werden, jedenfalls brennen hier Gedenkkerzen. Am Schaft sind die Leidenswerkzeuge erhaben in den Stein eingehauen. Von hier aus konnte man ein besonders schönes Echo auslösen, wenn man zum Kloster hinunter rief. Nachdem ein Flügel des Klosters wegen Baufälligkeit abgerissen worden war, war das Echo verschwunden.

An der Landstraße links abbiegen und zurück zur Bushaltestelle bei der Basilika.

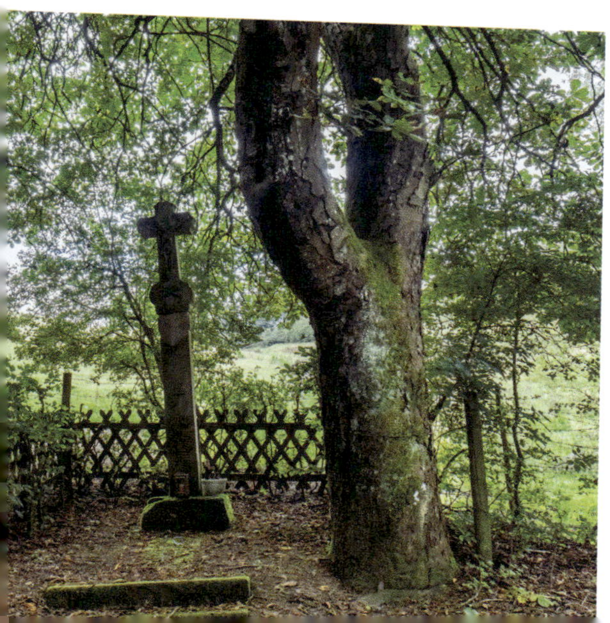

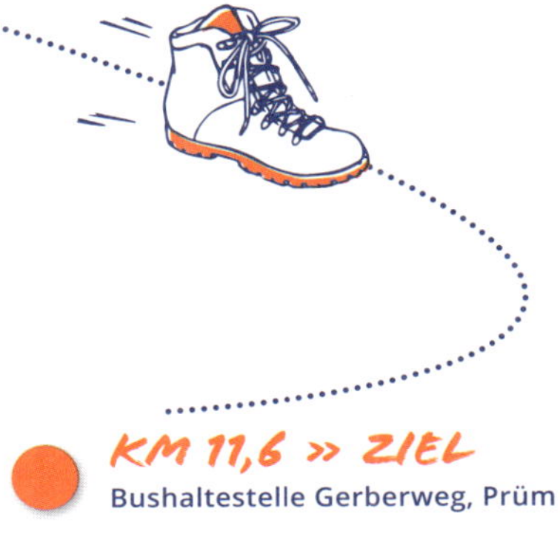

KM 11,6 » ZIEL

Bushaltestelle Gerberweg, Prüm

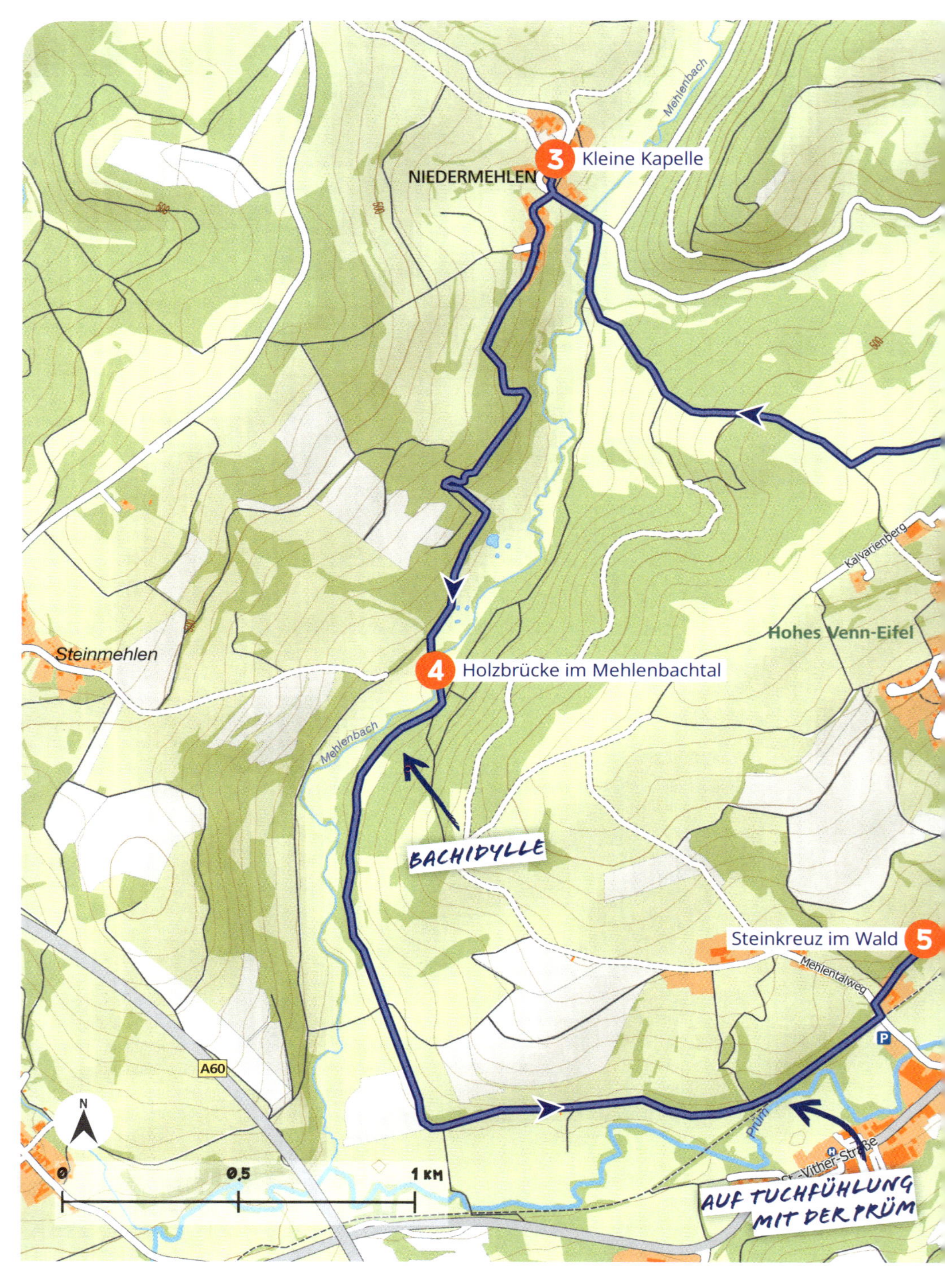

NIEDERMEHLEN
3 Kleine Kapelle
Mehlenbach
500
Steinmehlen
4 Holzbrücke im Mehlenbachtal
Mehlenbach
BACHIDYLLE
Kalvarienberg
Hohes Venn-Eifel
Steinkreuz im Wald 5
Mehlentalweg
P
A60
Prüm
St.-Vither-Straße
AUF TUCHFÜHLUNG MIT DER PRÜM
N
0
0,5
1 KM

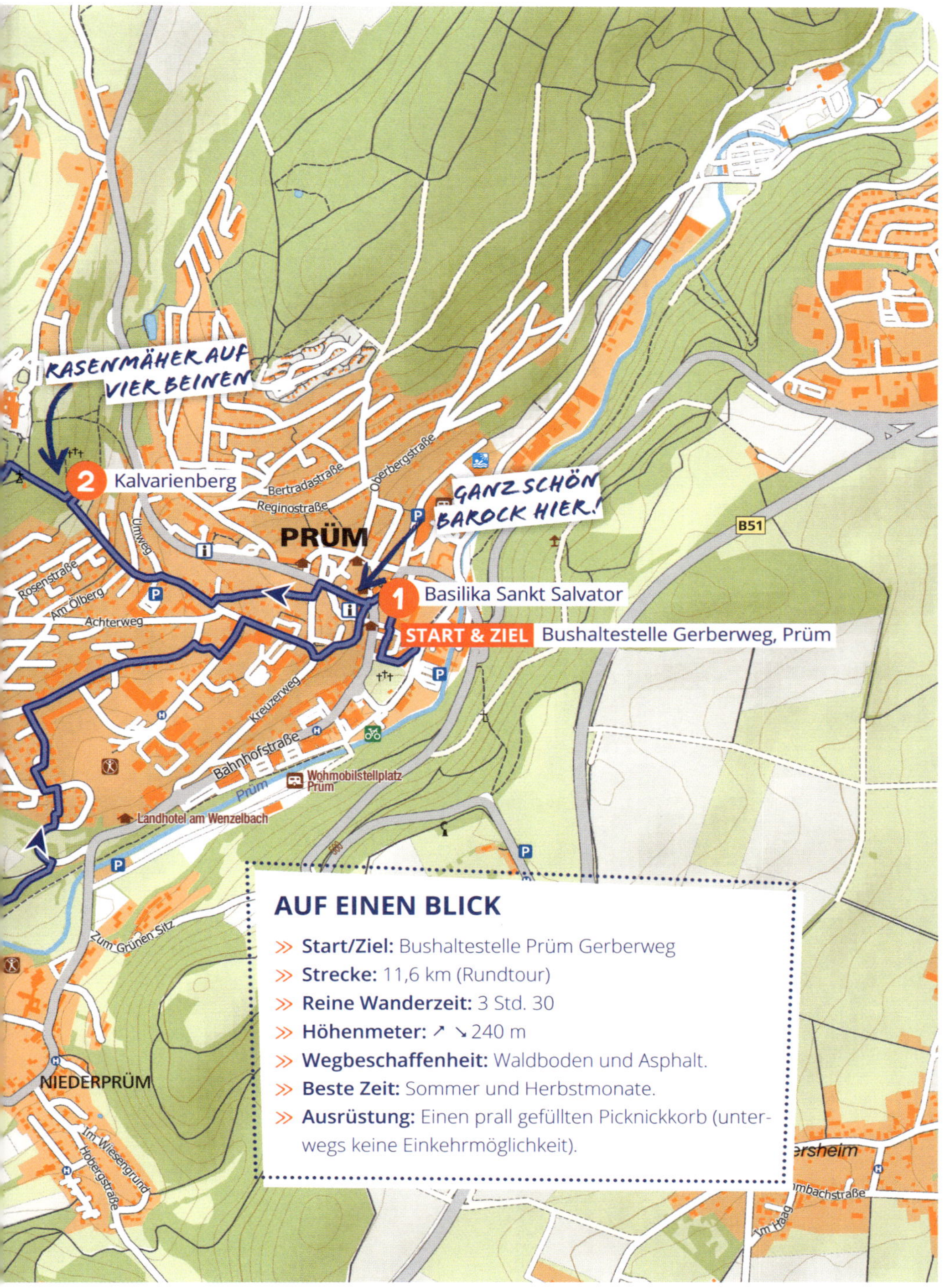

AUF EINEN BLICK

» **Start/Ziel:** Bushaltestelle Prüm Gerberweg
» **Strecke:** 11,6 km (Rundtour)
» **Reine Wanderzeit:** 3 Std. 30
» **Höhenmeter:** ↗ ↘ 240 m
» **Wegbeschaffenheit:** Waldboden und Asphalt.
» **Beste Zeit:** Sommer und Herbstmonate.
» **Ausrüstung:** Einen prall gefüllten Picknickkorb (unterwegs keine Einkehrmöglichkeit).

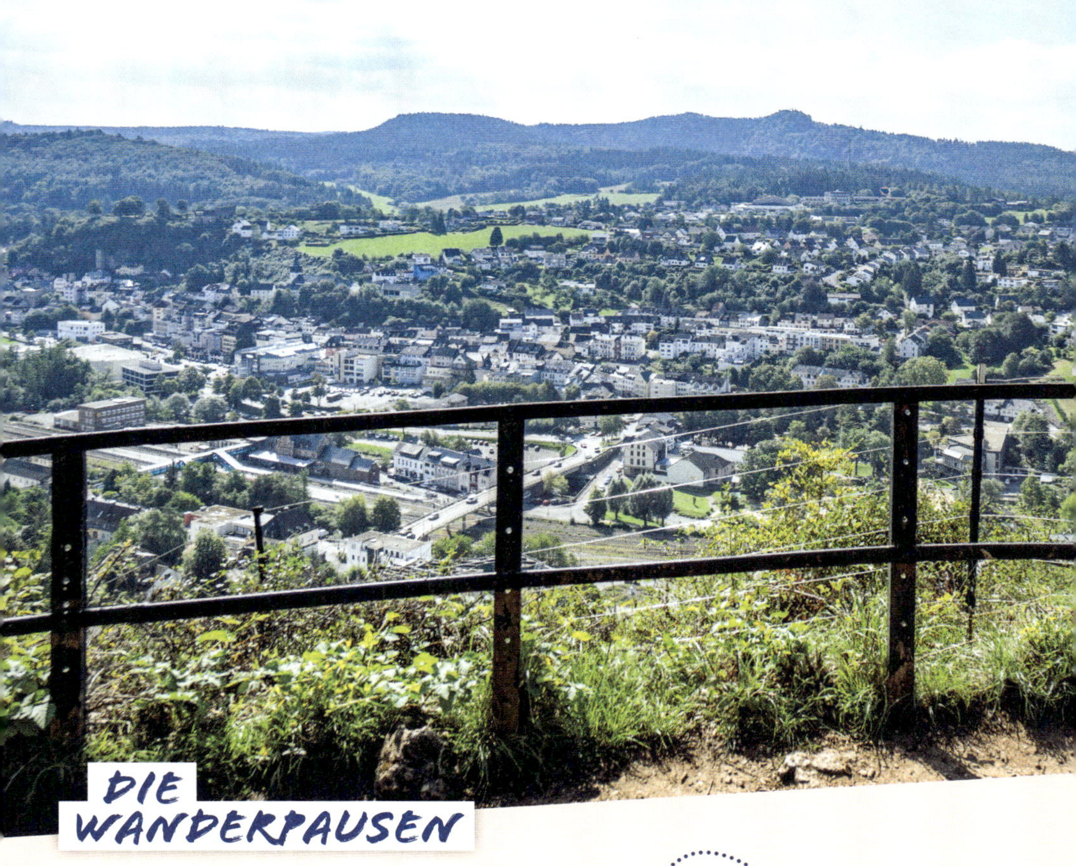

DIE WANDERPAUSEN

» START
Bahnhof Gerolstein

KM 3

1 Blick auf die Kasselburg
Die idyllische Lage der Burg bestaunen

KM 3,7

2 Gerolsteiner Geoacker
Erdgeschichte schnuppern

KM 5,5

3 Papenkaule
Auf dem Trockenen stehen

15

IN DIE EIFEL-DOLOMITEN

Auf dem Gerolsteiner Felsenpfad

Die Dolomiten in der Eifel erkunden? Das geht auf der Gerolsteiner Dolomiten-Acht. Zu sehen gibt es neben den imposanten Felsformationen eine historische Burg, ein Trockenmaar und eine Höhle. Der perfekte Ausflug für Natur- und Geologie-Enthusiasten!

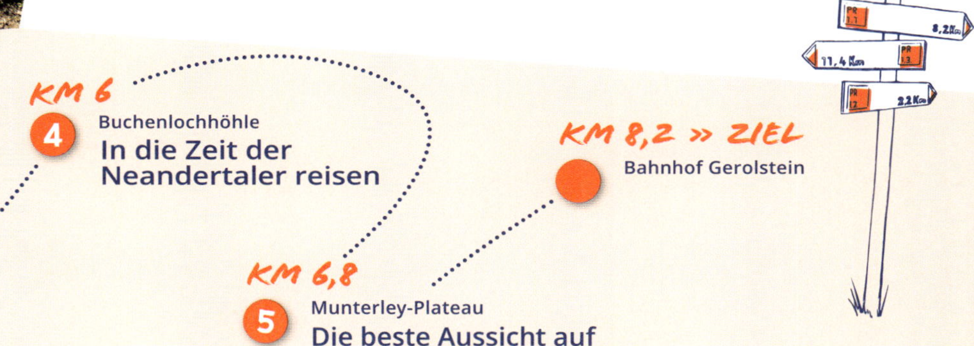

WER SICH FRÜHMORGENS …

…auf den Weg macht, kann vermutlich die Stille des Waldes ganz für sich allein genießen – nur vom Geräusch der eigenen Schritte auf dem Waldboden durchbrochen. Nach einem Stück entlang der Straße geht es über Wurzeln und Steine bergauf. Dann lichtet sich der Wald und der Pfad wird zu einem Feldweg. Rechts der Zaun und links das Feld, geht es auf einen weiteren Wald zu. Am Rand vorbei und weiter vom Zaun begleitet, öffnet sich plötzlich ein weiteres Feld und die erhabene **Kasselburg** erscheint im Sichtfeld.

Dann mündet der Feldweg in eine Straße. Die Wanderung führt ein kurzes Stück über den im Sommer heißen Asphalt, bevor es wieder auf einen Feldweg geht. Ein weiteres Mal führt der Weg in ein Waldstück. Nachdem man die Stufen einer schmalen Holztreppe hinabgestiegen ist, erreicht man den **Gerolsteiner Geoacker.** Erneut muss die Straße überquert werden, um die Wanderung auf der gegenüberliegenden Straßenseite fortzusetzen. Wieder läuft man auf einem Feldweg.

ERHEBEND: WENN EINEM AM MUNTERLEY-PLATEAU GANZ GEROLSTEIN ZU FÜSSEN LIEGT

An der **Papenkaule** könnte man durchaus vorbeilaufen, wenn man nicht weiß, wo sie sich befindet. Die 80 Meter breite und 20 Meter tiefe Mulde ist ein Trockenmaar, das einer einfachen Wiese gleicht, aber ein herrliches Biotop ist. Hier summt und brummt es, wenn man zur richtigen Jahreszeit wandert.

Durch den Wald geht es weiter. Moosbewachsene Felsen säumen den schmalen Pfad, bis man an der **Buchenlochhöhle** angekommen ist, die vor 1,8 Millionen Jahren entstanden ist und die bereits unseren Vorfahren während der Eiszeit Schutz vor Wind und Wetter bot. Heute ist sie an heißen Wandertagen ein kühler Rückzugsort, ideal für eine kurze Pause.

Danach ist es nur noch ein Katzensprung zum **Munterley-Plateau,** wo sich ein herrliches Panorama eröffnet. Gerolstein und das hügelige, bewaldete Umland liegen einem zu Füßen. Kaum zu glauben, dass die Stadt schon wieder so nah ist. Hier zwischen den Felsen, Bäumen und dem Zwitschern der Vögel scheint sie noch ganz fern.

Durch die Gerolsteiner Dolomiten, die aufgrund des Gesteins (Dolomit) den gleichen Namen tragen wie die berühmte Gebirgsgruppe in den Südalpen, geht es hinab zurück in Richtung Ausgangspunkt. Dann ist auch schon der Bahnhof erreicht.

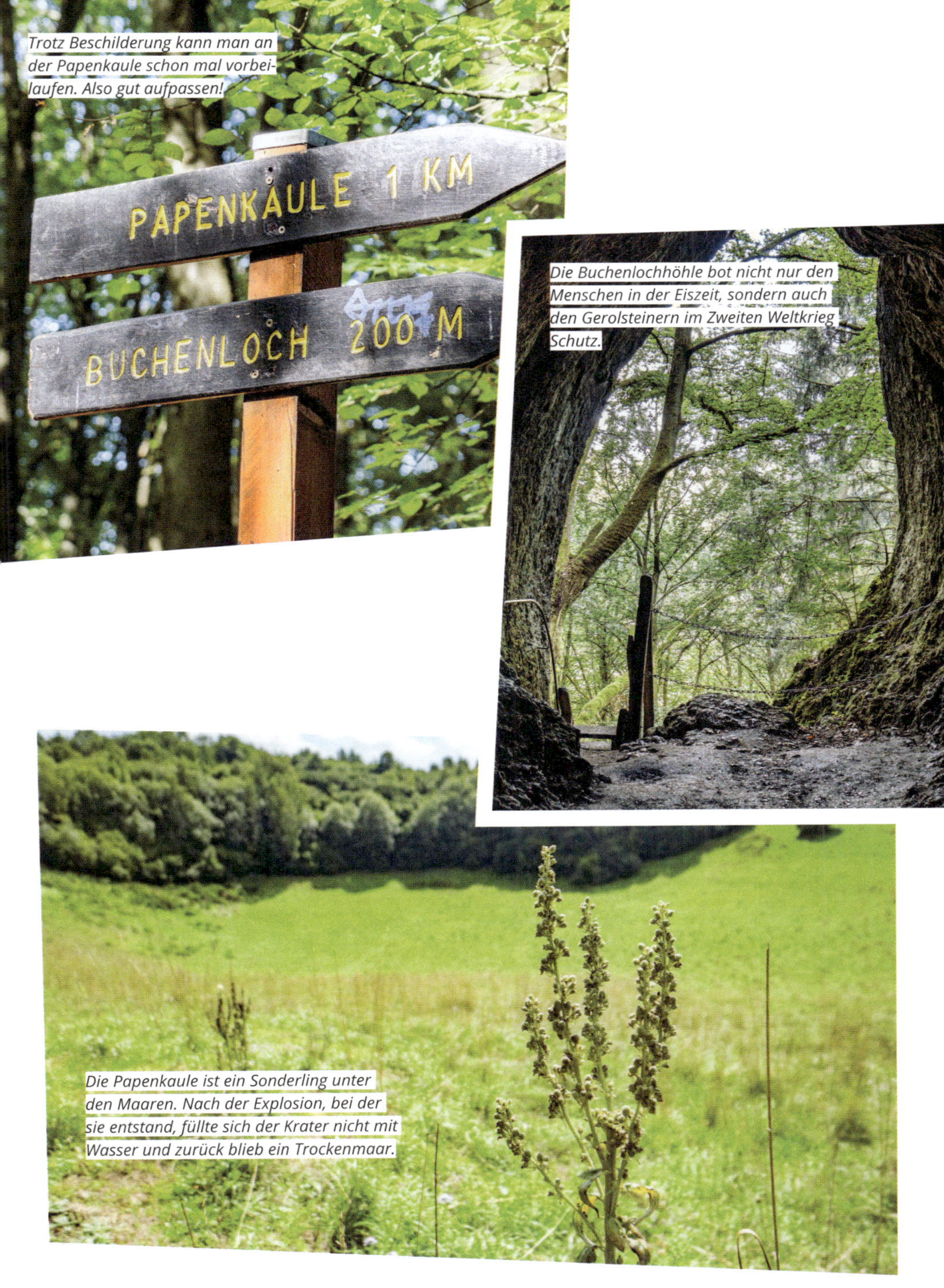

Trotz Beschilderung kann man an der Papenkaule schon mal vorbeilaufen. Also gut aufpassen!

Die Buchenlochhöhle bot nicht nur den Menschen in der Eiszeit, sondern auch den Gerolsteinern im Zweiten Weltkrieg Schutz.

Die Papenkaule ist ein Sonderling unter den Maaren. Nach der Explosion, bei der sie entstand, füllte sich der Krater nicht mit Wasser und zurück blieb ein Trockenmaar.

WANDERN & GENIESSEN

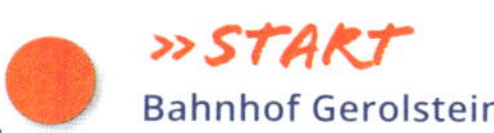

Bahnhof Gerolstein

Im Bahnhof die Gleise überqueren, rechts in den Kasselburger Weg abbiegen und diesem ca. 800 Meter folgen. Links auf eine kleine Steintreppe abbiegen und an dem Haus vorbei in den Wald. Dem Pfad immer weiter bergauf folgen. Oben angekommen, am Feldrand weiter geradeaus, bis die K 33 erreicht ist, wo es rechts zur Kasselburg geht.

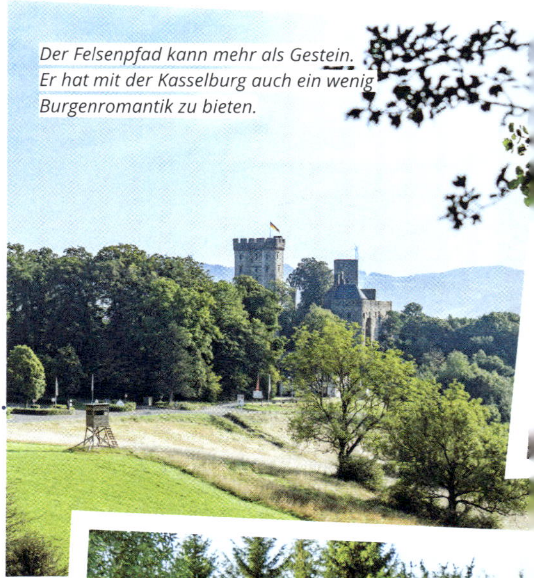

Der Felsenpfad kann mehr als Gestein. Er hat mit der Kasselburg auch ein wenig Burgenromantik zu bieten.

KM 3

1 **Blick auf die Kasselburg**

Die idyllische Lage der Burg bestaunen

Die weithin sichtbare Kasselburg stammt aus dem 12. Jahrhundert. Gut erhalten ist noch der 37 Meter hohe Doppelturm über dem Burgtor der Ruine. Heute beherbergt das 20 Hektar große Gelände einen Adler- und Wolfspark mit naturnahen Gehegen und Volieren, in denen Wölfe und Greifvögel untergebracht sind. Bei den Fütterungen erhalten Besucher einen faszinierenden Einblick in die Welt wilder Tiere und nicht nur Kinderherzen schlagen hier höher. Man kann man hier locker einen ganzen Tag verbringen, weshalb sich ein separater Besuch empfiehlt, zumal die Burg nur über den Tierpark (Eintritt) zugänglich ist.

Auf die K 33 links abbiegen und mit der Kasselburg im Rücken ein kurzes Stück auf der Straße laufen. Rechts den Feldweg nehmen, diesem durch ein kurzes Waldstück folgen und dann die Treppe hinunter zum Gerolsteiner Geoacker.

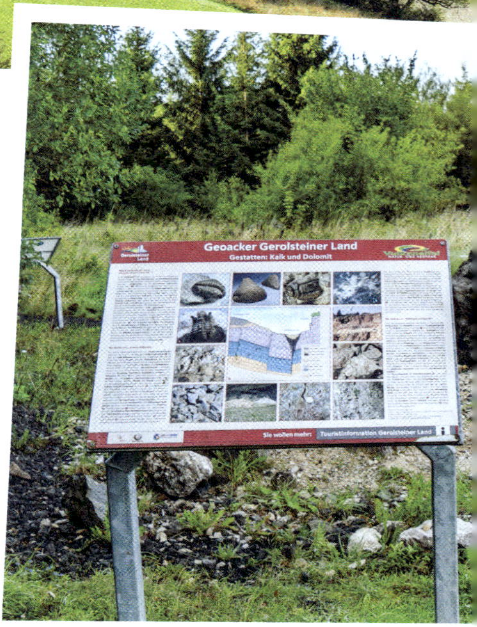

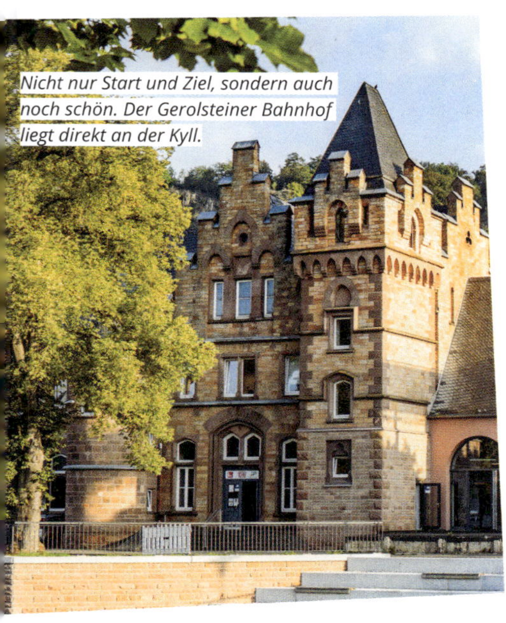
Nicht nur Start und Ziel, sondern auch noch schön. Der Gerolsteiner Bahnhof liegt direkt an der Kyll.

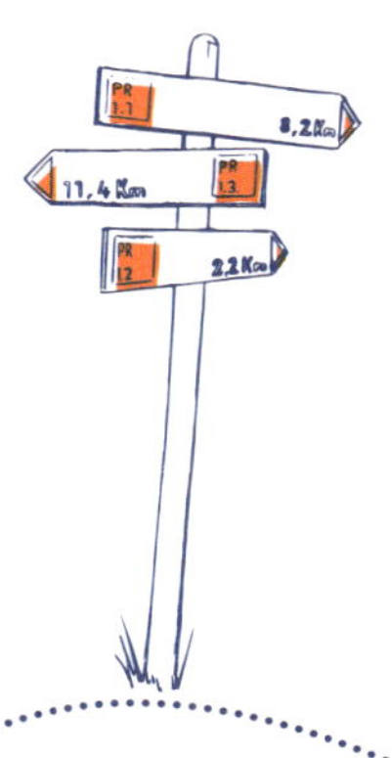

KM 3,7

2

Gerolsteiner Geoacker
Erdgeschichte schnuppern

Der Gerolsteiner Geoacker ermöglicht einen spannenden Einblick in die Erdgeschichte. Hier sind die vier Hauptgesteinsarten aus Steinbrüchen der Region zusammengetragen: Basalt, Kalk, Buntsandstein und Dolomit. Kinder haben die Möglichkeit, nach Herzenslust zu hämmern, zu zerbröseln und auseinanderzubrechen und auf diese Weise die verschiedenen Gesteine kennenzulernen. Das entsprechende Werkzeug einfach selbst mitbringen oder bei der Touristeninfomation in Gerolstein nachfragen. Dort kann man Beutel mit allem, was man braucht, um Gesteinsdetektiv zu spielen, erwerben.

Am Geoacker vorbei in einem Bogen der Wegführung folgen. Die K 33 wieder überqueren und über ein weites Feld. Der Beschilderung folgen. Bevor es in den Wald geht, kurz links gehen, um die Papenkaule nicht zu verpassen (gerade im Sommer kann das Blattwerk so dicht sein, dass man sie nicht sieht).

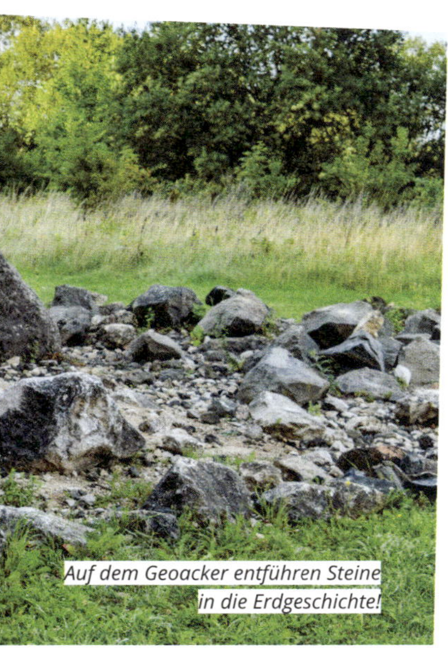
Auf dem Geoacker entführen Steine in die Erdgeschichte!

KM 5,5

3 Papenkaule

Auf dem Trockenen stehen

Vor rund 10 000 Jahren brach ein Vulkan die Kalkfelsen dieser Gegend auf und ließ so die Papenkaule entstehen. Anders als bei anderen Maaren entstand eine noch heute vorhandene Senke im Grundgestein, da der Lavastrom seitlich unterhalb des eigentlichen Vulkanschlotes austrat. Ein im UNESCO Natur- und Geopark Vulkaneifel einzigartiges Phänomen. Heute liegt die Papenkaule seelenruhig da und ist von grünem Gras überwachsen. Es handelt sich nämlich um ein sogenanntes Trockenmaar. Wie die gesamten Gerolsteiner Dolomiten steht auch die Papenkaule unter Naturschutz.

Zurück auf den Wanderweg und der Beschilderung zur Buchenlochhöhle folgen.

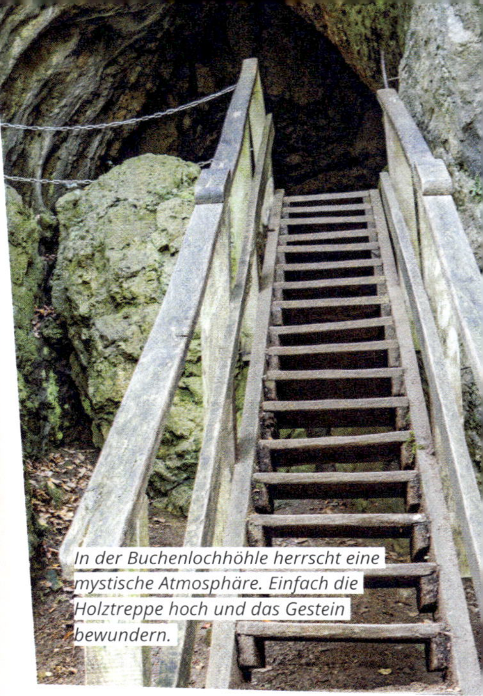

In der Buchenlochhöhle herrscht eine mystische Atmosphäre. Einfach die Holztreppe hoch und das Gestein bewundern.

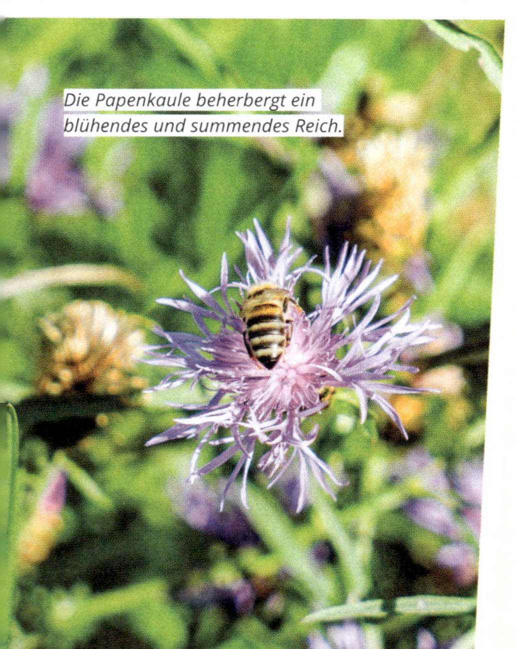

Die Papenkaule beherbergt ein blühendes und summendes Reich.

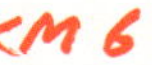

Buchenlochhöhle

In die Zeit der Neandertaler reisen

Vor vielen Millonen Jahren schufen schwammartige Meerestiere, die bereits vor langer Zeit ausgestorben sind, die Gerolsteiner Dolomiten. In ihrer Mitte klaffte ein Loch: die 30 Meter lange und vier Meter breite Buchenlochhöhle. Heute bietet sie einen faszinierenden Einblick in die Erdgeschichte. Über eine Treppe gelangt man in die Höhle und ist sofort in einer anderen Welt. Hier suchten unsere Vorfahren während der Jungsteinzeit Zuflucht, wie man aus Funden erfahren hat. Heute finden hier Fledermäuse ein geeignetes Quartier zum Überwintern oder um sich von der Jagd zu erholen.

Der Beschilderung zum Munterley-Plateau folgen.

KM 6,8

5 Munterley-Plateau

Die beste Aussicht auf Gerolstein genießen

Die Munterley ist eine steile Felsformation, die sich vor 380 bis 320 Millionen Jahren als Kalkriff bildete. Das Plateau liegt auf 482 Metern Höhe über Gerolstein und bietet eine atemberaubende Aussicht auf die Stadt sowie die umliegende, hügelige und bewaldete Landschaft. Hier kann man vor dem Endspurt tief durchatmen, sich an der frischen Luft erfreuen und vielleicht zum krönenden Abschluss ein Picknick auf dem kleinen Plateau einplanen.

Der Beschilderung nach Gerolstein und dort zum Bahnhof folgen. Wieder über die Brücke und zum Ausgangspunkt laufen.

EXTRA INFOS:

Wer seine Wanderung zu einem einzigartigen Erlebnis machen möchte, sollte die Nacht davor oder danach in einem der ● **Schäferwagen** auf dem Gelände der Kasselburg verbringen. Wenn man Glück hat, kann man dann sogar die Wölfe heulen hören (adler-wolfspark.de)!

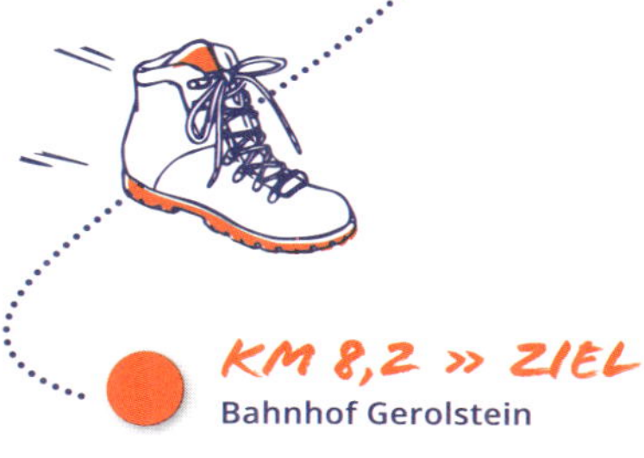

KM 8,2 » ZIEL

Bahnhof Gerolstein

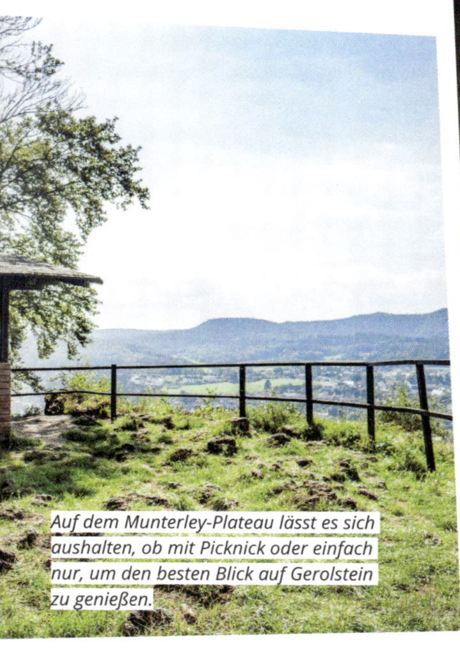

Auf dem Munterley-Plateau lässt es sich aushalten, ob mit Picknick oder einfach nur, um den besten Blick auf Gerolstein zu genießen.

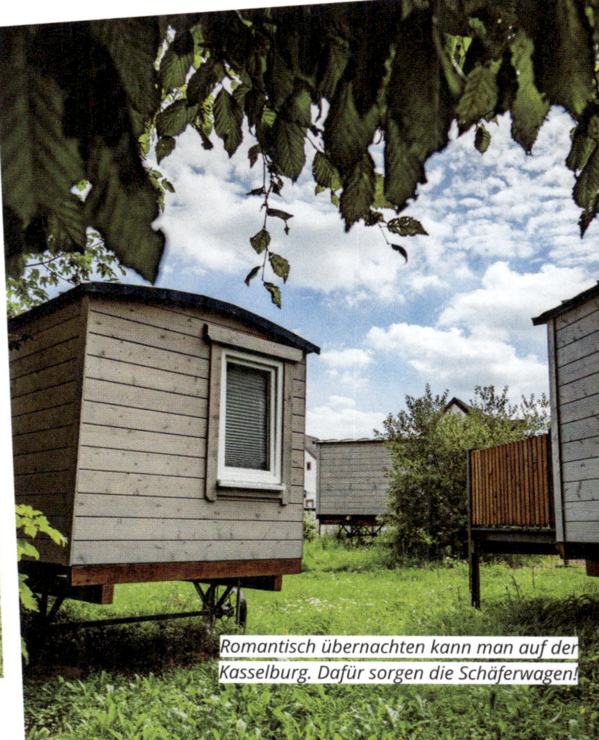

Romantisch übernachten kann man auf der Kasselburg. Dafür sorgen die Schäferwagen!

AUF EINEN BLICK

- **Start/Ziel:** Bahnhof Gerolstein
- **Strecke:** 8,2 km (Rundtour)
- **Reine Wanderzeit:** 2 Std.
- **Höhenmeter:** ↗ ↘ 230 m
- **Wegbeschaffenheit:** Weicher Waldboden, ein bisschen Asphalt zwischendurch.
- **Beste Zeit:** Am schönsten im Frühling, wenn die Natur erwacht, oder im Herbst, wenn das Laub für ein buntes Farbenspiel sorgt. Bei Schnee ist besondere Vorsicht geboten.
- **Ausrüstung:** Proviant und eine Picknickdecke, um auf dem Plateau oder an der Papenkaule zu snacken.

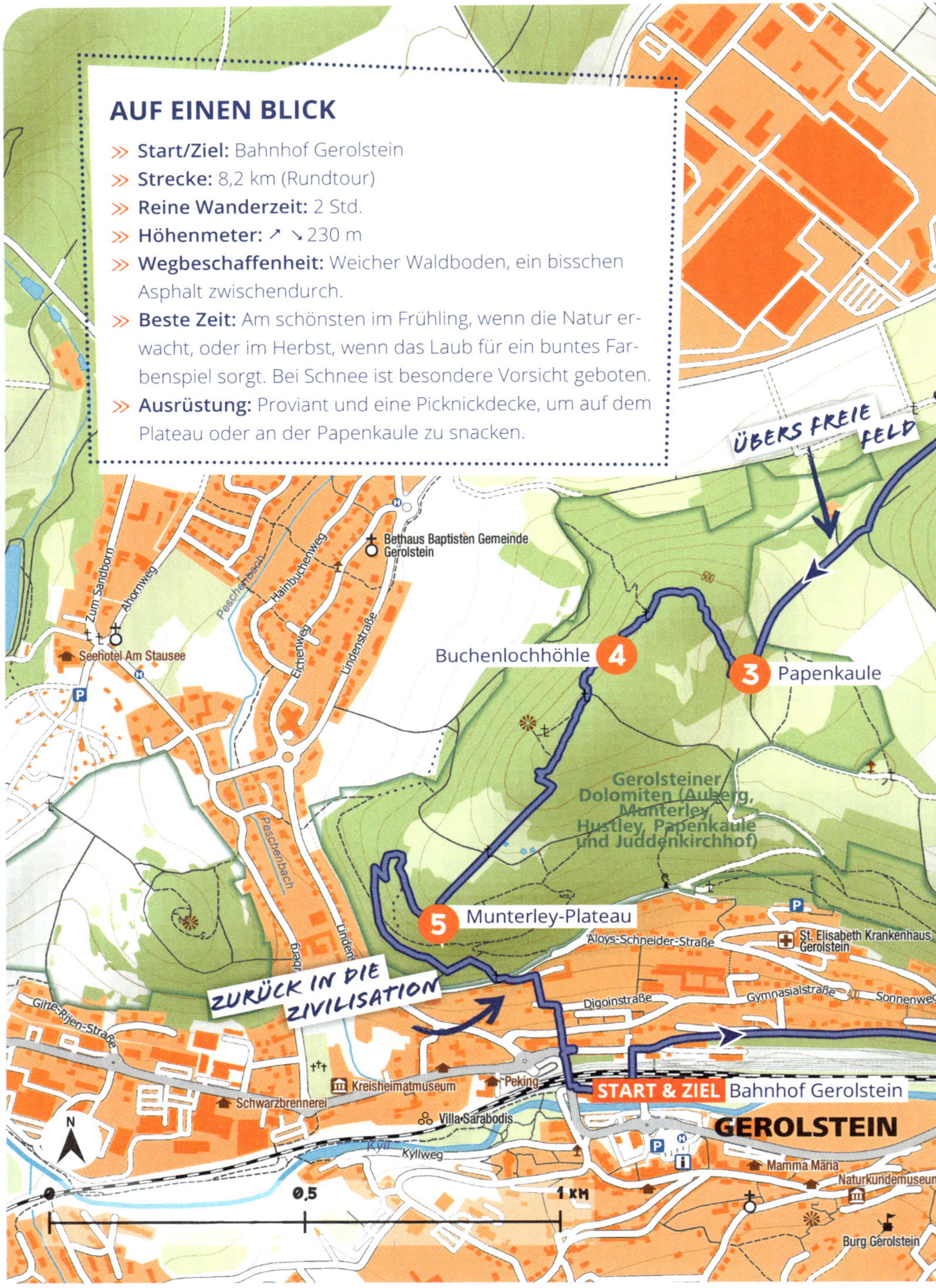

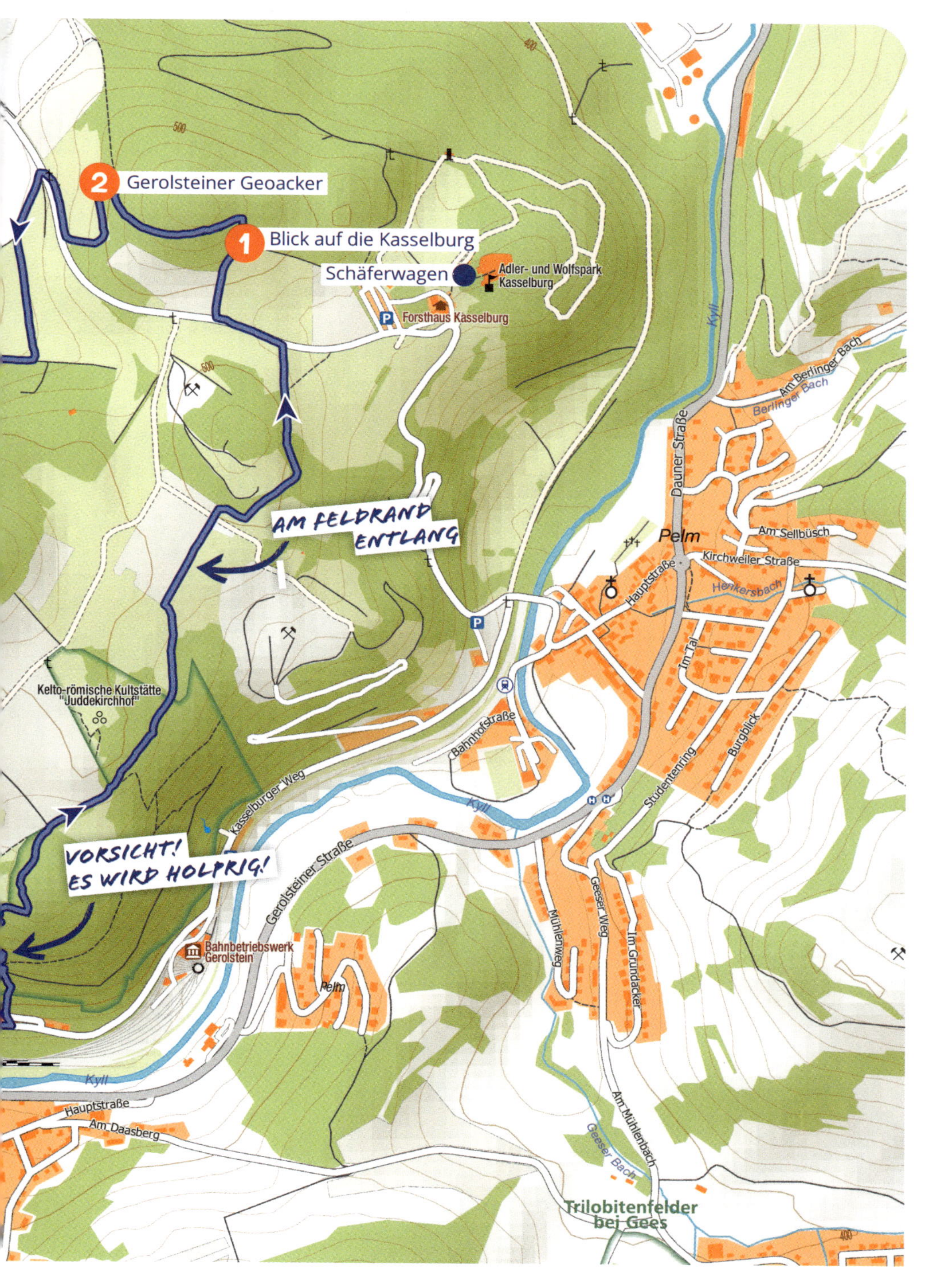
2 Gerolsteiner Geoacker
1 Blick auf die Kasselburg
Schäferwagen
Adler- und Wolfspark Kasselburg
Forsthaus Kasselburg
AM FELDRAND ENTLANG
VORSICHT! ES WIRD HOLPRIG!
Kelto-römische Kultstätte "Juddekirchhof"
Bahnbetriebswerk Gerolstein
Pelm
Dauner Straße
Am Berlinger Bach
Berlinger Bach
Am Sellbüsch
Kirchweiler Straße
Hauptstraße
Henkersbach
Im Tal
Burgblick
Studentenring
Bahnhofstraße
Kasselburger Weg
Kyll
Gerolsteiner Straße
Mühlenweg
Geeser Weg
Im Grundacker
Am Mühlenbach
Geeser Bach
Am Daasberg
Trilobitenfelder bei Gees

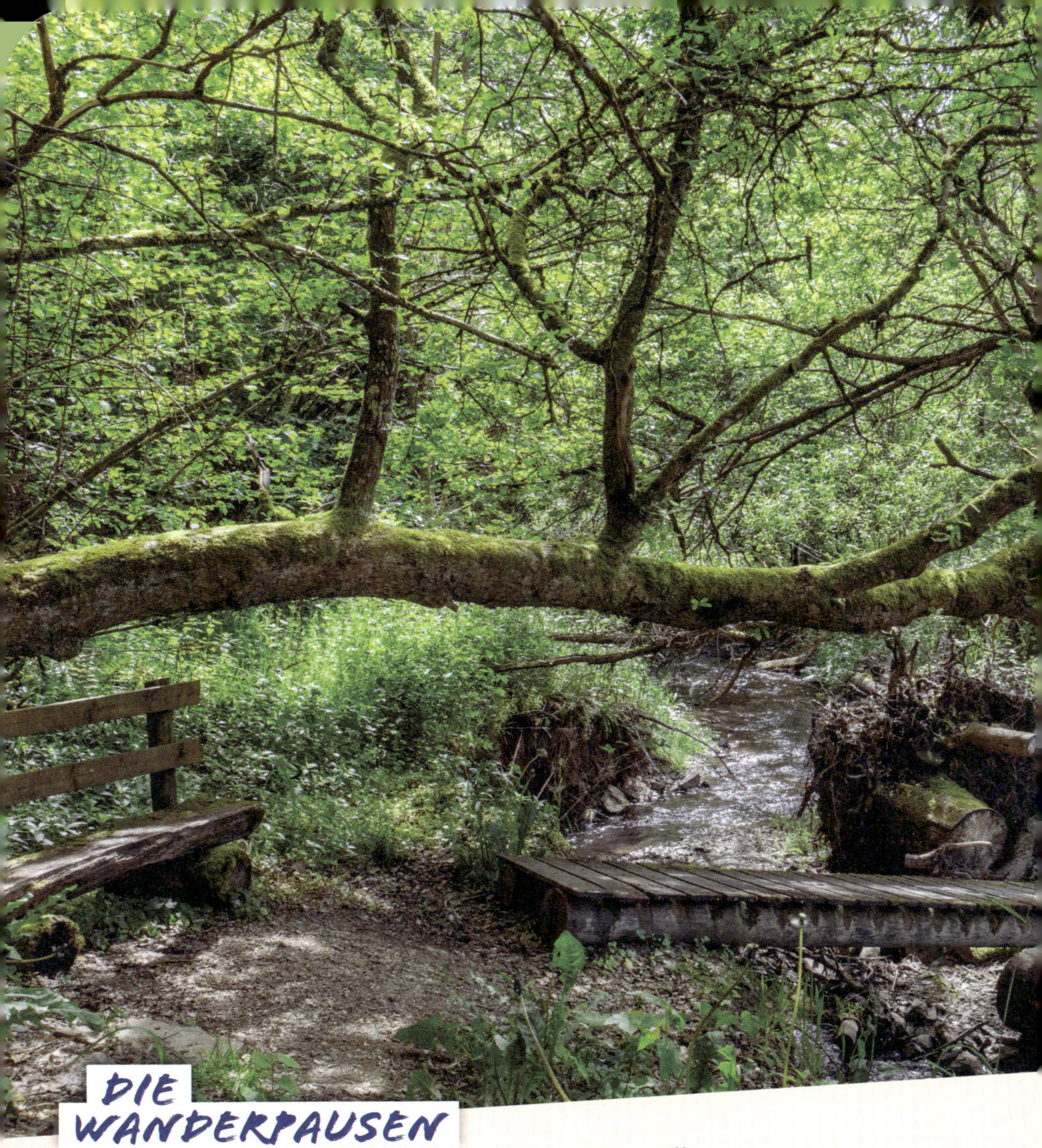

DIE WANDERPAUSEN

» START
Bushaltestelle Rathaus, Blankenheim

KM 0,1

Schwanenweiher
Schwäne vor majestätischer Burg knipsen

KM 1,8

2

Kleine Holzbank
Die Stille genießen

KM 3,4

Aussichtsebene
**Ins Mülheimer Natu
bachtal blicken**

16 EIN FLUSS WIRD GEBOREN

Rund um Blankenheim

Eine mittelalterliche Burg thront über dem idyllischen Fachwerkstädtchen Blankenheim, wo sogar die Ahr unter einem Fachwerkhaus entspringt. Vom historischen Ortskern geht's am Schwanenweiher vorbei hinaus durch Orte und Felder, Wiesen und Wald mit hohen Nadelbäumen und moosbewachsenen Lichtungen.

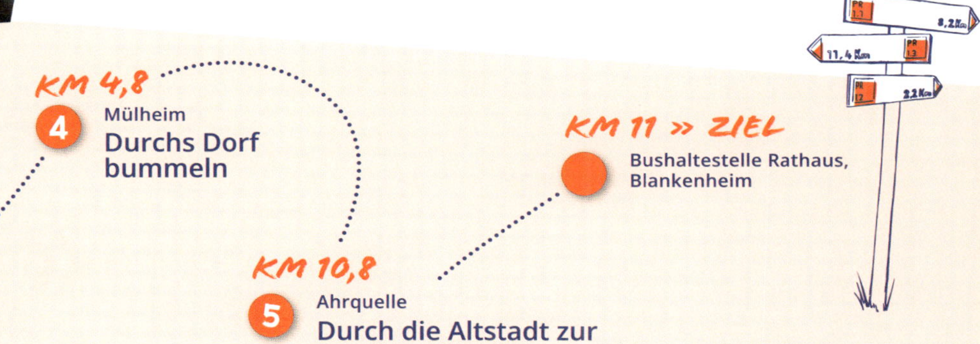

UNTER EINEM FACHWERK-HAUS …

… entspringt ein Fluss, so könnte ein Buch über das wunderschöne, historische **Blankenheim** überschrieben sein. Doch zuerst geht es von der Bushaltestelle zum idyllischen **Schwanenweiher,** von dem aus man einen fantastischen Blick auf die Burg Blankenheim oberhalb des Fachwerkstädtchens hat. Rund um den Weiher gibt es Bänke und kleine Aussichtsstege, um dem Treiben auf dem Wasser zuzusehen.

Nach Verlassen des Weihers kommt man in einen dichten Mischwald, der wie die Ahr selbst sowie die angrenzenden Hänge und Seitentäler Teil eines Renaturierungsprojekts und Naturschutzgebietes ist. So geht an der wieder frei fließenden Ahr der Eisvogel auf Jagd, die Magerwiesen präsentieren im Sommer eine bunte Blütenpracht. Schon recht bald trifft man auf eine kleine **Bank** des Heimatvereins der Gemeinde. Nicht nur, wer im Alltag länger nicht richtig zur Ruhe gekommen ist, sollte sich hier niederlassen, die Augen schließen und die Ohren spitzen, um den Wald mit all seinen Geräuschen und Gerüchen, das Vogelgezwitscher, das Knacken im Unterholz bewusst wahrzunehmen und den oft hektischen Alltag auszublenden.

DURCH DIE ROMANTISCHEN GASSEN VON BLANKENHEIM SCHLENDERN

Man läuft nun ein ganzes Stück durch den Wald, zur Rechten hört man das Plätschern des Mülheimer Bachs. Bald erreicht man eine **Aussichtsebene,** von wo aus man in dieses Naturbachtal mit seinem Auwald aus Erlen und Weiden blicken kann. Viele verschiedene, auch seltene Tierarten, darunter Schmetterlinge, Amphibien und Vögel, leben hier.

Kurz darauf findet man seinen Weg auch in das kleine Dorf **Mülheim**, eingebettet zwischen Wiesen und Wald! In der zu Blankenheim gehörenden Gemeinde prägen einige schöne Fachwerkhäuser aus dem 18. und 19. Jahrhundert das Ortsbild. Vor einem Privathaus steht ein Kühlschrank, an dem man sich gegen eine kleine Spende bedienen kann. Selbstverständlich ist auch, dass man sich hier nett grüßt, wenn man auf andere Wanderer oder Spaziergänger trifft.

Zurück im Wald, kann man auf dem Rückweg noch einmal das Naturbachtal des Mülheimer Bachs und dann die Aussicht auf die andere Seite des Ahrtals ausgiebig genießen. In **Blankenheim** laden viele kleine Läden zum Bummeln und Cafés zum Einkehren ein, bevor man an den Fachwerkhäusern vorbei zur **Ahrquelle** schlendert. «

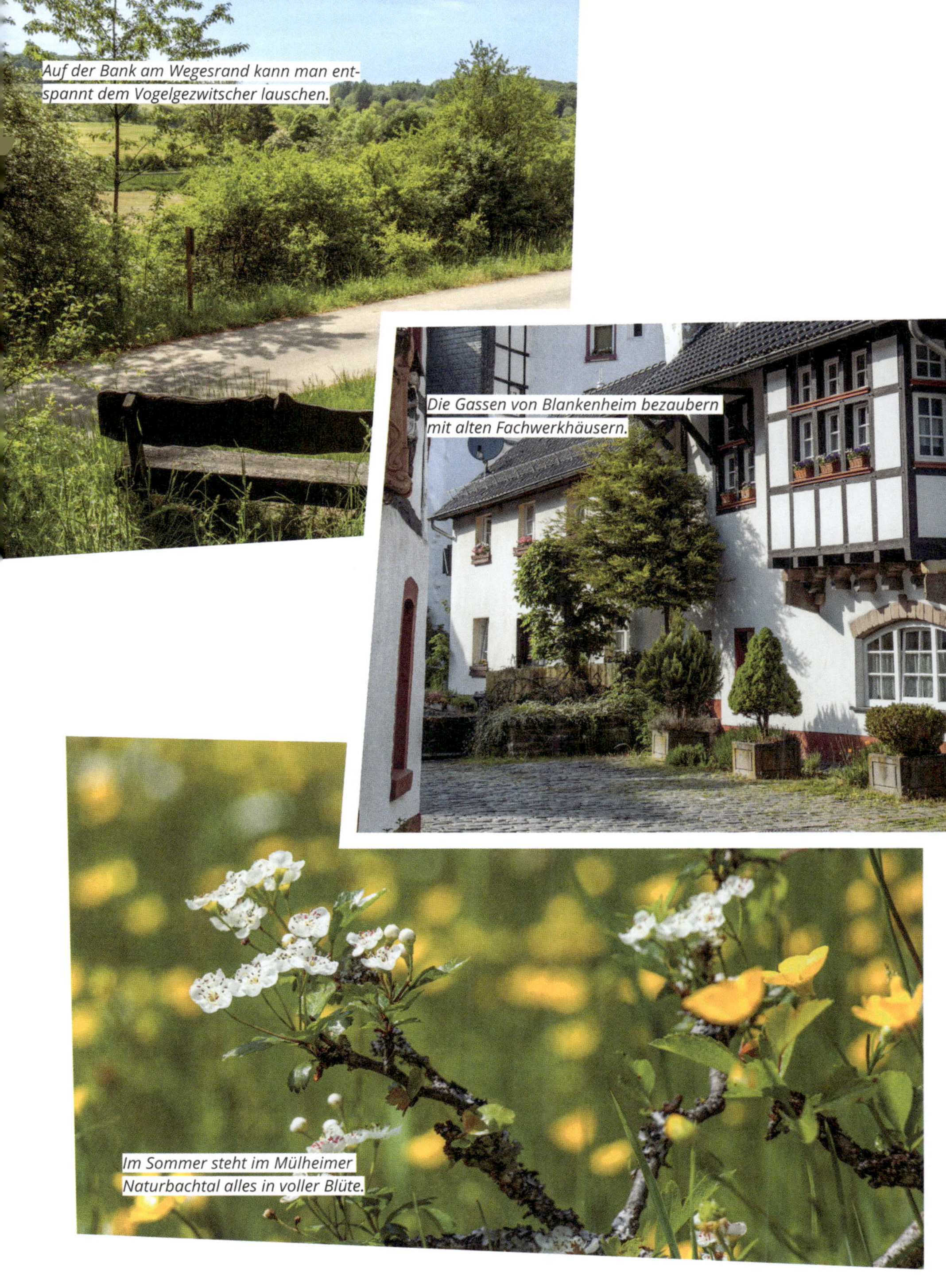

Auf der Bank am Wegesrand kann man entspannt dem Vogelgezwitscher lauschen.

Die Gassen von Blankenheim bezaubern mit alten Fachwerkhäusern.

Im Sommer steht im Mülheimer Naturbachtal alles in voller Blüte.

WANDERN & GENIESSEN

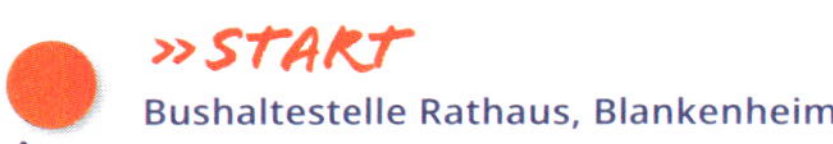

»START

Bushaltestelle Rathaus, Blankenheim

Von der Bushaltestelle geht es Richtung Schwanenweiher.

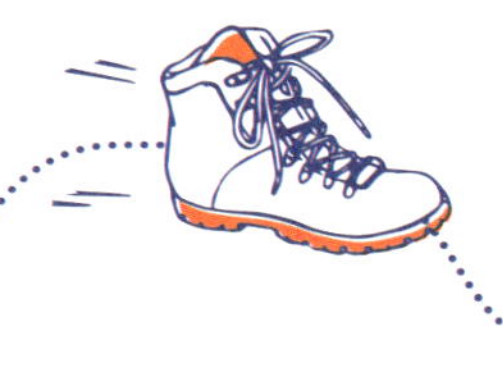

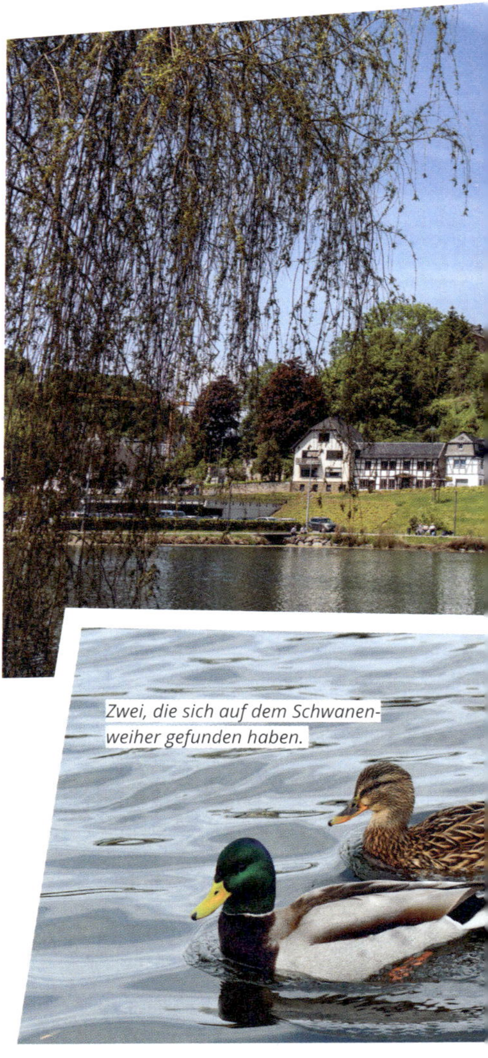
Zwei, die sich auf dem Schwanenweiher gefunden haben.

KM 0,1

1 Schwanenweiher

Schwäne vor majestätischer Burg knipsen

Am Schwanenweiher kann man wunderbar am Ufer sitzen, auf einer kleinen Plattform die Enten und Gänse im Wasser beobachten oder eine kleine Kaffee- und Brotpause einlegen. Besonders der Blick auf Burg Blankenheim über dem Fachwerkstädtchen ist beeindruckend. Die Burg aus dem 12. Jahrhundert wird übrigens als Jugendherberge genutzt, sodass man hier auch übernachten kann.

Auf dem Uferweg geht es etwa halb um den Weiher herum, dann in den Wald hinein und links auf einen kleinen Trampelpfad abbiegen.

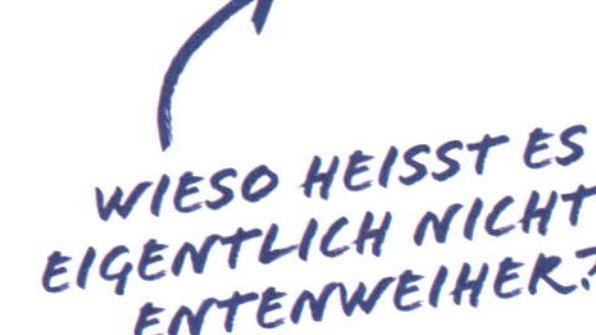

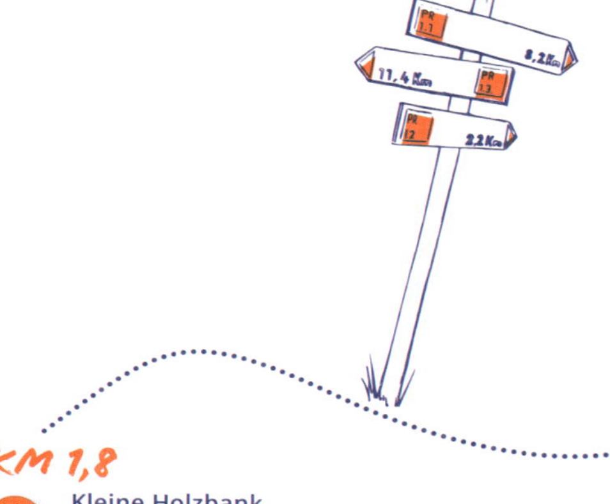

KM 1,8

2 Kleine Holzbank

Die Stille genießen

Die kleine Bank mit der Beschriftung »Heimatverein Blankenheim« liegt in einer Wegkurve direkt am Waldrand. Hält man die Augen geschlossen, kann man noch deutlicher das Zwitschern der Vögel und andere Geräusche des Waldes wahrnehmen. Im Alltag vergisst man viel zu häufig, innezuhalten und tief durchzuatmen.

Nach links auf die Straße abbiegen und auf dem Ahrsteig/Ahrtalweg am Waldrand entlang. Bei der nächsten Abzweigung links in den Wald einbiegen, dann rechts und dem Mülheimer Naturbachtal folgen.

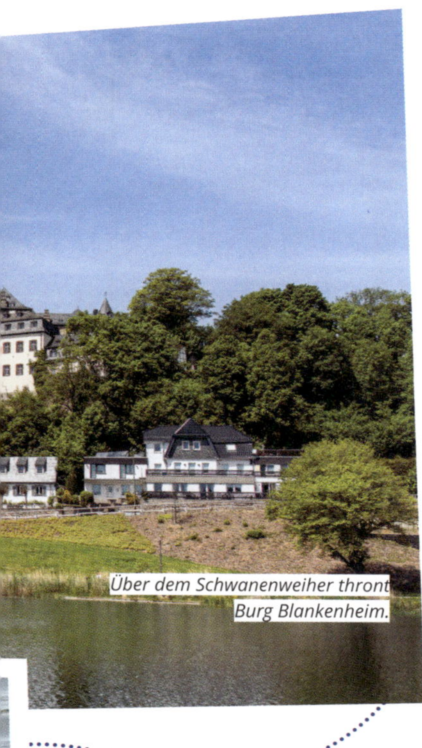

Über dem Schwanenweiher thront Burg Blankenheim.

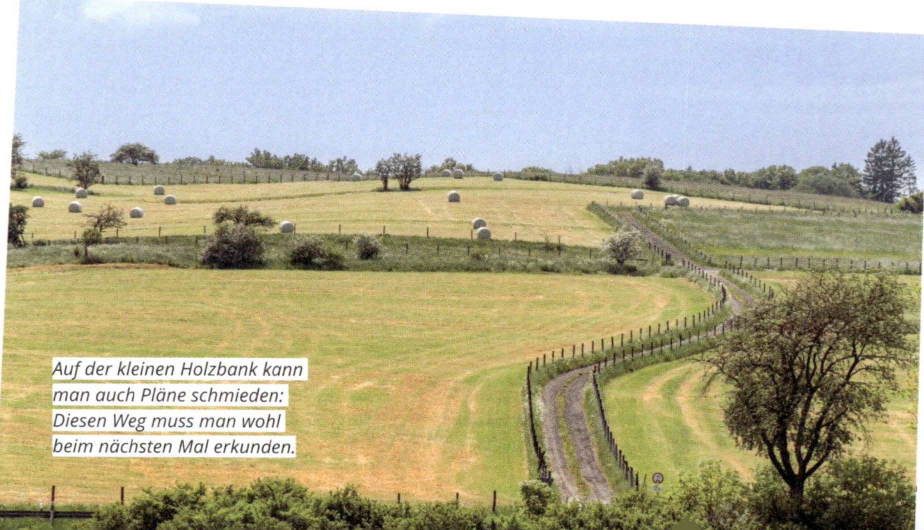

Auf der kleinen Holzbank kann man auch Pläne schmieden: Diesen Weg muss man wohl beim nächsten Mal erkunden.

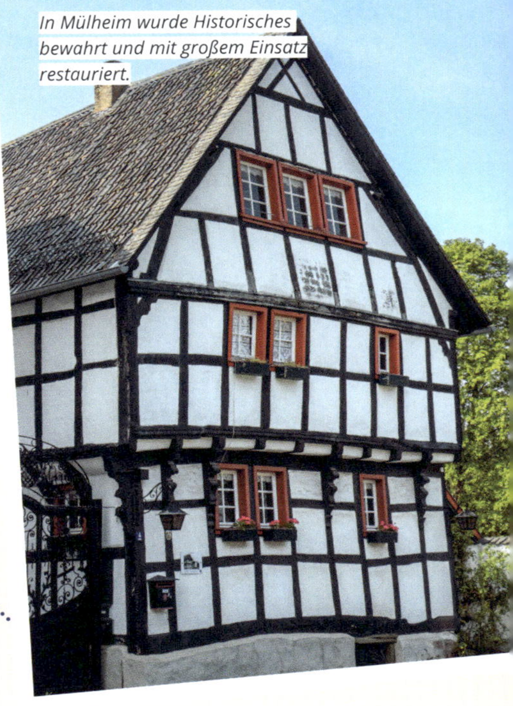
In Mülheim wurde Historisches bewahrt und mit großem Einsatz restauriert.

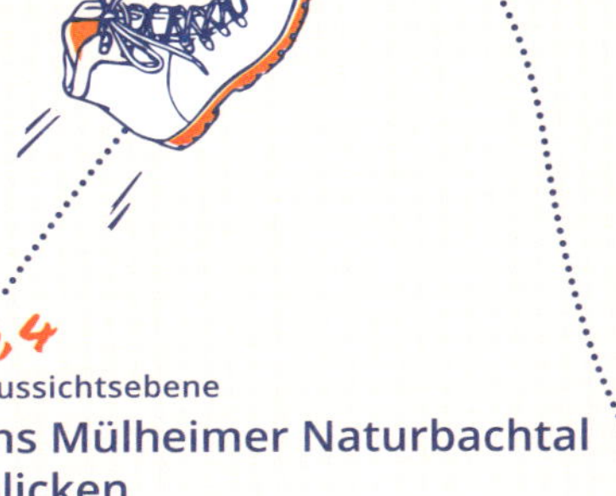

KM 3,4

3 Aussichtsebene

Ins Mülheimer Naturbachtal blicken

Grün ist die dominierende Farbe im renaturierten Tal des Mülheimer Bachs.

Beim Ausblick ins Mülheimer Naturbachtal schaut man auf ein weites grünes Tal mit einigen großen Bäumen und einer kleinen Brücke am Mülheimer Bach, wo man sich auf einer Bank kurz niederlassen kann. Der naturnahe Bachlauf gehört zum Naturschutzgebiet Obere Ahr, in dem zahlreiche seltene Pflanzen- und Tierarten einen Lebensraum haben. Auf den Wiesen und Feldern gibt es viel zu entdecken: Schafe, Schmetterlinge, Vögel, je nach Jahreszeit unzählige Wildblumen, blühende Felder und Pferdekoppeln. Die ruhigen Wege laden dazu ein, immer wieder stehenzubleiben und die kleinen Details am Wegesrand zu bestaunen.

Geradeaus, dann links abbiegen und dem Mülheimer Naturbachtal-Pfad (kurzer Schotterweg) bis zum Dorf Mülheim folgen.

KM 4,8

4 Mülheim
Durchs Dorf bummeln

An den alten Fachwerkhäusern im Dörfchen Mülheim, das ein Ortsteil von Blankenheim ist, hängen Schilder, die die interessante Geschichte der historischen Gebäude erzählen. Wer keinen Proviant eingepackt hat, kann seinen Hunger im gemütlichen Gasthaus Alte Kupferkanne stillen. Direkt am Dorfeingang steht an der Straße ein großer Kühlschrank, an dem man sich gegen eine kleine Spende ein kaltes Getränk, einen Schokoriegel oder auch ein Eis herausnehmen darf. Hier wird Vertrauen großgeschrieben. (Kupferkanne Do–Mo ab 18 Uhr geöffnet).

Auf Pützgasse, Michelsweg und Stappengasse einmal das Dorf umrunden. Dann dem Wegweiser zurück nach Blankenheim folgen.

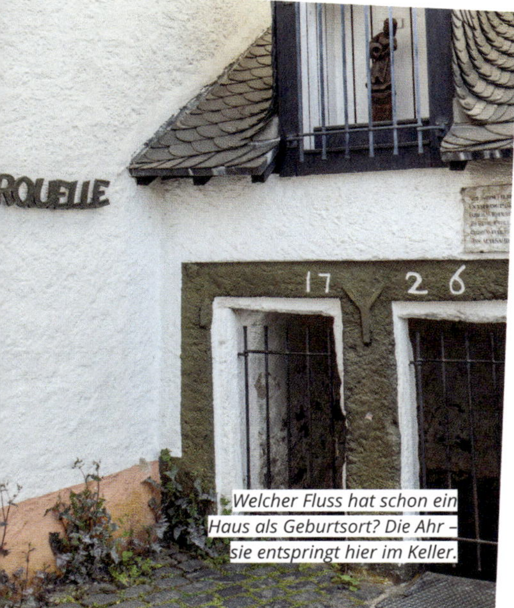

Welcher Fluss hat schon ein Haus als Geburtsort? Die Ahr – sie entspringt hier im Keller.

KM 10,8

5 Ahrquelle
Durch die Altstadt zur Quelle schlendern

Blankenheim kann man nicht verlassen, ohne der Ahrquelle einen Besuch abzustatten. Sie befindet sich im Kellergewölbe eines alten Fachwerkhauses aus dem Jahr 1726. Hier tritt die Ahr ihre 85 Kilometer lange Reise an, die nach vielen Windungen und Schleifen durch die Weinberge im Rhein endet. Im historischen Stadtkern von Blankenheim sind außerdem die Kapelle Hülchrath sehenswert, das Hirten- und das Georgstor sowie die Kirche Sankt Maria Himmelfahrt. Mindestens genau so schön ist es aber, sich in einem der vielen Cafés niederzulassen und mit Blick auf die Burg einen Kakao zu trinken oder ein Eis zu essen. Oder man bummelt durch die vielen kleinen Läden, die Handwerkskunst und kleine Souvenirs verkaufen.

Es geht zurück zur Bushaltestelle Rathaus.

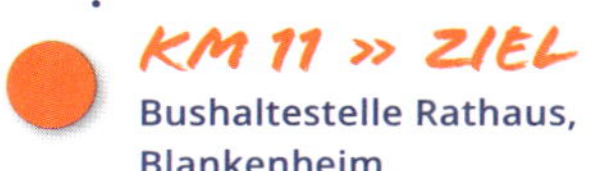

Bushaltestelle Rathaus, Blankenheim

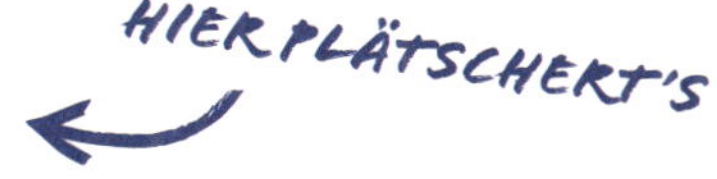

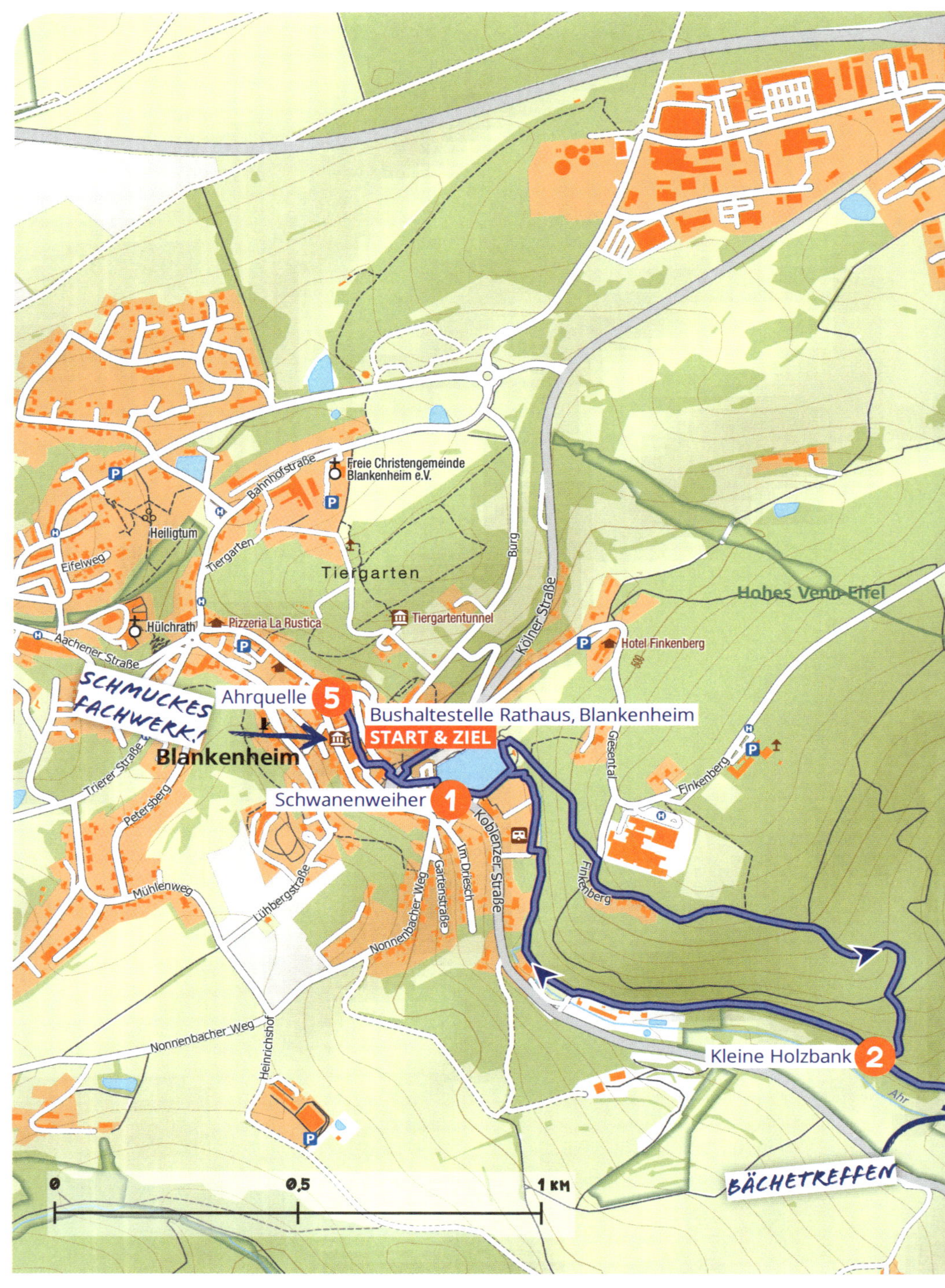
Freie Christengemeinde Blankenheim e.V.
Bahnhofstraße
Heiligtum
Eifelweg
Tiergarten
Tiergarten
Burg
Kölner Straße
Hohes Venn-Eifel
Hülchrath
Pizzeria La Rustica
Tiergartentunnel
Hotel Finkenberg
Aachener Straße
SCHMUCKES FACHWERK!
Ahrquelle
5
Bushaltestelle Rathaus, Blankenheim
START & ZIEL
Blankenheim
Trierer Straße
Petersberg
Giesental
Finkenberg
Schwanenweiher
1
Koblenzer Straße
Im Driesch
Gartenstraße
Nonnenbacher Weg
Lühbergstraße
Mühlenweg
Finkenberg
Kleine Holzbank
2
Ahr
Nonnenbacher Weg
Heinrichshof
BÄCHETREFFEN
0
0,5
1 KM

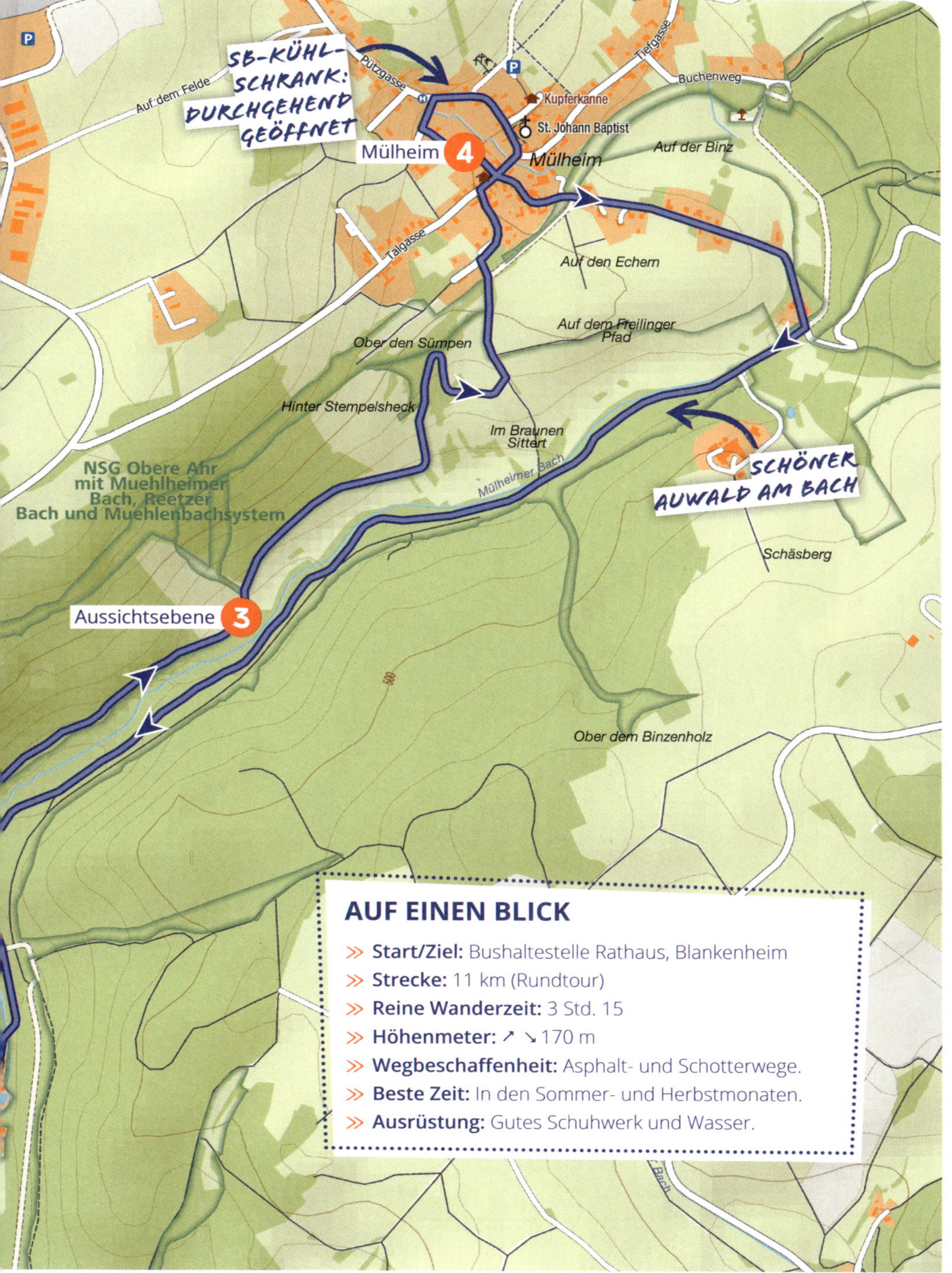

AUF EINEN BLICK

» **Start/Ziel:** Bushaltestelle Rathaus, Blankenheim
» **Strecke:** 11 km (Rundtour)
» **Reine Wanderzeit:** 3 Std. 15
» **Höhenmeter:** ↗ ↘ 170 m
» **Wegbeschaffenheit:** Asphalt- und Schotterwege.
» **Beste Zeit:** In den Sommer- und Herbstmonaten.
» **Ausrüstung:** Gutes Schuhwerk und Wasser.

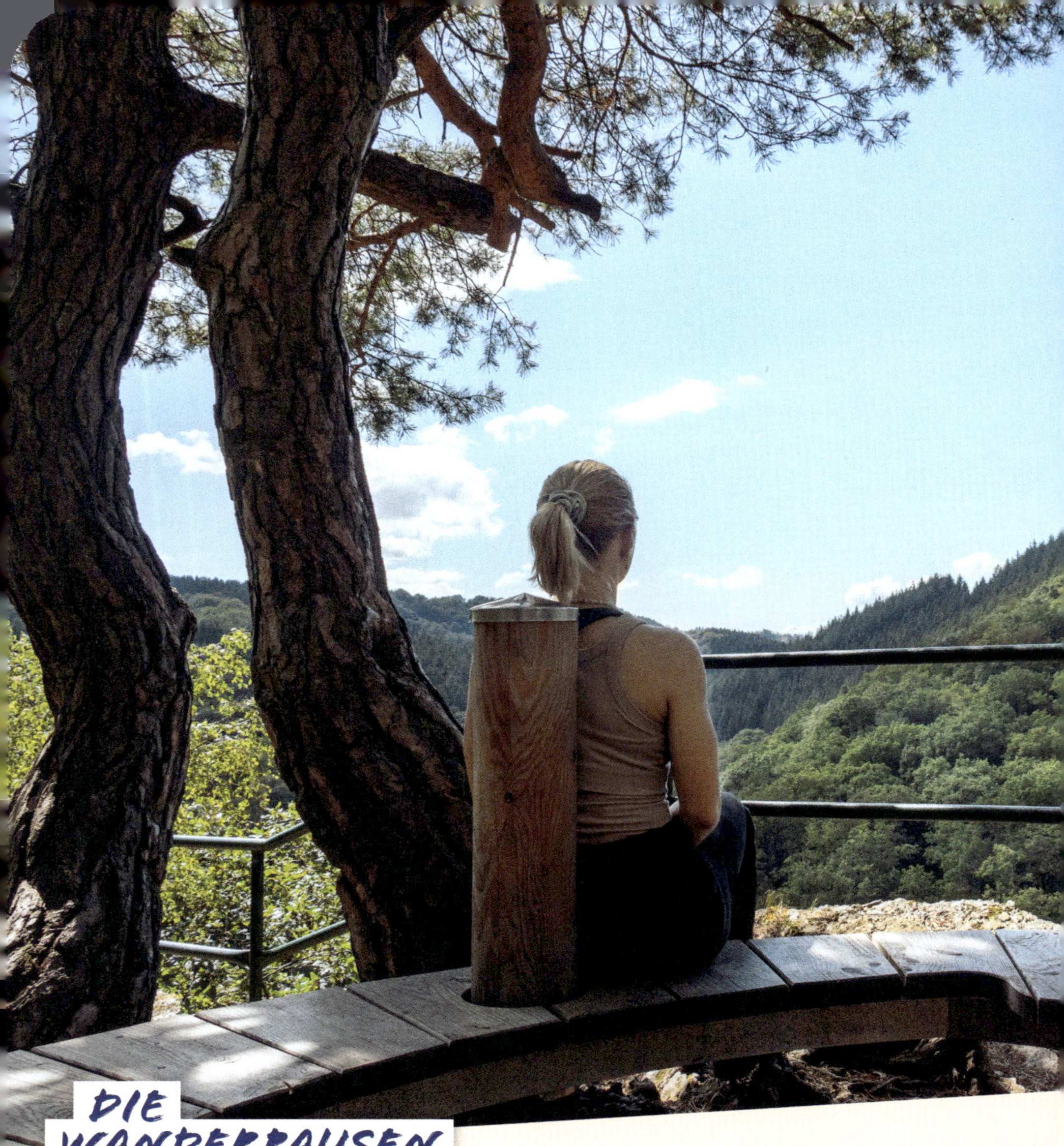

DIE WANDERPAUSEN

» START
Bushaltestelle Leykaulstraße, Monschau-Rohren

KM 3,9
1 Schutzhütte
Zeit für eine Pause

KM 4,6
2 Bank mit Brunnen
Gratis erfrischen

KM 5
3 Sankt-Hubertus-Kapelle
Einmal tief durchatmen

17

IM MON-SCHAUER LAND

Zwischen Rur- und Holderbachtal

Die Tour, die in der beschaulichen Stadt Monschau startet, verzaubert Wanderer, Fachwerk-Begeisterte und Kuchenliebhaber. Die Stadt, die bereits im 12. Jahrhundert zum ersten Mal erwähnt wird, ist mit Sicherheit eine der schönsten Perlen Deutschlands.

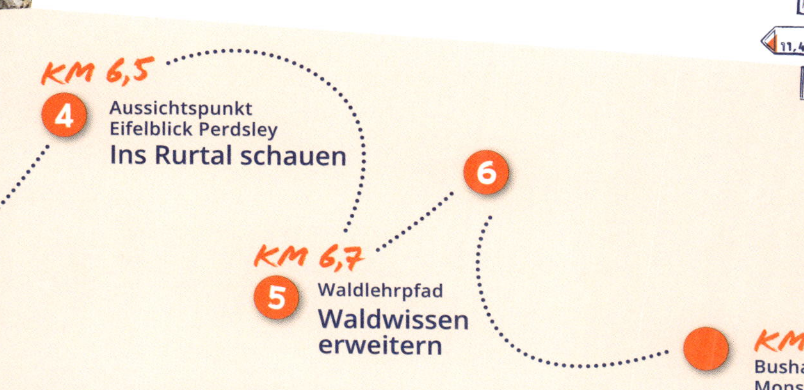

AUF WALDEXKURSION GEHEN

Den Wald genießen und dabei einiges lernen, das geht auf dieser Tour garantiert beides. Von der Bushaltestelle in Rohren sind es nur wenige Schritte, bis man in das dichte Grün des Mischwalds eintaucht. Ab jetzt den Kopf ausschalten und die neue Geräuschkulisse wahrnehmen! Nach der ersten **Schutzhütte** im Wald geht es gemächlich auf dem Wanderweg entlang. Nach einigen Hundert Metern folgt ein schöner Weg, direkt an einer Weide entlang. Hier stehen einige Bänke, eine direkt neben einem fröhlich plätschernden Brunnen, aus dem man auch trinken kann. Hier auf dem ruhigen Waldweg begegnen einem hin und wieder Spaziergänger mit ihren Hunden, auf einer großen Wiese grasen Pferde oder Rinder.

Danach geht es an Feldern mit Hecken und kleinen Baumgruppen entlang, leicht bergab ins Holderbachtal und auf dem Waldweg durch schönen, dichten Mischwald mit dem plätschernden Holderbach zur Rechten bis zur **Schutzhütte.** Anschließend wird der Wald etwas lichter, sodass man etwas besser ins Holderbachtal schauen kann.

Schließlich erreicht man das urige Dorf Widdau mit einigen schönen alten Fachwerkhäusern und der **Hubertuskapelle**, ein kleiner offener Bau in Hanglage über dem Rurtal, in dem geschnitzte Figuren, u. a. ein Hubertus, der Schutzpatron der Jäger sowie verschiedene Tiere zu sehen sind. Frische Blumen deuten auf regelmäßigen Besuch hin.

Widdau verlassend, geht es direkt wieder in den Wald und weiter bis zum **Eifelblick Perdsley,** einem wunderschönen **Aussichtspunkt** unter großen Nadelbäumen mit dicken Stämmen. Von hier hat man einen herrlichen Blick ins Tal der Rur weit unten. Eine große Bank lädt zur Rast ein.

IN DIE SPANNENDEN GEHEIMNISSE DES WALDLEBENS EINTAUCHEN

Nur noch kurz den Hügel hoch beginnt ein liebevoll gestalteter **Waldlehrpfad,** auf dem Groß und Klein viel über die hier heimischen Baumarten, Singvögel, Insekten und Nutzpflanzen lernen können. Auch wie man sich im Wald und in der Natur verhalten sollte, wird verständlich erklärt. Und am **Bienen-Lehrstand** erfährt man viel Wissenswertes über die fleißigen Honigproduzentinnen und andere Insekten.

Schließlich geht es noch ein kurzes Stück durch den Wald, dann an Apfelbäumen und Himbeersträuchern vorbei zurück zur Bushaltestelle in **Rohren.**

WANDERN & GENIESSEN

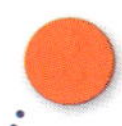

START

Bushaltestelle Leykaulstraße, Monschau-Rohren

Am Wanderparkplatz und ein paar Feldern vorbei geht es in den Wald und hier am Holderbach entlang bis zur Schutzhütte.

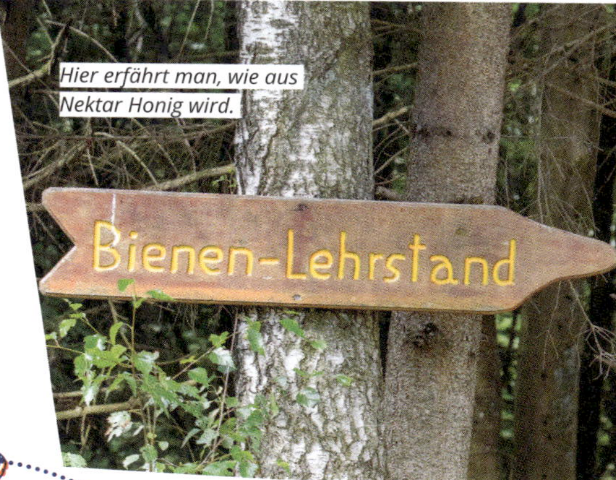

Hier erfährt man, wie aus Nektar Honig wird.

KM 3,9

1 Schutzhütte

Zeit für eine Pause

Die kleine Schutzhütte aus Holz mit einer Picknickbank steht mitten im Wald am Wegesrand. Hier hört man deutlich den Bach rauschen und das Zwitschern der Vögel. Ab und zu kommt ein Spaziergänger mit seinem Hund vorbei. Die ruhige Stelle im Wald liegt so schön, dass man sie nur schweren Herzens wieder verlässt, aber natürlich warten noch andere Highlights auf der Strecke!

Immer dem Waldweg folgen. An der Kreuzung rechts abbiegen und wieder geradeaus.

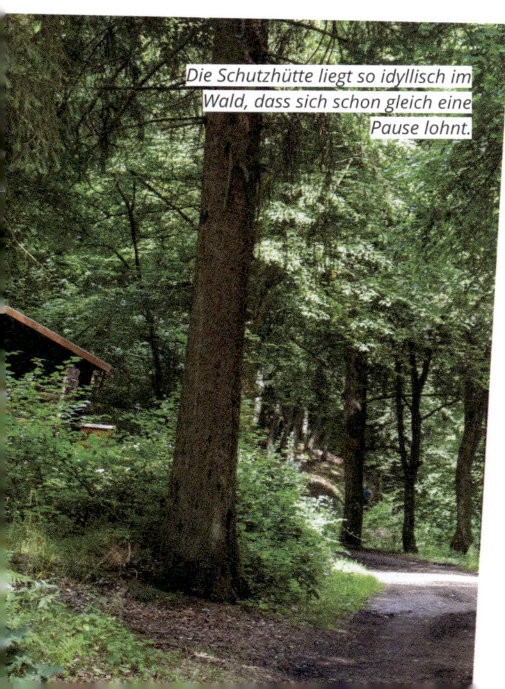

Die Schutzhütte liegt so idyllisch im Wald, dass sich schon gleich eine Pause lohnt.

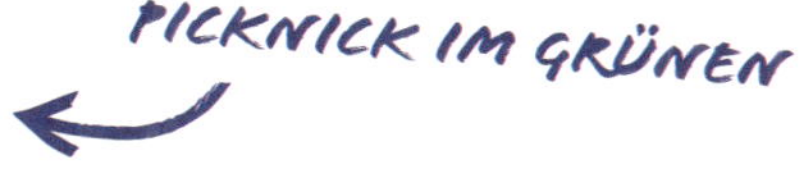

KM 4,6

2 Bank mit Brunnen

Gratis erfrischen

Der kleine Holzbrunnen am Wegrand neben einer Bank bietet vor allem im Hochsommer eine willkommene Erfrischung und ist ideal, um eine Pause einzulegen und dem Plätschern von Brunnen und Miniaturaquädukt zu lauschen. Das Wasser ist so sauber, dass man damit seine Wasserflasche auffüllen kann. Der Platz liegt gegenüber einer Pferdekoppel, auf der im Sommer Pferde oder Kühe grasen, entspannt umher traben oder einfach nur liegen. Auch andere Wanderer und Naturliebhaber kann man hier treffen und mitunter mit diesen ins Gespräch kommen.

Weiter dem Waldweg folgen bis nach Widdau, wo es leicht bergab geht.

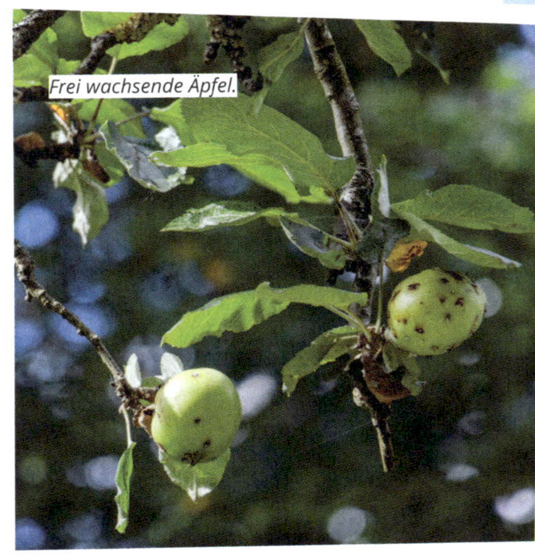

Frei wachsende Äpfel.

KM 5

3 Sankt-Hubertus-Kapelle

Einmal tief durchatmen

Die schöne offene Kapelle im kleinen Dorf Widdau ist dem Heiligen Hubertus geweiht. Der im 7. Jahrhundert geborene Hubertus war Bischof von Maastricht und Lüttich. Der Legende nach soll ihm auf der Jagd ein Hirsch mit einem Kreuz zwischen dem Geweih begegnet sein, worauf er der Jagd entsagte. Er ist der Schutzpatron der Jäger und aller Tiere des Waldes. Die kleine Kapelle wurde in den 1970er-Jahren errichtet und strahlt viel Ruhe aus. In dem zu Monschau gehörenden Widdau gibt es außerdem noch einige sehr alte Fachwerkhäuser.

Ein Stück an der Landstraße entlang bergauf, rechts halten und dem Feldweg bis zum Aussichtspunkt Perdsley folgen.

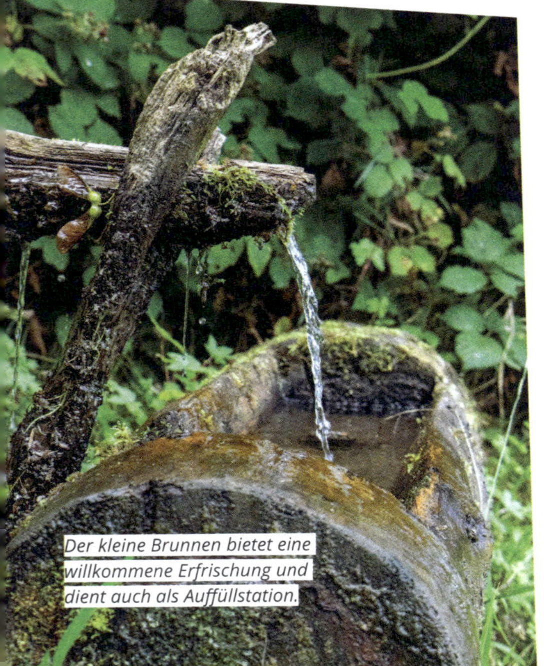

Der kleine Brunnen bietet eine willkommene Erfrischung und dient auch als Auffüllstation.

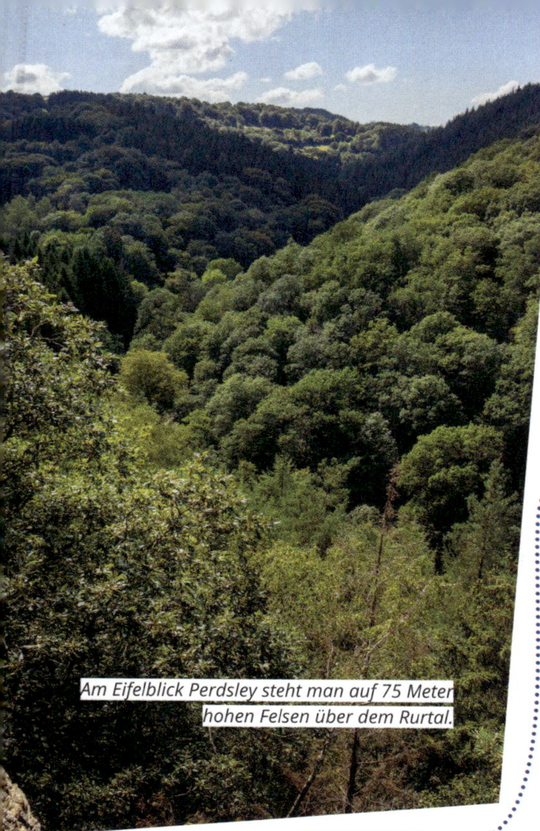

Am Eifelblick Perdsley steht man auf 75 Meter hohen Felsen über dem Rurtal.

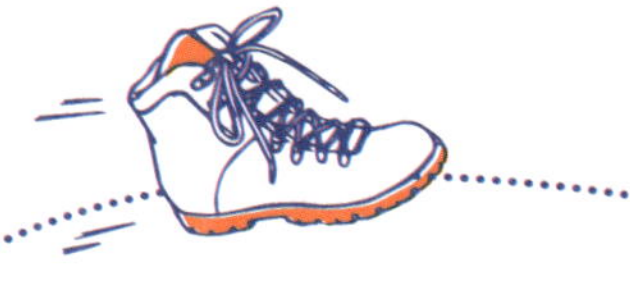

KM 6,5

4 Aussichtspunkt Eifelblick Perdsley

Ins Rurtal schauen

Von diesem schönen Platz oberhalb einer 75 Meter hohen Felswand hat man eine fantastische Aussicht Richtung Monschau und in das Tal der Rur. Der Name setzt sich aus den Begriffen »Perd« für Pferd und »Ley« für Felsen zusammen. Man kann hier wunderbare Fotos schießen und sich auf der großen runden Bank, eine Art Holzrondell, zur ausgiebigen Rast mit Picknick niederlassen. Am besten Wanderschuhe ausziehen und den weichen, mit Tannennadeln bedeckten Waldboden unter den Füßen spüren, dabei die gute Waldluft einatmen. Auch andere kleine Schätze wie Eicheln, Pilze oder Harz an den Stämmen der großen Nadelbäume findet man hier. Mit etwas Glück sieht man einen Rotmilan über dem geschützten Tal kreisen.

Dem geschotterten Waldweg folgen, an der Weggabelung links abbiegen.

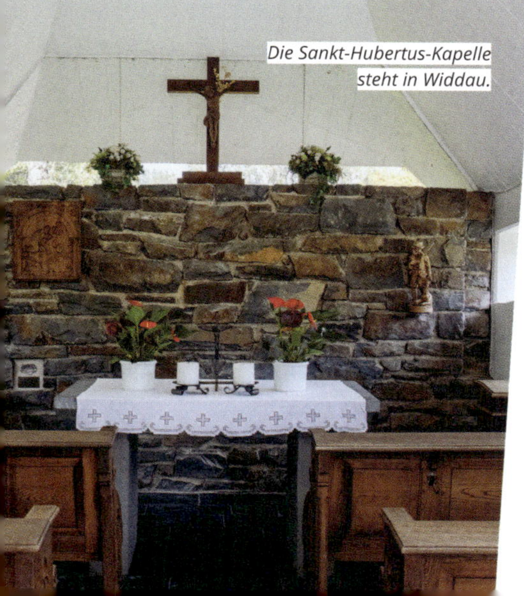

Die Sankt-Hubertus-Kapelle steht in Widdau.

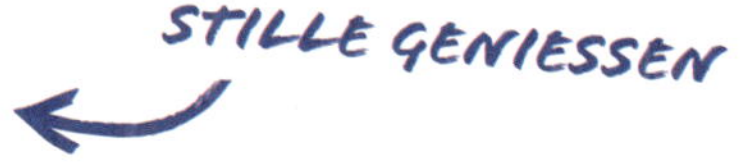

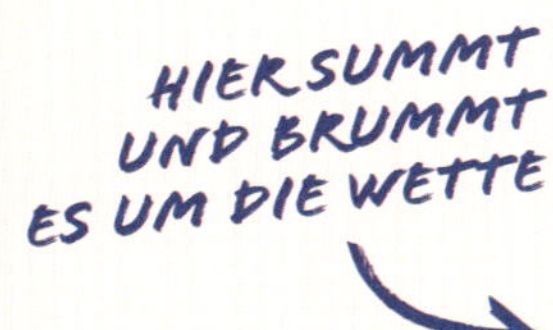

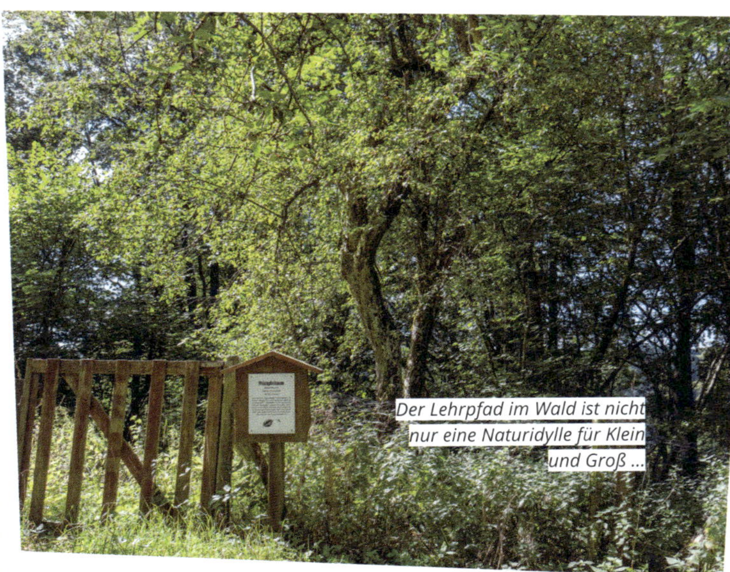

Der Lehrpfad im Wald ist nicht nur eine Naturidylle für Klein und Groß ...

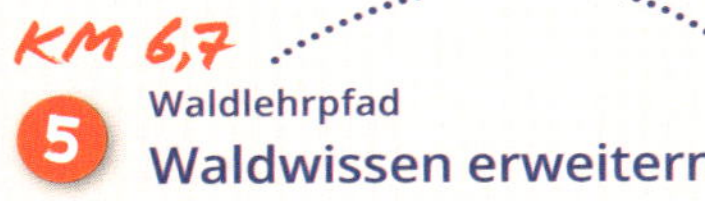

5 Waldlehrpfad

Waldwissen erweitern

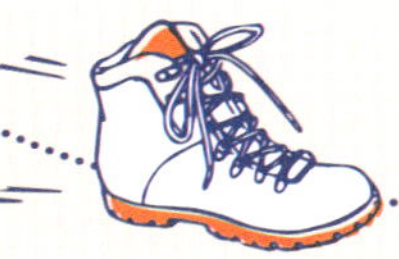

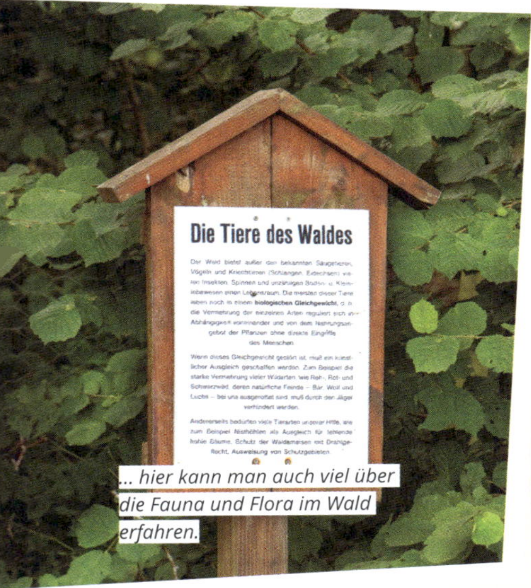

... hier kann man auch viel über die Fauna und Flora im Wald erfahren.

Anhand der Holzschilder auf dem Waldlehrpfad erfährt man einiges über die heimischen Pflanzen und Blumen, die hier lebenden Tiere und auch über das richtige Verhalten im Wald und allgemein gegenüber der Natur. Hier wachsen Fichten, Tannen und Ahorn, wilde Himbeer- und Brombeersträucher, Birnen- und Apfelbäume. In einem Pavillon kann man noch mehr über verschiedene Pilze, Sing- und Greifvögel sowie andere heimische Tiere lernen. Besonders mit Kindern macht dieser Pfad richtig viel Spaß!

Weiter dem Waldweg folgen.

KM 7

Bienen-Lehrstand

Auf der Spur der Honigproduzentinnen

Am Bienen-Lehrstand, ganz am Ende des Waldlehrpfades, kann man alles über fleißige Bienchen erfahren. In einem großen Insektenhotel können viele verschiedene Insektenarten Unterschlupf finden. Um 300 Gramm Honig zu produzieren, muss eine Biene übrigens rund 20 000 Mal ausfliegen und fleißig Nektar sammeln; vom ganzen Bienenvolk kann der Imker dann den Überschuss ernten (10–30 Kilogramm). Da weiß man Honig doch gleich viel mehr zu schätzen!

Dem Schotterweg im Wald folgen, an der Weggabelung rechts abbiegen und zurück durch den Ort Rohren zur Bushaltestelle laufen.

EXTRA INFOS

Widdau ist einer der urigsten Orte des Monschauer Landes. Im Südhang der Rur gelegen, hat er bis heute seinen heimeligen Charakter bewahrt. Freunde alter Fachwerkhäuser kommen hier voll auf ihre Kosten. Im ● **Gasthof Küpper** (Veilchenstraße 38) mit schöner Hofterrasse gibt es nicht nur bodenständige Eifeler Kost, in der ehemaligen Scheune vermittelt eine Sammlung historischer Gerätschaften Einblicke in das Eifler Leben in früherer Zeit.

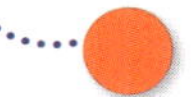

KM 9,1 » ZIEL

Bushaltestelle Leykaulstraße, Monschau-Rohren

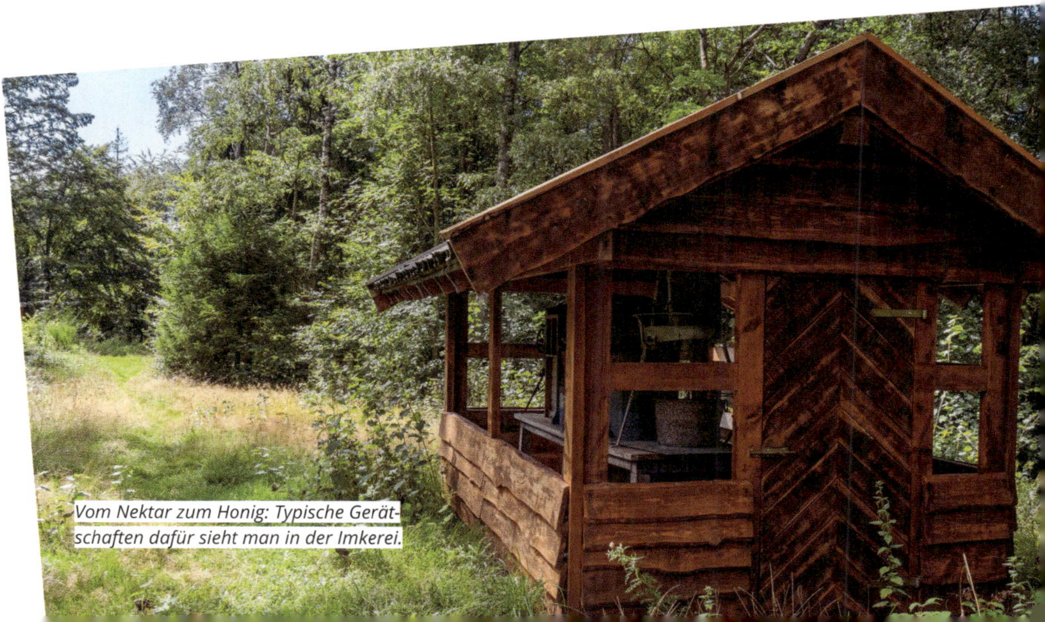

Vom Nektar zum Honig: Typische Gerätschaften dafür sieht man in der Imkerei.

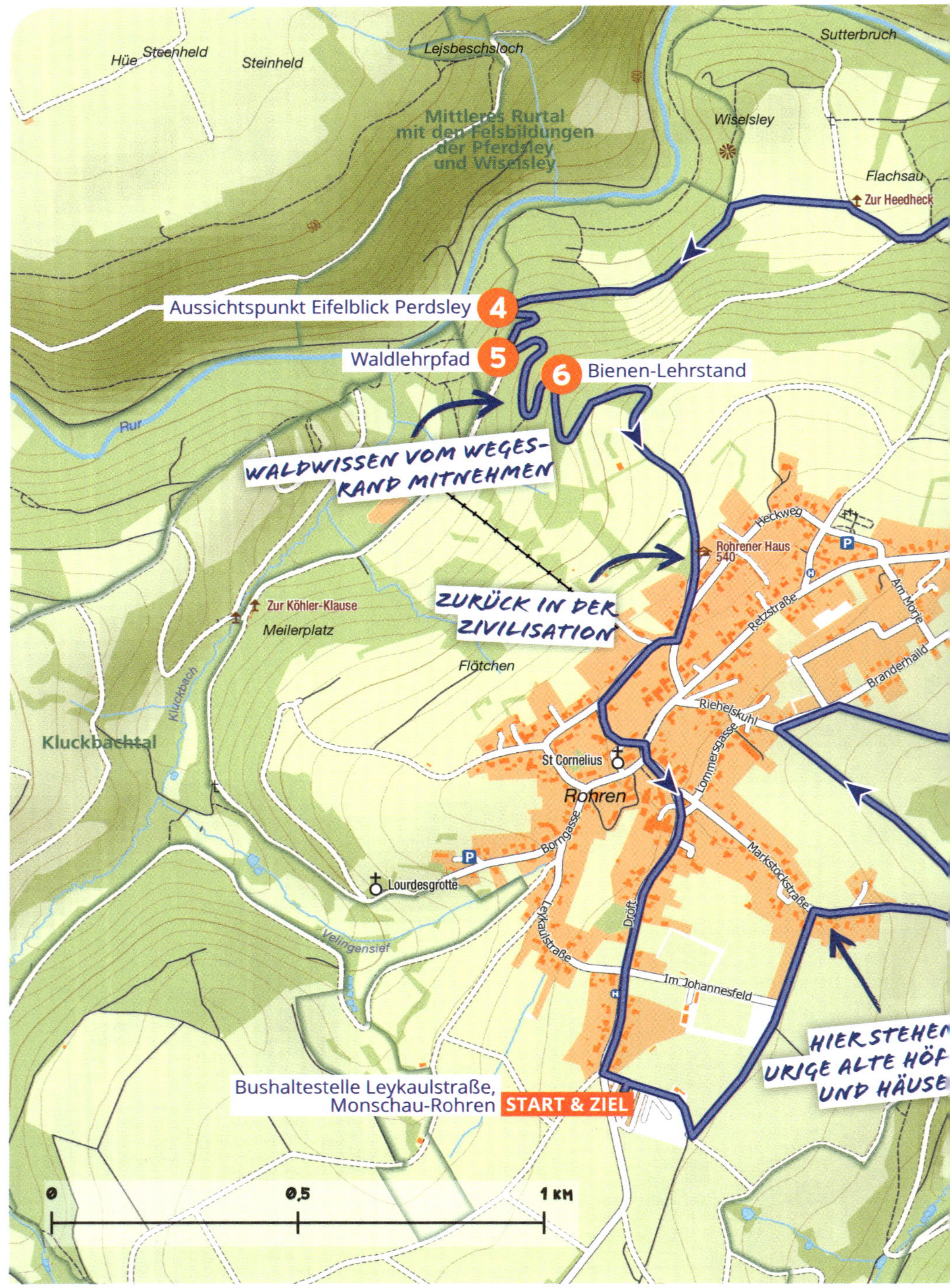
Hüe Steenheld
Steinheld
Lejsbeschsloch
Sutterbruch
Mittleres Rurtal mit den Felsbildungen der Pferdsley und Wiselsley
Wiselsley
Flachsau
Zur Heedheck
Aussichtspunkt Eifelblick Perdsley 4
Waldlehrpfad 5
6 Bienen-Lehrstand
Rur
WALDWISSEN VOM WEGESRAND MITNEHMEN
Heckweg
Rohrener Haus 540
ZURÜCK IN DER ZIVILISATION
Zur Köhler-Klause
Meilerplatz
Retzstraße
Am Morje
Flötchen
Branderhaid
Kluckbach
Kluckbachtal
Riehelskuhl
St Cornelius
Lommersgasse
Rohren
Borngasse
Lourdesgrotte
Markstockstraße
Leykaulstraße
Dröft
Velingensief
Im Johannesfeld
HIER STEHEN URIGE ALTE HÖF UND HÄUSE
Bushaltestelle Leykaulstraße, Monschau-Rohren START & ZIEL
0
0,5
1 KM

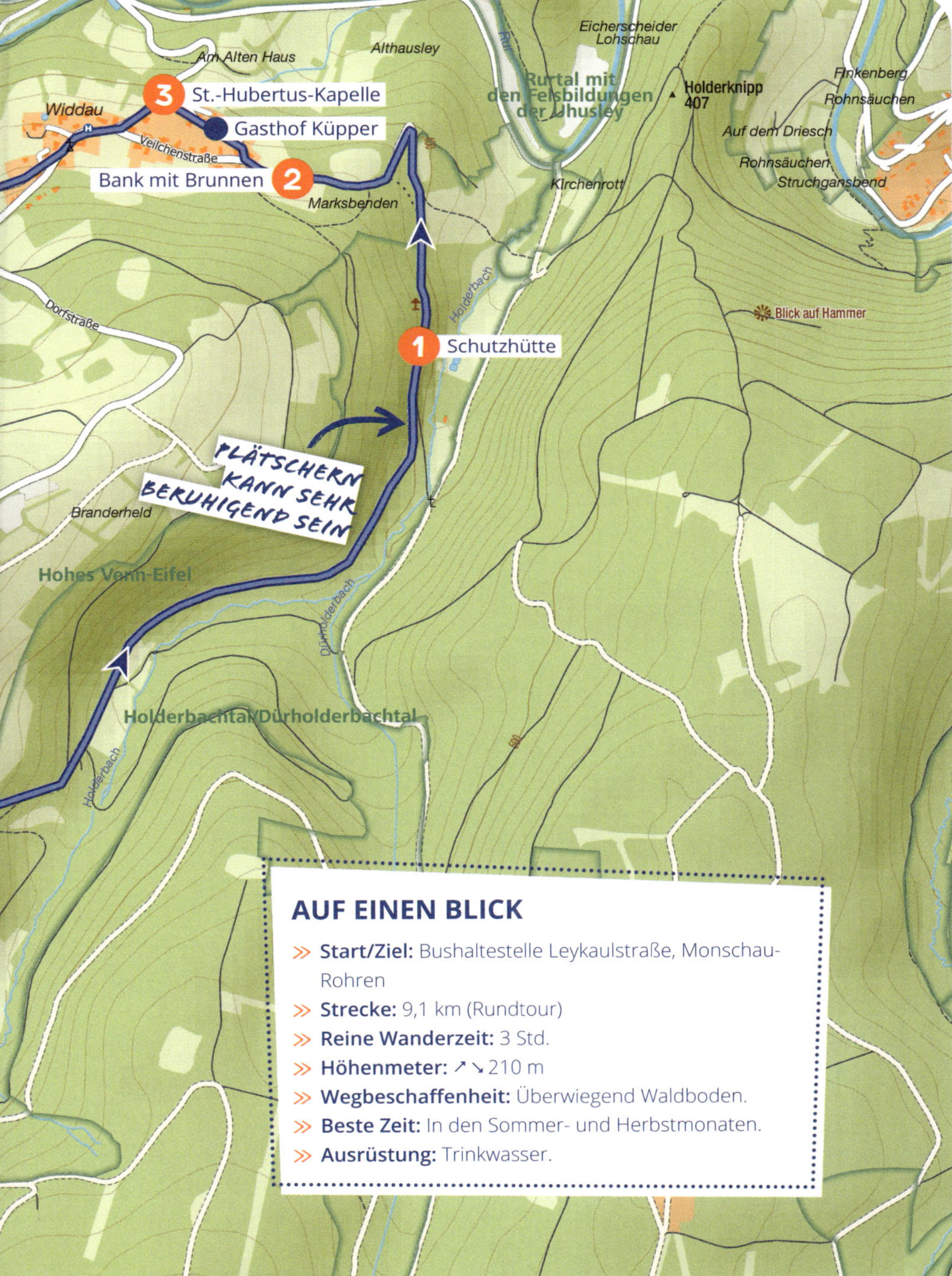

AUF EINEN BLICK

- **Start/Ziel:** Bushaltestelle Leykaulstraße, Monschau-Rohren
- **Strecke:** 9,1 km (Rundtour)
- **Reine Wanderzeit:** 3 Std.
- **Höhenmeter:** ↗↘ 210 m
- **Wegbeschaffenheit:** Überwiegend Waldboden.
- **Beste Zeit:** In den Sommer- und Herbstmonaten.
- **Ausrüstung:** Trinkwasser.

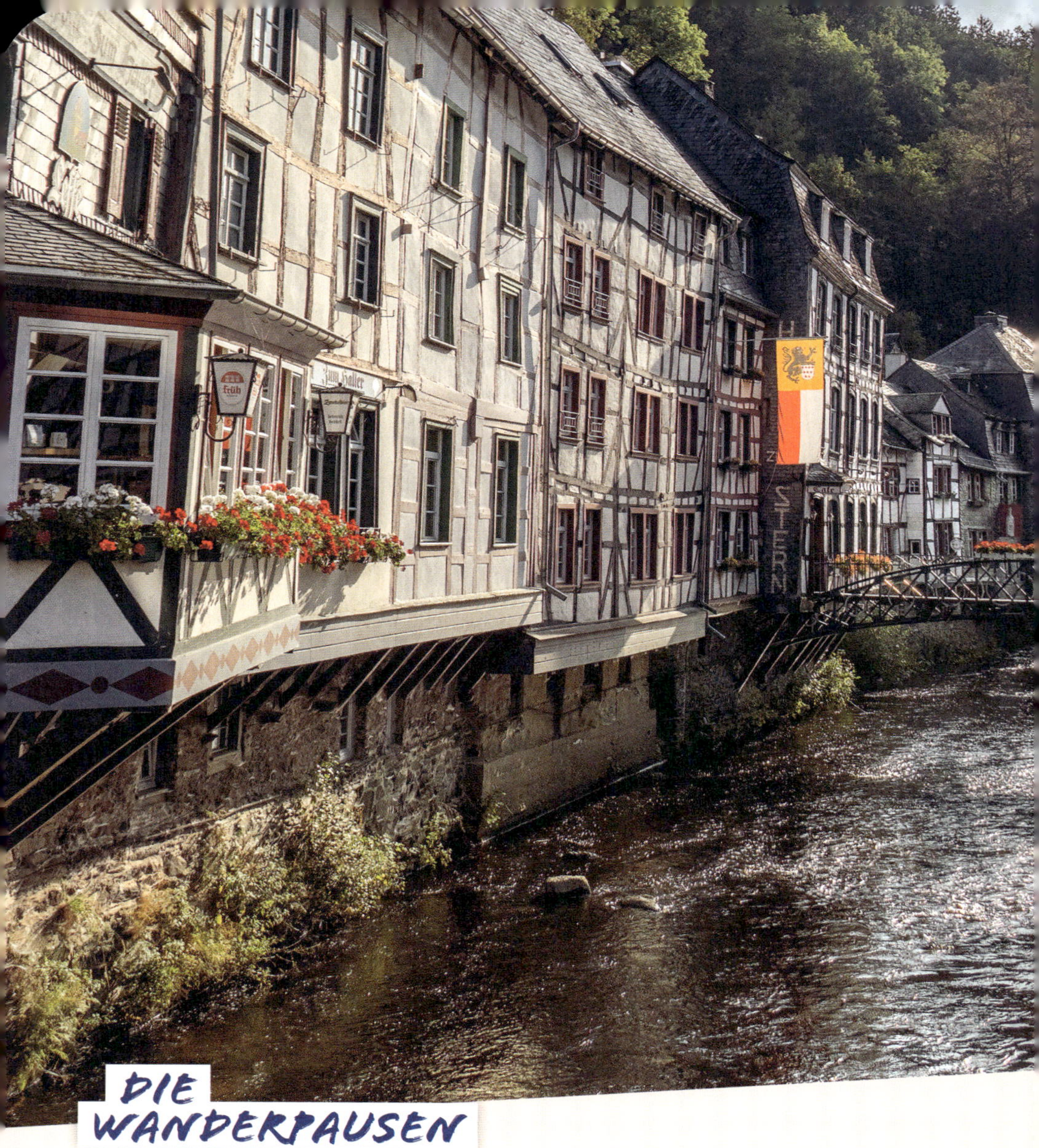

DIE WANDERPAUSEN

» START
Bushaltestelle Bienenhaus, Monschau

KM 0,5
1 Burg Monschau
Jugend trifft Mittelalter

KM 0,7
2 Altstadt
Fachwerkhäuser zum Anfassen

KM 1,2

Aussichtspunkt Halve Mo
Stadtpanorama de luxe

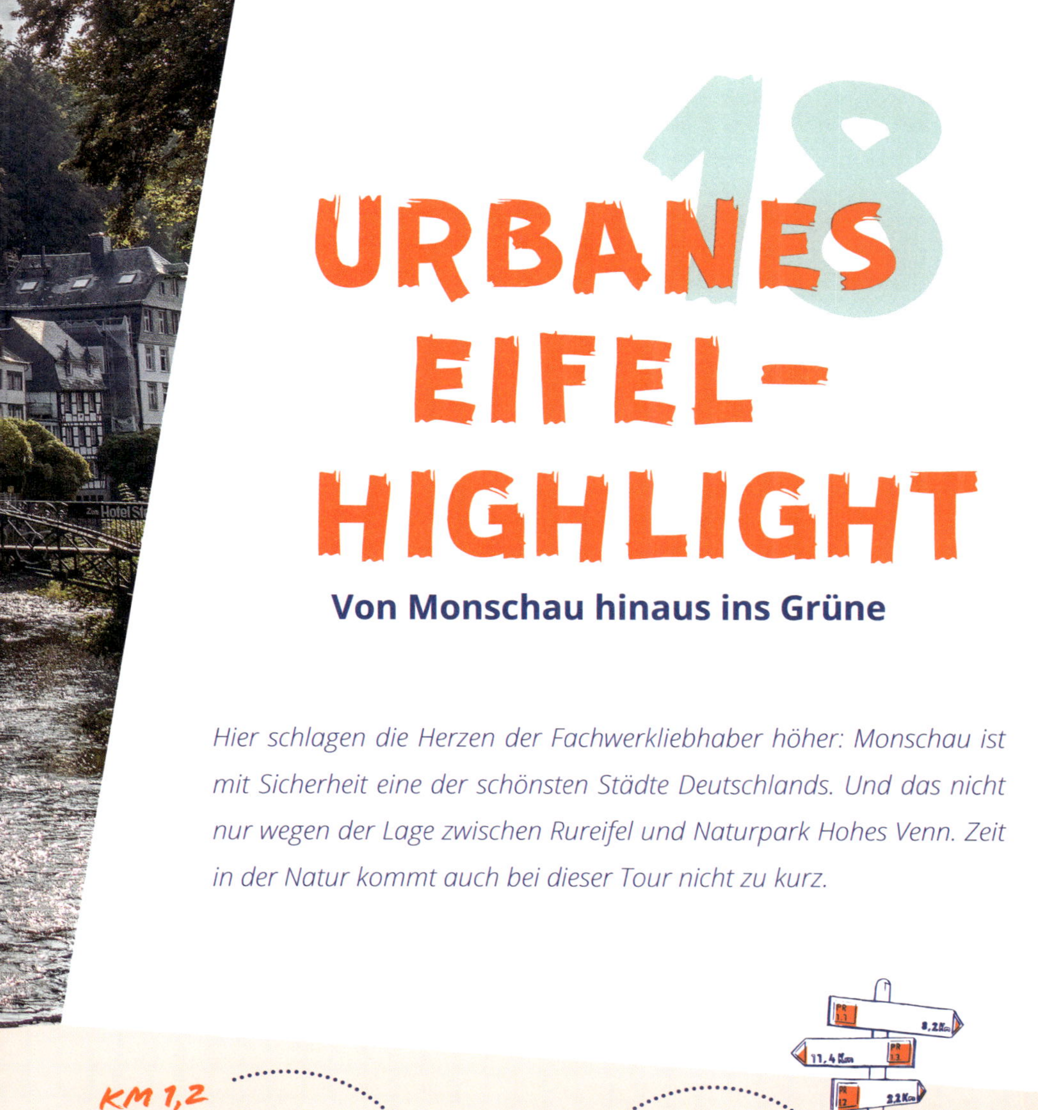

18

URBANES EIFEL-HIGHLIGHT

Von Monschau hinaus ins Grüne

Hier schlagen die Herzen der Fachwerkliebhaber höher: Monschau ist mit Sicherheit eine der schönsten Städte Deutschlands. Und das nicht nur wegen der Lage zwischen Rureifel und Naturpark Hohes Venn. Zeit in der Natur kommt auch bei dieser Tour nicht zu kurz.

KM 1,2

4 Haller-Ruine

Auf Beobachtungsposten gehen

KM 1,4

5 Aussichtspunkt Mühlenley

Alles in Ruhe überblicken

KM 5,2

6 Zwei Bänke

Die Perspektive wechseln

KM 8,4 » ZIEL

Bushaltestelle Bienenhaus, Monschau

SCHÖN, SCHÖNER, MONSCHAU, ...

... dieser Steigerungsform wird Monschau in jeder Hinsicht gerecht, denn die Stadt lässt nicht nur die Herzen von Fachwerkhaus-Fans höher schlagen, sie hat auch eine wunderschöne Wanderumgebung zu bieten.

Vom Busbahnhof geht es direkt bergauf, denn oben thront die wunderschöne **Burg.** Zwischen den Burgmauern kann man einiges entdecken und erkunden: Treppen führen nach unten und nach oben, überall gibt es Nischen und große Steintore.

Dann geht es wieder bergab, in die **Altstadt** von Monschau zurück. Im 18. Jahrhundert war hier vor allem die Tuchmacherindustrie bedeutend, die historischen Häuser mit aufwändig restauriertem Fachwerk erzählen noch die Geschichten der reichen Kaufleute. Besonders deshalb ist Monschau bei Menschen aus Nah und Fern so beliebt.

DEM ZAUBER DER MONSCHAUER ALTSTADT BEI EINEM STÜCK HAUSGEMACHTEN KUCHENS ERLIEGEN

Nun geht es auf dem Panoramaweg aus der Stadt heraus Richtung Wanderweg, um in die Welt der Eichenwälder einzutauchen. Der erste **Aussichtspunkt Halve Mond** und die **Haller-Ruine** liegen etwa auf halber Strecke des Gesamtweges. Hier, und auch beim nächsten **Aussichtspunkt Mühlenley,** hat man – aus ganz unterschiedlichen Perspektiven – eine fantastische Sicht auf die Fachwerkstadt. Auf schmalen Wanderwegen und Trampelpfaden wandert man durch Wald, Richtung Wiesen und Felder. Hier ist die Luft so frisch, dass man einen deutlichen Unterschied bemerkt, besonders, wenn man dicke Großstadtluft gewöhnt ist.

Am letzten Aussichtspunkt, dem **Fernblick Zwei Bänke,** kann man von Weitem einen letzten Blick auf die schönen Fachwerkhäuser werfen. Dann geht es hinein in den Wald und hinab ins Rurtal. Dort folgt man den asphaltierten Wegen an der Rur zurück nach Monschau. Innerhalb der Stadt überquert man noch zweimal die Rur: Die erste Brücke ist mit zahlreichen Blumenkästen einer der bekanntesten Fotospots in der Eifel. In der **Altstadt** sollte noch Zeit sein für ein selbst gebackenes Stück Kuchen in einer der traditionsreichen Konditoreien und/oder für einen Bummel durch die Altstadtgassen mit ihren netten kleinen Läden. Hier kann man handgemachte Keramik, kulinarische Eifel-Spezialitäten oder andere hübsche Mitbringsel finden. «

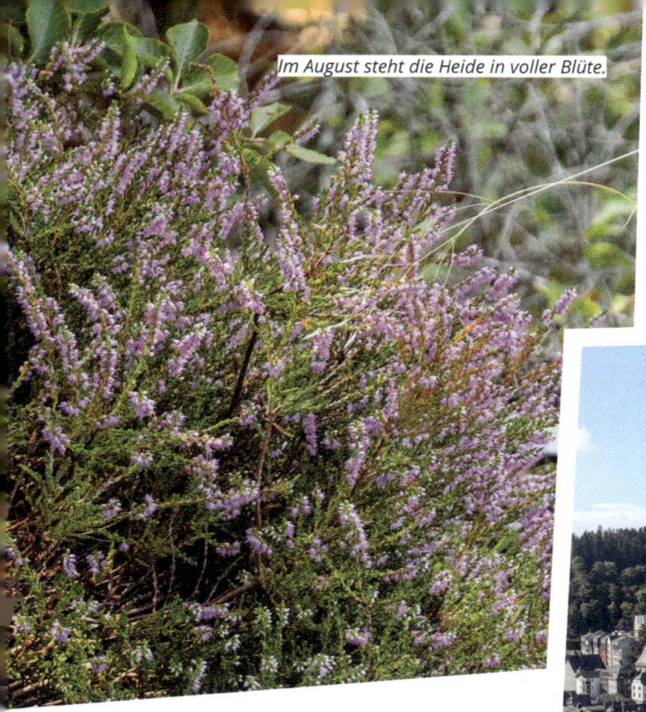

Im August steht die Heide in voller Blüte.

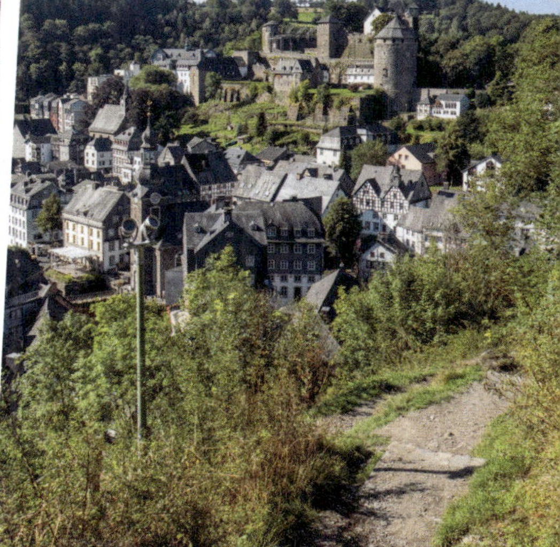

Egal, aus welchem Blickwinkel, Monschau sieht immer imposant aus, besonders jedoch von oben.

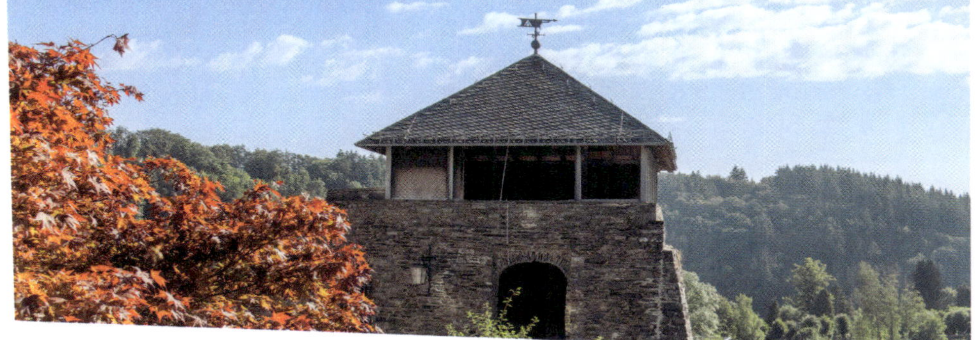

Einst wurde vom Turm der Burg Monschau nach Feinden Ausschau gehalten, heute trifft sich hier die Jugend in friedlicher Absicht.

WANDERN & GENIESSEN

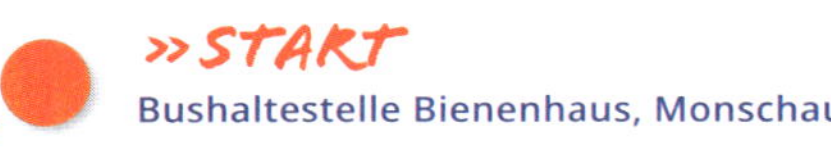

»START

Bushaltestelle Bienenhaus, Monschau

Von der Bushaltestelle den Wegweisern folgen, es geht ein kleines Stück bergauf zur Burg.

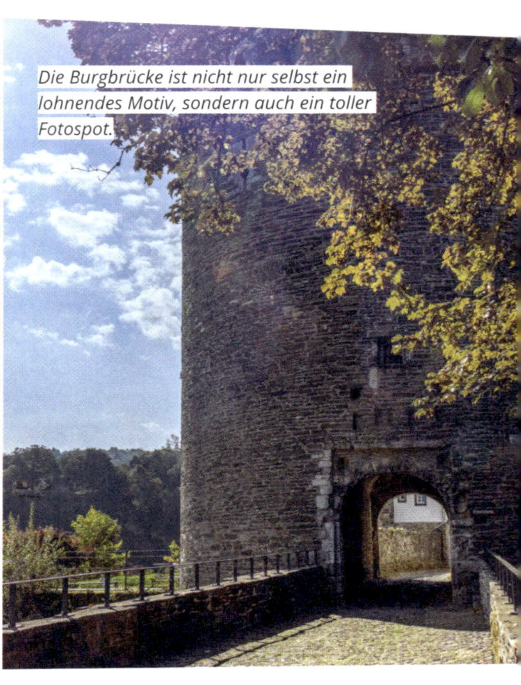

Die Burgbrücke ist nicht nur selbst ein lohnendes Motiv, sondern auch ein toller Fotospot.

KM 0,5

1 **Burg Monschau**

Jugend trifft Mittelalter

Die Burg in Monschau thront schon einige Hundert Jahre über der Stadt. Im 12. Jahrhundert begann der Aufbau unter den mächtigen Grafen von Jülich. Obwohl die Anlage als nahezu uneinnehmbar galt, wurde sie im 16. Jahrhundert nach Belagerung durch Karl V. eingenommen, die Stadt geplündert. Danach im wechselnden Besitz, verfiel die Burg zusehends, bis sie Anfang des 20. Jahrhunderts instandgesetzt wurde. Wie in der Altstadt von Monschau, hat man auch hier das Gefühl, märchenhaften Geschichten auf der Spur zu sein. Bis heute beeindruckt die Burg mit ihren massiven Ringmauern und den Wehrgängen, auch wenn das Innere nicht öffentlich zugänglich ist. Allerdings kann man hier übernachten, denn seit gut hundert Jahren ist die Burg eine Jugendherberge. Und im Sommer finden hier Events statt, darunter ein beliebtes Musikfestival.

Aus dem Burgtor heraustreten und scharf links abbiegen, einige Steinstufen hinab, immer Richtung Altstadt gehen.

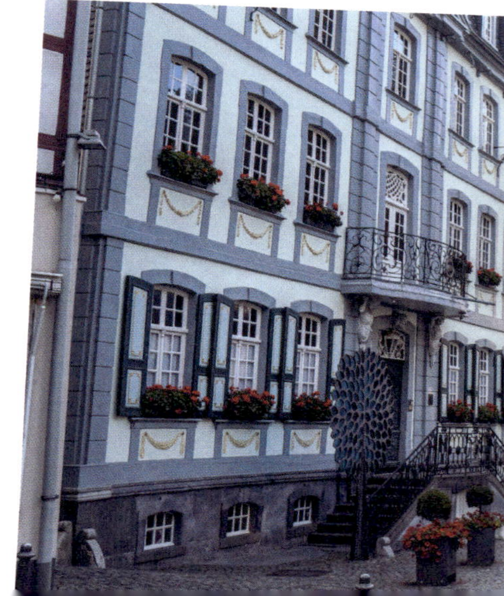

KM 0,7

Altstadt

Fachwerkhäuser zum Anfassen

Monschau lockt mit seinen teils bis an das Flüsschen Rur heranreichenden Fachwerkhäusern und den romantischen Altstadtgassen viele in- und ausländische Touristen an. Repräsentative Häuser aus der Blütezeit der Tuchmacherindustrie im 18. Jahrhundert zeugen von der Wohnkultur wohlhabender Bürger. Das Angebot der Stadt ist jedoch sehr vielfältig: Es reicht von organisierten Wandertouren in die Umgebung über Nachtwanderungen und Rate-Touren für Erwachsene bis hin zu Touren mit Stadtbummel und Verköstigung und vieles mehr. Besonders die kleinen Konditoreien, Bäckereien und Cafés können es einem antun.

Vom Roten Haus geht es bis zu einem mit Efeu bewachsenen Haus geradeaus, am Schild Haller-Ruinen rechts abbiegen. Hinter dem Monschauer Amtsgericht führt ein kleiner Weg den Berg leicht hoch.

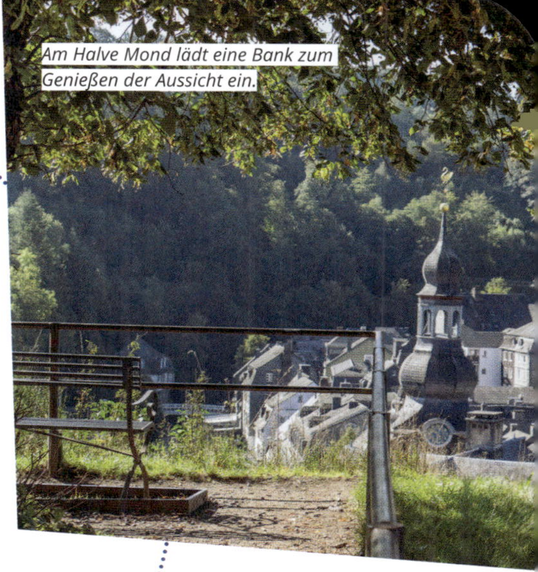

Am Halve Mond lädt eine Bank zum Genießen der Aussicht ein.

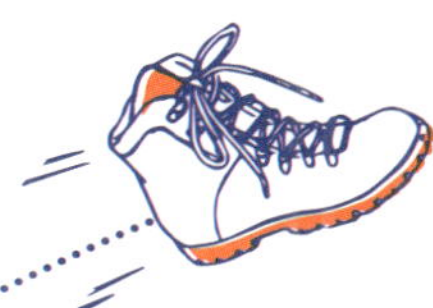

KM 1,2

Aussichtspunkt Halve Mond

Stadtpanorama de luxe

Von der kleinen Aussichtsplattform hat man einen fantastischen Blick über die Altstadt von Monschau. Stellt man ein (improvisiertes) Kamerastativ auf einer der Bänke ab, kann man ein wunderbares Erinnerungsfoto mit Selbstauslöser schießen, auf dem die prächtige Monschauer Burg im Hintergrund thront und sogar die schönen Fachwerkhäuser zu sehen sind.

Ein kurzes Stück dem Panoramaweg weiter bergauf folgen, dann geht es links zur Haller-Ruine.

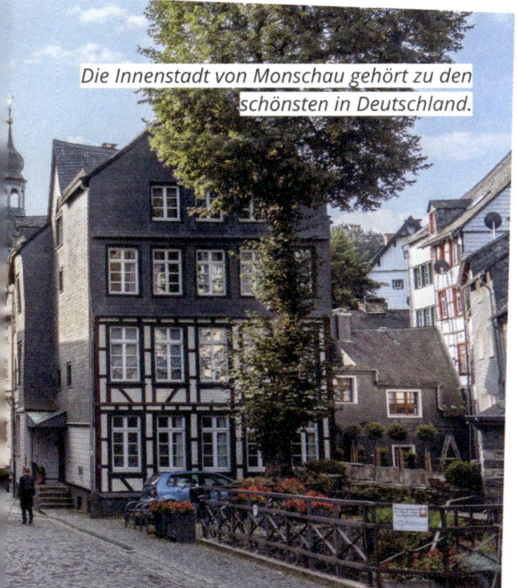

Die Innenstadt von Monschau gehört zu den schönsten in Deutschland.

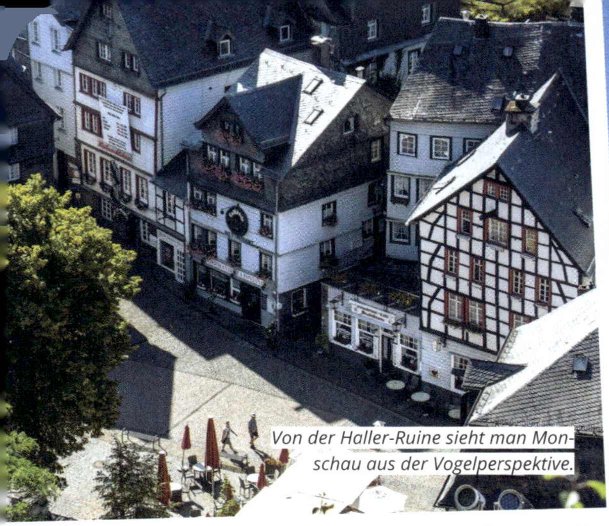

Von der Haller-Ruine sieht man Monschau aus der Vogelperspektive.

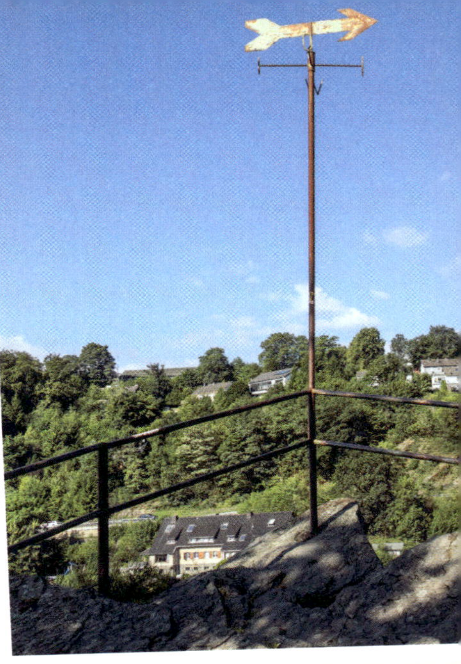

KM 1,2

4 Haller-Ruine

Auf Beobachtungsposten gehen

Welche Funktion die Befestigungsanlage einst hatte, ist nicht sicher belegt. Mal wurde sie als Beobachtungsposten für die gegenüberliegende Burg Monschau angesehen, dann als eigenständige Befestigungsanlage, denn schon damals wusste man die Aussicht von hier auf Monschau und das Rurtal zu schätzen, wenn auch vermutlich aus anderen Gründen als Besucher heute. Einige Schilder beschreiben, was genau man von der Anlage noch sehen kann.

Direkt bei der Haller-Ruine links in den Eichenwald hinein gehen.

KM 1,4

5 Aussichtspunkt Mühlenley

Alles in Ruhe überblicken

Von hier kann man zum ersten Mal die ganze Stadt Monschau überblicken. Man sieht die Fachwerkhäuser und oberhalb davon die Burg, hört den Laufenbach plätschern und kann den waldigen Duft der Nadelbäume wahrnehmen. Jeder der Aussichtspunkte bietet einen neuen Blickwinkel auf die Stadt, doch dieser hier ist besonders ruhig. Obwohl Monschau viele Touristen anzieht, kann man hier für ein paar Momente ganz allein sein.

Weiter auf dem Trampelpfad im Wald geradeaus. Nach einem Kilometer leicht rechts abbiegen, dem kleinen Wanderweg über die Felder folgen, an der Pferdekoppel vorbei links und der Allee folgen. An der Landstraße rechts abbiegen, dann links beim Holzschild Menzerath wieder bergauf.

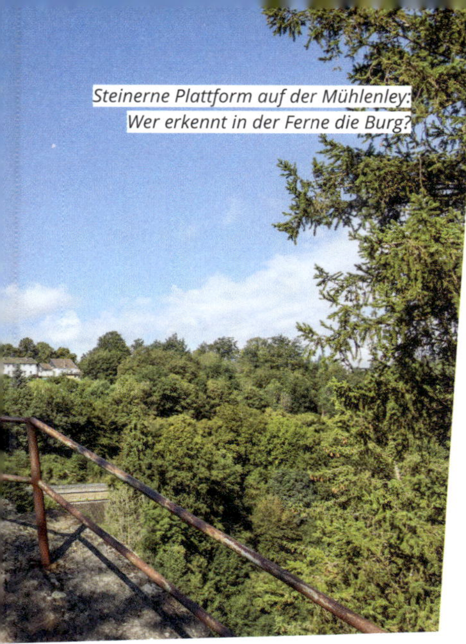

Steinerne Plattform auf der Mühlenley: Wer erkennt in der Ferne die Burg?

EXTRA INFOS:

Das ● **Rote Haus** in Monschau war einst der Stammsitz der Tuchmacher- und Kaufmannsfamilie Scheibler. Heute ist es ein Museum, in dem zu sehen ist, wie Mitglieder des wohlhabenden Bürgertums um 1900 lebten und wohnten. Besonders die Eichenholztreppe im Haus ist sehenswert (rotes-haus-monschau.de).

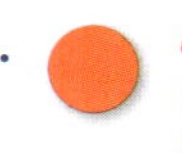

KM 8,4 » ZIEL

Bushaltestelle Bienenhaus, Monschau

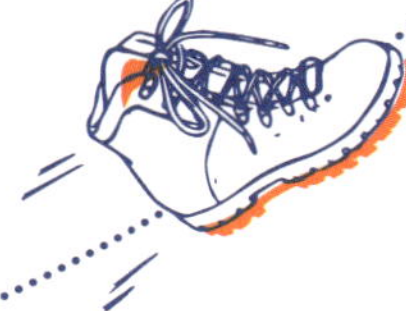

KM 5,2

Zwei Bänke

6 Die Perspektive wechseln

Und noch einmal auf die Burg von Monschau schauen, aber aus einer neuen Perspektive. Obwohl die Stadt die ganze Tour über im Blickfeld war, hat man sie jedes Mal von einer anderen Seite gesehen. Hier oben bei den beiden Bänken kann man im Sommer einen schönen Sonnenuntergang erleben oder im Winter die verschneiten Häuser im Stadtzentrum bewundern.

Nun in den Nadelwald hinein, geradeaus und zurück zur Bushaltestelle.

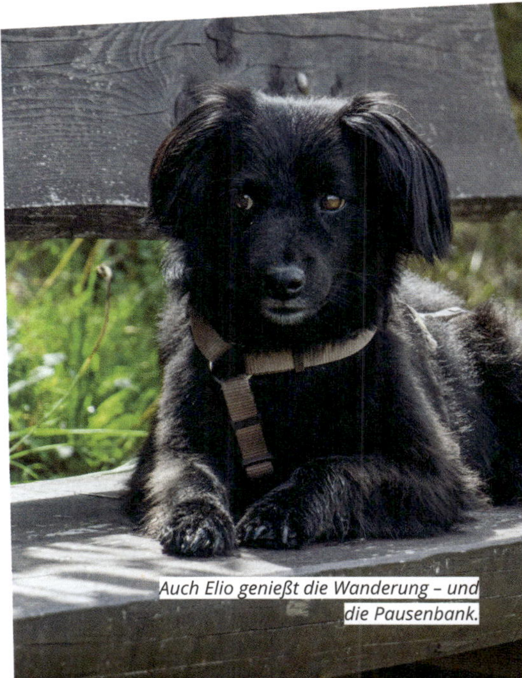

Auch Elio genießt die Wanderung – und die Pausenbank.

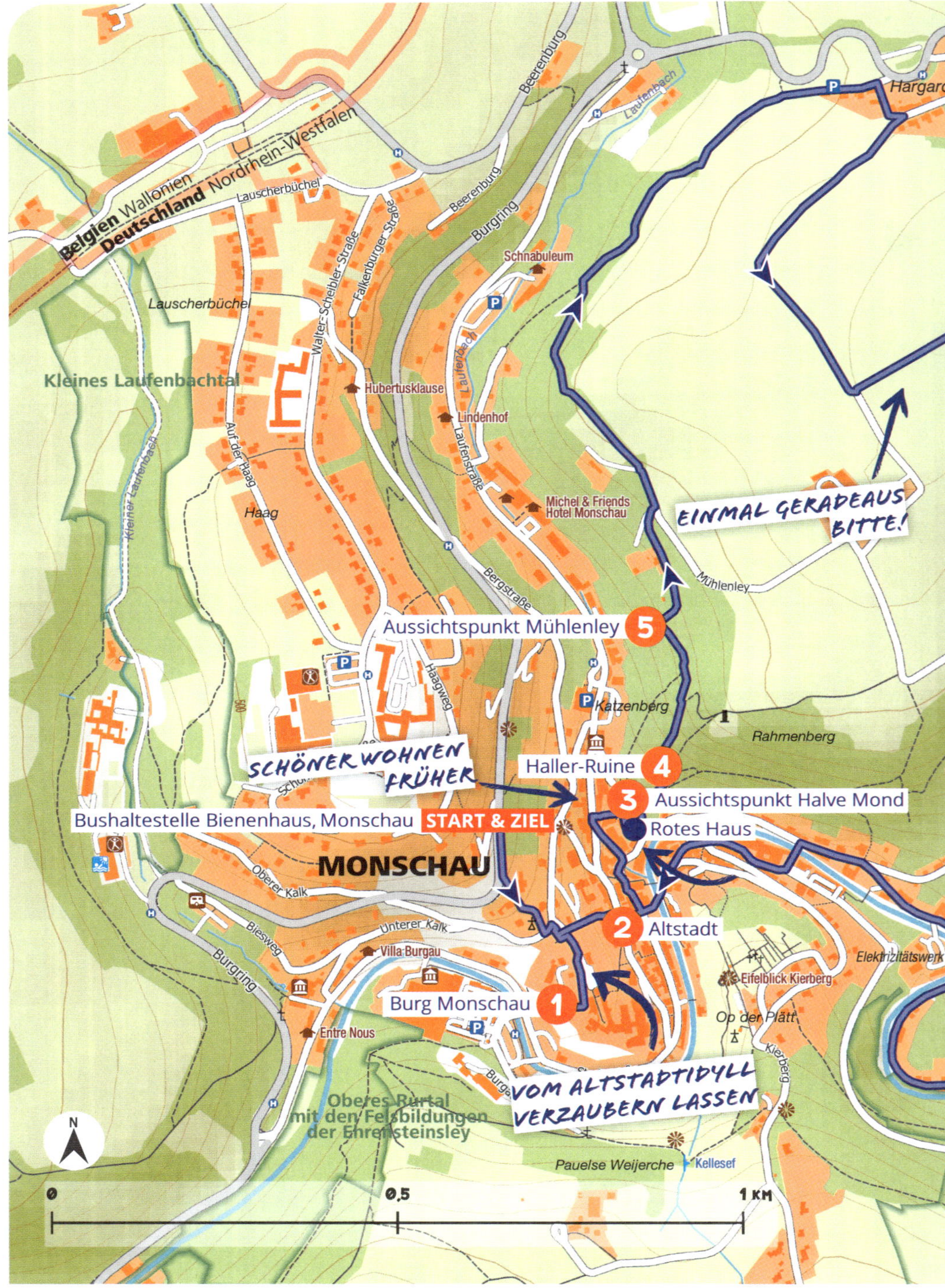
Belgien Wallonien
Deutschland Nordrhein-Westfalen
Lauscherbüchel
Beerenburg
Burgring
Walter-Scheibler-Straße
Falkenburger Straße
Schnabuleum
Hargard
Laufenbach
Kleines Laufenbachtal
Hubertusklause
Lindenhof
Laufenstraße
Auf der Haag
Haag
Kleiner Laufenbach
Michel & Friends Hotel Monschau
EINMAL GERADEAUS BITTE!
Mühlenley
Bergstraße
Aussichtspunkt Mühlenley 5
Haagweg
Katzenberg
Rahmenberg
SCHÖNER WOHNEN FRÜHER
Haller-Ruine 4
3 Aussichtspunkt Halve Mond
Rotes Haus
Bushaltestelle Bienenhaus, Monschau START & ZIEL
MONSCHAU
Oberer Kalk
Unterer Kalk
2 Altstadt
Biesweg
Villa Burgau
Burgring
Elektrizitätswerk
Eifelblick Kierberg
Burg Monschau 1
Op der Plätt
Entre Nous
Kierberg
VOM ALTSTADTIDYLL VERZAUBERN LASSEN
Oberes Rurtal mit den Felsbildungen der Ehrensteinsley
Pauelse Weijerche
Kellesef
N
0
0,5
1 KM

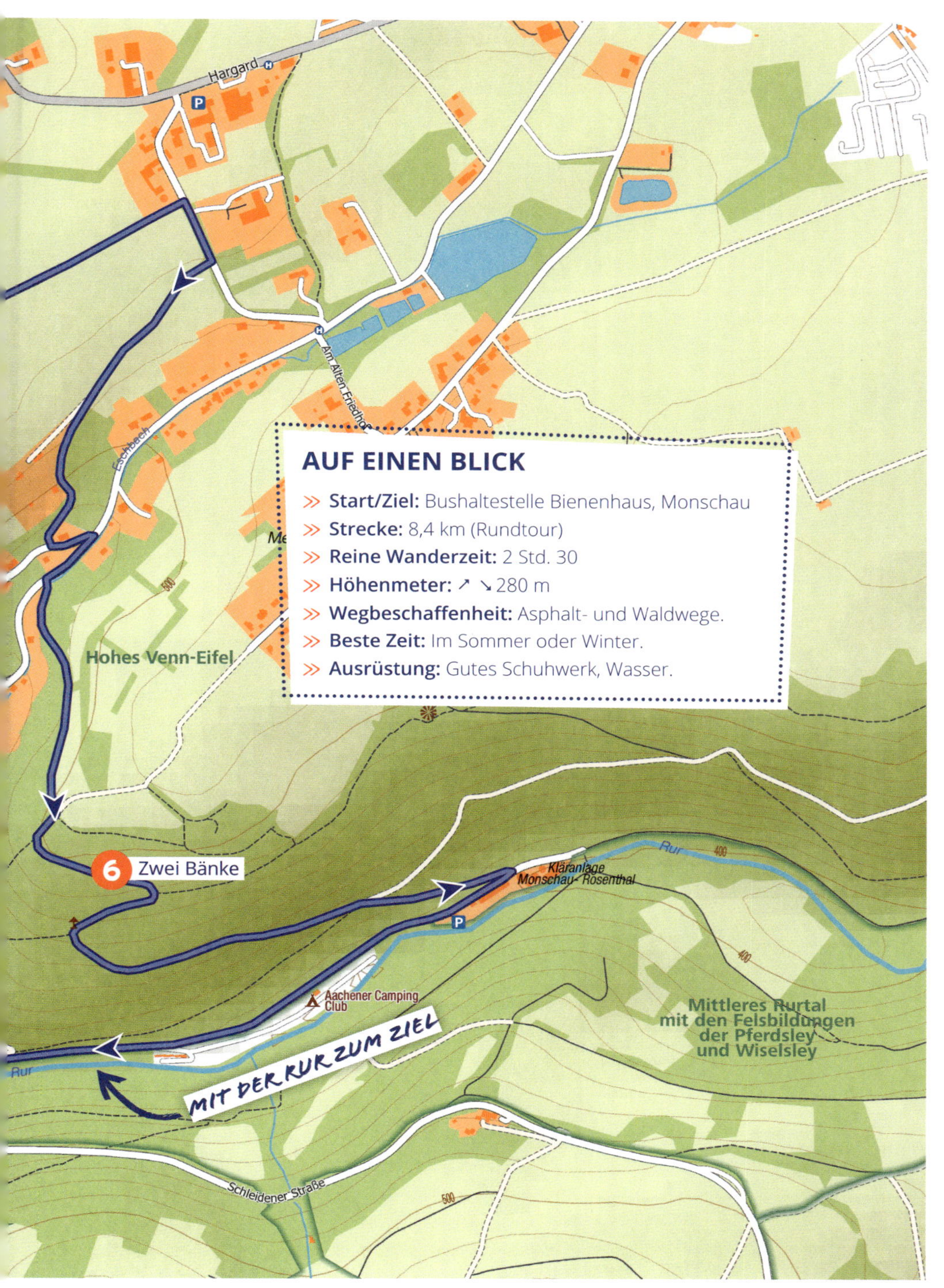

AUF EINEN BLICK

- **Start/Ziel:** Bushaltestelle Bienenhaus, Monschau
- **Strecke:** 8,4 km (Rundtour)
- **Reine Wanderzeit:** 2 Std. 30
- **Höhenmeter:** ↗ ↘ 280 m
- **Wegbeschaffenheit:** Asphalt- und Waldwege.
- **Beste Zeit:** Im Sommer oder Winter.
- **Ausrüstung:** Gutes Schuhwerk, Wasser.

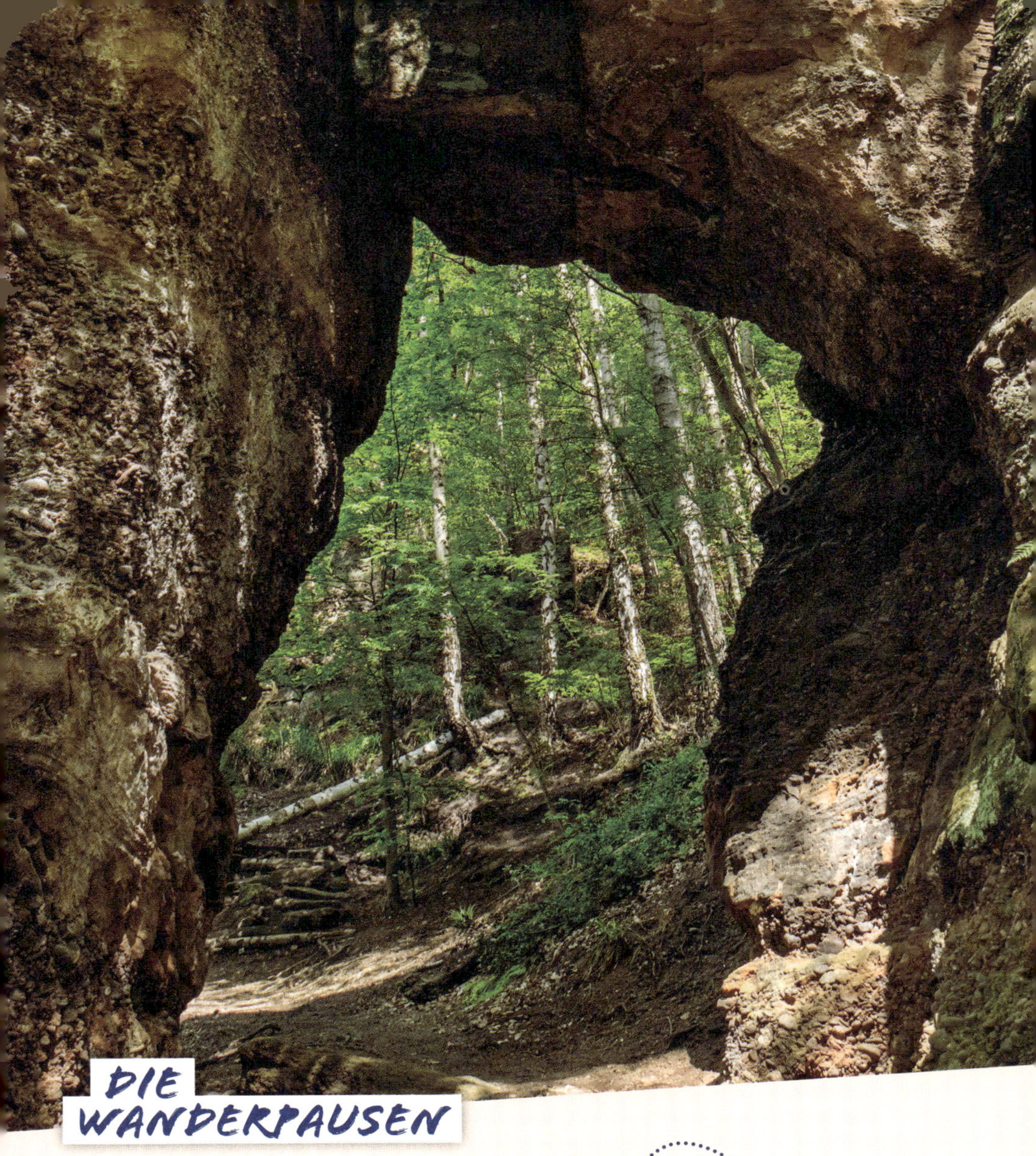

DIE WANDERPAUSEN

» START
Bushaltestelle Bergstein
Im Siebert, Bergstein

KM 0,3
1 Picknickplatz
Mit Frühstück im Grünen starten

KM 2,1
2 Bank an der Rur
Sich wie im Dschungel fühlen

KM 3,5
3 Hindenburgtor-Blick
Aus uraltem Stein erbaut

AM TOR ZUM NATIONALPARK

19

Zwischen Buntsandsteinfelsen und Nidegger Burg

Tief hat sich die Rur im Laufe von Jahrmillionen in den Buntsandstein eingegraben. Übrig blieben zwischen dichten Laubwäldern aufragende Felsformationen, ein Refugium für seltene Tierarten wie den Uhu – und eine fantastische Kulisse für Touren rund um Nideggen und seine Burg.

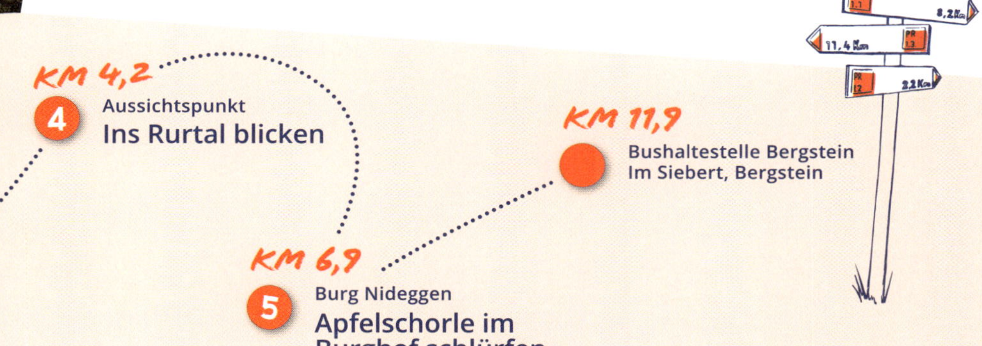

DER ZAHN DER ZEIT ...

... nagt seit Millionen von Jahren am Buntsandstein an der Rur und hat dabei bizarre Felsformationen erschaffen, denen man auf dieser Tour ganz nah kommt oder sie aus unterschiedlichen Perspektiven im Blick hat. Dabei ist Abwechslung garantiert, denn es geht durch dichte Nadel- und Mischwälder, vorbei an kleinen Flüssen, insbesondere der Rur, grünen Wiesen und zu der über Nideggen über einer Felswand thronenden Burg. Und das alles vor den Toren des Nationalparks Eifel.

Wem nach der Anfahrt der Magen schon knurrt, findet gleich zu Beginn bei der Bergsteiner Kirche einen schönen **Picknickplatz** im Grünen mit drei Bänken. Danach folgt ein ruhiger Abschnitt auf Feldwegen und an Viehwiesen vorbei, durch dichten Eichen- und Buchenwald Richtung Rur. Nach kurzer Zeit trifft man in einer Wegkurve auf eine **Bank an der Rur**. Es lohnt sich, einen Moment zu verweilen, denn die Aussicht hier ist spektakulär, die Natur um einen herum strotzt vor Grün. Dichte Baumkronen und Büsche säumen den Fluss, sodass man fast das Gefühl hat, mitten im Dschungel zu sitzen.

Beim Gut Kallerbend (Einkehrmöglichkeit) führt eine kleine Brücke über die Rur. Nun dominieren alte Birken und Nadelbäume die Landschaft. Mitunter hört man das Pfeifen der Rurtalbahn. Über große Wiesen geht es zurück in den Wald, dann zeigen sich die ersten Buntsandsteinfelsen: das **Hindenburgtor.** Der Weg führt zunächst an dem imposanten Steintor vorbei, wenig später dann auch durch die Felsformation hindurch!

Vom **Aussichtspunkt** hat man einen tollen Blick über das Rurtal, wo man erst wenige Stunden zuvor hindurchgewandert ist. In Nideggen muss man sich von Natur für ein Weilchen verabschieden, dafür kann man auf **Burg Nideggen** ins Mittelalter eintauchen und ins Rurtal blicken.

KÖSTLICH, AN EINEM HEISSEN TAG IM HOF VON BURG NIDEGGEN EINE KÜHLE APFELSCHORLE TRINKEN

Auf dem letzten Stück Waldweg kommt man der **Rur** noch einmal ganz nah, sieht vom Ufer aus die Sonne auf dem Wasser glitzern. An diesem idyllischen Ort leben wieder Biber und Eisvögel gehen auf Fischfang: ein Zeichen, dass die Natur hier unter Schutz steht.

Zum Ende hin verändert sich der Weg noch ein letztes Mal: Rechts begleitet einen Laubwald und links Felder. Wohin das Auge blickt, man sieht nichts außer Natur. «

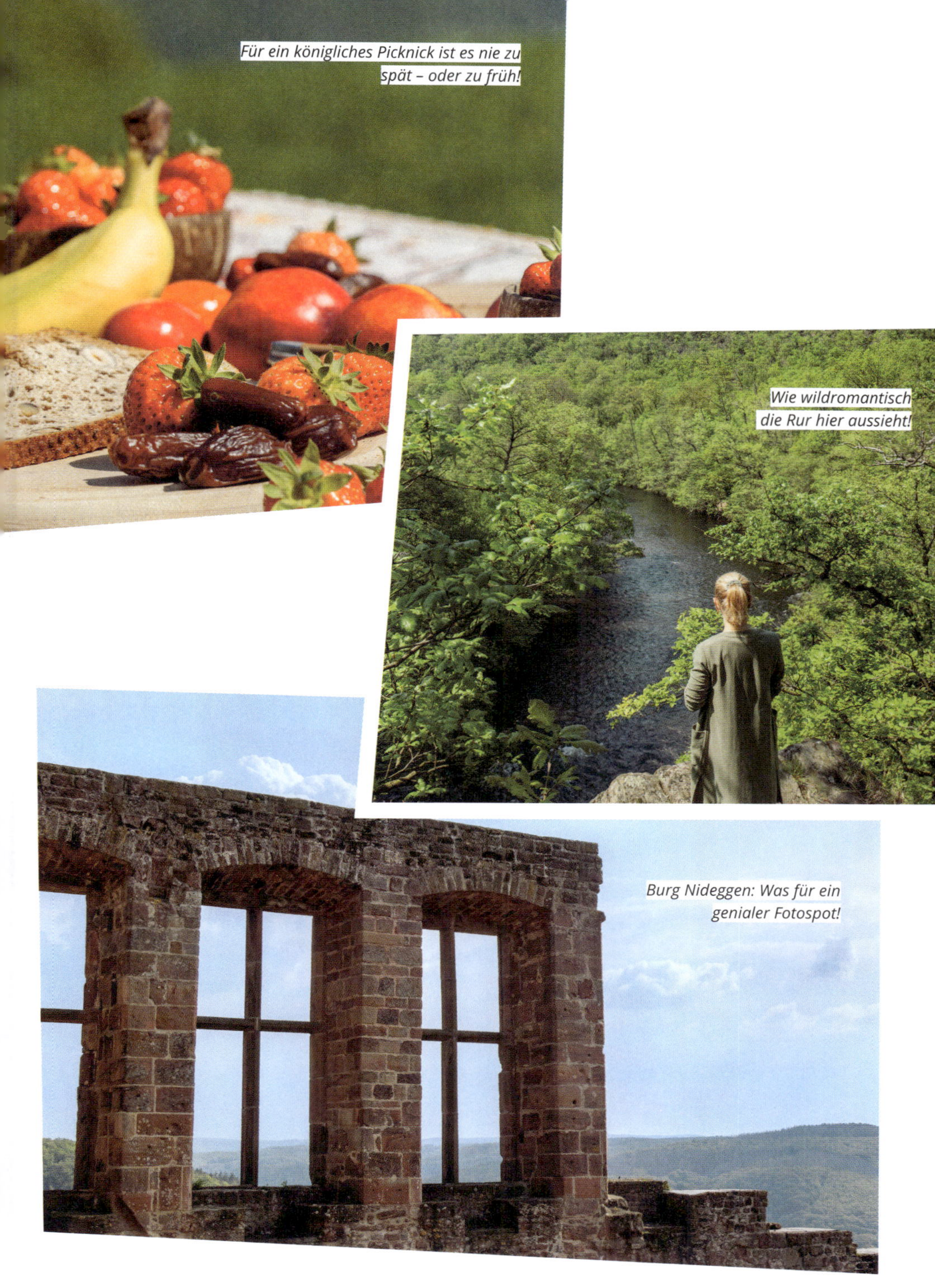
Für ein königliches Picknick ist es nie zu spät – oder zu früh!
Wie wildromantisch die Rur hier aussieht!
Burg Nideggen: Was für ein genialer Fotospot!

WANDERN & GENIESSEN

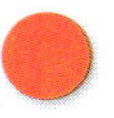

» START

Bushaltestelle Bergstein Im Siebert, Bergstein

Von der Bushaltestelle der Burgstraße an der Kirche vorbei bis zu einer großen Wiese folgen.

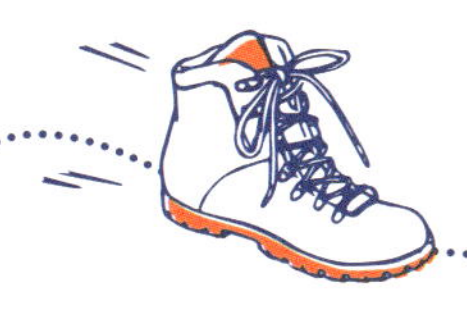

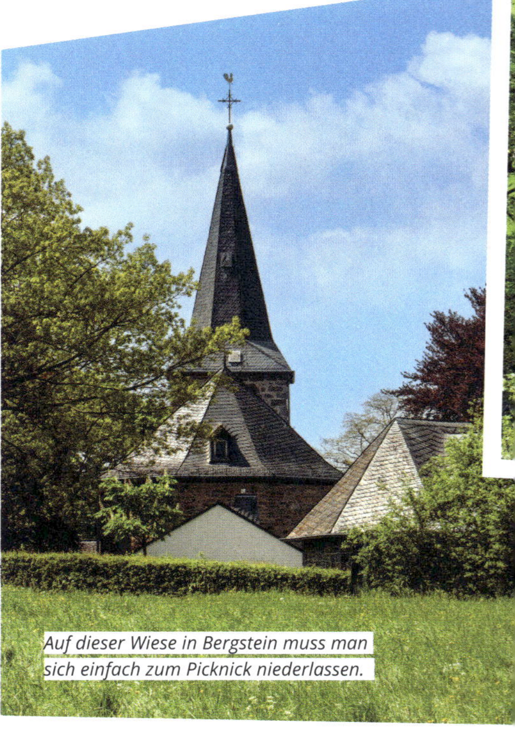

Auf dieser Wiese in Bergstein muss man sich einfach zum Picknick niederlassen.

KM 0,3

Picknickplatz

Mit Frühstück im Grünen starten

Direkt bei der großen Kirche mit einem alten Friedhof liegt diese große Wiese mit drei einladenden Bänken – ein perfekter Platz für ein ausgiebiges Startpicknick. Dabei kann man den Blick über das Rurtal schweifen lassen, in das die Tour gleich führen wird, und Energie für die Wanderung sammeln.

Links auf einen kleinen Schotterweg abbiegen, jetzt folgt man dem Wanderweg 35 (ausgeschildert).

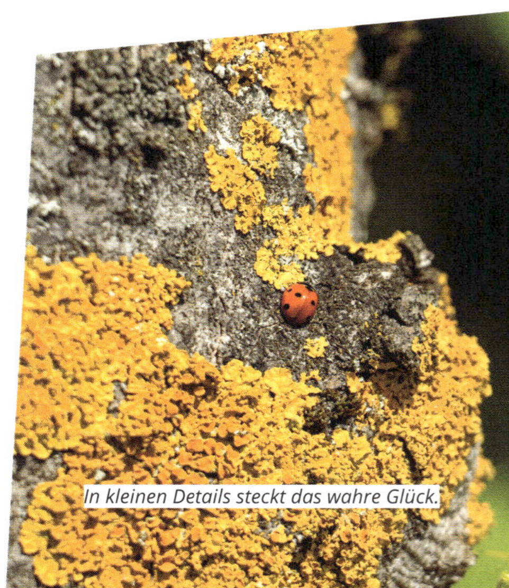

In kleinen Details steckt das wahre Glück.

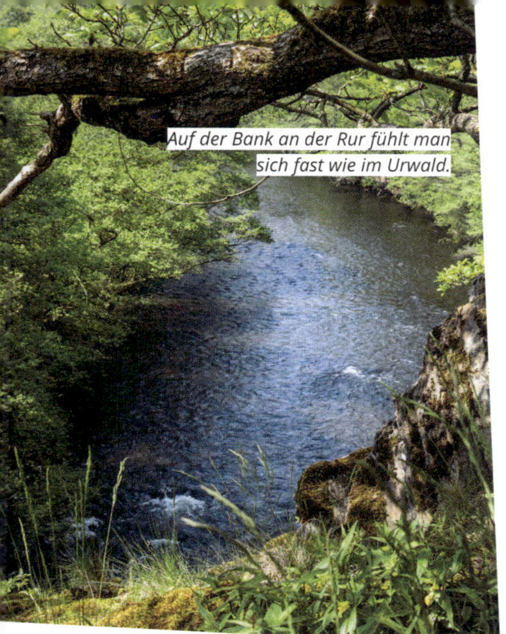
Auf der Bank an der Rur fühlt man sich fast wie im Urwald.

KM 2,1

2 Bank an der Rur
Sich wie im Dschungel fühlen

Wenn man Glück hat, ist die Bank frei. Blickt man von hier aus auf die Rur, hat man gar nicht mehr das Gefühl, in Deutschland zu sein, so wild, fast wie im Dschungel sieht die Flussbiegung hier aus. Bäume und Sträucher ragen hinunter bis zur Wasseroberfläche, säumen das Ufer mit dichtem Grün. Unter Umständen kommt man mit einem netten Wanderer ins Gespräch, der hier ebenfalls den Ausblick genießen möchte. Alternativ kann man hier auf dem Felsvorsprung Fotos als Andenken schießen.

Bergab, über die Holzbrücke und am Parkplatz von Gut Kallerbend entlang. An der Kuhwiese geht es nach links und oben am Feldrand wieder links.

KM 3,5

3 Hindenburgtor-Blick
Aus uraltem Stein erbaut

Wie beeindruckend sich die Felsen in die Landschaft einfügen! Geologische Kräfte und Erosion haben hier ein Naturmonument aus Sandstein erschaffen, das sicher noch eine Weile den nagenden Witterungseinflüssen standhält. Der Wanderweg führt jedoch zunächst am gewaltigen Hindenburgtor vorbei (und später noch durch das Tor hindurch). Aus einigen Metern Abstand erkennt man die Ausmaße besonders gut. So klein kommt man sich beim Anblick der riesigen Felsen vor, erst recht, wenn man kurz darauf unter ihnen hindurchläuft. Überall bleiben Wanderer stehen, um das beeindruckende Felsgewölbe fotografisch festzuhalten.

Unterhalb der Felsen dem kleinen Waldweg folgen. Rechts abbiegen, dann stößt man wieder auf die Buntsandsteinfelsen.

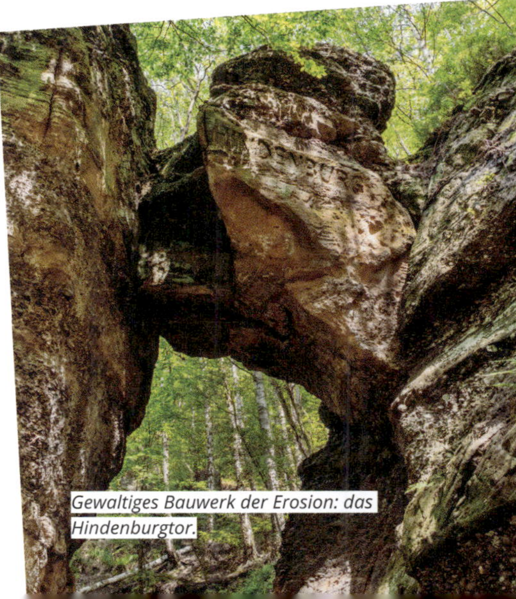
Gewaltiges Bauwerk der Erosion: das Hindenburgtor.

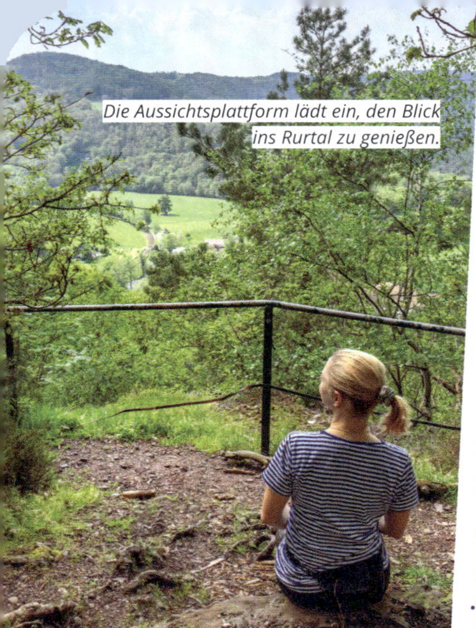

Die Aussichtsplattform lädt ein, den Blick ins Rurtal zu genießen.

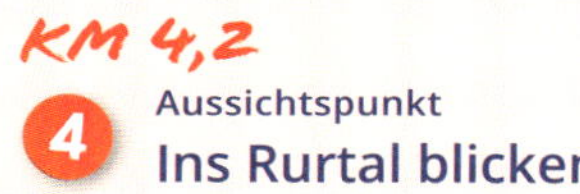

4 Aussichtspunkt

Ins Rurtal blicken

Von dieser kleinen Aussichtsplattform ist weit unten Gut Kallerbend und die Kuhwiese an der Rur zu sehen. Wer genügend Zeit eingepackt hat, kann einen Moment sitzen bleiben, die Aussicht genießen und ein paar tiefe Atemzüge nehmen. Hier mitten im Wald ist es leicht, den Alltagsstress hinter sich zu lassen und die herrliche Aussicht zu genießen. Im Frühling/Sommer sieht man auf der Wiese Kälber, die sich ganz dicht an ihre Muttertiere drängen.

Durch das Hindenburgtor hindurch und weiter auf dem Waldweg. Rechts abbiegen und dem Wanderweg J07 folgen. Über zwei kleine Brücken und beim Ortsschild Nideggen Richtung Zentrum einbiegen. Weiter nach links, am Christinenstift vorbei, durch den Stadtkern, dem J07 folgend rechts abbiegen.

KM 6,9

5 Burg Nideggen

Apfelschorle im Burghof schlürfen

An der alten Stadtmauer entlang geht es etwa 300 Meter bergauf zur Burg Nideggen. Die Burg thront auf einer Felswand aus Buntsandstein hoch über dem Rurtal und galt im Mittelalter als uneinnehmbar. Unter den Grafen von Jülich im Wesentlichen im 14. Jahrhundert zur Zeit Wilhelms V. erbaut, ist sie ein echtes Highlight unter den mittelalterlichen Burgen in der Eifel. Im Burgenmuseum erfährt man viel Interessantes über die kulturgeschichtliche Bedeutung von Burgen und das Leben der Menschen, die hier wohnten (Di–So, 10–17 Uhr). Im Burgrestaurant gibt es leckere Speisen und Getränke, heißen Kakao im Winter und im Sommer kalte Apfelschorle.

Nach Verlassen der Burg weiter an der alten Burgmauer entlang laufen. Beim Gut Laach links abbiegen, dann auf den Trampelpfad 35 Heinrich Böll Weg abbiegen. Es geht ins Rurtal, teilweise nah ans Ufer der Rur, und zurück zur Bushaltestelle.

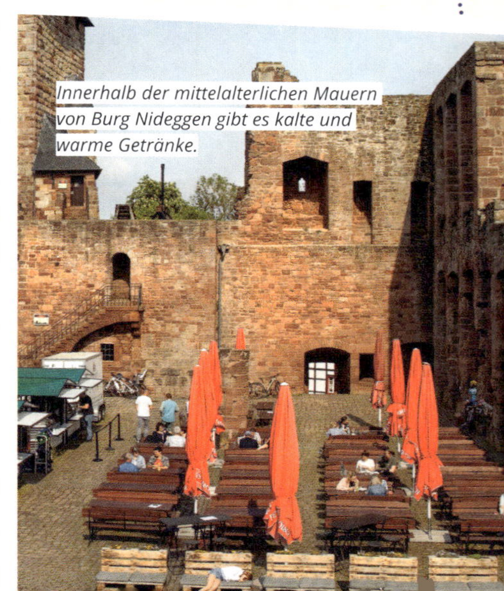

Innerhalb der mittelalterlichen Mauern von Burg Nideggen gibt es kalte und warme Getränke.

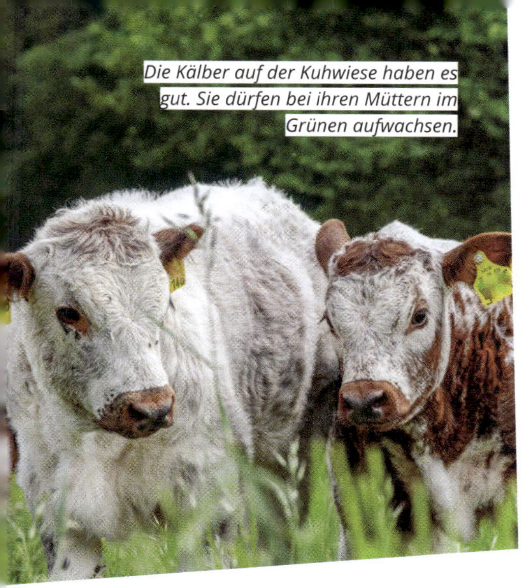
Die Kälber auf der Kuhwiese haben es gut. Sie dürfen bei ihren Müttern im Grünen aufwachsen.

EXTRA INFOS:

Vom ● **Krawutschketurm** aus, ganz in der Nähe des Picknickplatzes, hat man eine fantastische Sicht über das Rurtal und den Hürtgenwald in der Ferne. Durch seine Höhe ist er nicht zu übersehen (tgl. frei zugänglich).

Fast am Ende der Tour bietet der ● **Nationalpark-Infopunkt Zerkall** Wissenswertes rund um den Nationalpark Eifel, den man auf dieser Tour an seiner nördlichen Grenze streift (nationalpark-eifel.de).

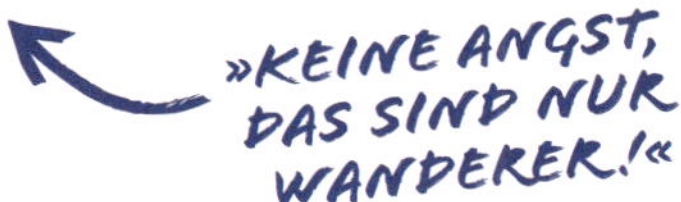

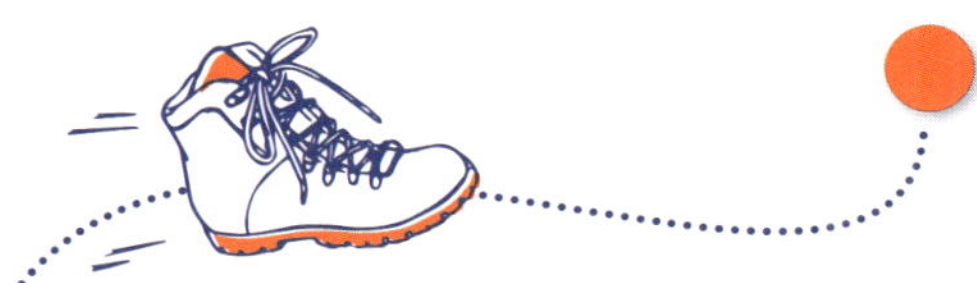

KM 11,9 » ZIEL
Bushaltestelle Bergstein Im Siebert, Bergstein

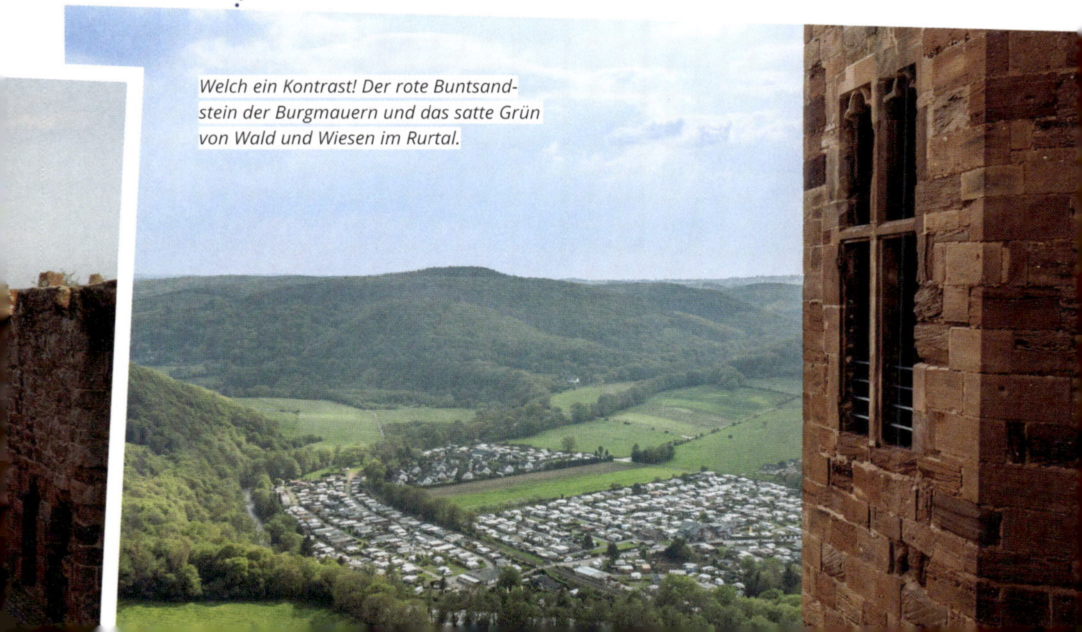

Welch ein Kontrast! Der rote Buntsandstein der Burgmauern und das satte Grün von Wald und Wiesen im Rurtal.

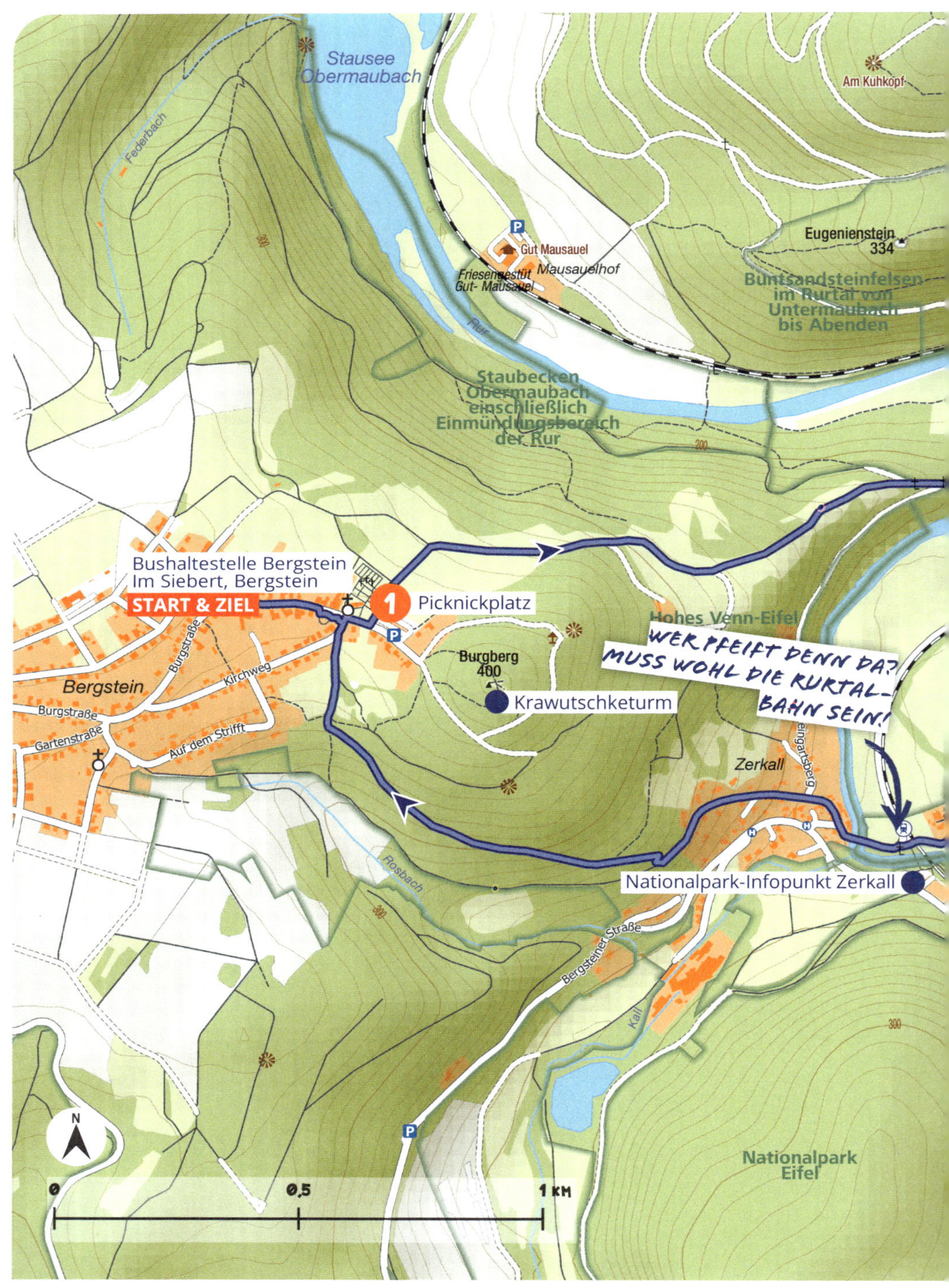

Stausee Obermaubach
Federbach
Am Kuhkopf
Gut Mausauel
Friesengestüt Gut- Mausauel
Mausauelhof
Eugenienstein 334
Buntsandsteinfelsen im Rurtal von Untermaubach bis Abenden
Rur
Staubecken Obermaubach einschließlich Einmündungsbereich der Rur
Bushaltestelle Bergstein Im Siebert, Bergstein
START & ZIEL
1
Picknickplatz
Hohes Venn-Eifel
WER PFEIFT DENN DA? MUSS WOHL DIE RURTAL-BAHN SEIN!
Burgberg 400
Krawutschketurm
Bergstein
Burgstraße
Kirchweg
Gartenstraße
Auf dem Strifft
Zerkall
Rosbach
Nationalpark-Infopunkt Zerkall
Bergsteiner Straße
Kall
Nationalpark Eifel
0
0,5
1 KM

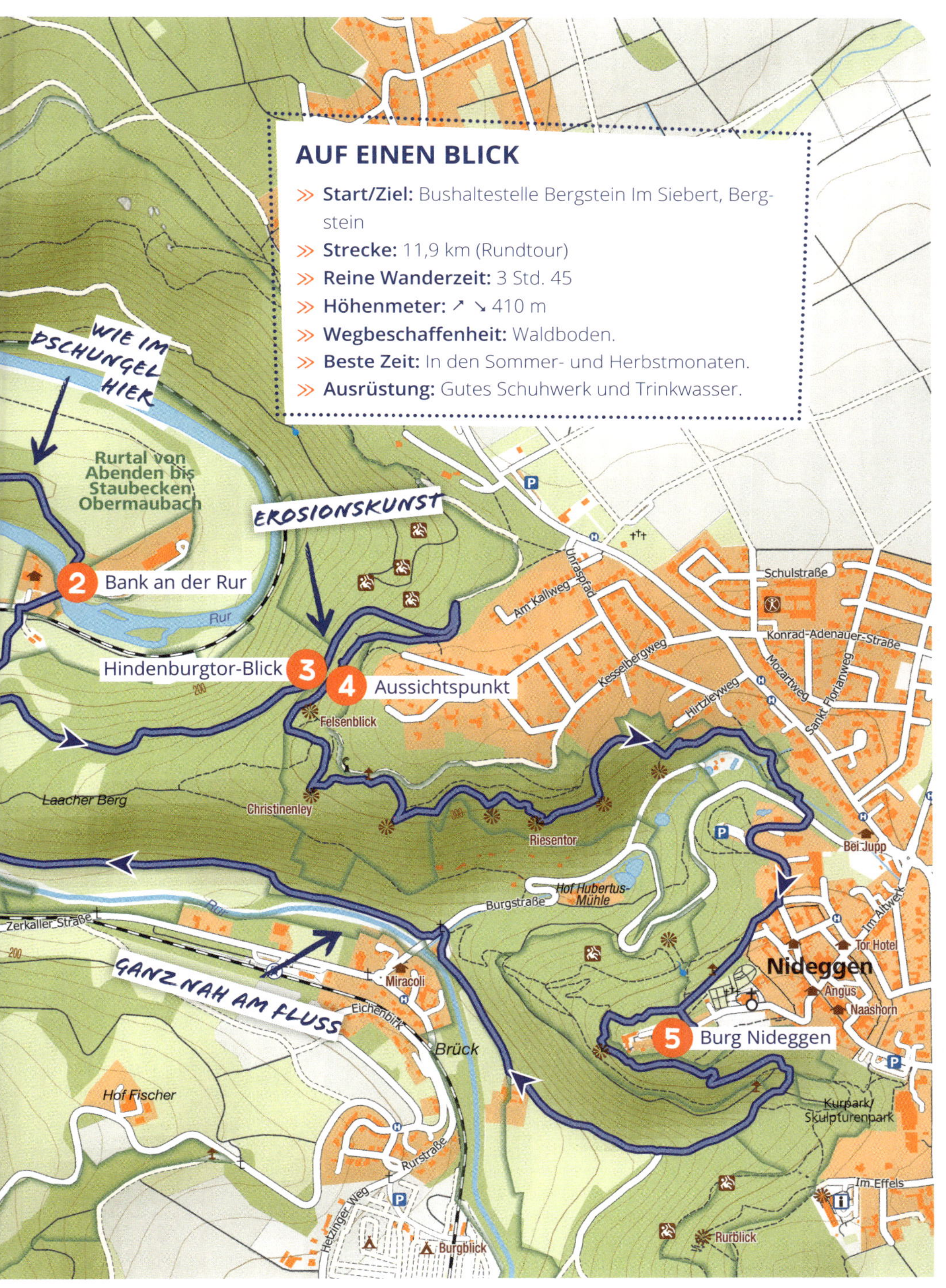

AUF EINEN BLICK

» **Start/Ziel:** Bushaltestelle Bergstein Im Siebert, Bergstein
» **Strecke:** 11,9 km (Rundtour)
» **Reine Wanderzeit:** 3 Std. 45
» **Höhenmeter:** ↗ ↘ 410 m
» **Wegbeschaffenheit:** Waldboden.
» **Beste Zeit:** In den Sommer- und Herbstmonaten.
» **Ausrüstung:** Gutes Schuhwerk und Trinkwasser.

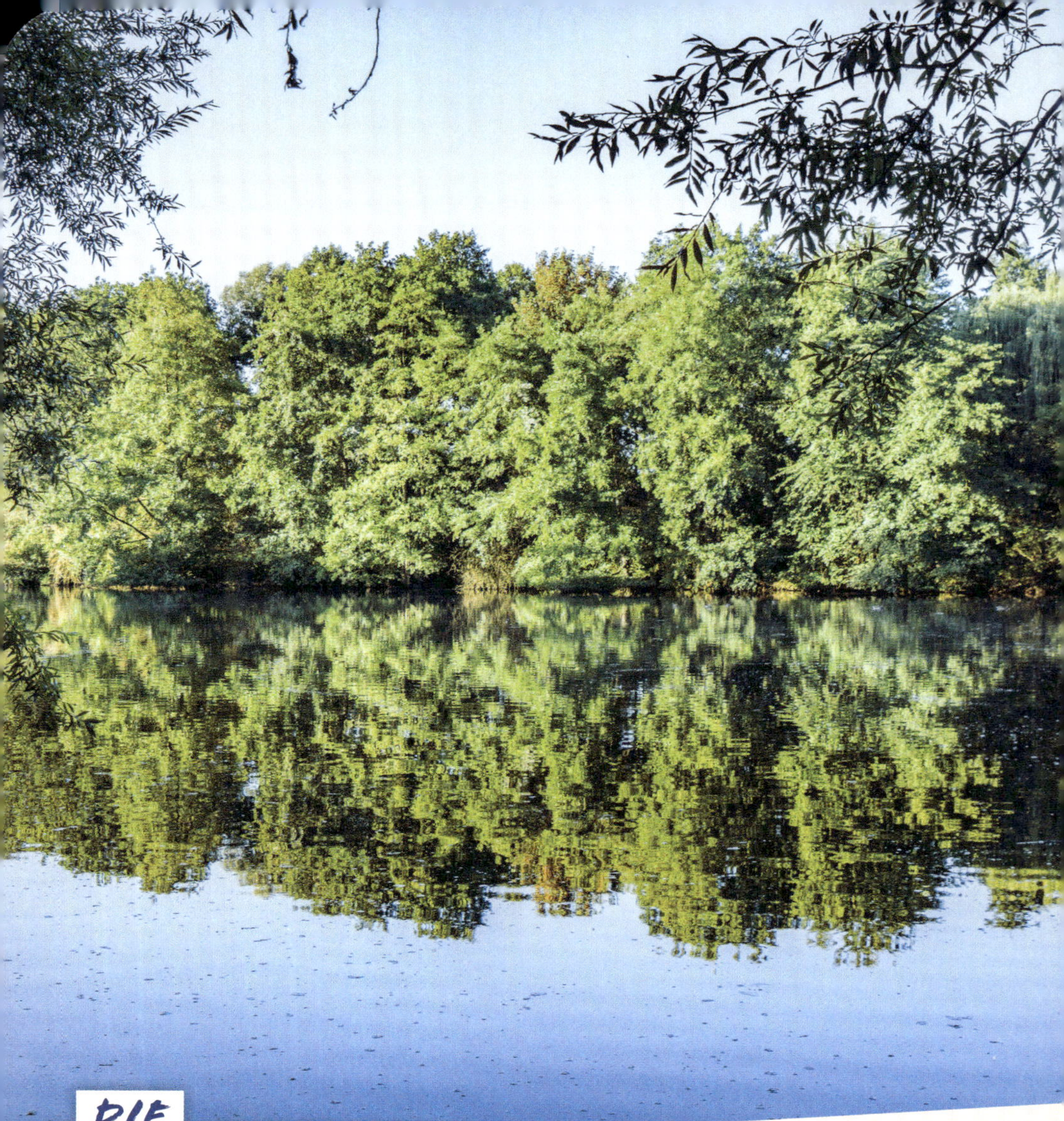

Die Wanderpausen

» **Start**
Bushaltestelle Ofden Freizeitpark, Alsdorf

KM 0,1
1 Tierpark Alsdorfer Weiher
Hirsch, Eule & Co. treffen

KM 3
2 Broicher Weiher
Durchs Auenland wandern

KM 3,8
3 Schutzhütte
Pause im Anglerparadies

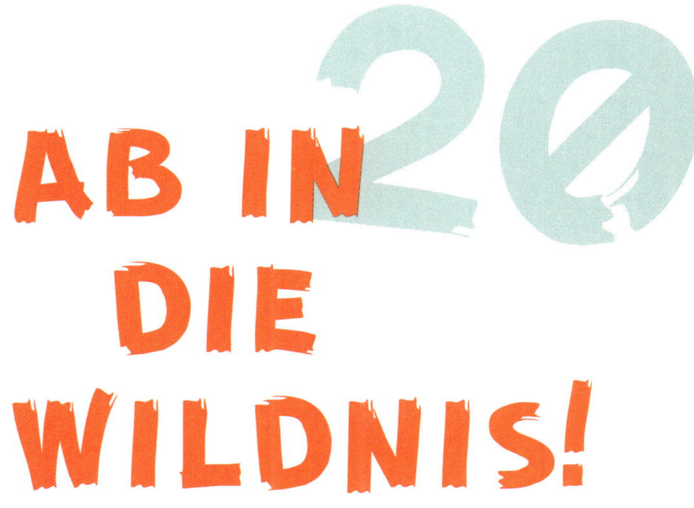

20 Ab in die Wildnis!

Von Alsdorf ins Broichbachtal

Auf verwunschenen Pfaden durch ein renaturiertes Auenland … Wenn die kurzen Abschnitte durch die Ortschaften nicht wären, könnte man meinen, man wäre wie durch Zauberhand in eine andere Welt gewandert. Hier wartet die Wildnis in verschiedenen Facetten.

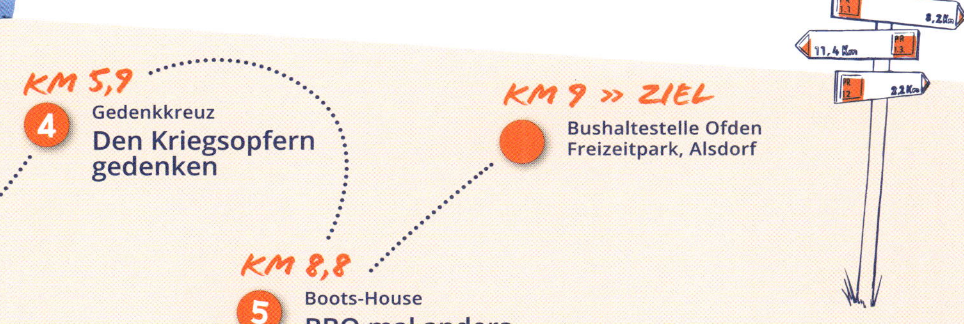

TIERISCHE BEGEGNUNGEN

Zu Beginn führt diese Tour mitten durch den **Tierpark Alsdorfer Weiher.** Aber keine Angst: Sie führt nicht durch jeden Winkel des 30 Hektar großen Parks. Man bekommt aber genug zu sehen, um einen kleinen Einblick in die Tierwelt zu erhalten.

Während man am Alsdorfer Weiher entlang wandert, kann man auf der gegenüberliegenden Seite das Boots-House mit den BBQ-Booten sehen. Die Vorfreude auf die Stärkung am Ende der Tour lässt grüßen! Dann betritt man mehr und mehr eine andere Welt. Das Wasser der zahlreichen Seen, Weiher und Angelteiche wird stiller und in ihnen spiegeln sich die Erlenbruchwälder. Hier begegnet man auch mal jemandem, der geduldig darauf wartet, dass ein Karpfen anbeißt. Und wer in der Ferne einen hastig flatternden, blau schillernden Federball ausmachen kann, hat das Glück, einen Eisvogel gesehen zu haben.

AM ENDE DER TOUR ENTSPANNT IN EINEM BBQ-BOOT SITZEN UND DEN TAG BEIM GRILLEN AUSKLINGEN LASSEN

Nicht nur die Landschaft an sich ist besonders, wild und urwüchsig. Auch die Bewohner sieht man in Deutschland nicht aller Tage in freier Natur: Am **Broicher Weiher** kann man nämlich Schildkröten entdecken, die auf einem abgestorbenen Ast im Wasser die Sonne genießen. Wie die wohl hierher gekommen sind?

Ein Stück weiter gelangt man an die Angelteiche des örtlichen Betriebs-Angelsportvereins. Hier kann man in einer **Schutzhütte** verweilen, während man die Umgebung auf sich wirken lässt. Dann geht es wieder in den Wald, wo man allenfalls Gassigänger um sich hat. Ansonsten kann man der Musik der Natur aus Vogelgezwitscher und raschelnden Blättern lauschen.

Ein kurzes, urban angehauchtes Intermezzo bringt einen an die Grenze von Blumenrath. Ein **Gedenkkreuz** erinnert seit 1998 an die Opfer des Zweiten Weltkriegs. Da nun zwei Drittel des Weges geschafft sind, kann man sich auf der nebenstehenden Bank ruhig eine kurze Verschnaufpause gönnen. Dann geht es zum Endspurt, der bald wieder in den Wald führt. Dann ist auch schon das Ende der Tour mit dem **Boots-House** erreicht. Wer im Voraus geplant hat, kann auf einem der BBQ-Boote grillen. Ansonsten ist nun Zeit, die mitgebrachte Verpflegung auszupacken und mit Seeblick zu genießen. «

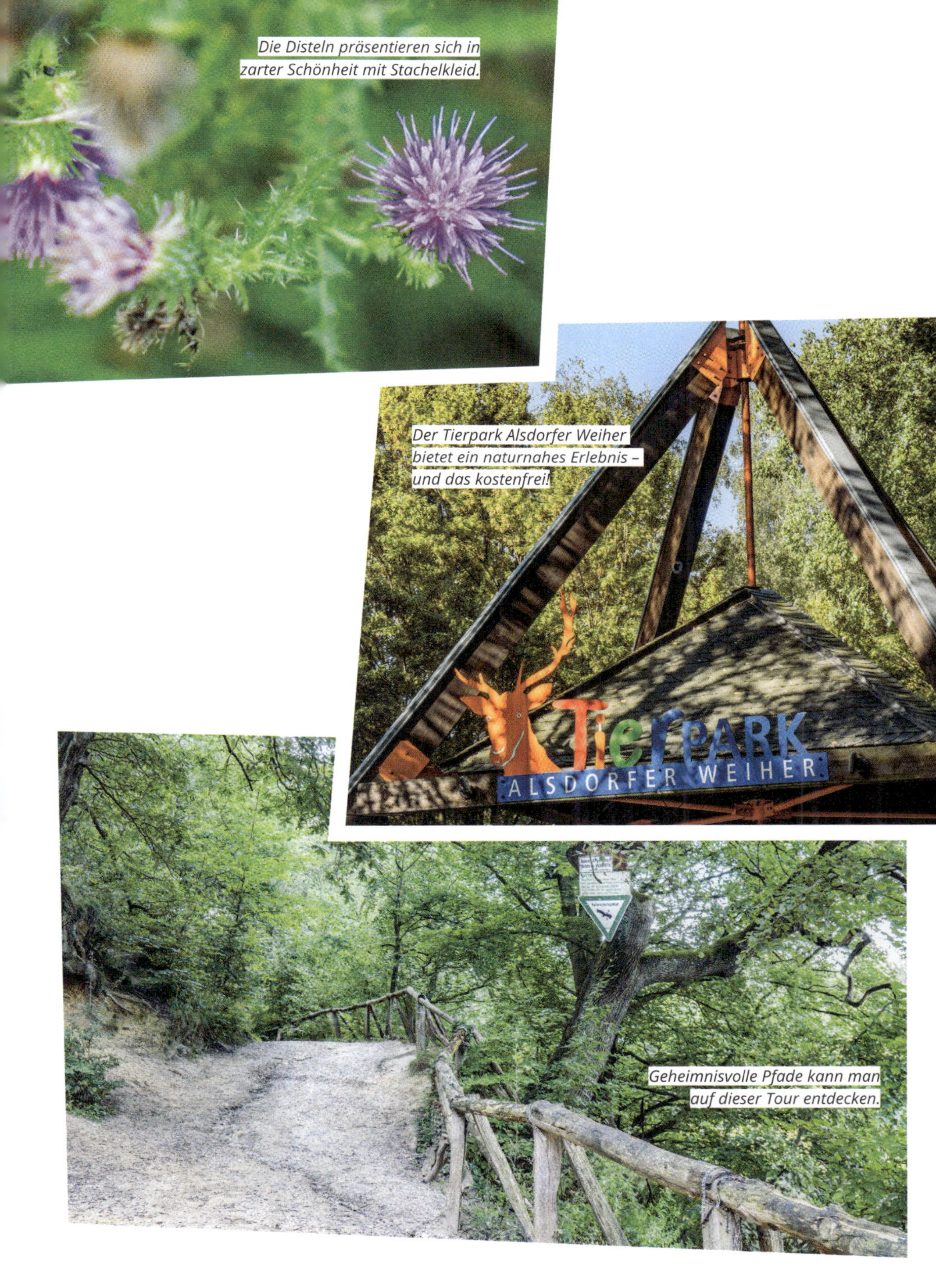

Die Disteln präsentieren sich in zarter Schönheit mit Stachelkleid.

Der Tierpark Alsdorfer Weiher bietet ein naturnahes Erlebnis – und das kostenfrei!

Geheimnisvolle Pfade kann man auf dieser Tour entdecken.

WANDERN & GENIESSEN

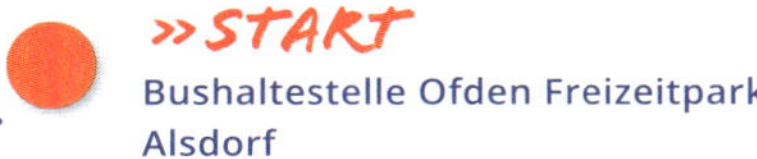

»START

Bushaltestelle Ofden Freizeitpark, Alsdorf

Zum Tierpark sind es nur ein paar Schritte.

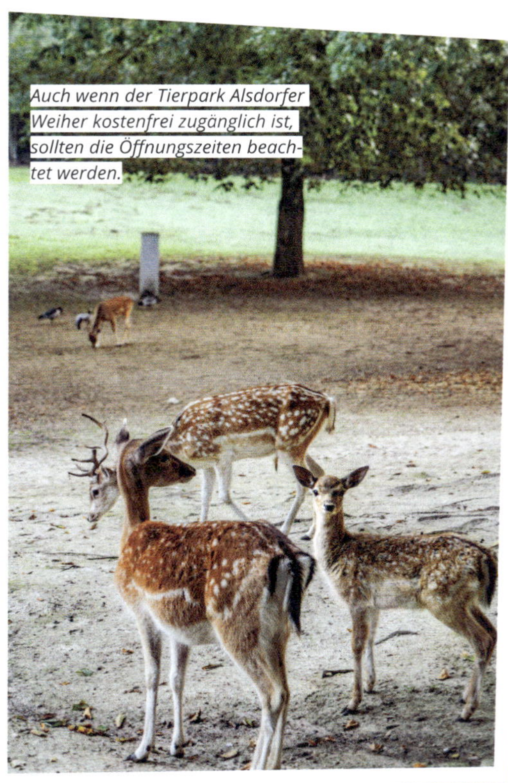

Auch wenn der Tierpark Alsdorfer Weiher kostenfrei zugänglich ist, sollten die Öffnungszeiten beachtet werden.

KM 0,1

1 **Tierpark Alsdorfer Weiher**

Hirsch, Eule & Co treffen

Seit 1967 zaubert der Tierpark Alsdorfer Weiher kleinen und großen Tierfans ein Lächeln ins Gesicht. Hier bekommt man einen Einblick in die überwiegend heimische Tierwelt. Auf 30 Hektar kann man nicht nur 20 verschiedene Tierarten bewundern, sondern auch den Freizeitbereich nutzen. Unter anderem warten hier eine Kletterpyramide und ein Kletterschiff, aber auch zwei Kioske und eine Gaststätte (Eintritt frei, 9–17 Uhr, tierpark-alsdorf.de).

Durch den Tierpark hindurch und am Alsdorfer Weiher entlang. Immer geradeaus, bis der Weg an einem weiteren Weiher rechts abbiegt. Dem Weg weiter folgen, bis er auf eine Straße trifft. Hier links, die nächste rechts und dann wieder die nächste links laufen, um Ofden wieder zu verlassen. An der nächsten Abzweigung links und dann rechts halten. Immer geradeaus bis zum Broicher Weiher.

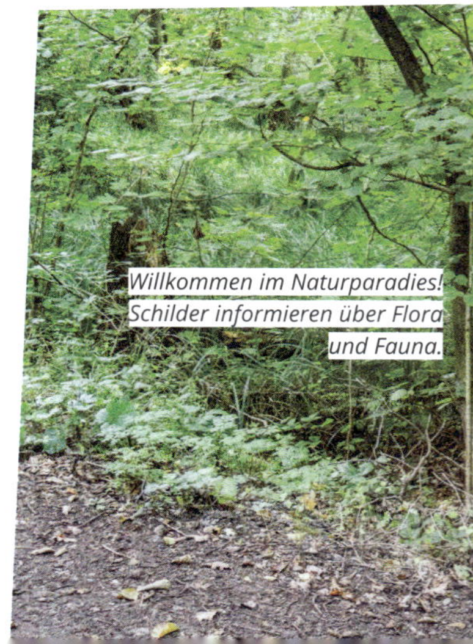

Willkommen im Naturparadies! Schilder informieren über Flora und Fauna.

KM 3

2 Broicher Weiher
Durchs Auenland wandern

Der kleine, renaturierte Broicher Bach fließt durch das Naherholungsgebiet Broichbachtal mit dem gleichnamigen Naturschutzgebiet und macht diese Gegend zu dem, was sie ist: ein wild-romantisches Auenland. Der Broicher Weiher ist ein Stauweiher und Mühlenstandort mit Erlen und Weiden, an dem ein Paradies für Tiere entstanden ist. Zu den rund 100 gezählten Vogelarten gehören Kormorane, Reiher und Kanadagänse. Dazu kommen Amphibien wie Erdkröten (Achtung, Krötenwanderung im Juni!), viele Fischarten und sogar Schildkröten.

Dem Weg weiter folgen.

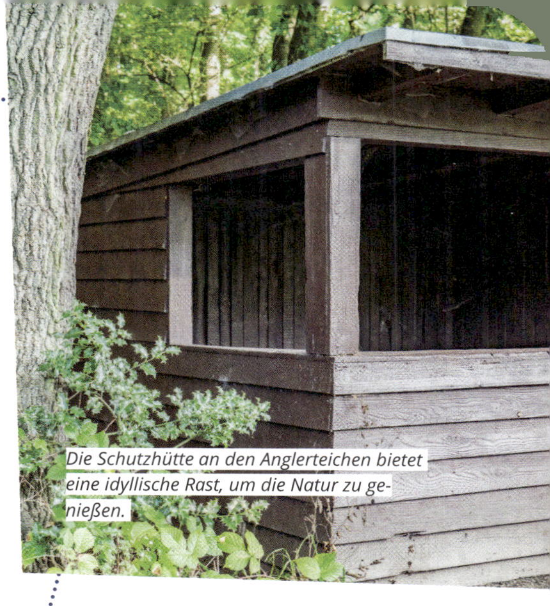

Die Schutzhütte an den Anglerteichen bietet eine idyllische Rast, um die Natur zu genießen.

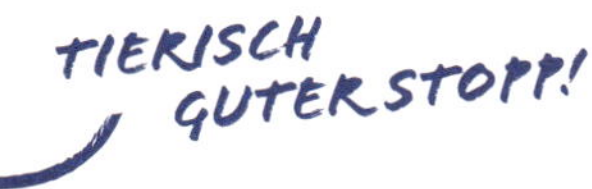

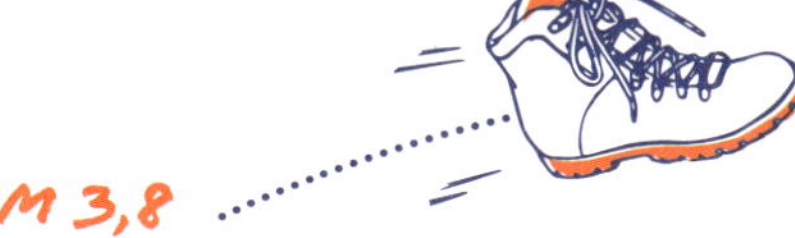

KM 3,8

3 Schutzhütte
Pause im Anglerparadies

Einige Weiher im Broichbachtal sind Angelteiche. So auch die Teiche am Broicher Weiher in Alsdorf. Hier tummeln sich zahlreiche Fische, darunter mitteleuropäische Fischarten wie Brassen, Hechte, Karpfen, Schleien und Zander. Das Angelgewässer wird vom Betriebs-Angelsportverein Maria-Hauptschacht 1960 e.V. bewirtschaftet, an den sich Gastangler wenden können, um Angelkarten zu erwerben.

An den Angelweihern vorbei und die Blumenrather Straße überqueren. In ein Waldstück laufen und an der Abzweigung links halten. Dann vor dem Ortseingang von Broich wieder links und im Wald noch einmal links. Dann die erste Abzweigung rechts, über ein kurzes Waldstück wieder auf die Blumenrather Straße und nach rechts bis zum Kreuz.

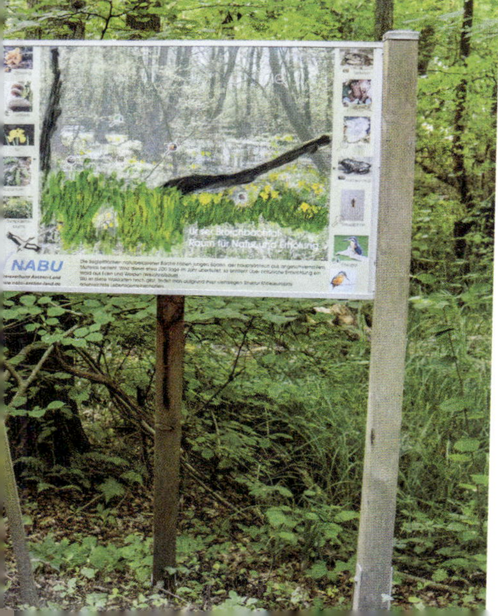

KM 5,9

4 Gedenkkreuz
Den Kriegsopfern gedenken

An der Ecke Blumenrather Straße und Am Kiesschacht steht ein Gedenkkreuz, das an die Soldaten und Zivilisten, die in und um Mariadorf im Zweiten Weltkrieg ihr Leben ließen, erinnert. Hier wartet es nun mit einer Bank zum Innehalten (nachts sogar mit Beleuchtung).

Hinter dem Kreuz auf die Straße und dann links in den Feldweg einbiegen. Immer geradeaus, bis der Broicher Weiher wieder erreicht ist. Rechts abbiegen und bis zu einer T-Kreuzung laufen. Dort wieder rechts gehen. Ein kleines Stück bergauf, zweimal links halten und immer weiter geradeaus. Auf dem Herrenweg bleiben, bis es links hinab zum Boots-House geht.

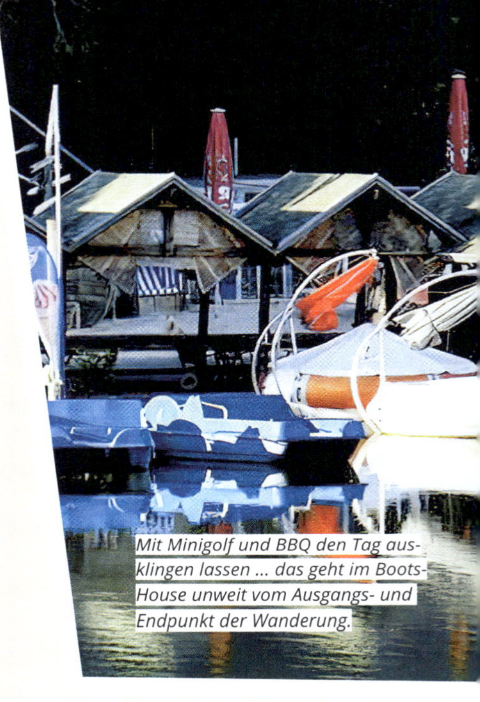

Mit Minigolf und BBQ den Tag ausklingen lassen ... das geht im Boots-House unweit vom Ausgangs- und Endpunkt der Wanderung.

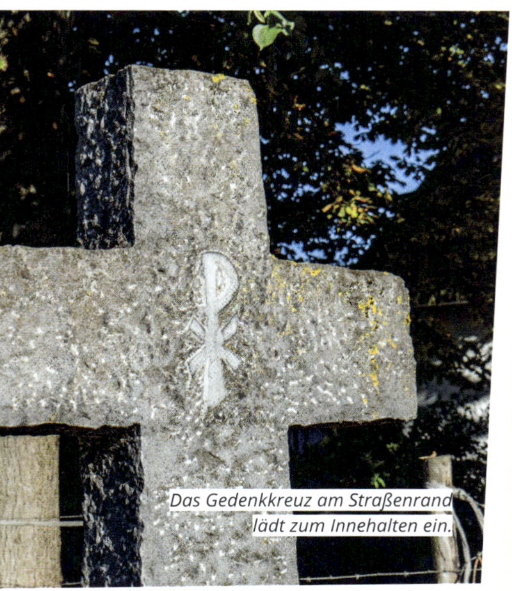

Das Gedenkkreuz am Straßenrand lädt zum Innehalten ein.

KM 8,8

5 Boots-House
BBQ mal anders

Das Boots-House (boots-house.de) ist eine Event-Location mit Minigolfplatz und Blick auf den Alsdorfer Weiher. Man kann Tretboote ausleihen, und wer rechtzeitig im Voraus plant, kann eines der BBQ-Boote mieten. Dann bekommt man das Grillfleisch vom Metzger geliefert und kann den Tag brutzelnd auf dem Wasser ausklingen lassen. Aber auch Selbstversorger sind willkommen, die nach der Wanderung ihr Sandwich auspacken und den Blick aufs Wasser genießen wollen.

Der Straße zurück zum Tierpark und zur Bushaltestelle folgen.

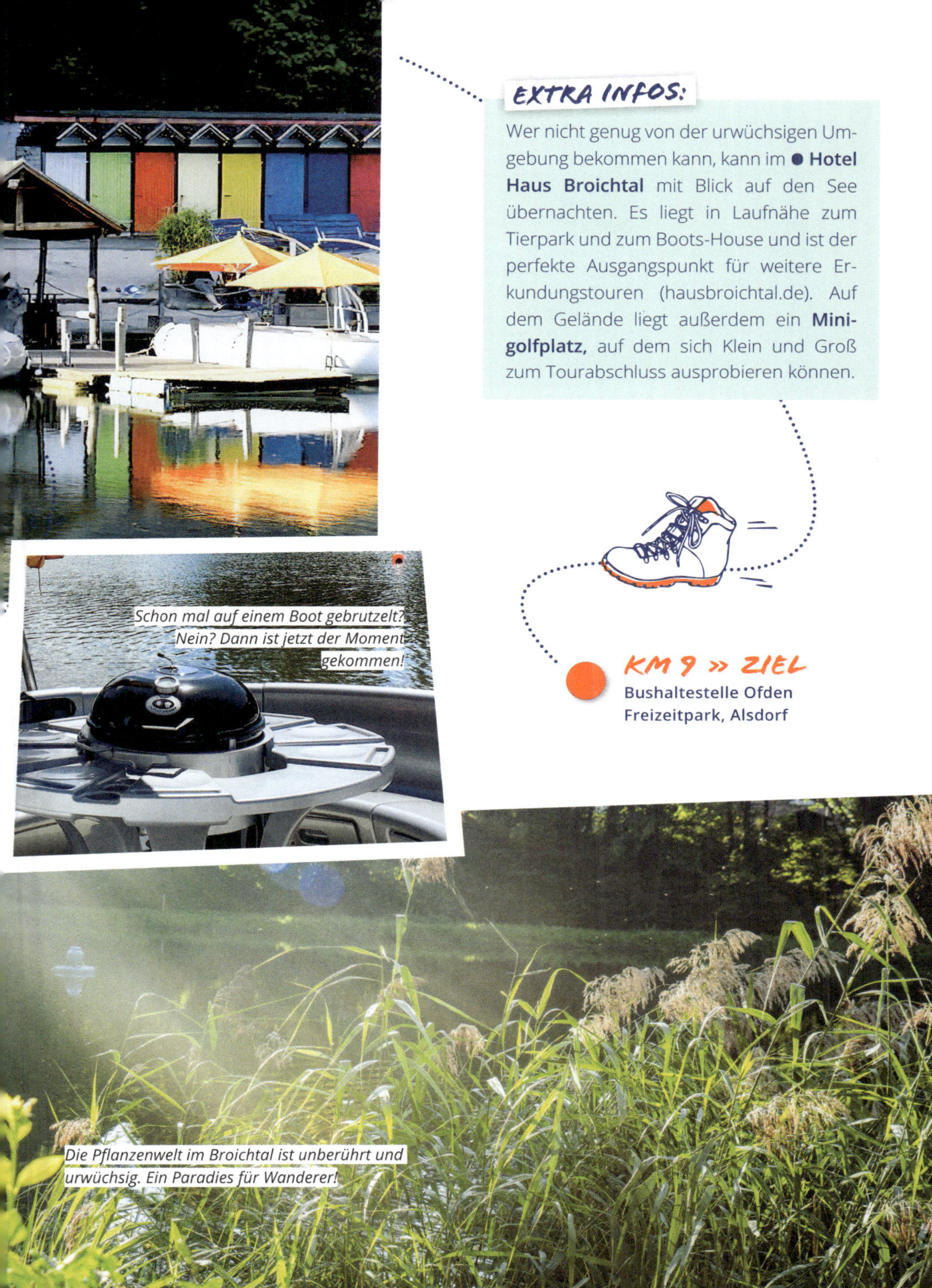

Schon mal auf einem Boot gebrutzelt? Nein? Dann ist jetzt der Moment gekommen!

Die Pflanzenwelt im Broichtal ist unberührt und urwüchsig. Ein Paradies für Wanderer!

EXTRA INFOS:

Wer nicht genug von der urwüchsigen Umgebung bekommen kann, kann im ● **Hotel Haus Broichtal** mit Blick auf den See übernachten. Es liegt in Laufnähe zum Tierpark und zum Boots-House und ist der perfekte Ausgangspunkt für weitere Erkundungstouren (hausbroichtal.de). Auf dem Gelände liegt außerdem ein **Minigolfplatz,** auf dem sich Klein und Groß zum Tourabschluss ausprobieren können.

KM 9 » ZIEL

Bushaltestelle Ofden Freizeitpark, Alsdorf

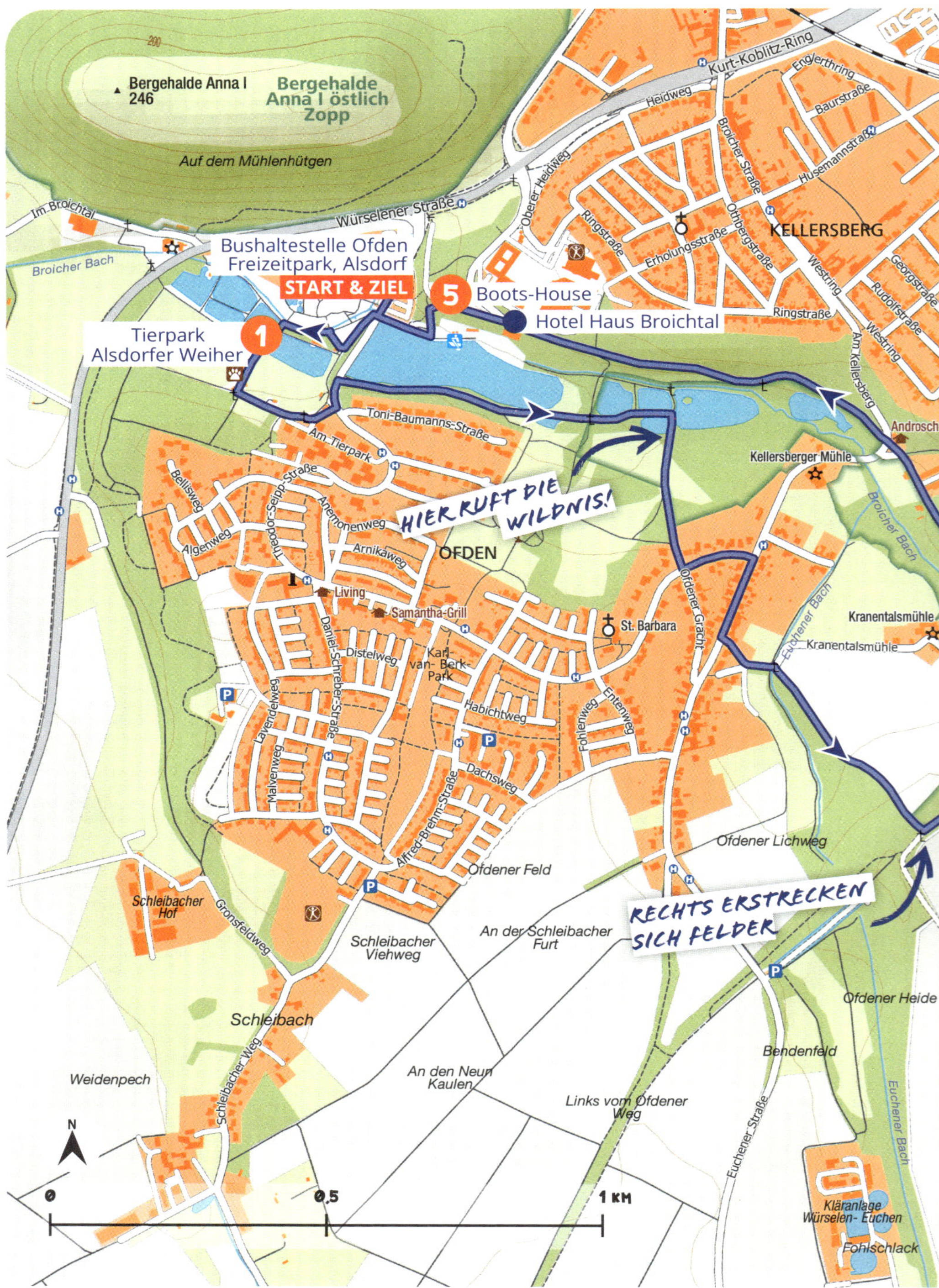

Bergehalde Anna I
246
Bergehalde Anna I östlich Zopp
200
Auf dem Mühlenhütgen
Im Broichtal
Broicher Bach
Würselener Straße
Bushaltestelle Ofden Freizeitpark, Alsdorf
START & ZIEL
5 Boots-House
Hotel Haus Broichtal
1
Tierpark Alsdorfer Weiher
Kurt-Koblitz-Ring
Heidweg
Oberer Heidweg
Broicher Straße
Englerthring
Baurstraße
Husemannstraße
Ringstraße
Erholungsstraße
Othbergstraße
KELLERSBERG
Westring
Georgstraße
Rudolfstraße
Am Kellersberg
Androsch
Kellersberger Mühle
Toni-Baumanns-Straße
Am Tierpark
Bellisweg
Algenweg
Theodor-Seipp-Straße
Anemonenweg
Arnikaweg
HIER RUFT DIE WILDNIS!
OFDEN
Living
Samantha-Grill
St. Barbara
Ofdener Gracht
Kranentalsmühle
Euchener Bach
Daniel-Schreber-Straße
Distelweg
Karl-van-Berk-Park
Habichtweg
Fohlenweg
Entenweg
Lavendelweg
Malvenweg
Alfred-Brehm-Straße
Dachsweg
Ofdener Feld
Ofdener Lichweg
Schleibacher Hof
Gronsfeldweg
RECHTS ERSTRECKEN SICH FELDER
Schleibacher Viehweg
An der Schleibacher Furt
Ofdener Heide
Schleibach
Bendenfeld
Weidenpech
An den Neun Kaulen
Links vom Ofdener Weg
Schleibacher Weg
Euchener Straße
N
0
0,5
1 KM
Kläranlage Würselen-Euchen
Fohlschlack

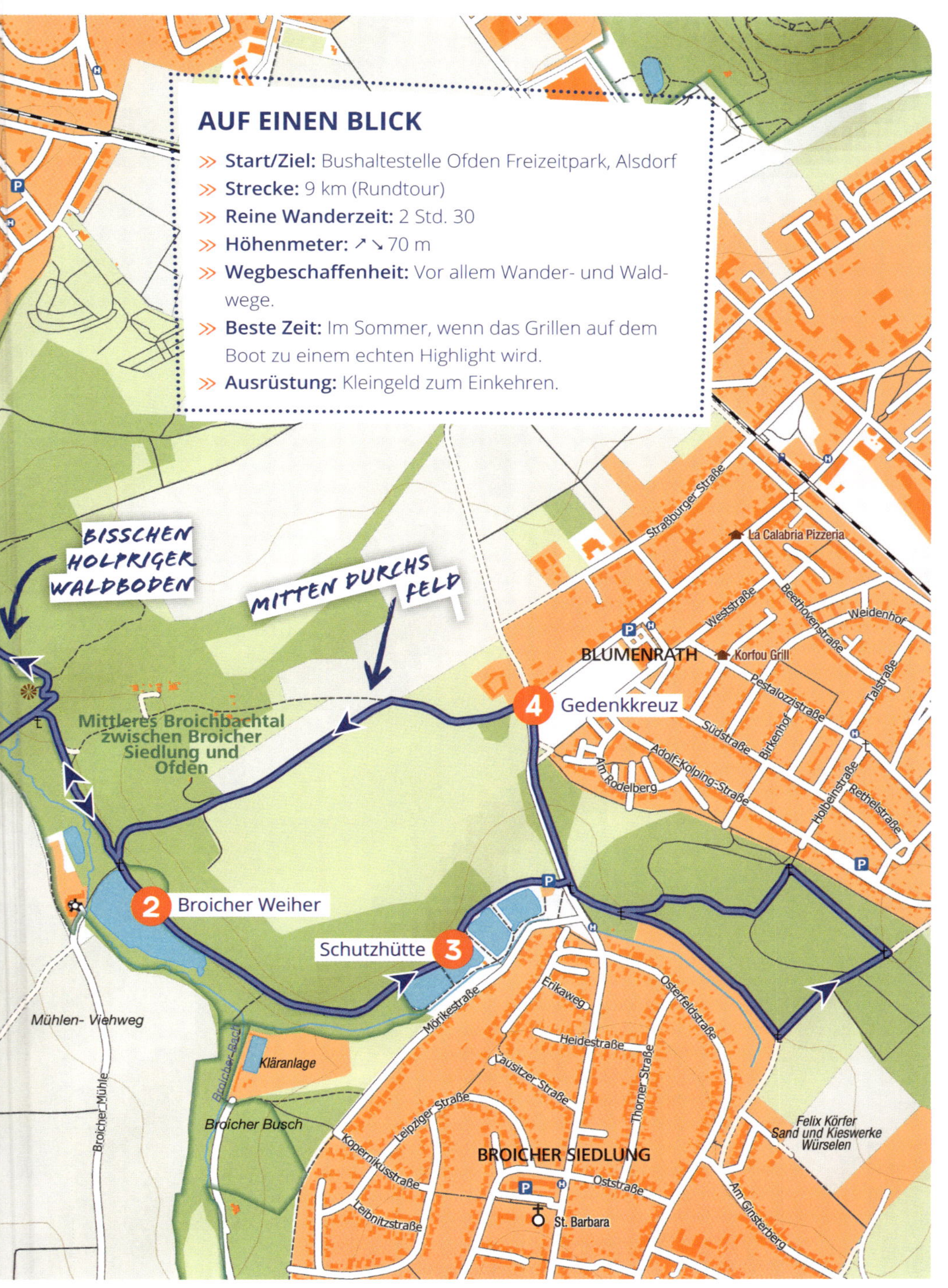

AUF EINEN BLICK

- **Start/Ziel:** Bushaltestelle Ofden Freizeitpark, Alsdorf
- **Strecke:** 9 km (Rundtour)
- **Reine Wanderzeit:** 2 Std. 30
- **Höhenmeter:** ↗ ↘ 70 m
- **Wegbeschaffenheit:** Vor allem Wander- und Waldwege.
- **Beste Zeit:** Im Sommer, wenn das Grillen auf dem Boot zu einem echten Highlight wird.
- **Ausrüstung:** Kleingeld zum Einkehren.

AUCH NOCH GANZ NÜTZLICH

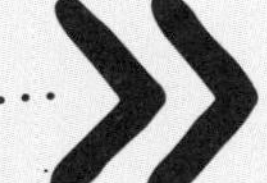

ORTSREGISTER

IMPRESSUM

» **Text:**
Barbara Riedel, Esther Schirrmacher

» **Cover- und Buchgestaltung:**
Carolin Weidemann, Köln, www.weidemann-design.com

» **Lektorat & Produktion:**
Silvia Engel, Köln

» **Projektmanagement:**
Susanne Heimburger, Tamara Siedler

» **Fotos:** Titelfoto: mauritius images/Westend61/Gaby Wojciech; Fotos Innenteil: Barbara Riedel mit folgenden Ausnahmen: Oliver Bergrath (S. 210/211, 211 M.); Friedrich Schirrmacher (S. 2 re., 6 u., 7 re., 7 u. li., 10 li., 10 u., 11 M. li., 11 u. re., 14–21, 30 li., 34–41, 54–61, 74–88, 89 o., 90, 90/91, 104–111, 124–131, 144–151, 164–167, 168 o., 169, 170–201); Shutterstock.com: itsmejust (S. 168 M.), Kumpel (S. 101 o.)

» **Kartografie:**
©KOMPASS-Karten GmbH, kompass.de unter Verwendung von ©OpenStreetMap Contributors, osm.org/copyright

» **S. 222 / 223:**
Marie Geißler (Illustration), Jens Bey (Text)

Printed in Poland

1. Auflage 2024

ISBN 978-3-616-03267-2

www.dumontreise.de

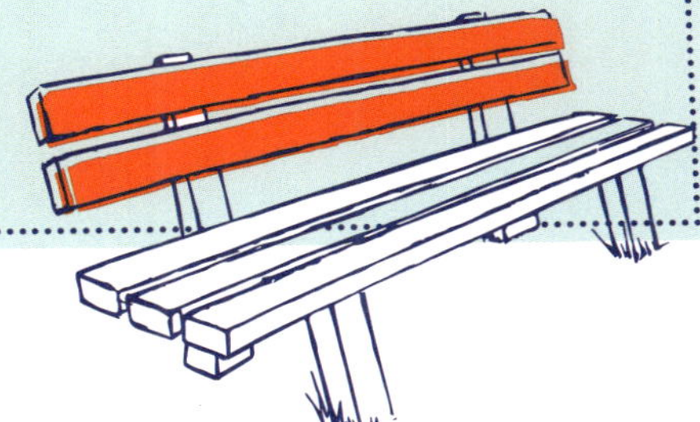

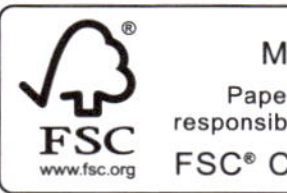

RECHTS ODER LINKS? IMMER WISSEN, WO'S LANGGEHT!

» *TOURENVERLAUF*
GPX-Daten zum kostenlosen Download
www.dumontreise.de/wanderzeit/eifel

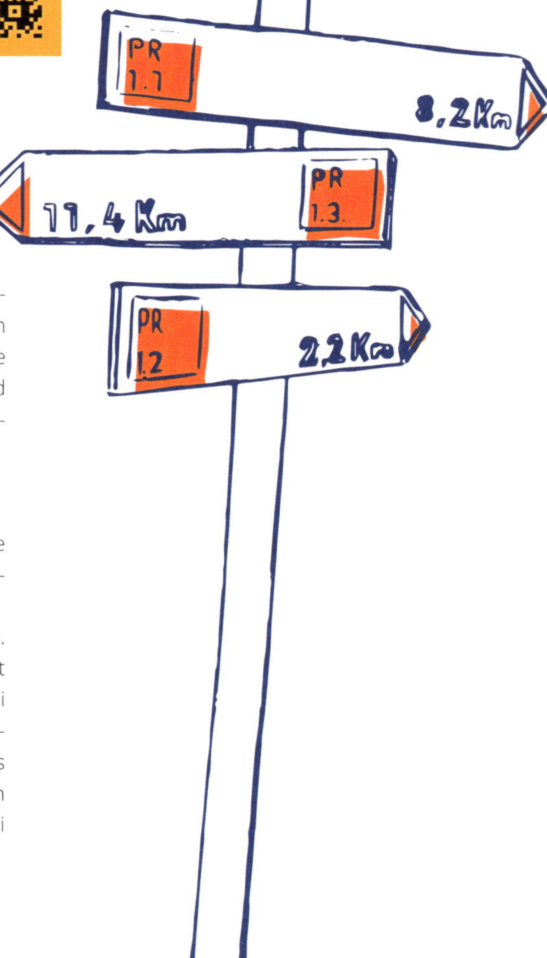

GPX-DOWNLOAD AUFS SMARTPHONE – SO GEHT'S

» Voraussetzung:
Eine Outdoor-App muss installiert sein, z. B. KOMPASS, Outdooractive oder Komoot. Zum Einlesen des QR-Codes benötigen ältere Android-Geräte eine QR-Code-App. Bei neueren Android- und iOS-Geräten ist diese Funktion in der Kamera integriert.

» Daten downloaden:

1. Den QR-Code einlesen oder die Webadresse im Browser eingeben, um auf die Wanderzeit-Website zu gelangen.
2. Die gewünschte Tour zum Download anklicken.
3. Bei iOS-Geräten werden die GPX-Daten direkt mit der vorab installierten App verknüpft. Bei Android-Geräten muss ggf. noch ein Weiterleiten-Button geklickt werden (z. B. rechts oben im Display). Manche Apps zeigen den Tourverlauf starr an, andere haben eine Navigationsfunktion dabei.

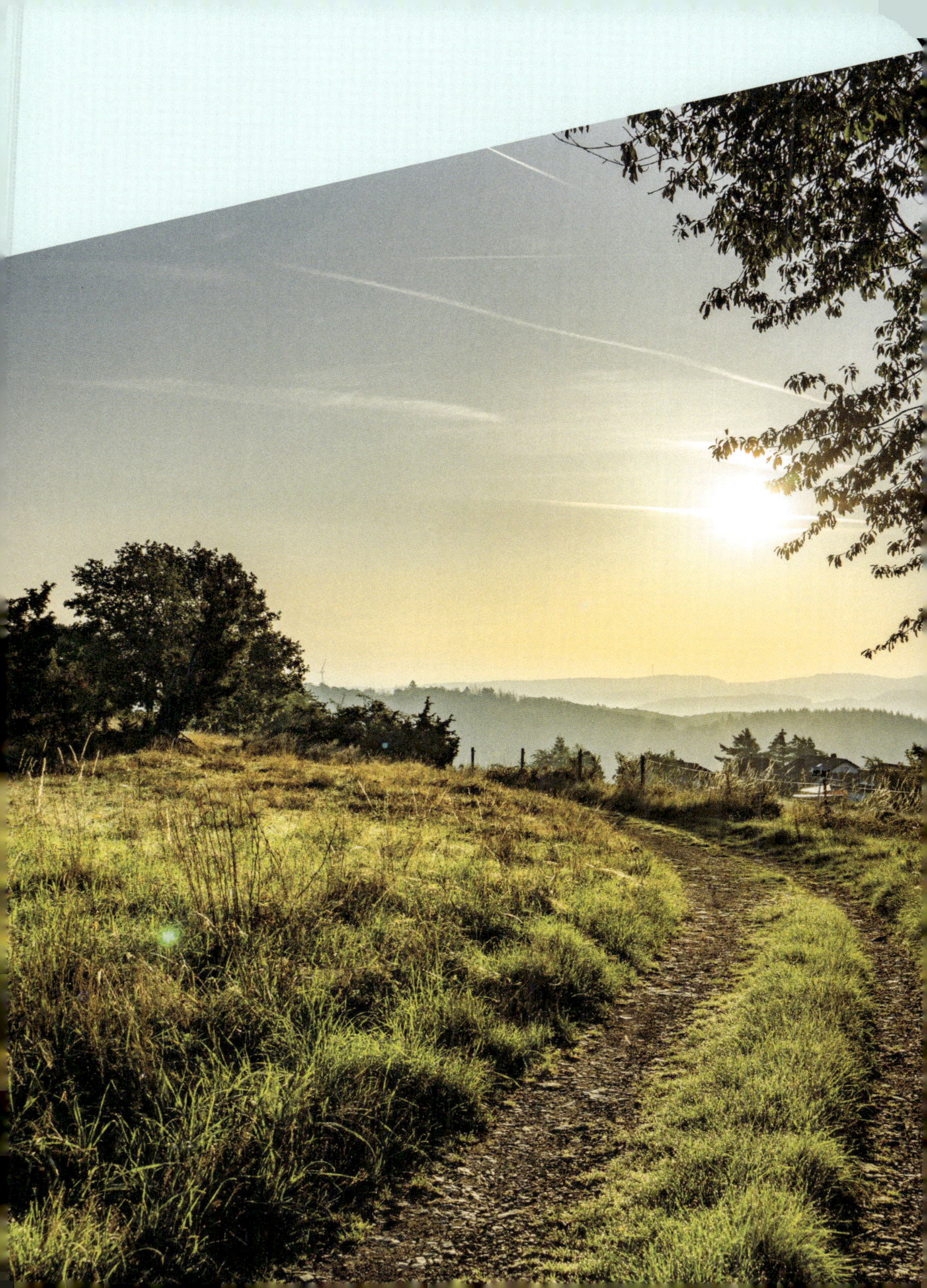

WEITERWANDERN ...

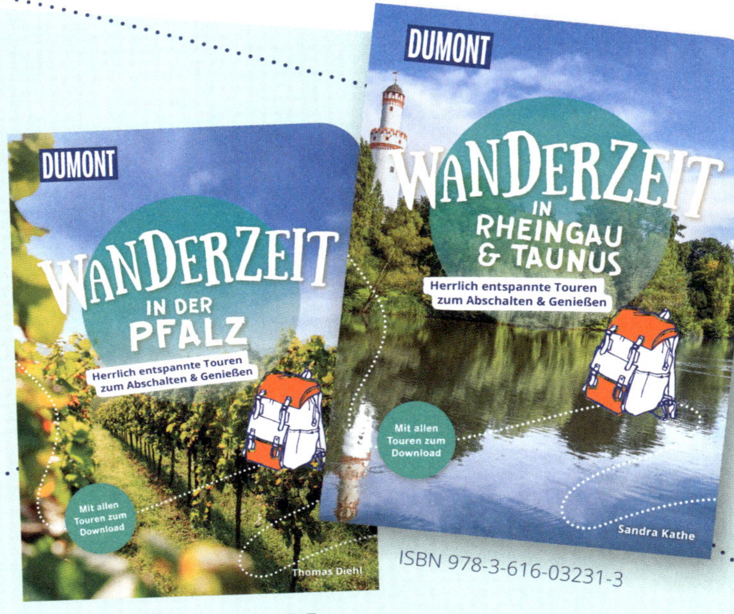

ISBN 978-3-616-03231-3

ISBN 978-3-616-03233-7

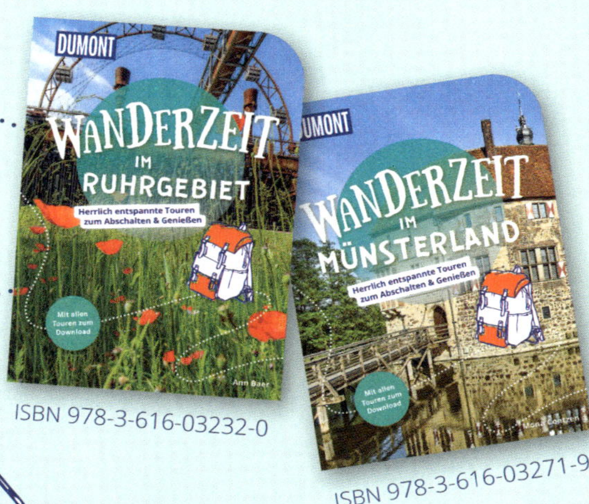

ISBN 978-3-616-03232-0

ISBN 978-3-616-03271-9

... ODER LIEBER MAL RADELN?

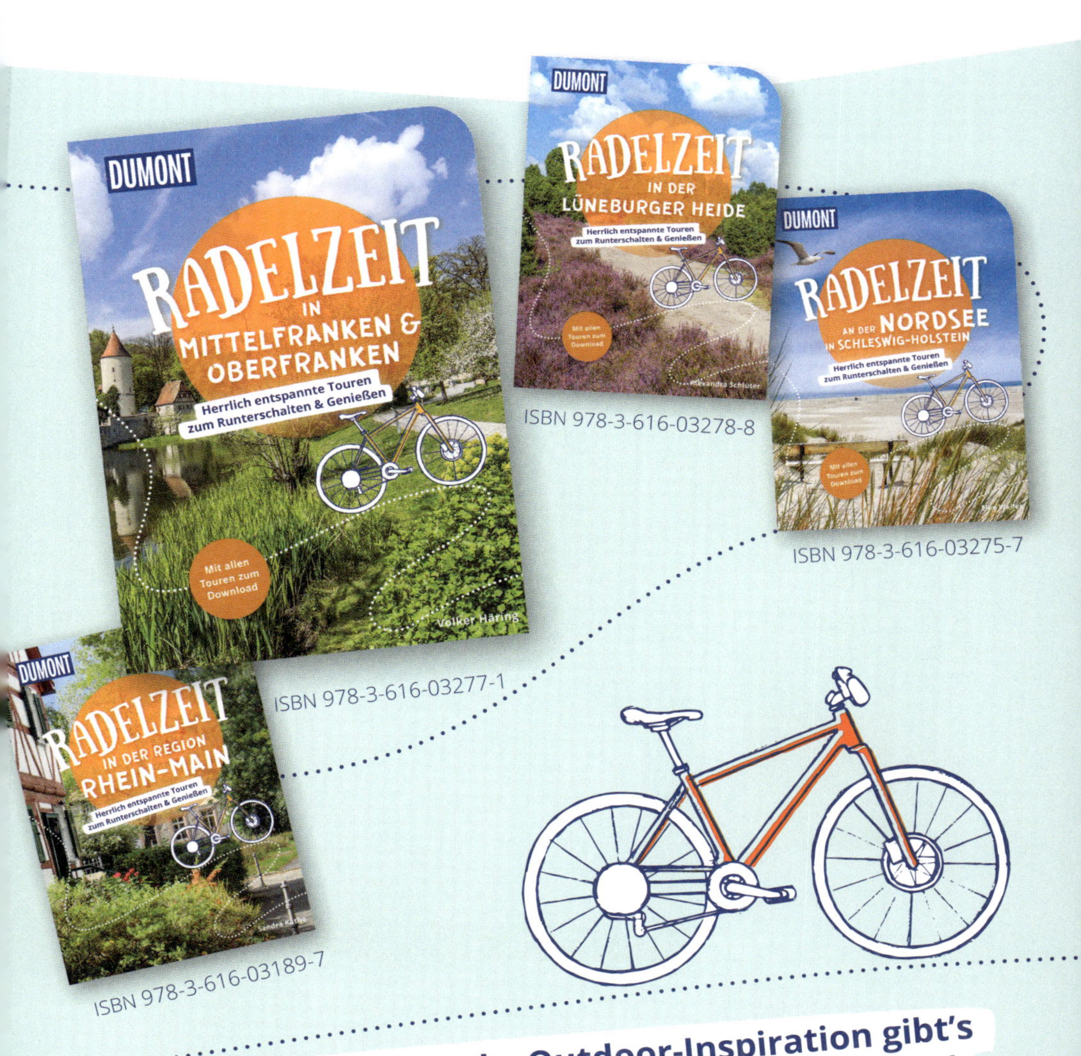

Noch mehr Outdoor-Inspiration gibt's im gut sortierten Buchhandel und unter www.dumontreise.de

ANTI-RUCKSACK-AUTSCH-ÜBUNGEN

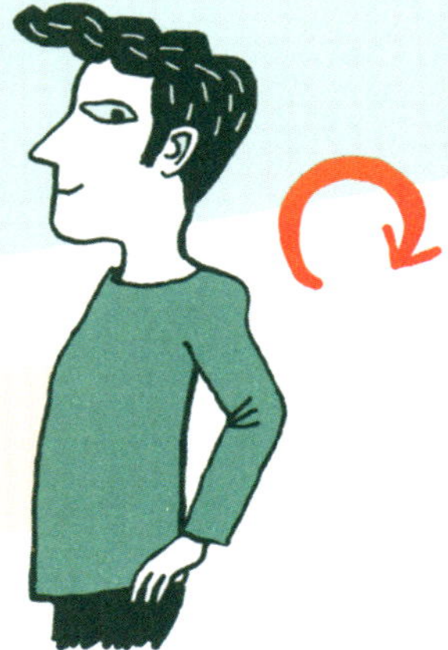

1. Kreise 30 Sekunden mit den Schultern nach hinten und unten.

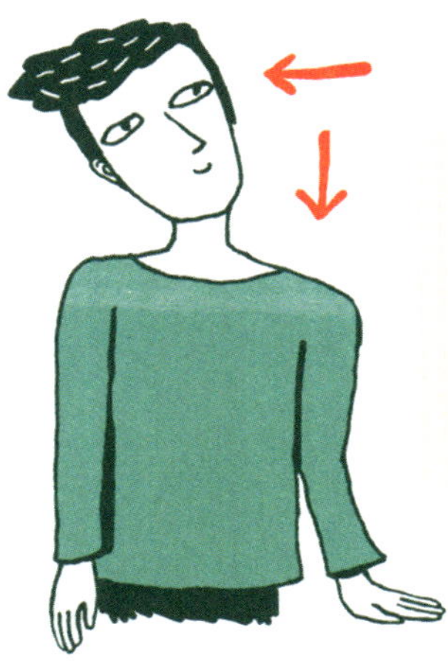

2. Den Nacken ziehst du in Form, indem du den Kopf langsam, ohne ihn zu verdrehen, zur rechten Schulter neigst. Den linken Arm schiebst du dabei langsam nach unten, die Handfläche zeigt zum Boden. Ruhig atmen, 15 Sekunden halten, dann wechselst du die Seite.

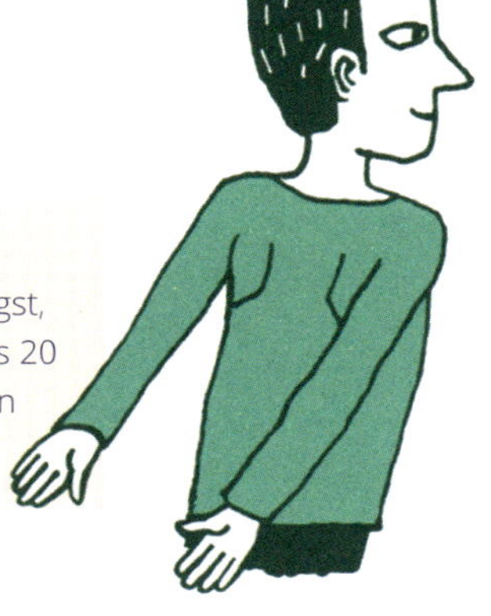

3. Die Brust entspannt sich, wenn du deine Arme seitlich nach hinten bewegst, mit den Handflächen zur Decke. 15 bis 20 Sekunden lang in der Dehnung bleiben und dabei kein Hohlkreuz machen.

4. Die Schulterbrücke stärkt den Rücken. Lege dich auf einer Matte auf den Rücken, stelle die Beine hüftbreit auf, die Arme liegen gerade am Boden. Dann hebst du das Becken an, sodass der Körper eine gerade Linie bildet. Absenken und wieder anheben.

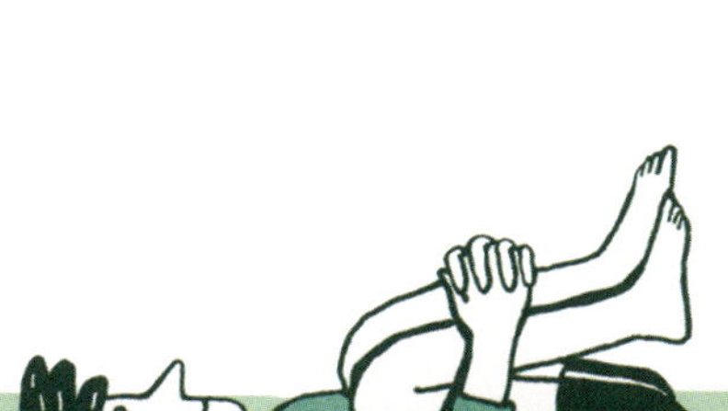

5. Prima Päckchen: Ziehe die Knie zur Brust heran, umfasse sie mit den Händen und atme aus. Lockere die Knie etwas und ziehe sie wieder heran. Das dehnt die Muskulatur an der Wirbelsäule und macht dich wieder beweglicher.

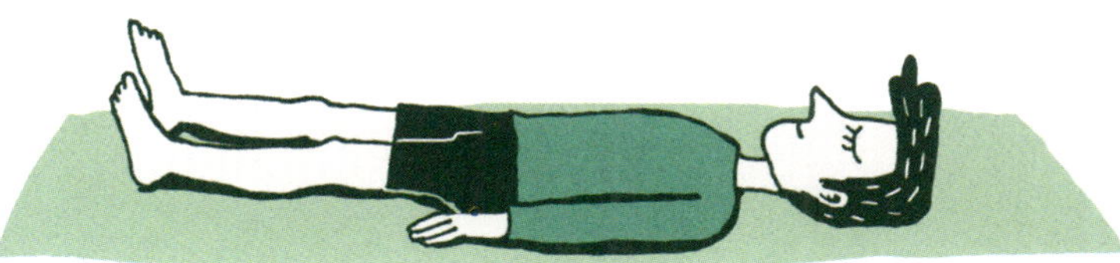

6. Zum Schluss entspannst du ein paar Atemzüge auf dem Rücken, Arme und Beine locker von dir gestreckt.

DIE PERFEKTE TOUR ...

#FÜR SONNENHUNGRIGE

Auf dem Weg durch die Weinberge zur Cochemer Reichsburg und zurück in die pittoreske Altstadt spürt man stets die wärmende Sonne im Gesicht!

» TOUR 8, S. 84

#FÜR NEUGIERIGE

Auf dem Waldlehrpfad und am Bienen-Lehrstand können Groß und Klein alles über den Wald und die fleißigen Honigmacherinnen lernen.

» TOUR 17, S. 174

#FÜR WASSERRATTEN

An heißen Tagen bietet das kühle Nass der Dauner Maare die perfekte Abkühlung – egal, ob vor, während oder nach der Wanderung.

» TOUR 13, S. 134

#FÜR LECKERMÄULER

In Monschau haben Anhänger von süßen Sünden die Qual der Wahl: Charmante Cafés, Konditoreien mit hausgemachten Kuchen oder kreative Eisdielen lassen keine Wünsche offen!

» TOUR 18, S. 184

#FÜR FAULE

Ganz gemütlich kann das Broichbachtal erkundet werden. Mit nur 70 Höhenmetern kommt man hier wohl nur ins Schwitzen, weil man zu nah am Grill sitzt.

» TOUR 20, S. 204

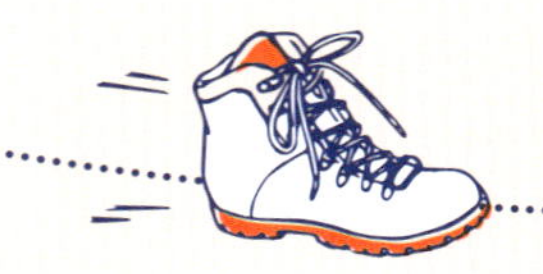